여성주의 교육학

– 학습 리더십의 출현과 그 의미–

여성주의 교육학

학습 리더십의 출현과 그 의미

곽삼근 지음

이화여자대학교출판부

책을 펴내며 • • •

이 책은 여성주의 시각에서 교육을 조명해 보고 최근의 교육학이 간과하고 있는 "삶의 터전에서의 관계"를 중심으로 전개하는 대안적 교육학의 필요성을 주창하기 위해 추진했던 연구의 성과물로서, 과거의 교육 리더십이 형식 교육인 학교교육에 중점을 두고 있는데 반해, 비형식 교육을 포함한 다양한 교육과 학습 현장에서 학습 리더십이 출현하고 있음을 논리적으로 밝혀 교육학의 패러다임 전환이 필요함을 밝히고자 쓰여졌다.

한국의 전통 교육은 서당과 향교로 알려져 있다. 그런데 그 형식 교육기관에 여성은 존재하지 않았다. 형식 교육기관에서는 오직 남성만이 존재했다. 즉, 남성에게 필요한 지식을, 남성이 교육하고 남성이 배우는 남성들의 교육방식이었던 것이다. 그러한 교육 전통의 맥은 상당 기간 동안 한국 교육을 지배해 왔다. 근대화 이후에도 가부장적 전통에 입각한 학교교육은 객관적 지식의 위계서열화와 관료제로 인한 폐해를 노출시키고 있다. 그렇다면 전통적으로 여성의 교육은 어떠했는가? 여성들은 생활의 현장에서 여성에게 필요한 지식을 책을 통해서가 아니라 삶의 경험을 통해, 사람과의 관계를 통해 학습했다. 여성들의 앎의 방식, 삶의 방식은 제도권 교육기관에서는 전혀 인정받지 못했던 것이다. 그러나 현대 사회에서 삶의 현장교육의 중요성이 떠오르면서, 여성들이 학습해 왔던 방식과 내용이 학문 세계에서 관심을 받고 있다. 왜냐하면 지식기반 사회에서 책을 통한 관념적 지식 전달 체계의 문제점이 노출되고 있기 때문이다. 여성들의 일상 살림으로 간주되었던 생활문화에 대한 학문적 관심은 가장 대표적인 인식 전환의 증거이며, 이것은 과거의 전통적 시각에서 본다면 학문적으로는 획기적인 혁명임에 틀림없다. 그러나 자연발생적으로 진행된 교육 실천에서는 본질에 충실했던 과거의 평생학습 시스템이 오히려 현대 사회의 제도화 교육 시스템으로 편입되면서 본질이 왜곡되는 현상도 발견된다. 대안적 교육학은 이러한 문제 인식에서 탐구되기 시작했다고 할 수 있다.

기존의 교육학이 남성 중심의 교육 제공자 관점에서 매우 추상적이고 이념적인 지식을 객관적으로 탐구하는 것으로 인식되어 왔다면, 여성주의 교육학은 매우 구체적이고 실제적인 지식을 삶의 현장에서 공유하고 실천하는 것에 초점을 두고 있다는 인식이다. 다양한 여성주의의 출현과 발전은 교육학의 연구 방향과 교육의 실천에도 영향을 끼치고 있다. 여성주의 교육학에 대한 학문적 연구는 최근 급물살을 타고 있으나, 아직 한국에서 이론적이고 체계적인 저서로서 선보이지 않고 있다. 그동안 사실 한국에서는 다양한 학문 분야에서 여성주의적인 접근이 시도되었으나, 교육학적 관점에서는 여성주의 접근이 비교적 희소했다. 그것은 교육학자들의 주류가 남성이었거나 남성 중심적 교육학 연구 및 교육 실천이 압도적인 상황에서 빚어진 결과라고 볼 수 있다.

여성주의 교육학이 성립할 수 있는 근거는 무엇인가? 교육 불평등 관점에서는 여성 교육이 별도의 영역으로 범주화되는 이유를 여성이 상대적 교육 결손 집단이며, 인구의 절반을 점하고 있는 여성의 잠재력 개발을 위한 교육 기회의 보충이라는 관점에서 주장했다. 남성 중심의 관점에서 본다면 이러한 주장은 매우 타당하다. 그러나 이 논지에서 여성은 남성과 다른 삶의 구조를 유지해 옴으로써 여성의 경험과 이를 재구성하는 방식이 상이하다는 여성주의적 관점은 충분히 설명될 수 없었다. 여성은 남성과는 다른 역사적 · 사회적 삶의 양식을 개발해 왔고, 삶의 구조와 학습 경험이 다르다. 따라서 삶의 요구를 반영하는 교육의 요구도 상이하다는 관점을 반영할 필요가 있다. 이제까지 여성들의 학습 방식과 내용은 삶의 현장에서 사람들과의 관계를 통해 학습했으므로 제도권 교육기관 내에 편입되지는 못했다. 이러한 문제 인식을 토대로, 여성주의 교육학은 인간의 삶의 터전에서 생명을 낳고 기르는 살림의 지혜를 학습하고 실천한 여성주의적 학습문화를 학문 세계에 등장시키려는 시도라고 할 수 있다. 여성주의는 약자 위치의 여성 연구에서 출발했으나, 그 이념은 성별을 초월하여 전 인류에게 적용 가능하다. 즉, 여성주의는 약자 우선 관점을 견지하며 타자 배제를 극복하기 위한 실천운동이다. 자기 주체적인 주의 깊음과 마음씀을 토대로 자신의 의지가 반영된 생명 돌봄과, 숨어 있는 타자 찾기를 통한 능동적인 여성주의에 새로운 학문적 관심이 요구되고 있다.

필자는 박사학위 논문으로 여성 전문성 개발을 연구한 이래 지속적으로 여성 교육과 관련하여 연구를 수행해 왔다. 다양한 소논문과 더불어 1998년도에는 『여성과 교육』이라는 저서를 출판했는데 이 책에서는 주로 인터뷰를 통해 수집한 자료를 중심으로 여성의 불평등성을 밝혀내는 데 주안점을 두었다. 이 저서는 문화관광부 우수학술도서로 선정되기도 했으며, 한국 여성들이 성장기를 거치면서 어떠한 사회화 과정을 거치게 되고, 이를 어떻게 인식하고 있는지에 대한 기초 자료로 활용되고 있다. 그러나 최근의 사회문화적 변화는 여성 연구가 불평등과 성차별을 밝혀 주던 지점에서 한 단계 올라서야 함을 요구하고 있다. 1998년도의 저서 이후 좀더 긍정적이고 새로운 시각에서 여성의 특성에 관심을 가지면서 여성주의 교육에 관련한 저서가 필요하다는 생각을 지속적으로 갖게 되었다. 그 결과 다음 단계는 여성문화 창출이라는 대안적 관점이 되어야 한다는 결론에 이르렀으며, 이는 여성주의 교육학이 주창된 배경이 되었다.

교육에서 성 불평등성을 밝힌 책은 교육학에서 남성과 여성을 비교하는 소극적 관점이 대부분이며, 여성의 잠재력을 온전히 발굴하여 키워 주기 위한 교육에서는 일정한 한계를 지닌다. 『여성과 교육』을 출간한 이후, 차츰 나는 그동안 여성이 쌓아온 살림의 능력은 전 지구의 살림에 활용될 수 있다는 관점에서 새로운 여성문화 창출에 관심을 갖게 되었으며, 살림의 능력은 남녀 모두에게 키워질 수 있음에 주목하게 되었다. 현재 다각적으로 여성에 대한 관심이 고조되고 있는 것에 비교한다면 여성주의 교육 관련 학술 저서는 매우 드물다. 이러한 시점에 여성주의 교육학을 펴내는 이유는 한국의 교육은 혁명적 의식 전환이 필요하고 이를 주도할 교육학 연구에 새로운 학문적 도전과 논의가 필요하다는 생각에서다.

이 책은 교육학이 학교교육 중심에서 삶의 터전에서의 학습 중심으로 패러다임의 전환을 가져와야 할 것임을 시사하고 있다. 과거의 교육 리더십이 대량 교육 형태의 학교교육에서 출발해 아직도 형식 교육 중심에 머무르고 있음에 문제를 제기하며, 향후 교육 리더십은 학교에서 학생 교육에만 초점을 둘 것이 아니라 학생들이 몸담고 있는 가정, 지역의 구성원들을 아우르고 학습을 고무하는, 즉 우리 사회의 학습 리더십으로 전환되어야 할 것을 강조한다. 포스트모던 시대 교육의 특성은 교육 형식에서의 "경계 허물기"다. 교육 현장과 삶의 현장 간의 경계가 점점 허물어져 가고 있는 이 시대에, 형식 교육기관만이 아니라 비형식 교육을 포함한 다양한 교육과 학습 현장에서 학습 리더십이 출현하고 있음을 논리적으로 밝히고자 했다.

『여성과 교육』이 성별 불평등의 문제에 착안하여 전개한 것이라면, 이 책은 불평등을 넘어서 좀더 적극적으로 여성주의 가치를 토대로 교육학을 재조명하려는 시도라고 할 수 있다. 여성주의 가치를 기반으로 하는 교육학은 모성 가치인 성기성물(成己成物) 여성주의 이론과 실천을 지향하므로, 삶의 터전을 토대로 삶의 터전을 형성하는 것을 중심으로 교육학이 재편되어야 함을 요구한다. 여성주의 세계 질서를 구축하기 위한 여성주의 시티즌십 형성에 관계하는 교육학은 학교교육학에 머물러서는 안 되며, 가정·사회·글로벌 영역의 다층을 포함할 수 있는 평생교육학의 차원에서 가정교육, 지역사회 교육 등 삶의 현장에 대한 연구와 실천이 필수적이다. 관료적 교육 체제의 패러다임 전환이 필요하며, 특별히 형식적 교육기관인 학교는 가정 모델을 지향할 것을 요구한다.

이 책은 모두 총 3부 10장으로 구성되어 있다. 제1부는 여성주의 교육학의 토대로서 여성주의 개념과 교육이론을 다룬다. 제1장 여성주의 교육학의 이론적 기초, 제2장 여성주의 교육학의 연구 동향, 제3장 여성주의 교육학의 연구 방법, 제4장 여성주의 교육학의 연구 과제 등 학문적인 개념과 연구 접근 영역이다. 제2부는 여성주의 교육의 틀과 가치를 다루며, 돌봄, 타자 배제 극복의 교육 원리에 대해 서술하고 있다. 구체적으로는 제5장 젠더 개입과 지식, 경험, 삶의 변화는 과학적 지식에 젠더가 개입함으로써 어떻게 우리의 지식, 경험, 삶이 변화할 것인가를 다루며, 제6장 여성주의 가치와 돌봄 윤리에서는 여성주의 교육학의 가치를 여성주의 윤리에서 발견하여, 그 속성을 밝혀 주고 있다. 제7장 여성주의 학습문화 창출에서는 가정교육과 공동체 교육의 사례를 중심으로 그러한 학습문화의 특성을 밝혀 주고 있다. 제3부는 여성주의 교육의 실천에 관한 영역으로, 교육 현장 모델이 생산을 위한 공장 모델에서 생명 살림을 위한 가정 모델로 바뀌어야 함을 강조하고 있다. 제8장 새로운 학습 조직의 탄생에서는 학교교육이 거듭나야 함을 부각시키기 위해 학교혁명론을 다뤘으며, 제9장 지구화와 여성주의 시티즌십 형성은 생활 세계를 위한 교육이 전 지구적 맥락에서 다뤄져야 함을 강조한다. 마지막으로 제10장 학습 리더십의 출현과 그 의미에서는 학습 리더십의 개념과 실천 사례, 그리고 여성주의 학습 리더십의 발휘에 대해 서술하며, 학습 리더십은 기존 교육 리더십의 대안이 되어야 함을 강조한다.

이 책이 나오기까지 많은 사람들의 도움이 있었으며, 이 지면을 통해 감사의 마음을 전하고 싶다. 무엇보다 '여성주의 가치'에 대한 논의에 함께 참여하고, 자료를 수집해 주고, 원고를 읽고 의견을 주고, 최종 교정을 도와 준 대학원생들에게 고마움을 전한다. '여성평생교육론'과 '사회문제와 평생교육' 두 강좌에서 논의한 점들이 이 책에 반영되어 있으며, 2005년도에 대학원에서 '여성평생교육론'을 강의한 것은 '교육학에 대한 여성주의적 접근'을 '여성주의 교육학'으로 이름짓는 결정적인 계기가 되었다. 이제까지 영미권에서는 '페미니스트 페다고지'로 많은 연구 결과물들이 나와 있으나, 이는 여성주의 가치에 기반한 것이 아니라 성 불평등 해결이라는 것을 주목적으로 하므로

'여성주의 교육학'이라기보다는 '여성주의 교육(교수법)'이라고 부르는 것이 적합한 측면이 있다. 2007년도에 강의한 '사회문제와 평생교육'은 좀더 합리적으로 잘 돌아가는 행복한 사회 구현, 즉 사회문화 환경지수를 높이는 데 교육이 어떻게 기여할 수 있는가에 대한 논의를 전개하는 데 도움이 되었다. 사회적 자본과 시민성 형성에 대한 평생교육학적 접근, 그리고 여성주의 세계질서 구축을 위한 교육 패러다임 전환에 대한 담론들을 이 책의 전체를 통해 나타내려고 노력했다. 아울러 2007~2008년도에 연구년을 보낸 미국 스탠퍼드대학교에서 매주 목요일 'Comparative Sociology Workshop'에 참여한 교수와 대학원생들과의 논의는 지구화와 젠더 이슈를 탐구하는 데 큰 지적 자극을 주었고, 새누리 공동체 가족들의 삶의 현장 실천 모습은 여성주의 가치 구현에 큰 영감을 주기에 충분했다. 좋은 연구 기회를 갖도록 초청해 주고 많은 도움을 준 워티프카(Christine Wotipka) 교수에게 감사의 뜻을 전하고 싶다.

끝으로 이 책의 핵심인 여성주의 가치와 가정교육에 대한 자료 수집과 논의에 참여한 윤혜경, 안현용, 김은경, 이지은, 김민서, 김지영, 백은영 등을 비롯해 대학원 학생들, 그리고 여러 학부 학생들 모두의 사명감이 큰 기여를 했다. 특별히, 마지막 원고 교정 과정에서 안현용, 김은경, 최윤정, 김민서의 헌신적인 도움에 감사의 뜻을 전한다. 마지막까지 전적으로 교정을 맡아 수고해 준 이분들의 도움이 없었다면 이 책이 시간에 맞추어 나오기 어려웠을 것이다. 이 지면을 통해 깊은 감사를 표한다. 그리고 무던히도 인내하며 많은 희생을 감수해 준 사랑하는 가족들에게 미안함과 고마움을 전하고, 오랫동안 기다려 준 이화여자대학교출판부에도 감사의 말씀을 전하고 싶다.

2008년 11월

곽삼근

차례

책을 펴내며 — 5

제1부 여성주의 교육학의 토대: 개별 중심에서 관계 중심으로 — 19

제1장 여성주의 교육학의 이론적 기초 — 21

1. 여성주의 교육학에서 '여성주의'란 무엇인가? — 21
   여성주의의 개념 — 22
   여성주의 이론의 발전사 — 25
   대안 패러다임으로서의 여성주의 — 34
2. 여성주의 교육학의 필요성 및 개념 — 38
   왜 여성주의 교육학인가? — 39
   여성주의 교육학 용어의 출현 — 42
   여성주의 교육학의 등장 배경 및 이념 — 45
3. 여성주의 교육학의 이념적 토대 — 53

제2장 **여성주의 교육학의 연구 동향** — 61

1. 여성주의 교육이론의 발전 과정 — 61
   전통적 여성주의 교육이론 — 62
   포스트모던 여성주의 교육이론 — 70
   생태여성주의 교육이론 — 76
2. 여성주의 교육학 연구의 세 가지 유형 — 84
   성 불평등 교육 연구 — 86
   차이와 다양성 연구: 포스트모던 페미니즘과 후기구조주의 — 101
   여성주의 가치 구현 연구 — 114

제3장 **여성주의 교육학의 연구 방법** — 118

1. 여성주의 연구에서의 질적 · 양적 연구 방법 — 118
2. 대안적 연구 방법의 등장 — 123
   몸에 대한 여성주의 접근: 의학의 사례 — 124
   여성주의 질적 연구 방법으로서의 생애사 — 128
3. 삶의 과정으로서의 학습문화 연구 — 130
   여성주의 연구 접근 — 130
   인간의 문화활동 연구 방법 탐색 — 132

제4장 여성주의 교육학의 연구 과제 — 136

1. 여성주의 교육학 연구의 기본 방향 — 136

2. 여성주의 교육학의 연구 과제 — 139
관계 중심의 학습 연구 및 실천 — 139
행위하는 인간 연구 및 실천 — 143
여성주의 관점 탐구 — 146
대안적 여성주의 문화 창출 연구 및 실천 — 148

제2부 여성주의 교육의 틀: 돌봄, 타자 배제 극복의 교육 원리 — 153

제5장 젠더 개입과 지식, 경험, 삶의 변화 — 155

1. 과학적 지식에서의 젠더 개입 — 156
젠더 개입의 의미 — 157
과학적 지식 구성에서의 젠더 개입 — 166

2. 자아정체성 형성 경험과 젠더 의식 — 172
자아정체성 형성과 성역할 고정화 — 172
젠더 의식 발달과 갈등 — 174

젠더 의식 발달의 교육학적 시사점 — 183

3. 삶의 터전에서의 젠더 개입 — 187
모성에 대한 인식 — 188
여성성에 대한 긍정적 인식 — 199
여성주의 현실 참여 양식 — 202

제6장 여성주의 가치와 돌봄 윤리 — 208

1. 여성주의 가치와 윤리 — 209
여성주의 윤리란 무엇인가? — 210
남성과 여성의 도덕성 발달 — 212
돌봄 윤리란 무엇인가? — 215

2. 돌봄 활동의 도덕적 차원 — 224
상대방에 대한 주의 깊은 관심과 경청 — 225
돌봄에서의 권위와 자율성 — 229
돌봄에 대한 경제적 접근 — 231

3. 돌봄 윤리에 대한 재인식 — 232
돌봄에 대한 비판적 성찰 — 233
남성 윤리와 여성 윤리 — 237
돌봄에 대한 여성주의 접근 — 246

제7장 **여성주의 학습문화 창출** — 250

1. 여성주의 교육학의 학습문화 — 250

2. 여성주의 학습문화 사례 I: 삶의 공동체 교육 — 253
   무형의 배움 공동체 — 253
   경청 파트너 — 256
   가정공동체 — 258

3. 여성주의 학습문화 사례 II : 가정교육 — 262
   가정의 교육학적 의의 — 262
   가정교육의 사례 — 265
   삶의 지혜: 가정교육의 상징 — 276

4. 여성주의 학습문화의 특징: 실생활과 연계된 교육 — 278

제3부 **여성주의 교육의 실천:**
공장 모델에서 가정 모델로 — 283

제8장 **새로운 학습 조직의 탄생: 학교혁명론** — 285

1. 왜 학교 혁명이 필요한가? — 285
   공장 모델에서 가정 모델로 — 286
   대안교육이 부상하고 있는 이유 — 292

학교교육에서 무엇을 강조해야 하나? — 297
외국의 예술교육 사례에서 배울 점 — 303

2. 배려 중심의 학교교육 원리 — 307
학교 현장에서의 배려교육 실천 — 307
페미니스트 교육 원리 구현 — 315

3. 지능 개념의 변화와 교육 패러다임 전환 — 320
사회적 자본과 집합 지능의 대두 — 321
지능의 사회적 구성 — 323
집합 지능의 개념과 의의 — 327
집합 지능의 교육학적 시사점 — 330

제9장 지구화와 여성주의 시티즌십 형성 — 333

1. 여성주의 세계 질서 구축과 일상의 실천가 — 333
지구화 시대 교육학의 쟁점 — 334
지역화와 일상생활의 중요성: 정치와 생활 세계 — 344

2. 평생교육과 여성주의 시티즌십 — 348
여성주의 시티즌십의 개념 — 349
여성주의 시티즌십의 학습과 실천 — 354
여성주의 교육학과 시티즌십 형성 — 358

제10장 학습 리더십의 출현과 그 의미 — 360

1. 학습 리더십의 출현 — 360
   학습 리더십의 개념 — 362
   학습 리더십의 실천 사례 — 364

2. 여성주의 학습 리더십의 발휘 — 372
   왜 여성주의 학습 리더십인가? — 372
   여성주의 리더십의 개념화 — 373
   여성주의 리더십의 특성과 학습 — 376
   학습 리더십의 과제와 전망 — 378

참고 문헌 — 383

찾아보기 — 407

제 1 부 여성주의 교육학의 토대:

개별 중심에서 관계 중심으로

교육 중심 시대에서 학습 중심 시대로 이행하면서, 대안적인 교육 패러다임에 대한 다양한 연구물들이 선을 보여 왔다. 열린교육학회, 생태교육학회, 다문화교육학회 등 새로운 학문 공동체들의 등장은 그 다양성을 짐작케 해 준다. 이와같이 다양한 대안적 교육이 논의되고 있는 현대 사회에서 여성주의 교육학에 대한 관심 또한 1980년대 이후 꾸준히 증가되어 왔다. 기존의 교육학이 남성 중심의 교육 제공자 관점에서 매우 과학적이고 이론적인 지식 체계를 갖도록 하고 독립적인 개인의 성취에 비중을 두었다면, 여성주의 교육학은 상호주관성을 존중하고 실생활과 밀착된 구체적이고 구성적인 지식 체계에 입각하여 지식의 상호 공유와 활용을 통해 타자 배제를 극복하는 데 관심을 둔다. 다시 말해, 기존의 교육은 개인이 지적 · 정의적 · 심리적 성취를 이루어 독립적인 사회인으로서의 역할을 수행하게 한다는 것을 목적으로 삼고 있는, 즉 원자론적 인간관에 터하여 개인의 완성을 지향하는 교육활동이었다면, 여성주의 관점에서 교육은 모성 양식의 표출로, 다른 사람이 성취하도록 고무하고, 공유함으로써 자신을 이룰 수 있다는 연대론적 인간관에 터하여 돌봄과 배려의 관계 형성을 지향하는 문화활동으로 간주한다.

그동안 한국 사회의 다양한 학문 분야에서 여성주의적인 접근이 시도되었으나, 교육학적 관점에서는 여성주의 접근이 비교적 희소했다고 볼 수 있다. 그것은 교육학 분야가 형식교육의 권위적인 남성 중심적 교육학 연구 및 실천이 압도적인 상황에서 빚어진 결과라고 볼 수 있다. 또 한편으로는 교직의 여성화라는 말이 유행할 정도로 당연히 여성들에 의해 현장교육이 실천되고 있다는 생각도 한몫하고 있다고 볼 수 있다. 그러나 수적으로 많은 여성들이 교육에 종사하는 것과 여성주의 교육 실천과는 별개의 문제다. 여교사에 의한 교육이 생물학적인 성별에 의한 분류라면 '여성주의 교육학'은 교육자의 성별과는 관계가 없는 이념과 가치의 문제이며, '여성주의 교육'은 교육자의 성별이 아닌 가치관과 태도, 그리고 교육 방식의 문제다. 제1부에서는 여성주의 교육학의 토대로서, 여성주의 교육학의 이론적 기초, 연구 동향, 연구 방법, 그리고 여성주의 교육학의 연구 과제를 다룬다.

제1장 여성주의 교육학의 이론적 기초

1. 여성주의 교육학에서 '여성주의'란 무엇인가?

21세기는 산업 및 사회구조의 급변으로 말미암아 인간이 과거에 살아왔던 방식으로부터 결별해야 하는 의식의 변화가 요구되고 있으며, 따라서 교육의 이론과 실천에서도 획기적인 변화가 필요하다. 국가의 체계와 제도에 대한 거시적 관심사로부터, 그 안에서 행위하고 일상적으로 살아가는 개인의 삶의 질에 대한 미시적 관심사가 전 세계적으로 부상하면서, 개인의 일상과 가장 밀접한 교육에 대한 관심은 계속 증대할 수밖에 없다. 좀더 잘 기능하는 사회와 그 속에서 함께 더불어 살 수 있는 사람을 키워 내는 대안교육에 대한 열망이 싹터 왔으며, 그 대안의 중심에 여성주의가 자리하고 있음에 주목할 필요가 있다.

이러한 변화는 왜 일어나고 있을까? 여성주의는 여성의 억압과 소외라는 성별 불평등으로부터 탄생했으며 점차 그 개념은 발전하여 현재는 타자 배제 극복의 약자를 배려하는 이념과 실천의 철학으로 자리잡아가고 있다. 이 절에서는 여성주의 교육학의 토대를 구성하는 가장 기본적인 관점인 여성주의의 개념과 여성주의 이론의 발전사를 살펴보기로 한다.

여성주의의 개념

여성주의란 매우 다양한 얼굴을 갖고 있으므로 이 용어는 쉽게 곡해될 소지가 있다. 여성주의에 해당하는 페미니즘은 여러 각도에서 그 용어가 번역되었고, 여성해방론, 여성중심주의, 여권론 등으로도 불려 왔으나 현재는 보편적으로 여성주의로 사용하는 것이 일반적이다. 필자는 10년 전 『여성과 교육』(1998)이라는 저서에서 과거 여성해방론으로 불리던 페미니즘을 여성주의로 소개하면서 여성주의에 대한 개념을 정의내린 바 있다. 즉, "여성주의란 여성이 단지 그녀가 지닌 성별 때문에, 여성이라는 이유로 사회적으로 불이익을 받고 있다는 것을 믿는 믿음"이라고 규정했다. 그 당시는 이 용어가 우리 사회에 비교적 생소한 편이었고, 이 정도의 개념 정의로서도 매우 포괄적이고 진취적인 것이었다. 그 당시 한국 사회에서 페미니즘은 1980년대까지 과도한 성차별에 대한 극단적 투쟁 일변도에서 어느 정도 안정되는 모습을 보였고, 따라서 여성해방론이라는 용어 대신에 비교적 중립적인 여성주의를 자리잡도록 하기 위한 선에서 투쟁의 이미지를 벗어나 성찰성을 반영하기 위한 과감한 시도였다. 그 당시 사회 전체 분위기는 성별 불평등이 만연했고, 따라서 여성주의는 이러한 상황을 반영하여 개념 규정을 하게 된 것이다.

그러나 10년이 지난 지금 다시 짚어보면 매우 소극적이고 피해 의식적인 정서가 반영된 개념 규정임을 고백하지 않을 수 없다. 여성에 대한 성 차별과 불평등을 중심에 두고 규정한 개념임을 알 수 있다.

여성주의자들의 활약 덕택에 여성 관련 정책이나 현실의 변화와 함께 여성 연구는 깊이를 더해 왔다. 다문화 시대를 맞아 여성주의는 사회적으로 의미 있는 변화를 일으키고 있고, 그 변화는 적극 소개되어야 하며, 우리 사회에서 널리 확산되어야 함을 이 책에서는 강조한다. 오히려 최근의 여성주의 개념은 새로운 가치로 부상하고 있다. 그동안은 여성이 받고 있는 불이익에 주로 관심을 표명했다면, 이제는 모든 생명 현상에서의 타자 배제에 관심을 두고 있다고 할 수 있다. 다시 말해 끊임없이 인류 보편을 위한 경계 허물기 작업이 여성주의 시각의 핵심이다. 여성학의 경계 허물기 작업은 계속되어야 하며, 끊임없이 타자 배제를 극복하는 배려의 페미니즘이 요구되고 있다. 즉, 여성이라는 한 집단이 아니라 성별, 연령, 계층, 인종 등 다양한 모든 층위에서 타자 배제를 극복하려는 움직임으로 진정한 인간학적 성찰을 지향하고 있다는 인식이다.

또한 최근 여성학의 발전과 더불어 일부 사회에서는 여성주의에 대한 탐구가 심화되면서 오히려 여성주의는 불이익의 대명사로 해석되기보다는 새로운 대안적 문화 창출의 가능성으로 이해되기도 한다. 사회에서 성별 불평등이 만연할 때에 여성주의자들은 성 평등을 추구하기 위한 이념과 행동으로서의 페미니즘이 자리잡도록 많은 노력을 기울여 왔다. 물론 이제 불평등이 완전히 해소된 것이라는 의미는 아니다. 단지 제반 정치적 · 사회적 상황과 여건이 불이익을 제거하는 방향으로 선회했고, 평등에 접근하는 패러다임이 변했다고 볼 수 있다. 사회에서 여성의 잠재 능력을 개인적으로 발휘하고 있는 여성들의 수가 증가함에 따라 여성의 이미지는 긍정적으로 나타나기 시작한 것이다. 앞만 보고 달려왔던 페미니즘이 이제 옆을 돌아보게 되면서, 그동안 간과했던 여성주의 가치에 관심을 표명하게 된 것이다. 이러한 층위에서 보았을 때 여성주의는 전 인류에게 희망과 긍정의 이미지로 다가온다.

이 책이 이제까지의 몇몇 여타 여성 교육 관련서와 관점을 달리하는 부분은 바로 이러한 '여성주의 개념'의 '가치지향성'을 강조한다는 점이다. 더 이상 여성주의는 단순히 성별적 불이익과 억압 해방의 관점에서만 해석될 수 없다. 최근 여성학의 연구 방향은 여성을 대상으로 출발했던 평등의 관점에서 모든 생명체로의 확장적 관점으로 그 지평을 넓혀가고 있다. 여성주의는 끊임없이 인류 보편을 위한 경계 허물기와 타자 배제를 극복하려는 배려와 성기성물의 가치를 추구한다. 그럼에도 불구하고 왜 대안적 패러다임으로서 여성이라는 용어를 사용하고 있는가라는 질문이 제기될 수 있을 것이다. 그 이유는 여성은 성별의 역사성과 사회성으로 인해 특정한 가치와 잠재 능력을 지닌 젠더적 존재로 인식되어야 하며, 그 특성을 발휘해 사회적으로 의미 있는 행위를 구성할 수 있다는 것을 믿기 때문이다. 그 역사성과 사회성에는 모성이 기초가 되고 있으며, 과거 사적인 영역에서의 모성은 사회적인 모성으로 확대되어야 한다는 인식이다.

여성 정책과 여성 연구에서 지난 10년 간의 변화는 획기적이라고 할 만하다. 그럼에도 불구하고 이러한 일부 사회적 분위기와는 달리 아직도 여성에 대한 인식이 소외와 불이익으로 대변되는 층위가 지구상에 절대 다수를 차지하며, 물론 한국 사회에서도 그 다양한 층위의 존재 여부에서 예외는 아니다. 따라서 여성주의라는 용어를 사용할 때에는 이러한 다양성을 전제로 모든 층위를 고려해야 할 필요가 있다. 이러한 필요를 감안하여, 이 책 제1부의 여성주의 교육학의 토대에서는 모든 다양한 여성주의 관점을 소개하고, 제2부의 여성주의 교육의 틀 부분에서 구체적으로 '긍정, 희망, 배려의 여성주의' 관점에 입각해 내용을 전개하고자 한다.

여성주의 교육을 탐구하기 위해서는 우선 특정 여성주의가 무엇인가를 살펴보아야 한다. 여성주의는 다양한 사상적 배경에 따라 여러 갈래로 나뉠 수 있다. 지금까지 연구된 결과에 의하면, 여성주의를 크게 두 가지 접근법에서 진보주의와 급진주의로 나눌 수 있고 또한 세 가지 접근법으로 자유주의, 마르크스 사회주의, 급진주의로 나누는 경우도 있다. 또한 통(Tong, 1998)은 자유주의 여성주의, 급진적 여성주의, 마르크스주의 여성주의, 사회주의 여성주의, 정신분석 여성주의, 젠더 여성주의, 실존주의 여성주의, 포스트모던 여성주의, 복합문화 여성주의, 글로벌 여성주의, 에코 여성주의 등 매우 세부적으로 분류했다. 헤이스와 플래너리(Hayes & Flannery, 2000)는 심리학적 여성주의 이론, 구조 여성주의 이론, 후기구조주의 여성주의 이론으로 분류했다. 여기에서는 그동안 진행되어 온 여성 연구를 토대로 여성주의와 교육을 고찰해 보기 위해 전통적인 여성주의와 근대 후기의 포스트모던 여성주의, 생태여성주의 유형들을 소개하고 그 이론과 교육적 관점을 밝혀 보기로 한다. 전통적인 여성주의자들은 성별 불평등이라는 관점에서 정치 경제학 및 사회학적 분석을 강조했으며(Acker et al., 1984; Jayawardena, 1986), 근대 후기 여성주의자들은 여성문화의 새로운 발견 및 창조라는 관점에서 심리학, 생태학 및 문화학적 접근을 강조했다.

여성주의(feminism)는 여러 모습을 지니고 있으며 몇 가지 갈래로 구분되는 복합적인 특성을 지닌다. 자유주의 여성주의는 자유롭고 민주적인 사회에서 여성과 남성의 평등을 추구한다. 마르크스 여성주의는 자유주의자들의 '평등' 개념이 사실상 계급 구조화된 현실을 간과하고 있다고 비판한다. 한 걸음 더 나아가 사회주의 여성운동은 그러한 평등이 생산 및 재생산 수단의 사회적 소유 관계의 변혁 없이는 성취될 수가 없다고 본다. 급진주의 여성주의는 좀더 근본적인 여성 억압의 문제로 들어가서 지식과 문화의 남성 독점 양상과 성 정치학의 문제를 지적하며, 남성의 지배와 폭력을 지탱해 주는 문화적 · 의식적 구조를 보도록 촉구한다. 다음 절에서는 전통적 여성주의와 함께 여러 가지 근대 후기 여성주의 중 포스트모던 여성주의와 생태 여성주의 등의 유형을 중심으로 살펴보기로 한다.

여성주의 이론의 발전사

1) 분류 준거

여성주의의 다양한 개념만큼이나 여성주의 이론도 다양하게 전개되어 왔다. 여성주의는 정치적이므로 시대와 사회에 따라 강조점이 상이할 수 있다. 남성과 여성을 불문하고 많은 사람들이 여성주의에 대해 오해하는 경향이 있으며, 여성들 사이에서도 여성주의에 관한 해석은 서로 다르고, 그만큼 여성주의는 한마디로 정의하기 어렵다(Mitchell & Oakley, 1986). 실제로 여성주의는 매우 다양한 관점으로 분류될 수 있으며, 이 관점에 따라 여성주의자들 사이에서도 대립적인 의견 충돌이 있기도 하다.

여성주의는 크게 전통적 여성주의와 근대 후기 여성주의로 대별할 수 있다. 전통적 여성주의는 자유주의적 관점, 사회주의적 관점, 급진주의적 관점으로 논의되어 왔다. 그러나 20세기 후반 포스트모더니즘이 전 세계의 사상적 조류를 다시 한 번 흔들면서 여성주의 운동에도 영향을 미치게 되었으며, 이는 여성운동 전반에 새로운 패러다임을 탄생시켰다. 포스트모더니즘은 기존의 모더니즘을 대체하고 모더니즘의 전체주의적, 획일주의적, 관료주의적인 경향을 거부한다. 이는 진리에 대한 상대주의도 불러일으켜, 지식의 정당성 문제를 이끌어 왔고, 문화와 삶의 다양한 모습에 대한 논쟁을 가져왔으며, 포스트모더니즘이 궁극적으로 주장하는 것은 하나의 절대적인 세계관이란 존재하지 않는다는 것이다.

포스트모더니즘의 이러한 특성은 기존의 여성운동에도 영향을 주었다. 기존의 여성운동이 제도적인 입장을 취하거나(자유주의적 관점), 지배 계급에 대항해서 여성 노동력의 쟁취를 주장하거나(마르크스주의적 관점), 혹은 반(反)남성주의적인 입장(급진주의적 관점)을 취하기도 했다. 그러나 문제는 모든 여성들을 하나의 유형으로 묶어낼 수 없다는 것이다. 모든 여성의 사회경제적인 지위가 같은 것이 아니며, 같은 성역할을 하도록 강요당한 것도 아니다. 결정적으로 모든 여성의 삶은 각각의 경험에 따라 다르다는 것이 여성주의 안에서 또 다른 여성들 간의 갈등을 불러일으켰다. 그들은 포스트모더니즘의 다양성과 다원성을 기치로 여성운동 내에서도 이러한 입장을 주장한다.

여성주의의 흐름을 제1의 물결, 제2의 물결, 제3의 물결로 구분하여 고찰하는 견해도 있다(Lorber, 2001). 제1의 물결 중심 여성주의에서 강조된 여성운동의 핵심은 여성 차별 철폐였다. 그들은 오늘날에는 당연시되는 '권리'를 위해 싸웠다고 볼 수 있다. 즉, 투표하고, 재산과 자본을 소유하고, 상속받고, 돈을 벌어 소유하고, 대학에 가고, 전문적으로 공인된 직업을 갖는 것 등을 추구했다. 이것은 교육에서의 성차별, 취업에서의 성차별 철폐운동을 가능하게 했다. 참정권은 제1의 물결 페미니즘의 주요 목표였으며, 19세기 후반에 인정되었던 자산, 수입과 고등교육에 관한 권리는 여성들에게 경제적으로 독립할 기회를 주었다. 제1의 물결 페미니스트 운동과 이를 계승한 페미니스트 운동은 많은 이론적 · 정치적 차이를 갖고 있다. 남녀 차이의 문제와 남녀가 본질적으로 같기 때문에 동등하게 대우해야 하는지 혹은 본질적으로 다르기 때문에 공평하게 대우해야 하는지의 문제는 여전히 논쟁 중에 있다. 또한 페미니스트 정치를 통해 최대의 노력을 기울여야 하는 영역이 "공적 영역(일과 정부)의 문제인지 혹은 사적 영역(가족과 섹슈얼리티)의 문제인지" 도 논의해야 할 주요 과제다(최은정 외, 2005: 28).

제2의 물결은 1960년대 이후의 사회 조류를 반영하는 민권운동 차원에서의 여권 신장, 가부장제적인 사회 규범 개혁과 여성의 의식화가 주류를 이루고, 이것을 상징하는 것이 바로 "사적인 것은 정치적인 것(The personal is the political)"이라는 강령이다. 남성은 제1의 성이고 여성은 항상 제2의 성으로 간주되는데, 보부아르(Simone de Beauvoir)가 남성의 지배와 여성의 종속은 생물학적인 현상이 아니라 사회적 산물이라고 주장한 것은 상당한 파급 효과를 가져왔다. "여성으로 태어나는 것이 아니라 여성으로 되어 간다. 여자답다고 묘사되는 이러한 산물을 생산해 내는 것은 문명이다"(Beauvoir, 1953: 267)라는 주장은 당대에 획기적인 바람을 일으킨 것이다. 페미니즘은 남성에 비해 사회적으로 불리한 여성의 위치에 지속적으로 주목하고, 개인 상호적 · 정치적 · 법적 해결책을 제의함으로써 사회 변화에 상당히 기여했다. 그러나 남녀 불평등의 원인에 대해서는 제1의 물결 페미니즘에서보다도 합의가 이루어지지 못하고 있으며, 다양한 페미니스트 해결책이 제시되고 있다. 불평등의 원인을 좀더 깊이 이해하고 있기 때문에 페미니스트들의 목소리도 더 다양해질 수밖에 없었던 것이다.

제3의 물결 여성주의는 신세대 여성들이 주축을 이루는 여성주의로서 여성운동이 어느 정도 성과를 얻었다는 전제 아래, 경제적 불평등, 인종적 편견 극복 등의 쟁점을 갖고 좀더 문화적 · 정치적 다양성을 존중하는 여성운동을 실천하는 조류다. 성, 섹슈얼리티와 젠더에 대해 이분법적 대립, 즉 여자와 남자, 동성애와 이성애 등의 대립에 도전하는 주류에서 벗어난 페미니즘으로 간주된다. 제2의 물결 중심에서 "사적인 것은 정치적인 것"이라는 강령을 내세웠다면, 제3의 물결 중심에서는 "차이는 정치적인 것(The difference is the political)"이라는 강령을 내세운다.

페미니즘을 파워의 관점에서 보면 젠더 불평등의 모습이 더욱 명백하게 관찰된다. 젠더 불평등은 특정 사회의 경제구조와 사회조직, 그리고 그 사회 내의 특정 집단의 문화에 따라 다양한 형태를 띤다. 페미니즘이 젠더 불평등에 대해 강조하는 것은 이것이 개인적인 문제가 아니라 사회구조에 뿌리 깊게 배어 있다는 점이다. 젠더 불평등은 결혼과 가족의 조직, 일과 경제, 정책, 종교, 예술과 기타 문화적 산물, 그리고 사용하는 언어에 깊이 내재되어 있다. 따라서 성 평등을 위해서는 개인적인 해결책이 아니라 사회적인 해결책이 필요하다는 것이다(최은정 외, 2005). 이러한 젠더 불평등에 관한 논의는 몇 세대 페미니스트 연구자들과 학자들의 업적을 종합한 것이다. 이 관점에서 여성주의 이론은 다양한 형태로 만연되어 있는 젠더 불평등의 원인을 설명하고 해결책을 제시하기 위해 발전되었다.

젠더라는 개념은 여성과 남성 간의 관계에서 작용하는 사회적 지위와 개인의 정체성, 성별화의 사회 과정을 통해 형성되며, 젠더 구분과 역할은 경제, 가족, 국가, 문화, 종교와 성별화된 사회 질서인 법과 같은 주요한 사회 제도 속에 내재되어 있다. 여성(woman), 남성(man)은 젠더를 언급할 때 사용된다. 성(sex)은 생물학적 관점에서 유전, 호르몬, 환경과 행위의 복잡한 상호작용을 중심으로 남자(male), 여자(female)와 간성(intersex)을 언급할 때 사용된다.

한편 여성주의는 여성이 남성에 비해 사회적 지위가 더 낮고 혜택을 더 적게 받는 주요 원인을 어떻게 보느냐에 따라 몇 가지 유형으로 분류되어 왔다. 로버(Lorber, 2001)는 지난 반세기의 여성주의는 성 불평등의 원인을 어떻게 해결하는가에 따라 세 개의 범주로 나눌 수 있다고 했다. 이러한 범주에서는 젠더 개혁(reform), 젠더 저항(resistance), 젠더 반란(rebellion) 여성주의로 분류하여 제시한다. 전체적으로 각 여성주의 유형에서 나온 정책은 그 여성주의의 이론적 논지에 따라 강조점이 달라진다고 할 수 있다.

젠더 개혁 여성주의는 젠더 불평등의 원인을 가족과 경제에서 여성의 일에 초점을 둔다. 젠더 저항 여성주의는 여성에 대한 폭력과 성적 억압, 그리고 지식과 문화 생산에서 여성의 경험이 드러나지 못함을 비판한다. 한편 젠더 반란 여성주의는 불평등한 젠더 질서를 만들고 유지하는 과정과 상징을 해체한다. 자유주의 여성주의나 사회주의 여성주의 같은 젠더 개혁 여성주의는 일의 세계와 경제적 자원의 분배에 공식적 · 비공식적으로 만연해 있는 차별 관행을 드러내고 이의 해결책을 제시하고자 했다.

젠더 개혁 여성주의는 여성의 가치가 남성과 동등하게 평가되고, 인간의 잠재력을 발휘하며 마음껏 자신의 삶을 살 수 있기를 바란다. 그 추구하는 목표는 삶의 모든 영역에서 여성과 남성이 동등하게 참여하고 그들이 하는 일에 대해 동등한 인정과 보상을 받도록 하는 데에 있다. 젠더 개혁 여성주의는 제2의 물결 여성주의에 그 이론적 근거를 두고 있으며, 그들의 정책은 현실적이고 오늘날 젠더 불평등을 해결하는 데 최선의 방법을 제시할 것으로 기대된다.

다문화주의 여성주의, 포스트모던 여성주의 같은 젠더 반란 여성주의는 여성과 남성, 여자와 남자, 이성애와 동성애 간의 범주를 다양화하고 경계를 무시함으로써 직접적으로 젠더 질서에 도전한다. 이분법에 의문을 제기함으로써 젠더 반란 여성주의는 한 집단이 상대 집단에 비해 합법적인 비호를 받는 것에 반대한다. 1980년대 이후 여성주의자들이 성, 섹슈얼리티, 젠더 같은 범주를 해체함으로써 우리가 당연하게 여기는 것이 어떻게 젠더 질서를 유지시켰는가를 보여 주었다.

2) 이론적 전개와 흐름

여성주의의 유형[1]은 여러 관점에서 분류되는데, 여기에서는 근대 전 · 후를 대비하여 전통적 여성주의와 포스트모던 여성주의, 그리고 대안적 패러다

1 이 내용은 곽삼근(2002c), 「여성주의 교육의 연구 동향과 실천 과제」 중에서 발췌 · 보완했다.

임으로 등장하는 생태여성주의에 대해 간략히 살펴본다.

전통적 여성주의

자유주의 여성주의는 우선적으로 남녀 간의 법적인 평등, 동일 노동과 동일 임금, 평등 고용 기회 등의 개혁을 추구한다. 이 유형의 여성주의는 영국 여성해방사의 기념비적 저술인 『여성의 예속』(1869)을 저술한 밀(J.S. Mill)에 의해 주창되었으며 프리던(Friedan, 1963)과 전미여성연맹(NOW: National Organization of Women)에서 신봉되고 있다. 자유주의 여성주의자들은 밀 이래로 주장되어 온 평등 사회가 실현되지 않은 까닭은 자유주의 이념이 실패했기 때문이 아니라 충분히 적용된 적이 없었기 때문이라고 주장한다. 이들은 성에 대한 고정 관념과 편견에 주목하고, 여성들도 사회에 동등하게 참여할 수 있다고 주장한다. 따라서 이들은 여성의 정치적인 참여나 제도적인 기회 균등에 관심이 많고, 이를 위한 법적·제도적인 투쟁에 주력한다. 또한 지금까지 남성과 동등한 제도적 보장을 받지 못한 부분에 대해 항의하고 이를 개선하고자 한다. 이 입장을 취하는 학자들은 비교적 현실에 대해 낙관적이며 점진적 변화를 통해 여성들의 지위를 향상시키고자 한다.

자유주의 여성주의는 여성이 학교교육이나 학문적 성취에 실패하는 이유를 남성과 동등한 교육 기회를 제공받지 못했기 때문이라고 보았고, 성차별주의를 고착시키는 성역할 사회화와 성 고정화를 교육 내에서 남녀의 불평등을 유발하는 원인으로 보았다. 가령, 남녀 학생이 모든 유형의 교육기관에 평등하게 접근할 수 있어야 하고, 시험이나 교사를 선택하는 면에서도 동일한 자격을 갖출 수 있어야 한다. 특히 대학에서는 장학금이나 연구보조비를 받는 데도 동일한 대우가 필요하다. 자유주의 여성주의자들은 남성과 여성들에게 주어지는 성역할이 고정 관념화됨에 따라서 사회적 역할을 결정하게 된다고 주장한다. 따라서 교과과정 내에서도 여성들은 전통적인 성역할을 내면화하고 습득하게 된다는 것이다. 자유주의 여성주의의 관점을 가진 교육학자들은 교과서 내의 여성의 성역할 부분을 고발하는 연구들을 수행해 왔으며, 이는 교육과정 개편에 상당한 기여를 했다.

급진적 여성주의자들은 사회구조가 근본적으로 변화해야 된다고 주장한다. 급진주의 내에서도 여러 집단이 있지만, 이들의 공통적인 특성은 남성적인 가부장 제도를 거부하고 반(反)남성적인 태도를 가진다는 것이다. 이들은 이 세계는 남성들에 의해 지배되었고, 인류의 지식 체계부터 종교, 사회 제도에 이르기까지 남성적인 권력이 작용하지 않는 곳은 없다고 말한다. 역사는 남성들의 활동을 중심으로 쓰여진 이야기이며, 당연히 여성은 역사 속에서도 비주류로 그려질 수밖에 없었다. 또한 지식과 도덕 체계도 남성들의 사고 유형을 중심으로 전개되어 왔다. 급진주의 여성주의자들은 이러한 남성 중심적인 메커니즘을 분석하고 드러나지 않은 억압들을 밝혀 주었다. 이들은 자유주의 여성주의와 사회주의 여성주의를 모두 비판한다. 이들에 따르면, 자유주의 여성주의자들은 사회적인 제도와 기회의 균등이 성차별을 완화할 것이라는 순진한 믿음을 가지고 있으며, 결국 사회적 제도 개선이 이뤄진다고 해도 이는 겉으로 드러나는 현상일 뿐이지, 사회가 가지고 있는 내재적인 개선은 이뤄지지 않는다고 비판한다.

급진주의 여성주의가 교육의 성별 불평등을 바라보는 관점은 다음의 두 가지로 분류될 수 있다. 첫째, 남성 중심적인 학교 지식과 문화를 전유하는 데서 파생되는 성별 불평등이다. 학교에서의 지식은 남성의 사고와 경험을 중심으로 기술한 것이므로, 여성의 지식은 포함되지 않은 '반쪽의 지식'이라는 것이다. 또한 여성 중심적인 지식이나 감정은 드러나지 않거나 하찮은 것으로 취급함으로써 사회 전반에 가부장적인 이데올로기가 부각되도록 했다는 것이다. 둘째, 학교 내의 일상생활에서 벌어지는 성 정치학과 관련된 것이다. 성 정치학이란 일상생활 남녀 사이에서 일어나는 권력 관계를 뜻한다. 가령, 여학생과 여자 교사가 남학생과 남자 교사로부터 당하는 성희롱이나 성폭력의 원천이 되며 이것은 학교 내에서 남성에 의한 여성의 억압과 종속을 강화하는 기제로 사용된다.

이와같이 급진주의 여성주의는 남성과 여성 사이의 권력 관계를 뜻하는 성

정치학과 가부장적인 지배를 비판하면서 학교에서의 성별 불평등을 해소하기 위해서는 '성 인지적(gender-sensitive) 교육'이 필요하고 이를 위해서는 남녀별학(single-sex schooling)이 필요하다고 주장한다.

마르크스주의 여성주의는 마르크스 이론에 충실하여 성 불평등이 자본주의 체제에 기인한다고 전제한다. 즉, 이들은 여성을 또 하나의 피지배 계급으로 본다는 것이다. 마르크스주의 여성주의자들에 의하면 여성 불평등의 핵심적인 원인은 자본주의에 기인하며, 자본주의가 존재하는 한 여성의 불평등은 개선될 수 없다고 주장한다. 자본주의는 여성들을 '노동예비군'으로 분류하며, 교육이 성 불평등을 재생산하는 기제로 사용된다고 주장한다. 따라서 이들은 여성의 권익을 위해서는 자본주의를 붕괴하는 것이 우선이라고 여기고, 이를 위해서는 남성들과의 연대도 불사한다.

이들이 주목하는 교육은 사회문화적인 성인 젠더가 권력 관계와 연결되어 학교교육을 통해 어떻게 재생산되는가에 관심을 가진다. 즉, 학교 내에서 남녀 학생 간의, 남녀 교사들 간의 위계질서, 이러한 위계질서 안에서 이루어지는 성별 분업은 가부장적 사회의 남성 지배적 헤게모니와 이데올로기에 의해 학교교육 안에서 재생산된다는 것이다. 가령, 우리나라 교사의 60% 이상이 여성이라는 사실에도 불구하고 전국 교장단의 여성의 비율은 불과 6% 정도밖에 되지 않는다. 또한 수학이나 과학 선생님은 남자가 많고, 음악이나 국어 선생님은 여자가 많다. 마르크스 여성주의자들은 비단 이러한 재생산뿐만 아니라 교과과정 안에서도 재생산이 이루어지고 있다고 주장한다. 학교교육을 통해 지배 계급과 피지배 계급의 재생산이 일어나듯이, 남성들과 여성들의 분업화가 이루어지고, 암묵적으로 이를 강요하고 전달하는 장으로 학교교육이 활용된다고 주장한다. 그리고 이것은 가정과 직장, 사회에 연장되어 학교에서의 재생산이 사회에서의 재생산으로 이뤄지고 있다고 주장한다.

이와같이 마르크스 · 사회주의 여성주의는 학교교육의 성 불평등이 계급 불평등과 더불어 자본주의 사회의 경제 체제 안에서 이미 주어진 사회 제도들과 어떻게 상호연관성을 맺어가며 재생산되는가에 관심을 갖는다. 즉, 이들은 학교교육이 성별 재생산의 주된 기제이고 이러한 과정으로 인해 여성의 억압과 종속이 가부장제 사회에서 재생산된다고 주장한다. 따라서 이들은 성별 불평등의 원인을 계급적 · 성별적으로 구조화된 사회 계급에서 찾아내었으며, 사회개혁이 교육을 통해 이루어질 수 있다는 믿음보다는 학교교육과 자본주의에 대한 비판점을 강조했다.

포스트모던 여성주의

포스트모던 여성주의는 매우 복합적이고 함축적인 이론적 틀을 제시해 주고 있다. 우선 기존의 서구 중심 이론과 실천에 대응하는 지역의 특수성을 반영할 수 있게 해 주고, 여성성을 긍정적인 가치로 볼 수 있게 인도한다. 여성이란 어디까지나 구성된 범주이므로 여성 범주를 구성해 내는 사회문화적, 언어적 요소에 주목하도록 해 준다. 여성들의 다양한 인식과 경험이 소중한 학습의 소재로 여성에 관한 지식을 형성하는 데 기여하고 있고, 그동안 들리지 않고 보이지 않았던 목소리들이 점차 학문 세계에 등장하고 있으며, 한 가지 틀에서 모든 것을 설명하는 방식은 붕괴되고 다양성을 강조하도록 유도했다.

포스트모던 여성주의는 지배 질서의 유형을 비판하면서 여성적인 것과 타자의 가치를 향상시키고자 한다. 이는 획일성을 거부하고 해체주의적 성향을 지니며 근대성이 지닌 이분법적 사고를 비판한다. 즉, '나'를 중심으로 타자를 대상화하고 파악하며 그들을 정복함으로써 세계를 경영하려는 근대성을 비판한다. 포스트모던 여성주의에서는 이 근대성을 곧 남성 중심의 패러다임으로 지적한다. 이러한 근대성에서 여성은 항상 감성적 존재이며 '타자(他者)'로서 주변화 · 대상화되어 왔던 것이다.

포스트모던 여성주의는 '프랑스 여성주의'라고 불릴 정도로 프랑스 여성들에 의해 주도되어 왔다. 특별히 그 시작은 1949년 프랑스의 보부아르의 『제2의 성』에서 출발되었다고 볼 수 있다. 여기서 보부아르는 '여성의 경험'이 남성들이 만들어 놓은 학문과 문화와 일치될 수 없음을 드러냈다. 그리하여 남성들의 시각과 다른 여성들 나름대로의 삶의 경험을 탐색하기 시작했다.

일반적으로 포스트모던 여성주의는 구조주의와 모더니즘의 이분법적인 사고의 틀을 거부한다. 포스트모던 여성주의는 지금까지 하나의 시각으로 여성의 억압과 종속을 설명하고자 했던 기존의 여성주의는 이분법적인 사고를 가지며, 이 같은 하나의 이야기로써는 가부장적 사회에서 여성이 처한 상황을 제대로 설명할 수 없다고 주장한다. 한 사회 안에 공존하는 여성들은 각기 다른 계급적, 인종적, 사회경제적, 경험적인 상황들을 소유하고 있다. 백인 여성이 흑인 여성의 삶을 이해할 수 없으며, 지배 계층의 여성이 피지배 계층 여성의 삶을 포괄할 수 없다는 인식이다(bell hooks, 1995). 따라서 종전의 메타담론화한 보편주의적이고 본질주의적인 여성주의는 이런 면에서 비판된다.

대안 패러다임으로서의 여성주의

대안 패러다임으로서의 여성주의는 생태학적 접근에서 볼 수 있다. 전통적 여성주의나 포스트모던 여성주의는 여성과 남성의 정치학적 역학을 중심으로 '예속으로부터의 해방'에 관심을 두었다고 할 수 있다. 그러나 생태여성주의는 지구환경인 자연에 대한 관심사로까지 인간의 문제를 연장하여 그 지평을 확대하고, 생명과 환경을 권력 유지보다 우위에 두었다는 관점 전환의 의미가 있다.

생태여성주의는 여성과 자연을 분리하고 배제시키는 가부장적 세계관과 사회구조가 근대성의 중심에 엄존하며, 이것이 자연 착취와 여성 억압을 낳는 근본 원인이라고 파악한다. 생태여성주의(ecofeminism)는 생태학과 여성주의가 만나 생겨난 말이다(Rae, 1994: 23). 근대적 패러다임과는 달리 자연을 모든 생명체를 낳고 부양하는 어머니로 보고 이 상처입은 어머니인 자연과 공존할 수 있는 대안적인 삶의 유형을 모색하는 것이기도 하다(미스 외, 2000).

생태여성주의라는 용어 자체는 "지구상에서 인간의 생존을 보장해 줄 생태학적 혁명을 일으킬 만한 여성의 잠재력"을 표현하기 위해 1974년 프랑스의 작가 프랑수아 듀봉(Françoise d'Eaubonne)에 의해 고안되었다. 생태여성주의는 여성과 자연의 연관성에 대한 깨달음에서 나온 것이다. 여성운동이 무르익어 가던 1970년대에, 여성들은 여성에 대해 '타자(the other)'로 규정하는 사회문화적 관습과 질서가 자연 역시도 타자화(他者化), 곧 대상화하고 있음에 주목하고 여성 억압과 자연 억압을 '쌍둥이 억압'으로 명명하기 시작했다(Merchant, 1992: 185). 이처럼 관심의 지평이 넓어지자, 여성주의자들은 여성 차별(sexism)과 자연 차별(naturism), 그리고 인종 차별(racism)과 계급 차별(classism)이 서로 동떨어진 문제가 아니라 구조적으로 맞물려 있는 복합적인 문제임을 각성하게 된 것이다. 또한 이 네 가지 억압의 뿌리에 가부장주의가 놓여 있음을 통찰할 수 있었다. 특히 가부장주의의 다양한 표현들 중에도 인간의 현실을 이원화(二元化)하여 한쪽이 다른 쪽보다 더 높고 우월하다고 보는 위계 체제적 이원론이 문제의 핵심이라는 것이다. 이러한 분석에 근거하여 생태여성주의는 총체적인 생명의 해방을 목표로 삼는다.

카렌 워렌(Karen Warren, 1996)은 생태학적 문제들은 오직 여성주의 관점을 포함할 때에만 해결될 수 있다고 주장한다. 요컨대, 생태여성주의는 결국 여성과 자연의 종속성을 밀접하게 동일시하고, 생태학적 · 여성주의적 원리에 따라 사회를 변혁시키도록 요구하는 이론과 실천이라고 할 수 있다. 여성주의와 생태운동은 각각 여성과 자연에 대한 지배와 착취를 벗어난 새로운 가치 창조와 사회구조를 제안한다는 점에서 타자 배제 극복의 관점을 갖는다.

샤를렌 스프레트낙(Charlene Spretnak)은 생태여성주의로 들어가는 길에 세 가지가 있다고 제시한다. 첫째는 정치이론과 문화사에 대한 연구를 통해, 둘째는 자연에 기초한 이른바 여신 종교에 대한 연구를 통해, 그리고 셋째는 환경보호주의 접근을 통해서다.

첫째, 정치이론과 문화사 연구의 측면에서 볼 때 1960년대 행해진 마르크스주의적 사회분석 이론에 영향을 받았던 급진주의적 문화적 여성주의자들은 마르크스주의적 계급 지배이론이 가장 보편적으로 남아 있는 피지배 계급인 여성과 자연을 무시한다고 간파했다. 여성은 물론 자연을 무시했던 계급 지배이론의 불충분성을 경험하고서, 급진주의 여성주의자들은 곧바로 생태여성주의에 뛰어들었다.

둘째, 자연에 기초한 종교, 이른바 여신 종교의 발견은 큰 의미를 지닌다. 여성적인 것을 숭배하며 초월보다 내재를 강조하는 자연에 기초한 종교, 이른바 여신 종교에 참여함으로써 생태여성주의자가 되는 것이다. 생명과 창조의 우주적인 온전함과 치유의 신성이 바로 우리 속에 내재한다는 여성과 자연의 공통점에 대한 발견이며 존중이다. 1970년대 중반 많은 급진적 여성주의자들은 역사적 · 인류학적 자료를 통해 고대 여신들을 발굴하고 여성을 숭배하던 종교를 발견해 냈다. 그들은 신령한 숲, 자궁처럼 생긴 동굴, 달의 주기와 비슷한 여성의 생리 등에서 대지(大地)의 여신 가이아(Gaia)를 경험했다. 고대 여신상의 팔에 휘감겨 있는 뱀을 기독교 창조 설화에 나오는 인류 타락의 악마적 상징으로 보는 대신에, 허물을 벗는 주기적인 재생과 갱생의 교훈으로, 지혜의 상징으로 재인식하고, 지구의 절기에 맞추어 축제를 벌이는 등 다양한 의식과 영성을 구현해 나갔다.

세 번째 길은 환경보호주의(environmentalism)에서 유래한다. 다양한 환경운동과 녹색정치에 투신하던 여성들은 그러한 운동의 남성 편향성을 목격하고 생태여성주의로 기울어졌다. 여성주의 운동을 단순히 어머니 시대의 문제로 느끼던 수많은 남녀 대학생들은 환경 연구 과목을 수강하게 되면서 점차로 생태여성주의 운동가들의 분석을 접하게 되었고, 자신들의 책에서는 찾아볼 수 없었던 깊이를 인식하게 되었다(스프레트낙, 1996: 30-32).

생태여성주의가 담고 있는 사회정치적 이론들은 자연에 대한 테러와 여성의 근본적인 힘의 파괴를 일삼는 가부장적 문화의 상호 역동성을 설명해 주고 있다. 그뿐만 아니라 자연 세계에 들어 있는 여성과 남성의 확장된 자아 개념을 발견할 수 있는 방법이 될 수도 있다(구미정, 1998).

생태여성주의가 적극적인 여성운동으로 전개되기 시작한 것은 1970년대 중반이다. 1970년대 초반의 여성주의자들은 여성 자신들의 운동이 탄생되어야 한다는 인식에 사로잡혀 있었기 때문에 생태학에 관심을 쏟을 여유가 없었기 때문이다. 생태여성주의는 여성과 자연을 분리하고 배제시키는 가부장적 세계관과 사회구조가 자연 착취와 여성 억압을 낳는 근본 원인이라고 파악한다. 다양한 작업들이 생태여성주의를 꽃피우는 데 풍부한 밑거름이 되었다. 특히 1974년 캘리포니아의 버클리대학에서 열렸던 '여성과 환경' 대회와, 1980년 스리마일 섬의 핵 재난에 자극을 받아 매사추세츠 암허스트에서 개최된 '지구에서의 여성과 생명' 회의는 생태여성주의가 자라나게 된 주요 계기를 마련해 주었다. 이 무렵에 나온 수전 그리핀(Susna Griffin)의 『여성과 자연(1978)』, 캐롤린 머천트(Carolyn Merchant)의 『자연의 죽음(1980)』이라는 두 작품은 여성운동을 생태학적 노선으로 이끄는 데 크게 공헌한 생태여성주의의 고전서로 꼽힌다.

여성주의 개념의 발전사는 다양한 관점에서 살펴볼 수 있다. 여성주의 가치를 성기성물(成己成物)의 모성 양식에서 찾아야 한다고 주장한 정대현(2005: 53)은 여성주의를 예속 해방적 여성주의와 본성 회복적 여성주의로 대별하고, 그 다음 단계를 생태적 인문주의로서의 여성주의를 제안한다. 이 여성주의는 인간과 자연을 좀더 폭넓게 포괄하고 현대 문화의 조건과 방향을 가늠하는 대안적 지평을 열 수 있다는 믿음에서이다. 생태주의는 남녀 간의 어떤 차이를 인정하면서도 그 차이를 인간론이나 여성론의 출발점도 아니고 근본적인 쟁점도 아니라고 상정하며, "인간으로서의 지향, 인간을 에워싸고 있는 사회적 · 자연적 범주들, 소수자의 고통, 약자에 대한 억압"이 더 근본적인 것이라고 전제한다. 이러한 관점에서 볼 때, 성기성물 여성주의는 곧 생태적 여성주의 이념에 가장 근사하며, 약자 우선 관점에서 지구와 생명을 돌보며 타자 배제를 극복하려는 여성주의는 이 책에서 여성주의 교육학이 지향하는 가치와 동일선상에 있다.

2. 여성주의 교육학의 필요성 및 개념

다문화 시대를 맞이하여 다양한 학문 영역별로 새로운 성찰이 요구된다. 교육학의 영역에서도 여성주의 관점에서 기존의 남성 중심 교육학의 성격과 연구 방법에 대한 비판적 성찰이 필요하다. 현재의 학교교육은 지나치게 규격화되어 폐쇄성을 드러내고 있으며 다양한 개성과 문화를 포용하는 데 한계가 있다. 근대 사회의 교육은 교육의 목적이나 조직, 그리고 교육 내용면에서 인간의 삶의 이상이 아닌 거대 기관의 부속품으로서 행동하는 수행인을 양성해 왔다는 비판이 제기되고 있다. 평생학습 시대 개방적인 교육 체제가 요구되는 시점에서 대안적인 교육학 패러다임이 요구되고 있으며, 그것은 교육 현상을 삶의 터전 전반에서 관찰하고 연구하며, 새로운 세계 질서를 구축하는 것과 관련되어야 한다. 따라서 교육 전반을 수평적 · 수직적으로 통합하는 관점이어야 하며, 생애 준비교육이 아니라 생애 현장교육에 관한 현상을 포함해야 한다. 이러한 대안적 접근으로 교육에 대한 여성주의적 접근이 거론되어 왔으며, 여성주의 교육학 태동의 필요성이 증가하고 있다.

여성주의 교육학은 여성주의 가치에 입각하여 교육 현상을 분석하고 연구하는 학문을 의미한다. 여성주의 교육은 '여성을 대상으로 한 교육'을 의미하는 것이 아니다. 또는 '여성의 교육'이거나 더더욱 '여성에 의한 교육'이 아니다. 여성주의 교육학은 남성과 여성을 망라하여 모든 인간을 대상으로 하며, 교육의 이념과 실천 과정에 여성주의 가치를 토대로 하고, 궁극적으로 여성주의 세계 질서 구축의 주체인 인간과 그들 관계로 빚어진 사회 형성을 지향하는 교육을 표방하며, 이러한 교육 현상을 연구하고 창출하는 실천의 학문이다. 따라서 "여성주의 교육학(feminist education)은 여성주의적 가치의 관점으로부터 교육 현상을 개념적으로 해석하는 행위나 이와 관련된 실천"으로 규정할 수 있다. 여성주의 가치를 한마디로 표현하기는 어려우므로 제2부에서 별도의 장으로 다룰 것이다. 여기에서 간단히 소개하자면 여성주의 가치는 "약자 우선 관점인 모성 가치로부터 유추된 생명 존중과 평화의 가치이며, '성기성물(成己成物)' — 나를 이룸은 만물을 이룸과 맞물려 있다 — 의 가치"[2]로서, 타자 배제를 극복하고자 하며 돌봄과 배려의 가치를 포함한다. 모성 가치에 대한 논란은 여성주의자들 간에도 뜨거운 쟁점으로 부상하고 있는 화두이며, 이와 관련된 논쟁도 만만치 않다. 그렇다고 여성주의에서 모성 양식이나 모성적 경험을 부정하면서 거부하는 것은 현실적이지 않다. 이러한 모성 담론에서 어떻게 역동적인 대안을 발굴해 내는지, 특히 그것이 여성주의 교육학에서 어떠한 연결고리를 갖고 있는지에 대해 진지하게 고민해 봐야 하는 시대적 요청에 우리는 직면하고 있다. 여성주의 교육학의 가치를 '생명 살림'인 배려와 보살핌의 교육학이라고 상정할 때 모성(여기에서는 생물학적으로 여성에게만 귀속시키는 특성은 아님)은 바로 여성주의 교육학의 핵심적 위치에 있다고 하겠다. 또한 모성이 발현된 장소를 토대로 유추한 '가정 모델' 교육은 현행 학교교육이 터하고 있는 '공장 모델'을 대치할 수 있도록 발전적으로 탐구될 필요가 있다. 여성주의 가치에 의거한 여성주의 교육학에서 교육의 주체는 남성과 여성 모든 성별을 포함한다. 여성주의 교육은 모든 성별을 대상으로 모든 성별을 위한, 모든 성별에 의한 교육으로 자리잡아야 하며, 또 그렇게 될 수 있다는 믿음이다.

왜 여성주의 교육학인가?

교육학에서 여성주의 접근의 시도는 성별 간 불평등한 교육에 대한 문제를 제기하면서 시작되었다. 여성학의 발달로 인해 그동안 전 학문 분야에 걸쳐 유지되어 온 남성 중심적 풍토와 관행의 성 차별에 주목하는 계기가 되었다.

---

2 모성 가치에 대해서는 여성주의자들 간에도 논쟁이 분분하지만, 이 책에서는 여성주의의 핵심 가치로서 모성을 논의한다. 이에 대한 논리를 분석적으로 제시한 이론적 토대는 정대현(2005) 교수의 논문을 참조하기 바란다. 그는 여성주의 가치로 성기성물(成己成物) 모성 양식을 제시하며, 이는 모성에 대한 새로운 관심을 모으기에 충분하다.

이제까지 여성학은 여성이 역사적 · 제도적으로 차별되어 왔다는 인식에서 출발하여 그러한 차별을 없애기 위해 연구나 교육을 행하는 운동으로 정의되는 학문으로 인식되어 왔다. 여성주의의 가장 주요한 논점은 여성이 자신의 삶의 주체가 되지 못하고 항상 '타자'로 취급되어 온 것에 대한 인식에서 출발했다. 즉, 여성주의는 여성이 주체가 되지 못하고 '타자(other)'로 인식되어 온 것에 대한 비판을 수행하고, 여성 경험의 주변화를 거부하여, 여성의 자기 긍정성을 확대시킨다. 현재까지 잘 알려져 있지 않은 여성의 역사를 복원해 내고, 여성의 경험을 재해석함으로써 여성의 문화를 재구성하고 회복시키는 것은 "남성에 의해 들려진 이야기(history)로부터 여성의 역사(herstory)를 만들어 가는 것"과 같은 전폭적인 실천으로 인식되고 있다(곽삼근 · 김현미 · 손승영 · 이소희 · 주은희, 1998). 따라서 불필요한 경계를 끊임없이 허물고, 타자 배제를 극복하도록 성찰성을 높이는 일이 요구된다.

1999년 6월 뉴욕에서 개최된 여성특별총회에서 'herstory'가 공식 용어로 채택되었는데, 'herstory'란 '여성의 경험' 혹은 '여성의 경험으로부터 얻게 되는 교훈'을 의미하는 용어로서, 여성의 경험을 소중히 다루고자 하는 의식의 확산을 의미하는 개념이다. 또한 이 회의에서는 '여성의 주류화(gender-mainstreaming)'에 대한 개념 정의를 명확히 했는데, 그에 따르면 '여성의 주류화'란 단순히 기존 사회구조에 여성을 통합시켜 여성 참여의 비율을 높이는 것에 그치는 것이 아니라, "사회구조 자체를 평등하게 바꾸어 남녀 간의 파트너십을 새롭게 체결하는 것"이다. 그러나 여성주의가 이러한 평등주의 이념 추구에만 머무는 것은 아니다. 여성주의 교육이 등장한 초기 배경은 여성들이 억압받아 왔고, 교육의 혜택을 받지 못했으므로, 또 인구의 절반이 여성인데 균형적인 발전을 지향해야 한다는 등의 이유로 여성 교육에 관심이 주어지면서 시작되었다. 물론 공동체를 생각할 때 소외되는 계층이 없어야 하므로 일면 타당한 이유이기는 하다.

그러나 여성주의 교육이 필요한 이유가 여성주의 교육학의 성립을 정당화할 수는 없다. 이러한 성 평등과 발전의 관점이 이 책에서 여성주의 교육학을 주창하게 된 배경은 아니다. 그것에는 필연적으로 여성주의 교육학을 주창할 수밖에 없는 개념적 강제성이 존재하고, 또한 한국 교육학의 학문 세계를 좀 더 개방적으로, 그리고 관계적으로 변혁시켜야 하는 시대적 요청을 받아들여야 함에 있다. 그렇다면 여성주의 교육학이 출현한 배경은 무엇인가?

여성주의 교육학은 기존의 남성 중심성으로 인한 제반 교육 문제를 비판적으로 인식하며, 이에 대한 대안적 패러다임으로 등장했다. 상호 불신을 야기하는 위계적 서열 경쟁 교육, 지배와 권력구조에 기초한 폭력적 교육문화, 다양성을 수용하지 못하는 획일적 공장 모델적 교육, 반(反)생명 존중적이고 반(反)살림 지향적이며 비인간적인 교육에 대한 비판이 일고 있다. 질적이고 정신적 성장의 과정이 무시되는 풍토 속에서 양적·물질적 확대와 결과 중심의 생산 지향적 교육 등에 대한 문제가 제기되면서 대안적 교육의 필요성이 대두하게 되었다. 이는 현재 교육 이념과 실제가 교육의 본질을 훼손하고, 그 폐해로 물질지상주의의 확대, 인간의 정신과 영성의 외면, 인간 관계의 상호 불신, 인간과 자연의 부조화 및 지구적 환경 위기를 초래했다는 문제 의식에서 인간 교육 본질로의 회복을 지향하는 움직임이다. 여성주의 교육의 목적은 인간의 배경에 관계없이 누구나 배워야 할 보편타당한 학습의 권리를 갖게 하고, 학습자들 간 불평등한 학습 기회를 유발하는 제반 교육환경 및 인식을 개선하여 궁극적으로 모든 사람들이 다양하게 개성과 창의성이 존중받고 각자 지닌 잠재력을 개발토록 하며, 인간 관계에서 상호 존중과 신뢰의 분위기를 형성하고, 학습과 삶에서 생명과 평화 존중의 돌봄과 배려의 문화 가치를 구현하는 교육 시스템을 창출하는 것이다. 여성주의 세계 질서 구축의 관점에서 볼 때, 여성주의 가치와 그 실현에 관련된 다양한 요소들은 각 삶의 현장과 각 학문 분야에 서로 얽혀 있다. 그러므로 여성주의 교육학은 학교교육에 대한 연구 관심을 넘어 가정, 지역사회, 지구로 확장 연계되는 평생교육학으로 간주될 수밖에 없는 것이다.

여성주의 교육학 용어의 출현

여성주의 교육학은 무엇이며, 왜 주창되어야 하는가. 이제까지 서구에서 여성주의 교육학[3]은 페미니스트 페다고지(feminist pedagogy)라는 용어로 탐구되어 왔고, 학교교육이 이루어지는 과정에 대한 관심을 중심으로 연구되어 왔다. 페미니스트 페다고지라는 용어로 소개된 연구 논문이나 저서들의 공통 관심사는 학교교육의 이론과 실천에서 성 평등한 교육과정을 어떻게 실현시킬 수 있는가에 관심이 집중되고 있다. 즉, 페미니스트 페다고지의 대부분 연구들은 학교에서의 여성주의 교실을 어떻게 운영할 것인가에 대한 논의를 중심으로 전개되어 왔다고 할 수 있다. 따라서 페미니스트 페다고지는 우선적으로 교사와 학생이 대상이 아닌 주체로 행동할 수 있는 해방적 환경으로서의 교실에 관한 관점으로 인식되기도 한다. 즉, 교사와 학생 모두를 지속적인 성찰의 과정에 관여시키고 성차별, 인종 차별, 계급 차별 등을 넘어서기 위한 활동에 개입하게 하며, 사회를 변화시키기 위한 운동에 참여하도록 한다는 것이다. 이 관점에서 여성주의 교육은 궁극적으로 그러한 변혁을 추구하기 위해 우리가 교실에서 취할 수 있는 실천을 위한 교수/학습 과정에 대한 이론으로 규정하고 있다(Shrewsbury, 1993). 이러한 맥락에서 벨 훅스(bell hooks, 1989: 113)는 여성주의 티칭의 갈등 활용 관점을 제시한다. 교실에서 갈등적 상황을 마주할 때 차이를 넘어 서로를 마주한다는 것은 "우리가 어떻게 학습할 것인가에 대한 생각을 변화시켜야 한다"는 것을 의미한다고 강조한다. 즉, 갈등을 두려워하기보다는 "새로운 사고와 성장을 위한 촉매제로서 갈등을 활용"하는 방법을 찾아야만 한다고 주장한다. 그러나 이 책의 제목인

3 페미니스트 페다고지라고 소개된 연구는 여성주의 교육학이라기보다는 여성주의 교육이라고 보는 것이 타당하다고 할 수 있다. 여성주의 교육(feminist pedagogy)은 학교교육에서의 성 불평등 해소가 주요 목표로 나타나고 있어, 여성주의 가치를 창출하는 데에는 한계가 있다. 여성주의 학습문화 창출을 지향하는 여성주의 교육학의 영역은 평생교육으로 확장되어야 하며, 과도기적으로 이 의미를 포괄하는 개념을 차용할 필요도 있을 것이다. 그러나 궁극적으로 여성주의 교육은 전체 사회의 학습문화 창출까지 포괄하도록 연구 범위가 확대되어야 할 것이다.

『여성주의 교육학』에서 의미하는 여성주의는 불평등 해소의 차원을 넘어선다. 따라서 여기에서 제안하는 여성주의 교육학은 학교교육에서의 성 평등 교실에 대한 관심사를 넘어 삶의 터전인 가정, 지역사회에서의 여성주의 세계 질서 구축과 관련된 교육 현상을 다룰 것을 제시한다.

한국에서 여성주의 교육학이라는 용어가 학문 영역에서 저서로 소개된 바는 없지만, 논문이나 저서의 한 소절로 다루어진 바는 있다. 이를테면 허영식(2000)은 「독일 교육학의 역사와 이론」이라는 논문에서 한 항목으로 소개하고, 유현옥 외(2002)는 『여성교육 개론』에서 한 절로 다루고 있으며, 정민승(2004)은 논문의 한 하위 항목에서 여성주의 교육학의 필요성을 주장하고 있다. 그러나 이러한 용어 사용에 걸맞게 학문적 토대를 깊이 있게 제시하는 차원의 연구나 저서는 아직 소개된 바 없다. 여성주의 교육학에 대한 개념 정의가 이 책의 의도와는 상이하기는 하지만, 교육학계에 용어가 최초로 등장했다는 의미가 있으므로 간략히 그 내용을 소개하기로 한다.

허영식(2000)은 「독일 교육학의 역사와 이론」을 소개하면서 '여성주의 교육학'이라는 소제목에 두 쪽 분량의 지면을 할애한다. 미국의 페미니스트 페다고지 소개가 대부분인 한국 교육학계에서 허영식(2000)의 논문은 유럽의 여성주의 교육 관점을 크루거(H. Kruger)와 프렌겔(A. Prengel)의 논리를 중심으로 소개하여 독보적이다. 최근 인간 생활을 전체적인 관점에서 탐구하고 분석하기 위한 소위 간학문적인 연구의 필요성이 강하게 요구되고 있다. 독일에서 여성주의 관점은 사회과학적 여성주의와 후기구조주의 여성주의로 양분하여 설명하고 있는 시각이 대표적인데,[4] 크루거(Kruger, 1997)는 여성주의 이론적 기초를 수립하기 위한 논거를 다음과 같이 세 가지 관점에서 제

4 사회과학적 여성주의와 후기구조주의 여성주의로 양분하여 설명하고 있는 시각이 대표적이지만, 최근 이 양자의 제한점을 인식하면서 새로운 시도들이 등장하고 있다. 그 중의 한 시도가 바로 이 책에서 표방하고 있는 여성주의 가치를 바탕으로 한 여성주의 교육학의 관점이다. 즉, 모성 양식의 성기성물 여성주의와 지구화 시대 행위하는 여성주의 학습 리더십의 발휘다.

시한다.

첫째, 불평등-평등 접근, 둘째, 차이 이론 접근, 셋째, 사회적 구성 접근이 그것이다. 우선 첫째, 불평등-평등 접근은 기존의 전통적인 여성주의 관점으로서 성의 관계에서 여성이 당하고 있는 불이익을 분석의 중심에 놓으며, 교육 제도, 직업, 법과 정치에서의 여성과 남성의 동등한 대우 또는 평등 실현을 목표로 한다. 둘째, 차이 이론 접근에서는 남성과 여성 사이에 존재하는 생활 양식에서의 차이를 부각시키고, 여성의 생활 양식에 그 나름의 고유한 가치를 부여한다. 셋째, 사회적 구성 접근은 여성 또는 양성의 범주는 소위 '성역할 만들기'의 과정에 의해 발생하는 사회적 구성물의 지위를 갖고 이 셋째 접근에서 선호하는 목표 전망은 남녀 양성을 공유한 단일체가 아니라, 상황에 적합하게 구체화시키고 또한 바꿀 수 있는 것으로 파악해야 한다는 것이다.

위 세 관점을 비판적으로 논하며, 교육에서의 여성주의 접근을 체계적으로 제안하고자 하는 시도는 프렌겔에 의해 이루어졌다고 볼 수 있다(Prengel, 1992; 1993, 허영식, 2000에서 재인용). 그는 사회철학적 이론 전통과 다원성에 입각한 포스트모던주의에 입각하여, 그 세 가지 입장을 "평등한 차이와 다양성"의 개념 속에서 결합시키려고 했다. 결국 평등과 차이는 서로 배타적인 개념이 아니므로, 프렌겔은 '평등한 차이'를 여성주의 교육학의 핵심적인 준거점으로 발전시키고자 했다는 것이다. 여기에서 이 개념은 평등한 권리 부여와 다양성 사이의 지양할 수 없는 변증법을 강조하고 있는 것으로 간주된다. 이러한 생각은 평등의 원리는 이질적인 것의 존중을 통해 비로소 실현된다는 포스트모던적 철학의 사고 유형과 일맥상통한다고 볼 수 있다(허영식, 2000). 다른 한편으로 '평등한 차이'의 이론은 이미 비판 이론의 전통에서 나온 것이며, 여기서 출발점이 되는 가정은 타자와의 적절한 교제 또는 관계 속에서 비로소 인간의 정의가 성취된다는 것이다. 평등이 없는 차이는 사회적 위계질서, 문화적 평가 절하, 경제적 착취를 의미하며, 반면에 차이가 없는 평등은 순응이나 획일화 또는 '타자'의 배척을 의미한다는 인식이다.

교육학의 주류를 대표하는 사람들은 이제까지 여성주의 입장에 대한 담론이나 비판적인 논의에 별로 관심을 기울이지 않았다. 프렌겔이 제시한 다양성의 교육은 민주적 차이의 원리를 여학생과 남학생 사이의 관계뿐만 아니라, 여러 다른 문화의 구성원들, 그리고 장애자와 정상인 사이의 교제 또는 관계를 위해서도 구체적인 대안을 제시하고 있기 때문에 일반 교육학의 논의에 중요한 단서를 제공해 줄 수 있음을 인식해야 한다.

그렇다면 여성주의 연구에 대한 평가는 어떠한가? 크루거에 의하면, 여성주의 교육 연구자 자신들에 의해 지적되고 있는 비판점은 다음의 세 가지로 요약된다. 첫째, 성의 관계에서 여학생이나 여성을 지나치게 희생 또는 제물로 나타나게 한다는 점, 둘째, 여학생 또는 남학생 집단의 내부에서도 상당한 분화 현상을 관찰할 수 있는데 여학생을 통틀어 불이익을 받는 대상으로 묘사한다는 점, 셋째, 성에 특정한 사회화 현상에 대한 질적 연구 자료를 대입하여 성급하게 일반화를 도출한다거나 방법적 기초가 분명치 않다는 점 등이다. 하지만 최근에는 이러한 부족한 점을 개선하여 좀더 충실한 연구를 수행하려는 시도가 나타나고 있다(Kruger, 1997: 155-161). 이 지적에서도 나타나듯이 그동안 여성주의 교육에 대한 연구는 여성을 주 대상으로 전제하여 이론을 전개해 왔음을 알 수 있다. 그러나 향후 여성주의 가치를 표방하는 교육학은 성별 관계 이외에도 다양한 약자들의 관점에 대한 민감성을 토대로 전개되어야 함을 전망할 수 있다.

여성주의 교육학의 등장 배경 및 이념

여성주의 교육학이라는 용어가 등장한 배경은 초기에 성 불평등에 대한 문제 제기를 출발점으로 하여 점차 불평등 해소, 다양성 인정, 차이 배우기 등으로 강조점이 전환되어 왔다. 최근에는 차이 배우기를 넘어 대안 패러다임으로서 여성주의 가치 추구라는 움직임으로 이동하는 경향이 있다. 이를 구체적으로 살펴보면 다음과 같다.

1) 성 평등 사회를 지향하여

여성주의 교육학 등장에서 출발 초기의 이념적 토대는 성 평등 지향성이라고 할 수 있다. 교육에서의 여성주의적 논의는 이제껏 당연시되어 왔던 남성 중심의 교육사상, 교육적 관행 및 제도에 의문을 제기하고 변화를 모색하는 학문 경향이다. 유현옥(2002)은 여성주의 교육학은 기본적으로는 교육적 논의와 실제적으로 사회문화적 의미의 성의 분석에 관심을 갖는 여성학적 측면을 지니며, 궁극적으로는 "여성과 남성의 평등성을 증진시키고자 하는 정치적 측면을 가지고 있는 학문 영역"이라고 규정하고 있다. 이렇게 볼 때 여성주의 교육학의 이론적 기초는 교육학과 여성주의(feminism)에서 찾을 수 있다.

여성주의는 사회 현상을 있는 그대로 분석하거나 기존의 가치관을 추종하는 등의 소극적 자세로 사회를 보는 것을 거부하고, 가부장적 사회와 그에 바탕을 둔 학문 풍토를 변화시키려는 적극적 지식운동이면서 동시에 사회적 · 정치적 변화를 모색하는 사회운동으로서의 역할도 수행하는 실천운동이다. 이러한 인식에 따라 유현옥 외(2002)는 여성주의 교육학은 여성주의적 관점을 교육의 분야에서 연구하고 실천하고자 하는 지식운동이며 실천운동이라고 강조한다. 여성주의 교육학은 교육학의 한 분야이면서 동시에 여성학의 한 분야이기도 한 바, 여성주의 교육학은 기본적으로 교육의 문제를 다룬다는 점에서는 교육학에 속하지만, 기존의 남성 위주의 가치 체제 및 제도를 비판한다는 점에서 여성주의와 공통된 과제를 추구하기 때문이다.

여성주의 교육학은 기존 교육학이 세워 놓은 이론 체계와 방법론을 전적으로 무시할 수는 없다. 여성주의 교육학이 기존의 교육학을 비판하는 경우, 그것은 교육학 이론이나 실제가 여성 억압이나 소외와 관련된 부분이며, 여성 억압적 측면에 대해 비판하고 대안을 제시하는 과정에서도 기존의 교육학적 논의는 상당 부분 수용하게 된다. 그러나 여성주의 교육학은 기존 교육학의 체계나 방법론과는 다른 독자적인 체계와 방법론을 모색해 갈 수밖에 없다는 점에서 기존의 교육학을 넘어서는 측면을 지닌다는 점에 주목할 필요가 있다.

여성주의 교육학은 근래에 형성되기 시작한 새로운 분야이므로 그 독자적 체계나 방법론이 아직 체계화되지는 못했다. 물론 그 이전에도 여성주의 교육 연구나 여성주의 교육이론 등에 대한 접근은 있었으나(곽삼근, 1998; 1999; 2002c), '여성주의 교육학'이라는 학문 영역은 한국 교육학계에 상당히 조심스럽게 대두되는 셈이라고 하겠다. 유현옥 외(2002)는 『여성교육 개론』 제1장 제3절을 여성주의 교육학이라는 주제로 다루었는데, 이러한 시도는 한국 학교교육학계에서 최초로 여성주의 교육학을 가시화하는 시도로 주목할 만하다.

이 항목에서 유현옥은 기존의 전통적 교육학과 비교하며 여성주의 교육학의 차이점을 네 가지로 제시하고 있다(유현옥 외, 2002).

첫째, 여성주의 교육학에서는 여성 억압의 현상과 원인을 밝히기 위해 사회구조적 불평등과 그 바탕에 깔려 있는 이데올로기에 대한 분석을 바탕으로 여성에 대한 교육에서의 차별구조를 지적하고, 이러한 차별구조가 여성의 종속적 현실을 초래한 가부장적 문화와 결합하여 여성 억압을 당연한 것으로 받아들이도록 했음을 분석한다. 이러한 점을 고려할 때 교육적 논의에서 추상적 평등이나 성 중립성은 여성에게 실질적 도움이 되지 않으며, 경우에 따라서는 해가 될 수도 있다고 본다.

둘째, 여성주의 교육학은 여성의 구체적인 억압과 소외 경험에서 출발하고 이 경험을 설명하기 위해 이론에 의존하는 과정을 밟는다. 즉, 여성주의 교육학에서 중시하는 방법론은 여성이 소외되고 억압받고 낮게 평가되는 실제 문제에서 출발하고, 실제적 이유에서 근거를 부여하는 분석 방법을 사용한다.

셋째, 여성주의 교육학의 궁극적 관심은 모든 인간이 존중받는 남녀 평등의 사회를 건설하는 데 있다. 여성주의 교육학은 여성의 관점에서 그간의 전통적 교육학이 간과했던 특정 성에 대한 편파성의 문제를 지적하고, 그 성차별을 극복하기 위한 방안을 모색하고자 한다. 그리고 나아가서 모든 인간이 평등하게 공존하고, 모든 개인의 존엄성이 존중되는 이상사회 건설을 그 이상으로 삼는다. 이 점에서 여성주의 교육학에서는 교육을 이상사회 건설의 매개 수단으로 보고 있다고 할 수 있다.

넷째, 여성주의 교육학이 추구하는 인간상은 여성적 특성을 포용하는 새로운 인간상이라고 할 수 있다. 전통적 교육학에서 추구하는 인간상은 사회문화가 남성적 특성이라고 규정한 인간상이었다고 할 수 있으며, 이는 공적인 영역과 사적인 영역을 이원론적으로 구분해 온 사회적 관행과 밀접히 관련되어 있다. 대부분의 여성은 가정에서 가사와 육아의 일을 담당하는데, 교육은 이러한 일들을 사적인 영역에 속한 개인적인 일로 취급하여 공적인 영역의 일에 비해 열등한 영역의 일로 여겨 왔다. 이러한 맥락에서 공적인 영역에서 추구되는 합리적 판단 능력을 지닌 자율적 인간을 그 이상으로 추구하는 전통적 교육적 논의에서 여성은 소외되어 왔다. 교육학에서 이상으로 추구하는 인간관은 여성의 삶의 구조로 인해 동등하게 교육받기 어려웠다는 점은 성 불평등성의 관점을 잘 나타내 주고 있다. 다음의 진술은 이러한 시각을 잘 나타내 준다.

> 전통적 교육에서 추구되는 인간관은 자기에 관한 일은 스스로 판단하여 결정하는 자율성을 지닌 합리적 인간관이지만, 여성의 성장 과정이나 생활환경을 살펴볼 때 여성에게는 이러한 인간관이 요구하는 판단 능력 및 책임 능력이 형성될 여건이 마련되지 못했고, 따라서 여성은 그 합리적 인간의 범주에 포함되기 어려웠다. 그럼에도 불구하고 교육에서는 합리적 인간을 추구함으로써 교육에서의 여성 소외를 낳게 되었다(유현옥 외, 2002: 88).

여성주의 교육학에서는 이러한 불평등성의 문제를 지적하며, 공적인 영역과 사적인 영역의 구분에 도전한다. 이 구분이 여성 억압을 조장해 왔다고 보기 때문이다. 이러한 특징을 제시하며, 유현옥은 여성주의 교육학은 궁극적으로 남녀 간의 대립이나 지배-종속 관계를 지양하고, 양성 사이의 조화와 평등성을 지향하는 것을 통해 사회적 삶의 영역 간의 불균형을 시정함으로써,

모든 인간이 존중받는 문화 형성과 인간의 삶의 개선을 그 궁극적 목표로 추구함을 제시하고 있다.

2) 차이 인정과 차이 배우기

여성주의 교육학이라는 용어가 등장한 첫째 배경이 성 불평등 해소의 관점이라면, 두 번째 배경은 다양성과 차이 존중이다. 페미니스트 페다고지라는 용어를 '여성주의 교육학'으로 번역하면서 이 용어가 한국 교육학계에 소개되고 있다.[5] 1980년대 이후 페미니즘의 변화와 함께 페미니스트 페다고지는 차이를 전제로 대화를 모색하며 포스트모더니즘 교육학을 포함한다는 인식이 지배적인 경향으로 나타나기도 한다. 차이의 교육학이 갖는 의미는 매우 광범위하여, 교육의 주요 방법인 대화도 바로 차이를 토대로 전개된 것이다. 즉, 교육에서의 대화는 사고, 관점, 신념, 가치, 가설 등에서의 차이를 전제로 이뤄지는 대화이며, 이 때의 대화란 집합적 의사소통 수단(means of collective communication)으로서의 대화다(Burbules & Rice, 1991: 407).

한편 정민승(2004)은 「'합리적 대화'를 넘어 '차이 배우기'로」라는 논문에서 '여성주의 교육학'이라는 용어를 사용하고 있다. 후기구조주의는 이분법적 구분을 배격하고 차이를 매우 중요한 요소로 간주하고 있으며, 또한 교육학의 대상을 일상으로 확장시켰다는 점에서 큰 공헌을 하고 있다. 후기구조주의자들은 핵심어로 위치 부여(positionality)를 강조하며, 페미니스트 페다고지를 비판적 교육학의 줄기에 놓고 기존의 교육학적 실천 현장에서의 개념적 전환을 강조하고 있다. 정민승(2004)은 교육자의 권력, 학습자의 감성, 학습자의 목소리라는 세 요소를 기준으로, 페미니스트 페다고지에서는 교육 현장의 변화가 필수적임을 제시한다. 후기구조주의가 현장분석의 틀에 취약한

5 엄밀하게 표현하자면, 미국에서 연구된 여성주의 접근은 '여성주의 교육학'이라고 부르기에는 한계가 있으며, 여성주의 교육 또는 페미니스트 페다고지라고 함이 합당하다는 인식이다. 이 책에서 사용하는 '여성주의 교육학'의 용어와는 그 이념이 다르므로 이를 구별하기 위해 맥락에 따라 페미니스트 페다고지 용어를 혼용하기로 한다.

점을 감안하면, 이러한 후기구조주의적 페미니스트 페다고지는 전통적 교육학에 새로운 자극을 주었다는 점에서 매우 고무적이다. 또한 후기구조주의는 학습자의 정체성 형성과 의식 변화를 다룬다는 점에서 주목할 만하다.

최근 구조보다는 개인의 자아정체성 형성에 관심이 모아지고 있고, 특히 여성들이 어떻게 자아정체성을 형성하고 있는지에 대한 연구가 등장하고 있다. 후기구조주의자들은 학습자에 대한 문화정치적 분석 위에서 여성들의 의식 변화 과정을 면밀히 추적하여 분석하는 과정에 가치를 두고 있으므로 후기구조주의는 교육학적 과정에 주안점을 두고 있다. 외국에서 일련의 학자들은 이러한 연구를 '후기구조주의 페미니스트 페다고지(post-structural feminist pedagogy)'라는 용어를 사용하고, 일상에서의 학습자의 여성성/여성 의식의 획득 과정을 분석하며, 여성 의식 변화 과정에 대한 분석을 주도하고 있다(Gore, 1993; Tisdell, 1998; bell hooks, 1994; Weiler, 1996). 이들은 여성의 정체성 구성에 관심을 보여 주고 있고, 정체성 구성에서 여성 의식에 영향을 미치는 상호작용의 방식을 밝혀 주고 있다. 여성을 주체적 학습자로 본다는 관점에서 후기구조주의의 공헌은 매우 괄목할 만하다. 그러나 후기구조주의가 '여성주의 교육학'의 주요 이념으로 자리매김하는 데 기본적인 장애물 또한 놓여 있음도 부인할 수 없다. 여성들의 의식 변화 과정에 작용하는 '힘 · 에너지'는 누구의 것이며 어떠한 방향으로 결정되는가에 대한 문제다.

이러한 질문에 대해 우리에게 잘 알려진 비판적 교육학이 해답으로 제시될 수 있는가? 비판적 교육학은 "학교가 어떻게 계급을 재생산하는가?"라는 문제 의식에서 출발하고 "사회에서 소외계층이 어떻게 그들 고유의 의식을 갖는가?"에 관심을 둔다. 자신들의 고유한 목소리를 내는 것은 중요하지만 어떠한 목소리를 왜 내어야 하는가에 대한 성찰적 사고가 수반되지 않는다면, 이는 교육학적 의미를 갖기 어려울 것이다. 비판적 교육학은 자신의 위치 파악, 대화 등 교육의 목표나 방법면에서 매우 소중한 틀을 제시해 주고 있으며, 이제까지 미국을 비롯한 세계의 많은 여성주의자들이 파울로 프레이리(Paulo

Freire)의 관점을 지지해 온 것도 사실이다. 그러나 한편으로 '여성주의 교육학'을 교육학 영역에서 비판적 교육학의 틀에 속하는 것으로 자리매김할 때 새로운 한계를 내포하게 된다. 자신의 목소리 내기, 차이를 인정하고 배우기, 위치성 등으로 관심사를 확대해 온 후기구조주의 여성주의 교육은 여성이라는 젠더를 대상으로 하는 교육이 아니라, 새로운 가치를 추구하는 대안 교육학으로 정립되어야 하는 요구에 직면하고 있다.

3) 긍정적 여성주의 가치의 구현

후기구조주의 맥락이나 비판적 교육학 전통을 따르는 페미니스트 페다고지에서는 학습 대상을 우선 여성으로 상정해 왔다. 성 불평등 해소나 차이 배우기라는 관점에서도 여성을 교육 대상으로 한 실천을 의미하고 있음을 알 수 있다. 후기구조주의에서처럼 페미니스트 페다고지를 여성을 대상으로 한 소외 극복의 교육 방법 정도로 탈규범적 · 탈가치적으로 규정했을 때, 여성주의 가치나 여성주의 윤리에서 강조하는 가치지향성은 외면당하기 쉽다. 교육학을 방법론의 관점에서만 본다면 그것은 가능할지 모르나, 교육학은 엄연히 가치 지향적이다. 누구의 어떠한 가치를 따르느냐는 별개의 문제다. 가치 합의 과정에서 민주적 의사소통 절차를 통해 합리적으로 도출되는 것도 중요하고 차이를 수용하고 인정하는 것도 필요하다. 그러나 차이를 수용하면서 관계를 맺는다는 것은 일종의 긴장과 도전을 유발하기도 한다. 여기에서 차이는 상호 어떻게 취급되어야 하는가가 매우 중요하다.

차이에 대한 여성주의 관점에 주목할 필요가 있다. 여성주의 주체는 타자에 대립되는 행위자가 아니라 다름의 적극적 수용과 동시에 창조적 반응을 생성하는 주체이므로 타자와 이질적인 접속의 관계맺기를 통해 상호적인 변화와 복수성의 계기를 마련한다. 이러한 주체 개념에서는 타자의 이질성을 수용하고 반응하는 적극적인 네트워킹 능력이 주체의 창조적 변화에 필수적이다. 이러한 방식으로 타자와 관계맺는 것은 양자가 공유하는 보편적 토대를 통해 서로의 의도를 소통하는 것이 아니라, 접속의 순간에 서로가 행위자인 동시에 행위 작인(agent)으로 존재하는 복수성의 지대에서 이루어지는 생성의 소통이다. 이는 주체의 적극적인 재배치를 촉진하는 강도 높은 만남이다. 만일 우리가 무언가를 규정하는 것이 억압적이라 하여 파편적인 차이들의 개별성만을 강조한다면 거기에 차이는 없다. 너도 옳고 나도 옳다는 식의 상대주의는 그 어떤 것과도 관계맺지 않은 채, 인정의 제스처만을 취하기 때문에 거기에는 그저 다르게 생긴 균질한 가치들이 나열되어 있을 뿐이다. 진정한 차이가 있는 곳에서는 충돌이 있을 수밖에 없다. 그것은 가장 옳은 것을 가리는 충돌이 아니라 서로 다른 차이가 관계를 맺기 위해 일어나는 충돌로서, 스스로 자신의 차이를 긍정하는 개체들이 자신의 차이를 지키면서 관계맺기와 동시에 새로운 창조적 차이를 만들어 내기 위해 일어나는 생산적 충돌로 볼 수 있다.

여성주의 교육학은 페미니스트 페다고지가 추구하고자 했던 학습자의 목소리와 임파워먼트(능력 갖추기)라는 개인적 목적을 한 단계로서 인정은 하지만, 좀더 궁극적으로는 여성주의 가치의 실현이라는 사회적 목적에 강조를 둔다는 점에서 차별화된다. 일정한 방향을 제시한다는 점에서 여성주의 교육학은 가치 지향적이라는 점이다. 여성주의 교육학의 관심사는 "교육에서 성불평등의 해소"나 "조화와 평등한 사회 형성"뿐만이 아니라 "여성주의 세계질서 구축을 위한 여성주의 시민성과 교육 시스템 형성"에 있다.

근대화 이후 현재까지 교육은 인간의 개인적 성취에 초점을 두어 왔으므로 사회적으로 일정한 한계점에 봉착했다는 문제 의식이 싹트고 있다. 따라서 교육에서 추구하는 인간상은 자율적이고 독립적인 개체적 완성에만 치중하는 것이 아니라, 경계를 허물고 약자의 관점에서 주변에 대한 민감성을 함양하며, 끊임없이 타자 배제를 극복하려는 학습실천인으로 간주되어야 한다. 즉, 자신의 형성과 외부의 형성이 상호 연결되어 있다는 연대론적 인간상에 강조를 둘 것이 요청되는 시점이다. 따라서 제3절에서 살펴볼 이념인 "나를 이루는 것과 만물을 이루는 것은 연결되어 있다"는 "성기성물(成己成物)적 여성주의 가치"(정대현, 2005)는 여성주의 교육학의 핵심 가치로서 교육 목표나 방법에서 중심적 위치에 세워져야 할 것이다.

학습자와 환경 간의 상호작용(Giroux, 1988; Carlson & Apple, 1998; Giroux & McLaren, 1989)에 대한 연구라든가 소위 문화교육학이라는 개념으로 주창된 패러다임에 주목할 필요가 있다. 교육은 문화와 깊은 관계를 맺고 있다. 교육을 담당하는 사람들은 물론 이제 공공 부문에서 행정을 담당하는 사람들도 모두 문화근로자(cultural worker)가 되어야 하는 시대가 왔다. 여성주의 교육학은 여성주의 문화 창출을 매우 중요한 목표로 설정해야 하며, 이는 곧 일상생활의 여성주의 세계 질서 구축을 위한 여성주의 시민성 형성으로 귀결된다. 여성주의 시민성 형성에 관해서는 이 책의 제9장에서 구체적으로 다룬다.

3. 여성주의 교육학의 이념적 토대

여성주의 교육학은 자유, 평등의 교육 이념으로서 원자적 자아 개념에 터한 개인주의의 인간론이 아니라, 모성 가치에 터한 성기성물(成己成物)의 연대적 인간론(정대현, 2005)을 중심으로 교육학이 자리매김되어야 한다는 관점을 지지한다. 여성주의 교육학의 이론적 토대 정립과 연구를 위한 학문 창출의 리더십이 필요하다. 여성주의 세계 질서 구축을 지향하는 인간과 사회 형성에서는 어떠한 리더십이 필요한가? 정대현은 리더십 개념을 "지성주의적 지성"이 아니라 "성기성물적 지성"의 문맥에서 그 정당화를 시도하고 있다. 개인주의의 원자적 인간론이 아니라 성기성물적 연대적 인간론의 관점으로부터의 옹호다. 모더니즘의 실재론이 어떻게 실재론적 가치로서 자유와 평등에 도달하는가에 대해 좀더 자세히 살펴보기로 한다.

여성주의에 성기성물 개념을 도입한 정대현(2005: 19)은 "인간은 근본적으로 자유롭다"는 자유론의 실재론적 단초를 데카르트와 로크에게서 찾아 비유한다. 데카르트는 모든 것을 의심할 수 있었지만 “나는 존재한다”라는 명제만은 의심할 수 없었다고 했는데, 이를 근거로 자아의 확실성, 원자적 개인주의에 도달했다고 보는 것이다. 이에 더하여 로크는 “인간은 근본적으로 자연의 상태, 완전 자유의 상태에 존재한다”라고 하여 데카르트의 원자적 개인주의를 발전시킨 것으로 해석 가능하다. 또한 인간은 근본적으로 평등하다는 주장은 헤겔과 마르크스에서 그 실재론적 계기를 구성할 수 있다고 본다. 헤겔은 인간 역사를 절대정신의 자기 전개의 역사로 보았는데, 인간의 외부 인식에서조차 범심론적 대상과의 소외가 나타나고, 노예가 죽음의 위협으로 주인의 소비를 생산하는 방식으로 인간 생존이 일반화되었다는 것이다. 그러한 소외들이 “사회 제도나 종교에서 약화되지만 결국은 모두가 하나가 되는 절대정신의 단계”로 들어가야 한다는 주장이다. 마르크스는 정신이 물질의 수반 현상일 뿐이라고 하고, 노동자가 자본주에게 자신 노동의 잉여가치를 팔아야 하는 구조를 비판하며, 물적 존재의 생산 양식이 인간 의식과 사회를 결정한다고 하여 헤겔의 소외론을 유물론적으로 재구성했다. 이렇게 볼 때 자유와 평등은 일상적으로 이해했을 때 중요하고 포기할 수 없는 것이나, “자유와 평등”의 두 가치가 지성주의적 전통에서 실재론 체계 안으로 각기 도입되고 실재론적 내용이 주어졌을 때 이 가치들은 ‘절대화’될 수밖에 없음을 정대현(2005: 20)은 지적한다. 즉, 당시의 실재론과 분리되어 존재할 수 없으며, 자본주의와 사회주의는 기본적으로 자유나 평등의 실재론적 가치에 기초한다는 것이다.

데카르트와 로크는 인간의 본질을 “원자적 확실성에서 찾아 그 특징을 자유로 규정”하고 헤겔과 마르크스는 “사람들의 관계로서의 평등”에서 찾고 있었던 것으로 볼 수 있다. 이들은 자유나 평등을 각기 기본 가치로 선택하고 있었지만 본질주의적 환원론의 바탕인 “지기지물(知己知物: 나를 아는 것과 만물을 아는 것이 맞물려 있다)이라는 주지주의적 전통”에 서 있는데, 이러한 이분법적 가치는 “인간을 부분적으로 바라보는 왜곡된 시각을 강요”하는 것으로 해석될 수 있다(정대현, 2005: 25).

자유와 평등은 전통적으로 이해했을 때 지성주의적 인간론에 입각한 것인데, "성기성물은 총체론적[6] 인간론에 기초"하고 "모성 생활 양식에서 내용을 부여받은 여성주의적 가치"임에 주목할 필요가 있다(정대현, 2005: 53). 성기성물(成己成物)이란 무엇인가? 성기성물이란 공자(孔子)의 인(仁)을 구체화한 개념으로, 성기성물의 명제는 공자의 생각을 중용(中庸)이 해석한 것이다.[7] 성기성물이 지기지물이나 주객 합일에 대조되는 하나의 세계관을 나타낸다면 이 세계관은 어머니들의 삶의 양식에서 나타난다는 의미에서 모성적이라고 주장한 정대현(2005: 35)의 논리는 여성주의 가치에 한 획을 그어 주는 명쾌하고 탁월한 발상이라고 할 수 있다.

성기성물의 개념은 교육학 연구에서 생소한 것으로 보이지만, 사실 이 개념은 대한민국 건국 이념이나, 우리나라 교육 이념과도 일맥상통하는 이념으로 한국인과 한국 문화의 근간이라고 할 수 있다. 한국의 건국 이념이며 교육법의 기본 정신은 홍익인간(弘益人間)이다. 교육법 제1조에는 "교육은 홍익인간의 이념 아래 모든 국민으로 하여금 인격을 완성하고 자주적 생활 능력과 공민으로서의 자질을 구유하게 하여 민주국가 발전에 봉사하며 인류 공영(共榮)의 이상 실현에 기여함을 목적으로 한다"고 규정된다(두산백과사전 EnCyber & EnCyber.com, http://100.naver.com/100.nhn?docid=172375). 홍익인간이란 "널리 인간 세계를 이롭게 한다는 뜻"이나, 오늘날 교육에서는 홍익인간은 간과되고, "자주적 생활 능력"에만 강조점을 두는 것처럼 보이는 것이 문제다.

---

6 대안적 가치로서 성기성물이 총체적이라는 논거를 정대현(2005: 26-28)은 세 가지 관찰로 설명한다. 성(性)과 성(誠)의 문헌적 논변, 진화론적 논변, 그리고 개과천선(改過遷善) 논변이다. 첫째, 성(性)과 성(誠)은 인간 한정적이 아니라 만물 포용적이라는 점에서 보편적이다. 둘째, 만물은 중단 없는 지성(至聖)을 통해서 완성된다는 진화론적 구조로 설명하여, 성(誠)은 본질적 성질은 아니면서도 모든 자연의 꾸준하고 마땅한 흐름이고 그 결과로서 나타나는 것이 자연의 성(性)인 것이며, 그러한 자연을 그 자연이 되도록 하는 것으로 본다. 셋째, 개과천선은 "잘못을 바꾸면 선 또는 진리가 나타난다"라는 본질주의적 진리론이 아니라, "잘못을 바꾸면 선 또는 진리에 가까워진다"라는 진리론으로 해석한다.

7 성기성물에 대한 상세한 개념과 논리는 정대현(2005a). 「성기성물 대안적 가치를 향하여」, 『범한철학』. 제36집: 97-125를 참조할 것.

성기성물(成己成物)의 개념적 이해를 돕기 위해 정대현(2005: 29)이 제시한 성기성물의 논리를 좀더 상세히 소개하기로 한다. 성기성물은 다음의 네 가지 명제를 함축한다.

첫째, 진성(盡誠)을 통한 만물의 성(性)의 본연적 구현에서 성취된다. 진성은 중용으로 요약되며, 치우치지 않고 알맞은 것으로서의 중(中)과 변함없이 일정하고 바른 것으로서의 용(庸)이며, 진성은 곧 정성되면 밝아지고, 밝으면 곧 정성되는 것을 일컬음이다.

둘째, 성기성물은 자연의 중용에서 천지인 합일의 질서를 이룬다. 중용이 지나침이나 미치지 못함이 없는 것이라면 성기성물은 지성(至聖)으로 도달한 합내외지도야(合內外至道也)의 경지, 즉 나를 이루는 내적 수기와 만물을 이루는 외적 완성이 합일하는 경지라는 것이다.

셋째, 성기성물의 나는 관념화되지 않고 주체로 남는다. 여기에서 나는 사람에게서 멀리 있지 않은 가까이로부터 시작하는 "수신으로서의 나"다.

넷째, 성기성물은 "나를 이룸과 만물의 이룸은 맞물려 있다"는 명제로 이해된다. 이렇게 볼 때, 자아는 타인과의 관계주의를 넘어 만물의 이룸을 아우르는 생태주의로까지 나아간다.

김태길(2002)은 공자의 인(仁)으로부터 '나'는 '우리'를 품는 대아적(大我的) 자유인 개념을 끌어내었는데, '우리'가 가족에 한정되지 않고 확장적 보편성을 유지할 때 나와 우리의 동시적 성숙에서 이 개념은 실현된다는 논리에 주목할 필요가 있다. 이러한 한국인의 가치관은 언어 사용에서 나의 어머니(my mother), 나의 집(my home), 나의 학교(my school)보다 우리 어머니, 우리 집, 우리 학교라는 표현이 자연스럽게 들리는 것과 깊이 연결되어 있음이다. 그럼에도 불구하고 원자론적 개인주의 관점에서 한국의 교육이 연구되고 실천되어 오면서 작금의 많은 부작용과 문제들이 노출되고 있는 것은 아닌지 점검해 볼 필요가 있다.

그렇다면 성기성물적 모성 양식의 구조는 무엇인가? 여성주의자들이 주장해 온 바와 같이 사실 모성은 그동안 상당히 부정적으로 인식되어 온 것이 사실이다. 이러한 부정의 이면에는 가부장제로 인한 여성 억압적 상황에서 그럴 만한 이유가 잠재되어 있음을 부인할 수 없다. 정대현(2005: 36-37)은 모성 양식은 조심스럽고 복잡한 주제임을 인정하면서도 모성 양식을 '인간적 모성 양식'과 '가부장적 모성 양식'으로 구분하여, 다음과 같이 설명할 것을 제안한다.

우선 첫째, 인간적 모성 양식이란 생명을 보살피고 사랑을 베푸는 "가장 약한 자에 대한 돌봄"이라고 할 수 있다. 10개월 간 생명을 보듬고, 키우고, 약한 아기에 대해 자신의 몸과 같이 사랑한다는 어머니의 정체성은 가장 아름다운 삶의 양식으로 칭송받을 만하다. 이러한 어머니는 약자 관점에서 세계를 해석할 수 있는 혜안을 가질 수 있으며, 생명, 상생, 소통, 평화라는 가치를 향하게 되는 것이다.

둘째, 가부장적 모성 양식이란, 조선조부터 역사적으로 여성들에게 강요된 모성 양식이다. 박노해가 묘사한 "가부장제 억압으로 신음하는 모습"이 바로 그러한 면이다. 조선조의 가부장제는 여성을 '어머니' 또는 주부 이외의 인간 사회로부터 원천적으로 봉쇄하고 있었다. 어머니 관계 이외의 관계가 허락되지 않은 상황에서 가족 성원들과 '공의존성' 관계에 빠질 수밖에 없고, 따라서 여성들에게 이 위치는 달갑지 않은 피하고 싶은 대상으로 각인된 것이다. 또한 조선조의 가부장제는 어머니를 '안사람'으로 해석하는 인간론을 요구했다는 점이다. 사랑채로부터 분리된 공간에서 안채에서 생활하며, 이는 내외 역할 분담론으로 정당화되고 있다. 여성의 모든 관계는 모성 중심성으로 규정되며, 이러한 가부장제 모성 양식에 충실할 경우 가족 이기주의를 낳는 것은 자연스럽다는 인식이 지배적이다.

두 가지 모성 양식을 생각해 볼 때 가부장적 모성 양식은 극복되어야 하지만, 어머니의 인간적 모성 양식은 앙양할 만하며, 이는 약자 관점을 우선시한다는 면에서 어떠한 생활 양식보다도 윤리적으로 현저하다고 평가된다. 약자 관점 우선성은 이분법적 사고에 입각한 자유나 평등 가치보다는 '인간 연대를 나타내는 가치'다(정대현, 2005: 39). 유구한 인류 역사상 공존보다는 생존이 우선 가치였으나, 이제 생존보다는 공존이 인류의 절박한 문제가 되어 있으며, 부성보다는 모성의 역할이 그 중심에 서야 하는 문화사적 전환기라는 데 주목할 필요가 있다. 이제 그동안 "가족구조에서 어머니가 보여 주었던 연대적 역할을 모든 사람들이 수행할 수 있기를 소망"(정대현, 2005: 40)한다는 시대적 요청에 주목할 필요가 있다.

서구의 여성주의자들도 모성에 대해 부정적인 언급을 해온 것은 사실이나, 최근 긍정적인 해석이 여성학이나 교육학에서도 나타나고 있다. 1970년대의 가장 중요한 페미니스트 연구는 매들린 그러메(Madeline R. Grumet)의 「Conception, Contradiction, and Curriculum」이다. 그러메(Grumet, 1979: 3)는 그의 계획안에서 "여성의 임신 출산과 양육 경험의 지식을 공공 교육의 강연과 실행을 구성하는 인식론적 체계와 교과과정의 형태로 끌어내는 것"을 밝힘으로써, 여성주의적 교육학의 핵심적인 문제를 제기했다고 볼 수 있다. 그녀는 인간과 교사로서 우리는 모두 생식의 과제와 현재 사람 사이의 관계뿐만 아니라 근원의 관계에 이르기까지 복잡하게 연루되어 있다고 명시했다. 그러메는 앞의 논문에서 자세하면서도 함축적이며 광범위한 페미니스트적 분석을 해 주고 있는데, 이 논문을 계기로 페미니스트와 교과과정 성 분석이 급격하게 증가하기 시작했다. 그녀는 그 후 이 분석을 더 발전시켜 1988년에 *Bitter Milk: Women and Teaching*을 출간하며 여성주의적 접근의 전성기를 맞이했다. 그러메는 양육과 교수의 차이를 '접촉'을 기준으로 차별화시켜 설명했는데, 이 점이 여성주의 교육학에 큰 시사점을 던져 주고 있다고 볼 수 있다. 그러메는 양육에서의 바라보거나 살피는 행위인 'look'는 접촉(touch)을 포함한다고 강조한다. 그것은 유아-어머니의 공생 관계와 촉감이 있는 특질을 상기시킨다. 반면에 학교교육에서의 바라보는 행위인 'look'은 접촉을 거부한다는 것이다. 그러메(Grumet, 1988: 111)는 교사는 학생들과 떨어져 있어서 "손대어서는 안 되는(untouchable)" 상태에 머물게 되는 관계라고 했다. 더 나아가 교실의 공동 주관적인 성질은 전통적으로 줄지어서 배치된 좌석 배치에 위장되어 있음을 강조한다. 이러한 주장은 현행 교육학 연구가 여성주의의 어떠한 관점을 반영하여 교육 현상을 연구하고 방향을 제시해야 할 것인가를 시사한다.

허라금(2004b)은 여성주의자들이 어머니 역할을 강조하는 것에 주목하고 있다. 사라 루딕(Sara Ruddick, 1995), 버지니아 헬드(Virginia Held, 1995), 낸시 프레이저(Nancy Fraser, 1992; 1997), 조앤 트론토(Joan Tronto, 1993), 낸시 폴브레(Nancy Folbre, 2001) 등이 강조하는 어머니 역할의 보살핌은 개인의 독립적 성질로 해석하는 원자주의적 접근보다는 모성 양식의 연대적 역할로 더욱 명쾌하게 설명이 가능하다. 초기 전통적 서구 페미니즘에 대한 비판적 인식을 중심으로 하여, 여성의 삶의 공간인 가정에 대한 재고찰이 활발하게 이루어지고 있고, 향후 공적 영역에서도 여성주의 삶의 원리가 적용되어야 한다는 주장은 갑자기 돌출된 주장이 아니다. 오히려 상당히 다학문적으로 많은 여성주의자들에 의해 사회에서의 남성 중심의 정의 윤리의 문제점이 제기되어 왔고, 여성 윤리가 이러한 문제를 해결할 수 있는 대안으로 제시되기 시작했음을 알 수 있다.

이 책에서 모성 양식을 자세하게 소개하는 이유도 바로 이와 같은 맥락에서다. 정대현은 모성 생활 양식이 성기성물의 가치를 나타내 보이는 과정을 "어머니의 이룸과 자녀의 이룸이 맞물려 있다"는 방식으로 설명하고, 모성의 대(對)자녀 성기성물 명제를 여섯 가지로 상정하며 제시한다(정대현, 2005: 54). 제1 명제는 "어머니의 이룸과 자녀의 이룸이 맞물려 있다"는 것이고, 제2 명제는 "어머니는 인간과 문화에 대한 지식과 전망을 갖는다", 제3 명제는 "어머니는 자신의 개인 최선을 발전시킨다"는 것이다. 제2 명제는 좋은 어머니가 되기 위한 조건이다. 만일 제3 명제가 없다면 모성 이데올로기에 함몰되는 결과를 초래하는데, 전통적으로 한국 여성들에게 어머니 자신의 발전을 위한 기회가 부족했다고 볼 수 있다. 제4 명제는 "자녀가 온전한 개인으로 성장하도록 한다", 제5 명제는 "자녀의 다른 사람들과의 유대화를 돕는다", 제6 명제는 "자녀의 최선을 키우도록 돕는다"이다. 제4 명제는 어머니는 돌봄과 배려로 자녀를 성장하도록 한다는 것을 의미하며, 제5 명제는 사회적인 관계를 잘 맺도록 하는 것이지만, 현 한국 사회에서는 어머니에 따라 경시되기도 한다. 제2부터 제6까지의 명제들은 자녀에 대한 어머니의 중용(中庸), 지성(至聖)을 표현한다. 중용과 지성은 둘이 아니라 하나이므로, 정대현(2005: 56)이 제시하듯이 "과불급(過不及)이 없는 보살핌 속의 감천(感天)하는 헌신적 성실"로 모성 양식이 표현하는 성기성물 가치를 나타낼 수 있다.

이렇게 볼 때 모성의 존재 양식에서 교육학적 이상이 추구하는 상호 학습의 의미는 너무나 명백하게 드러난다. 그럼에도 교육학적인 관점에서 모성에 대한 연구는 등한시되어 온 것이 사실이다. 특히 어머니와 자녀의 관계를 교사와 학생의 관계와 비교할 때 큰 간격이 있음을 알 수 있다. 오늘날 교육은 "학생이 최선을 발휘하도록 돕는다"라는 인간교육학의 관점보다는 효과적인 지식 전달이 중심이 되는 지식교육학이 강세이며, 학교는 '감시와 통제'의 장소로 비판받고 있다. 성기성물과 배려의 연대적 인간론의 관점에서 우리나라의 교육 현상에 대한 비판적 성찰이 요구된다.

제2장 여성주의 교육학의 연구 동향

여성주의 교육학의 연구 동향은 여성주의 이론의 발전사와 매우 밀접한 관계 하에서 살펴볼 수 있다. 이 장에서는 첫째, 여성주의 교육이론이 변화되어 온 과정을 고찰함으로써 여성주의 이론의 영향이 직접적으로 교육학 연구에 어떻게 작용했는가를 살펴본다. 둘째, 여성주의 교육학 연구의 태동기부터 현재까지의 모든 교육학 연구 패러다임을 크게 세 가지 유형으로 분류하여 고찰한다. 교육학에 대한 여성주의 접근으로 출발한 초기의 불평등 연구를 비롯하여 페미니스트 페다고지로 불리는 상당수의 연구는 여성주의 교육학으로 분류하기 어려운 것도 있으나, 그 발자취를 돌아보는 것은 큰 의미를 지닌다. '여성주의 교육' 시대로부터 '여성주의 교육학'이라는 학문 분야로 전환되는 시점을 파악하기 위해 연구 패러다임 전환 과정에 대한 고찰이 필요하다.

1. 여성주의 교육이론의 발전 과정

여성주의와 이를 토대로 한 여성주의 교육이론은 사회적 · 시대적 배경에 따라 다양하게 전개되어 왔다. 1970년대 자유주의적 여성운동(liberal feminist movement)은 교육과 고용 측면에서 남녀 간의 동등을 추구하는 데 기여했고, 사회주의 여성주의는 여성의 경제적 종속을, 급진적 여성주의는 문화 및 지식의 남성 독점을 비판하여 성 차별적인 현실을 인식하도록 도와주었다. 1980년대 이후 교육 여건을 무조건 동등하게 제공하는 것이 성 평등에 반드시 긍정적으로 기여하는 것만은 아니라는 지적이 나타나게 되었다. 즉, 성(性) 상대주의 개념의 발달로 남녀는 각기 다른 특성과 장점을 지니고 있으므로, 형평(equity)의 원칙에 따라 남성은 남성에 합당한 또 여성은 여성에 합당한 교육을 해야 한다는 인식이 확산된 것이다. 이의 기저에는 남녀의 차이를 긍정적으로 인식하고 각자의 장점을 발휘토록 하는 것이 바람직하다는 소위 "각자 지닌 특성의 개발"이라는 방향 전환이 있었다. 이를테면 여성은 남성과 다른 사회화 과정을 겪으면서 상이한 자아 발달 개념을 지니게 되고(Chodorow, 1978; Gilligan, 1982), 또 여성의 학습 경험은 생활과 밀착된 상태에서 잘 이루어지며, 경쟁적이기보다는 협동적인 학습이 유의미하다는 남녀차 연구가 관심을 끌었다(Belenky, Clinchy, Goldberger & Tarule, 1986; Kazemek, 1988). 최근 지구환경 위기를 맞아 생태여성주의 관점에서의 교육이 강조되어야 한다는 주장이 제기되고 있으며, 대립과 정복이 아닌 생명을 중심으로 한 조화와 협동의 원리가 부각되고 있다(곽삼근, 2002b). 여성주의 교육이론은 어떠한 여성주의 관점을 견지하는가에 따라 상이한 양상으로 나타나고 있으므로 이를 좀더 상세하게 소개할 필요가 있다.

전통적 여성주의 교육이론

여성주의란 여러 가지 모습을 지닌 복잡한 개념이다. 전통적 여성주의에서 자가와 스트럴(Jaggar & Struhl, 1978)은 자유주의적 여성주의, 마르크스적 여성주의, 급진적 여성주의, 사회주의적 여성주의의 네 주류로 분류했고, 애커(Acker, 1984)는 마르크스주의를 사회주의에 통합시켜 세 관점으로 분류했다. 여기에서는 전통적 여성주의를 자유주의, 급진주의, 사회주의의 세 가지 관점을 중심으로 살펴보고자 한다.

꼬리표가 붙는 무슨 무슨 여성주의는 일정한 한계를 갖는다. 때로는 그것이 여성주의를 여러 갈래로 분리시키며, 오히려 한 부분만을 설명할 수도 있다. 그럼에도 불구하고 위의 세 유형으로 구분하여 살펴보는 것은 전체적인 틀을 볼 수 있게 해 주고, 또 각각의 여성주의 입장이 교육의 개념화와 이론적 구성에 어떻게 접근하는가를 파악할 수 있게 도와 줄 수 있기 때문이다.

1) 자유주의 여성주의와 교육

자유주의 여성주의는 양성에게 동등한 기회를 보장하는 것을 주된 목표로 하고 있다. 교육 분야에서 자유주의 여성주의의 취지는 여성들이 그들의 잠재력을 최대한 발휘할 수 있게 하지 못하도록 하는 장애들을 제거하는 것이다.

자유주의 여성주의의 교육에 관한 개념적 기초에는 세 가지의 주된 주제가 있는데, 그것은 1) 기회 균등(equal opportunities), 2) 사회화와 성의 고정화(sex stereotyping), 3) 성 차별(sex discrimination)이다. 동등한 기회 부여라는 매력적인 미사여구는 거의 자유주의 여성주의의 관점이 그것을 토대로 하여 조직되었다고 볼 수 있을 정도로 의미 있는 개념이다.

자유주의 여성주의의 교육적 접근은 교육 불평등의 문제를 분석하고 해결책을 제시해 주는 등 많은 실천적 연구들을 활성화시키는 데 큰 공헌을 했다고 할 수 있다. 교육에서의 자유주의자들의 의도는 남녀 양성 간에 동등한 교육의 기회를 확보하는 것이며 여학생들이 잠재 가능성을 발휘하는 데 장애가 되는 요소들을 제거하려는 것이다(Acker, 1987). 그 장애들은 학교 내에 존재하거나 개인의 심리적 상황이나 또는 차별적 노동의 과정에서 존재할 수 있다. 여성들의 자연과학에 대한 참여를 높이기 위한 GIST(Girls into Science and Technology)와 WISE(Women Into Science and Engineering) 프로그램은 초기 사회화 과정에서의 결핍을 보상해 주기 위한 것으로 자유주의적 관점을 대표해 주는 교육 조처다.

케슬러 등(Kessler et al., 1985)이 제시한 바 있듯이 그동안의 교육 불균등의 개혁은 동등한 기회 부여의 전략이 기본적 접근이었다. 이의 중심되는 이념은 여성이 능력에 따라 사회에 진출할 때 장애를 교육을 통해 제거하자는 것이었다. 대부분의 자유주의자들의 접근은 이러한 전략을 지지하지만, 이 기회 동등의 전략은 다음과 같은 문제들을 지니고 있다. 첫째, 기회 동등 전략은 사회 진출을 추구하는 교육기관이 성별 중립성을 띠고 있다고 가정한다. 그러나 이는 전혀 진실과 거리가 멀다. 교육 제도는 주로 남성에 의해 지배되고 있을 뿐만 아니라 그것은 또한 성차이를 적극적으로 형성하고 여성의 종속을 적극적으로 생산하고 있다. 둘째, 지식은 중립적이라고 간주되나 사실은 그렇지 않다. 문화적으로 남성성과 기술적 전문성 간의 관계가 성립될 때, 필요 자질과 전문성은 남성성의 개념으로 정의될 뿐만 아니라 남성성은 가치 있는 전문성으로 규정되었다. 셋째, 기회 동등 프로그램들은 성별 관계 형성에서 한몫을 차지할 남학생들에게는 전혀 영향을 주려고 시도하지 못했다. 넷째, 남성과 여성이라는 분류에 입각하여 접근 기회에 관심을 두었으나, 사회계층적 요소는 고려하지 못해 계층적 편견을 지녔다는 점 등이다.

2) 급진주의 여성주의와 교육

급진주의 여성주의자들은 사회구조가 근본적으로 변화하여 남성의 지배와 가부장적 구조가 제거되어야 한다고 생각한다. 그들은 지식, 권력 그리고 부(富)의 평등이 아니라 억압적인 문화적 현실로서의 성의 철폐라는 근본적인 성의 종속 문제를 다룬다. 급진주의자들은 사회주의 여성주의와 자유주의 여성주의가 교육에 관해 기술한 것과는 매우 다르다. 급진주의 여성주의는 경제나 가족을 학교생활과 관련시켜 논하지는 않는다. 그들의 분석은 때때로 재생산의 개념을 사용한다. 그러나 재생산한다는 것은 남자가 여성의 위에서 지배하는 것이고, 소녀나 여성이 지식, 자원, 자긍심, 그리고 공포와 협박으로부터의 자유에 접근하는 것을 부정하는 것이다.

이러한 여성 연구들은 주로 두 가지 관심사를 다루고 있다. 그 첫째는 문화와 지식의 남성 독점이고, 그 둘은 학교의 일상적인 생활에서의 성 정치학이다.

급진적 여성주의자들은 학교생활을 경제나 가족 제도로 연결시키려는 노력이 비교적 부족하다. 그들의 분석은 재생산의 개념을 사용하기는 하지만 이것은 "여성에 대한 남성의 지배가 재생산되는 것"(Mahony, 1985: 66)이다. 여성은 지식, 자원에 대해 남성과 같이 완전하게 접근할 것이 거부되는 것뿐만 아니라, 공포나 폭력으로부터 자유롭지 못하다. 오브리엔(O'Brien, 1983)은 급진적 관점에서 여성주의 교육의 목표는 지식, 권력, 부의 동등이 아니라 억압적인 문화적 현실로서의 성차의 근절이라고 주장한다. 또한 스펜더와 사라(Spender & Sarah, 1980)는 우리들이 알고 있는 것, 인간의 지식이라는 이름으로 표출된 것은 남성의 활동과 결정의 기록일 뿐이므로 지극히 불충분하다고 지적한다. 교육은 남성 지식의 전수이며, 학교에서 가르치는 것은 모든 사람들의 경험이라고 하지만 사실은 남성들의 경험일 뿐이라는 것이다. 즉, 가치중립적이라고 표방하지만 사실은 편파적인 지식이라는 것이다.

수 세기 동안 여성의 공헌과 이해는 학문 사회에서 무시되어 온 상태이기 때문에 여성주의자들은 단지 기회 부여뿐만이 아니라 그 본질을 변화시킬 것을 강조한다. 루스(S. Ruth)는 여성주의자들 간의 차이를 "온건한 여성론자들은 여성에게도 파이를 나누도록 하자는데 비해, 급진적 여성론자들은 파이를 변화시키고자 한다"(Ruth, 1980: 453) 고 묘사했다. 또한 남성들은 여성이 어느 정도 그들과 같은 궤도에 올라섰을 때는 계속하여 규칙을 바꾸므로, 여성교육은 남성과 분리하여 여성들만의 교육을 여성 자신들의 규칙을 설정하여 추진해야 함을 강조한다. 따라서 남성과 여성 간의 성차를 무시한 동등한 교육과정 개발은 이 관점에서 비판되고 있다.

3) 사회주의 여성주의와 교육

장기적인 안목에서 볼 때 사회주의 여성주의의 목적은 체제로 인한 억압을 제거하는 것이다. 즉 부분적으로는 자본주의의 철폐이지만 당장의 작업은 체제 형성에 개입되는 과정을 명백하게 천명하는 것이다. 대부분의 사회주의 여성주의 이론가들은 경제와 가정 내부에서의 여성의 위치에 초점을 맞추어 왔다. 교육에 종사하는 사람들에게 결정적인 열쇠가 되는 문제는 "어떻게 교육이 자본주의 안에서 성역할 배분에 관여하는가?"다(Arnot & Weiner, 1987)

사회주의 여성주의의 시각은 교육사회학 안에서의 신마르크스주의 경향의 영향을 강력하게 받으면서 발전되어 왔다. 이 관점의 연구 논문들에서 사용된 주된 개념은 '재생산(reproduction)'이다. 이론가들은 어떠한 식으로 학교교육이 다양한 메커니즘을 사용하여 노동력에서의 계급 분화를 영속화하고 재생산시키는지를 분석해 왔다. 사회주의적 여성주의 입장에서의 교육사회학자들은 가정과 일터에서의 노동 분업의 사회적 · 성적 재생산에 학교가 어떠한 역할을 하는가에 주의를 환기시키면서 이 재생산이론을 정치경제학적 관점의 출발점으로 삼았다. 캐나다의 가스켈(Gaskell, 1986)은 '기술'의 개념에 대해 비판적이다. 기술은 사회적으로 형성된 범주인데, 기술 집약의 생업을 갖는 도제의 신분은 그 훈련과 연습을 할 수 있는 기회를 제한하여 남성들만이 그 기회를 누리도록 해 왔다는 것이다.

사회주의 여성주의의 연구 중 가장 취약하게 미개발로 남아 있는 영역은 교육활동을 위한 전략 부문이다. 이것은 와이너(Weiner, 1986)에 의해 간접적으로 입증되었다고 할 수 있다. 왜냐하면 그녀는 자유주의자의 교육 기회와 급진적 여성차별주의 반대자의 교육전략을 비교했을 뿐, 사회주의 여성주의 전략을 별도의 한 범주로 분리하지 않았기 때문이다. 와이너는 한편으로는 마르크스주의자를 교실 지향적이기보다 이론적이며 학문 지향이라고 논평한다. 재생산이론은 때때로 사회 변화를 저해하는 것처럼 보이기도 하지만, 사회주의 여성주의 저자들은 적어도 '교육의 비판적 실천(an educational praxis)', 급진적 페다고지 등을 지향하려고 노력한다는 것을 표현하고 있다. 이것은 교사와 학생에게 저항의 전략 또는 지배적 주도권에 도전하는 교육과정으로의 이행이라는 잠정적 발달을 의미할 수도 있다.

교육에 관한 사회주의 여성주의 저서에서는 성과 계급이 소녀들의 학교 안팎의 생활을 복합적으로 형성한다는 것을 점차 인식하고 있다는 것을 보여 준다(Brah & Deem, 1986; Brah & Minhas, 1985). 결혼과 가족에 관한 여성주의 문학에 대한 일반화, 학교에서 소녀들의 수용과 저항을 묘사한 것, 그리고 학교교육의 남녀별학에 대한 논쟁 등은 중류 계층의 백인 여성들만을 연구 대상으로 했던 것에서 완전히 새롭게 조명되어야 할 것이다.

사회주의 여성주의의 교육사회학자들은 노동 분업의 사회계층적 재생산만이 아니라, 가정과 일터에서의 노동의 성별 재생산에 관심을 집중한다. 그들은 이 같은 메커니즘을 정치경제학적 분석의 기초로 활용한다(Arnot, 1982). 일터의 사회적 관계와 노동시장의 분절화를 밀도 있게 분석한 오도넬(O'Donnell, 1984)은 학교 제도의 발달을 성차별적 노동시장을 생산하는 과정의 하나로 간주했다. 그의 분석은 교육과 일터를 관련시킴으로써 사회주의적 여성주의자의 관점을 강화시켜 주었다. 루스(Ruth, 1980)는 사회에서의 효율적인 인적 자원 개발이라는 관점에서 노동시장의 성별에 따른 분절화의 문제를 지적한다. 즉, 가부장적인 사회 체제는 남성은 지배하고 여성은 복종하는 원칙을 세워 가부장 체제 목표를 달성하는 데 기여하고 있는데, 그러므로 인간 재능의 절반만이 가치 있게 평가되고 사용되며, 나머지 절반은 평가절하되고 묻혀 있다고 주장한다. 학교는 서로 층화된 기술과 지식을 제공함으로써 직업의 분절화에 기여하고 있으며 여성의 잠재가능성을 사용하지 못함으로써 우리 사회는 재능을 낭비하고 있다는 것이다.

교직의 여성화와 관련하여 여성 교사들과 여학생들이 교육 현장에서 어떠한 권한을 지니며 어떻게 정책 결정에 참여하는가를 분석해 보는 것이 중요하다. 교직의 여성화라는 용어는 교육 조직의 권력구조를 혼돈시키는 표현이다. 학교교육은 남성 지배 이데올로기 하에 남성 교원에 의해 남성적 권력구조의 특성을 지닌 채 운영되고 있다. 학교교육을 관리 운영하는 사람들은 남성이고, 여성 교사는 단지 가부장적 이데올로기에 따라 일선에서 가르치는 것임을 명백히 나타내 줄 것이 필요하다. 중앙 행정부에서의 주요 교육정책은 주로 남성들에 의해 결정될 뿐만 아니라 교육과정 개발의 책임자 및 각급 학교의 행정책임자는 대부분 남성이다. 물론 일부분 교사들의 거부와 저항을 과소평가할 수는 없으나 남성 중심의 교육조직, 교육 목표 및 내용은 우리나라 교육을 지배하는 이념으로 판명되었다(한명희, 1987). 와일러(Weiler, 1988)가 제시한 여성주의 연구방법론이나 여성주의 교육은 교육학을 연구하는 학자와 일선 교사들에게 현재의 남성 중심 교육이 지니고 있는 권위주의적 교육 풍토를 쇄신할 대안적 모델로 주목할 만하다. 와일러가 제시한 바와 같이 학생들 각자에게 비판적으로 생각하고 행위하도록 능력을 키우는 교육은 교사 자신에게 비판적 사고를 함양할 것을 요구한다.

4) 전통적 여성주의 교육의 과제

여성주의의 각 이론들은 종합적으로 한 방향을 지향할 수 있는가? 여기에는 깊은 개념적 틈새가 존재한다. 그러나 몇 가지 예외를 제외하고는 교육에 관한 여성주의의 이론적 논문들은 다른 여성주의 글에서처럼 신랄한 혹평이 없이 상당히 건설적인 비판들로 인식된다. 이는 아마도 교육사상의 지배적인 풍토가 실용주의 전통에 기초하기 때문일 것이다.

교육의 관점에서 볼 때 자유주의적 여성주의는 기회 균등, 사회화, 성역할, 성차별이라는 개념을 사용하여 교육을 논한다. 그들의 전략은 태도 변화와 입법화를 활용하여 사회화 과정을 변화시키는 것을 포함한다. 이에 대한 비판은 개념적 한계와 권력 및 가부장제에 대응하지 못함을 제기한다. 사회주의 여성주의자들은 자본주의 체제에서 성별 분업의 재생산에 대한 학교의 역할을 분석한다. 주요 개념은 사회문화적 재생산이고 그 밖에 성별 인식과 저항의 개념이 주로 관심 대상이다. 현재까지 사회주의 여성주의의 교육적 연구 작업은 실천적이기보다는 주로 이론적이다. 이것은 지나친 결정론과 더불어 학교를 토대로 추진한 연구가 불충분하다는 면에서 비판을 받아 왔다. 교육에서 급진적 여성주의는 주로 지식과 문화의 남성 독점 및 학교의 일상생활에서의 성 정치학에 관심을 집중시켰다. 주요 전략은 여성과 여학생들의 관심을 우선으로 하여 필요하다면 성별 그룹으로 분리해서라도 우선 여성을 배려해야 한다는 입장이다. 이에 대한 비판론자들은 급진적 여성주의는 생물학적 환원주의, 설명보다는 묘사 위주, 그리고 방법론적 취약성 등의 경향이 있다고 지적한다. 여기서 우리는 모든 이론적 틀은 특정 딜레마에 봉착한다는 사실을 상기할 필요가 있다. 이를테면 구조의 억압적인 권력과 개인의 저항하는 힘 사이에 상대적인 강조를 어디에 둘 것인가, 모든 여성은 동일하다는 보편성과 계급과 인종에 따라 여성은 상이하다는 다양성 사이의 긴장에 관한 딜레마가 존재한다. 전통적인 여성주의에서의 주요 연구 방법은 기회의 불평등을 비교학적으로 밝히고, 지식과 문화의 남성 독점 현상을 이론적으로 분석하며, 노동시장에서의 여성 소외 현상을 체계적으로 분석하는 것이 주류를 이루었다.

교육의 재생산성과 해방성 간의 긴장은 매일매일 부딪치게 되는 과제다. 한국에서 교육은 여성주의 이론 영역에서 오히려 주변적인 위치에 있다. 다른 여성주의자에게뿐만 아니라 교육이론가들에게도 일정한 딜레마는 존재한다. 이 딜레마 중의 하나는 구조와 개체 사이의 관계다. 여성은 전통적인 기관에 의해, 남성과 성차별 그리고 재생산적인 사회적 · 경제적 구조에 의해 수동적으로 조형되는 존재인가, 아니면 여성들은 통제에 대항하고 그들의 삶을 변화시키는 능동적인 존재인가? 좀더 복잡한 과제는 여성주의의 패러독스 중 하나인 보편성과 다양성의 문제다. 여성의 실제 상황에 비추어 종족이라는 면에서는 남성과 같은 존재이나, 생물학적으로 생산을 하고 성관계 형성에서는 남성과 상이하다. 또한 여성의 성정체성은 계층, 지역, 문화, 교육, 연령 등 우리 자신을 형성하는 다른 요소들과 불가분의 관계에 있다. 이렇게 성별 관계 형성이 다양하다는 점에서 모든 여성이 같지는 않다.

여성주의 교육에서 부딪치는 현실적인 문제는 여성집단 내에서의 다양성과 동일성에 관한 것과 구조의 영향력과 개체의 주체적인 힘을 어떻게 균형 있게 다루는 것인가의 문제일 것이다. 전통적 여성주의에서 제기된 문제는 후기 근대의 포스트모던 여성주의에서 핵심적인 이슈로 등장하게 된다.

포스트모던 여성주의 교육이론

1) 포스트모던 여성주의의 토대

포스트모더니즘은 그것의 해석이나 이해에 대해 학자들마다 서로 다른 입장 차이를 드러낸다. 중요한 것은 그것이 지금까지의 인류의 가치관에 대해 '해체(deconstruction)' 내지는 새로운 '재구성(reconstruction)'을 요구하고 있다는 점이다. 오늘날 우리가 살고 있는 서구적 과학기술 사회의 정신적인 원동력은 분석주의와 합리주의라고 할 수 있다. 이것은 인간 · 자연의 이원론적인 것이며, 남성 가치 위주의 효율주의였다. 그러나 이러한 모더니즘 정신은 종족적인 생존까지도 위협하는 상황에 이르렀고, 유토피아적이고 전체적인 정신은 서서히 그것의 약점을 드러냄으로써 극복되어야 할 대상이 되었다. 포스트모더니즘 논의는 바로 이러한 모더니즘에 대한 자각과 반성의 표현이며 모더니즘과는 달리 삶의 다양성과 현재성에 초점을 둔다. 그러나 그동안 포스트모던에 대한 논의는 극단적인 해체의 양상을 보인 것이 사실이다. 여기서는 포스트모던이 단순한 해체가 아닌 그것의 건설적인 극복과 재구성으로 이해될 수 있음을 밝히고 이와 관련하여 여성주의 교육을 살펴볼 것이다.

1972년 프랑수아 리오타르(François Lyotard)는 『포트스모던적 조건』에서 포스트모던의 정체성을 '해체'로 보았다. 그는 데카르트 이후의 거대한 철학적 담론이 더 이상 그 정당성을 잃었다는 것을 주장하면서 현실적인 영역에서는 너무나 많은 다양성을 경험했고, 이것은 전체주의로 묶어낼 수 없는 것이라고 주장했다. 이러한 '메타 담론'에 대한 회의는 지금까지 절대 진리로서의 지식에 대한 회의를 낳게 했고, 이는 '지식의 정당화'와 '지식의 탈윤리화' 현상과 관계가 있다. 따라서 리오타르의 포스트모던의 조건은 "전체성과의 결별"이고 "다원성으로의 이행"이며, 한스 요나스(Hans Yonas)도 지적했듯이 "유토피아니즘의 포기"라고 볼 수 있는 것이다(이은선, 1991: 471). 이와 같은 리오타르의 포스트모더니티는 '해체주의(deconstruction)'라고 불리며, 또한 미셸 푸코(Michel Foucault)는 진리란 그 자체로서는 진리도 허위도 아니라는 진리 원리의 해체를 요구한다. 이것은 곧 신과의 결별을 뜻하는 것이며, 자연적으로 '주체성의 원리' 즉 진리를 주체적으로 인식하고 파악한다는 것을 의미한다. 이는 곧 역사관의 해체와 책의 해체로 연결된다. 포스트모던 해체주의자들은 역사가 단절, 전이, 변화로 가득 차 있기 때문에 발전적으로 진보한다는 생각은 받아들일 수 없다고 본다.

이와같이 프랑스 철학자들에 의해 시작된 해체 작업은 "기존의 모든 가치체계와 인식 범주들을 해체시켰을 때, 삶이라고 하는 것은 도대체 더 이상의 어떤 의미를 가질 수 있는가?" 라는 질문을 남긴다. 또한 우리를 묶는 최소한의 근거마저 부정했을 때 그 부정과 비판까지도 포함해서 마지막에는 단순히 하나의 상대적이고 주관적인 독백이 되는 것은 아닌가? 독일의 철학자 위르겐 하버마스(Jürgen Habermas)는 현대성은 계몽 시대에 대한 미완성된 과제라고 하면서, 해체주의자들은 오히려 현대성을 포기했다고 말한다. 그는 "의사소통의 합리성"을 그 대안으로 제시했는데, 이것은 종래의 합리적인 이성이 아니라 새로운 차원의 이성, 즉 인간과 인간과의 관계성이 재현되고 공동의 목표가 추구되는 실천적 근거를 말하는 것이다. 이와 같은 이성적인 근거를 보면서 하버마스는 해체주의자들의 경향을 반박하고 '해체'가 아닌 '극복'을 시도했다. 현대성의 극단적 해체란 오히려 허무주의와 비관주의, 또한 더욱 철저한 주관적 독백론에 빠져 버리게 되기 때문이다.

건설적인 포스트모더니티에 대해 논의하는 이유는 이것이 포스트모던 여성주의로 연결될 때 일어날 수 있는 해체적인 성향을 논리적으로 방지하기 위함이다. 지금까지 모더니티는 서구 현대의 남성주의 가치와 견줄 수 있으며, 그 대안으로 포스트모더니즘이 제시되듯이 남성주의 가치에 대한 대안적 관점으로 여성주의가 제시되고 있다. 포스트모더니즘이 여성주의와 만났을 때에도, 동일하게 해체주의의 문제에 직면할 수 있다(이은선, 1994). 이런 면에서 볼 때 해체주의에 대한 하버마스의 견해에 귀를 기울일 필요가 있다.

포스트모던 여성주의는 여성적인 '차이'를 있는 그대로 문화적으로 표현하고 그것의 위치 설정을 제대로 인정하는 것이 오히려 더 성 평등적이라고 주장한다. 그래서 포스트모던 여성주의는 여성과 남성 간의 차이를 사회·정치적인 차별화로 악용하는 것을 반대하고, 그 대신 남녀 간의 생물학적인 차이를 사회·정치·문화적으로 인정하는 것으로부터 시작한다. 기존의 모더니티 사회는 여성을 향해 서로가 생물학적 다름의 차이로 인해 서로 다른 사회적인 역할을 부여받는 것은 당연하다고 간주했다면, 포스트모더니티의 사회는 남녀 간의 생물학적인 차이는 극복될 성질이 아니며 서로가 조화되어야 한다고 본다.

포스트모던 여성주의에서는 여성의 성차별적인 경험이나 전통적인 성역할에 의한 경험이 더욱 적극적으로 평가될 수 있다. 왜냐하면 여성적인 것에 대한 말살이나 부정이 여성들이 원하는 정치적 힘을 키우기 위한 필수불가결의 요소만은 아니기 때문이다. 몇몇의 여성주의자들은 자궁 제거운동을 벌이면서 여성의 출산 자체가 여성의 삶을 억압하고 남성과 동등하지 않은 지위를 갖게 한다고 주장했었다. 그러나 생물학적으로 '여성적인 것'을 지니는 것이 오히려 여성의 권력을 창출시키는 원천이 될 수 있다. 생물학적인 여성의 토대를 지니는 것이 오히려 여성의 힘 갖추기를 위한 주요 요소가 된다. 여성이 '여성의 것'의 생물학적인 상징과 같은 '자궁'을 소유하고 있기에 그 여성이 정치적 권력을 자동적으로 상실하는 것은 아니다. 결과적으로 포스트모던 여성주의자들은 '여성다움'으로 다시 되돌아가는 것이 바로 여성의 개별적 다양성과 여성이 원하는 문명의 양성성을 살리는 길이며, 그 길로 되돌아가는 것이 여성주의가 나아갈 방향이라고 본다. 기존의 모더니티 여성주의가 남성지배에 대한 이분법적인 대결과 투쟁의 결과로 여성으로서의 인간적인 정체성을 찾아내는 데는 어느 정도의 성과를 올렸지만, 인간으로서의 양성성을 '완성'해 나가는 데는 실패했다는 것이다.

여성에 대한 이해에는 맥락을 같이하면서도 그것을 실현하기 위해 아예 새로운 여성주의를 내세우는 포스트 여성주의자들도 있다. 『새로운 여성주의(*The new feminism*)』라는 저서에서 나타샤 월터(Natasha Walter)는 기존의 여성주의가 일종의 낭만적인 감상주의에 빠져 있음을 경고한다. 모든 여성이 똑같은 방식으로 생활하지 않는 이상 여성주의는 모든 여성을 하나로 구속할 수 없으며 여성주의의 주체와 여성주의자들이 여성이어야만 한다는 것도 잘못되기는 마찬가지다. 여성이라는 생물학적인 조건은 여성의 힘을 상징하는 원천이지, 결코 여성주의자들의 혁명을 방해하는 적이 아니라고 주장한다.

2) 포스트모던 여성주의와 교육

포스트모던 여성주의 교육은 교육의 성별 불평등을 여성의 침묵에서 기인한다고 보았으며, 이러한 목소리는 여성이 역사, 사회, 문화, 정치적으로 불리한 위치에 있었기 때문이라고 설명한다. 그러나 침묵을 수동성이나 무력함으로 보는 것이 아니라, 남성의 공적 담론에 대한 저항으로 바라본다. 따라서 여성들은 공적 담론이 아닌 사적 담론을 가지고 있으며, 이는 남성문화에 대한 하나의 저항 코드와도 같은 것이다. 그러므로 포스트모던 여성주의 교육의 입장에서는 공적 담론인 교육과정을 해체하고 남성이 기술한 여성문화, 여성의 사고와 일상을 사적인 담론으로 끌어들여 여성의 시각에서 읽고, 쓰고, 재조명하여 기술하는 것이 교육과정을 개혁하는 하나의 방법이 될 것으로 본다. 또한 세상을 바라보는 이분법적인 것을 배제하고 다양성에 주목함으로써 지금까지 소외되어 왔던 여성의 경험과 담론들을 교육 체제의 중심에 놓고자 한다.

전통적 여성주의 교육은 학교교육을 중심으로 논의되어 왔다. 교과과정상의 문제와, 교과서 혹은 지식의 내용, 학교교육 환경과 제도적인 문제를 여성주의 시각으로 바라보았다. 지금까지 학교교육은 여성을 기존의 남성 중심 체제에 참여하도록 함으로써 그들의 불평등한 위치를 재확인시켜 주는 여러 가지 성차별에 의한 문제들을 드러내고 그 해결점을 찾아보자는 교육학적 시도였다. 그러나 이런 노력에도 불구하고 지금까지 학교교육에서 여성에 대한 성차별 개선의 행보는 느리기만 하다. 다시 말해, 여성주의 교육이 새로운 이념과 목적을 제시하고 실천할 수 있도록 분위기가 조성되지 못했으므로 전통적 교육의 진정한 대안적 패러다임을 구축하는 입지에 서지 못했다. 여성주의 관점이 그 중심적인 논의를 되찾기 위해서는 여성적인 가치관과 경험을 중심에 놓아야 한다는 포스트모던의 관점과 동일하게 교육에서도 여성의 학습경험과 학습권을 중심에 놓아야 할 것이다. 남성과의 비교를 하는 방법은 더 이상 여성주의 관점을 관철시키는 데 큰 도움이 되지 않고, 여성의 위치만 확인시켜 줄 뿐이다. 교육학 영역에서 여성주의 관점을 부각하기 위해서는 중심을 다시 정의하고 규정하는 정치적인 작업이 필요한 것이다.

우선 학교교육의 신화에 대한 오해를 벗겨야 한다. 학교교육은 성 평등한 장소라는 인식은 많은 여성 학자들로 하여금 학교에 대한 안전감을 갖게 했고, 교육학자나 여성 학자나 이 부분에 대해 민감하지 않았던 것이 사실이다. 지식의 전체성을 폭로하고, 여성들의 가치와 일치할 수 없는 부분들을 드러내는 연구 작업이 필요하다고 본다. 지금까지의 연구는 여성들이 교육적으로 '차별'을 받고 있는 것을 드러내는 연구가 주류를 이루었다. 그러나 이제는 그 '차별'을 '차이'로 바꿀 때가 된 것이다. 지금까지의 학교교육에서 남녀의 생물학적 · 사회문화적인 차이를 차별로 바라봄으로써 남녀의 정신적 · 감정적 성장에 도움을 줄 수 있는 협력 관계를 무시했었다. 따라서 '여성적인 것'은 여성의 불리한 입지를 입증하는 징표이지 여성의 불평등한 상황을 철폐할 수 있는 도구가 되지 못했다. 가령, 급진주의적 여성학은 이러한 여성의 '여성적인 것'을 제거하기 위한 운동을 했었다. 그들은 사회문화적으로 여성과 남성의 동위성을 강조하기 위해 급기야 생물학적인 동일시도 시도하려고 했으며, 그것의 극단적인 형태는 자궁 제거운동, 출산 반대운동 등으로 이어졌다. 그러나 이는 결국 여성을 또 다른 억압으로 감금하는 꼴이 되고 말았다.

그러면 우리는 이러한 '다름'의 철학을 어떻게 실현할 수 있는가? 이를 위해서는 근본적인 변화가 필요하다. 우선 교육의 토양을 바꾸어야 한다. 그리고 이러한 작업의 중심에는 '사람'의 인식이 가장 중요한 부분을 차지하고 있다. 이를 위해서는 개개인의 인식 속에 새로운 여성주의 가치관을 이해하고 공유하는 작업이 필요하다. 우리는 '여성적인 것'에 대한 부정이나 말살이 여성들의 세력화에 필요한 요건이 되지 않는다는 것을 이해해야 한다. 이러한 입장에서 본다면 학교교육 내에서 여성주의적 관점이 쉽게 관철되지 않았던 것은 어찌 보면 당연한 결과라고 할 수 있다. 제도화된 틀과 짜여진 교육과정 안에서의 인식 개혁은 너무나 먼 이상향일 수 있기 때문이다. 포스트모던 여성주의 교육이 시도되고 있는 대표적인 영역은 평생교육 분야일 것이다. 평생학습은 일상의 경험을 통해 문제 해결을 하기 위한 구체적인 실천을 가능케 한다. 지금까지의 학교교육이 은행 저축식 교육을 했다면, 평생교육은 일상의 경험을 교육의 현장으로 끌어들일 수 있는 가능성을 가지고 있다.

포스트모던 여성주의 관점에서 교육은 일상에서의 의미를 주체적으로 만들고 정체성을 확립하는 것이 중요하다(송현주, 2002). 포스트모던 여성주의 관점에서 보았을 때, 여성은 그들 나름대로의 의미와 가치를 해석하는 것으로 간주된다. 그러나 여기서 중요한 것은 여성 자체가 새로운 사실을 알게 되었다는 것이 아니라, 기존의 사실이나 사건들을 여성이 주체적으로 다른 위치에서 볼 수 있게 되었다는 것이다(곽삼근, 1998). 따라서 포스트모던 여성주의적인 교육을 통해 여성들은 학습자와 교수자가 각자 자신의 위치를 결정하고 자신이 다양한 억압과 경험을 그들의 주체적인 위치에서 재해석하고 새로운 의미로 정의하게 된다. 이러한 의미에서, 학교교육보다는 서로 다른 여성들이 자신의 경험을 공유하고 토의하고, 나아가서 정신적인 연대를 쌓을 수 있는 평생교육의 장이 교육의 새로운 장을 여는 데 유용한 출발점이 된다고 보는 것이다. 이와 같은 교육의 장에서는 여성의 '차이'가 '차별'의 대상이 아닌, 자신의 정체성을 정치화할 수 있으며, 사회 변화의 원동력이 될 수 있는 사고의 전환 또는 개념의 전환학습이 가능하다고 보여진다. 또한 여성들의 사적인 담론을 통해 지금까지 공적인 담론이었던 학교 교육과정을 다른 시각에서 읽고 재조명하며 기술함으로써 교육과정을 개혁하는 하나의 방법을 제공할 수 있을 것이다.

생태여성주의 교육이론

21세기의 화두는 생명과 환경으로 집약된다고 여러 미래 학자들이 예측해 왔다. 인간의 '삶의 질' 향상은 생명과 환경 위기의 시대에 어떠한 관점에서 성취 가능하며, 이를 위한 교육의 방향은 무엇인가? 전 세계적으로 부상되고 있는 여러 가지 지구환경 위기는 시급한 대책이 필요함을 경고해 준다. 이제 더 이상 미룰 수 없는 현안으로 당연히 환경을 꼽을 수밖에 없다. 인간은 어떠한 방식으로 자연을 대해 왔는가를 이 시점에서 반성하고 기존의 개발 위주 태도를 전환시킬 필요가 있다. 이러한 현실에서 생태계의 파괴와 인간의 무차별적인 자연 정복에 문제를 제기하고, 인간과 자연의 관계를 새로이 정립할 필요를 주창해 온 생태여성주의 운동이 하나의 빛으로 다가온다.

1) 생태학적 이슈와 생태여성주의 교육의 대두

세계적으로 여성과 환경에 대한 관심이 고조되고 있음에도 불구하고 우리나라에서 이 주제에 대한 학문적 탐구와 교육 실천은 활발하지 않다. 또한 우리나라의 환경오염과 쓰레기 처리에 대한 국민들의 의식 수준은 높게 평가받지 못하고 있다. 쓰레기를 줄이기 위한 '아나바다' 운동이 얼마나 생활화되고 있는가도 의심스럽다. 이를테면 음식물 쓰레기에서도 그 문제의 심각성이 드러난다.

21세기의 출발부터 환경은 주요 관심사였다. 우리나라에서 매일 1만 2,600여 톤의 음식물 쓰레기가 발생해 연간 약 8조 원이 낭비되고, 서울지역 38개 대학의 53개 구내식당에서 매일 10톤 트럭 한 대분의 음식물 쓰레기가 나온다고 한다(박태균, 2001). 이미 1990년대에 우리 국민 1인당 하루 열량 공급량과 섭취량의 차이, 즉 손실률이 35%를 넘어섰다. 양곡자급도가 30%를 밑도는 우리나라가 미국이나 일본에 비해 소득이 결코 높은 것도 아니고, 곡량 생산도 부족한데 음식물 쓰레기 배출량은 1인당 470g으로 미국의 3배, 일본의 1.5배에 달하고 있다는 통계는 변화의 필요성을 느끼게 한다(권태완, 2001).

자연환경 보호의 과제는 이 시대 최대의 관심사가 되어야 한다. 인간은 결코 자연을 떠나 살 수 없기 때문이다. 그럼에도 인간의 자연 정복 이데올로기에 의해 파괴되어 가는 자연을 곳곳에서 접하게 되고, 지구는 몸살을 앓고 있다. 「지난 35년 동안에 생물종의 3분의 1이 사라져」라는 보고를 보면서, 인간의 절박한 임무가 무엇인지 생각하게 된다. 좀더 상세하게 세계자연보호기금(The World Wide Fund for Nature: WWF) 보고서 발표를 소개한다.

> WWF에 따르면 서식지 파괴와 야생생물 거래 등으로 인해 지구 건강의 척도인 생물종의 다양성은 3분의 1로 줄어들었다. 또 기후 변화로 인해 앞으로 30년간 야생생물들은 더 살기가 힘들어질 것이라는 게 WWF의 전망이다. WWF는 '살아 있는 지구 지수(LPI)…… 캠페인을 통해 전 세계의 조류와 물고기, 포유류, 파충류, 양서류 등 약 4,000종의 생태를 추적하고 있는데 지난 1970년부터 2007년 사이에 육상 생물은 25%, 해양 생물은 28%, 담수 생물은 29%가 줄었다고 밝혔다. 바닷새 종류는 지난 1990년대 중반부터 지금까지 30%가 줄었다는 것이다.

콜린 버트필드(Colin Burtfield) LPI(Living Planet Index: 살아 있는 지구 지수) 캠페인 대표는 "생물다양성은 지구 건강의 토대이며 우리 모두의 생명에 직접적인 영향을 미치는 만큼 환경에 대한 인식이 높아가고 있음에도 불구하고 이처럼 생물다양성 감소 추세를 보이는 것은 심상치 않은 일"이라고 지적했다(http://www.munhwa.com/news/view.html?no=2008051701032132255002). 이러한 객관적 자료를 접할 때, 지속 가능한 지구인의 삶을 영위하기 위해서는 무엇이 어떻게 바뀌어야 하는가는 자명하다. 인식 전환과 태도의 변화, 그리고 행동의 변화를 가져오기 위한 교육이 계획되고 실천되어야 한다.

지구촌 시대에 이제 어느 한 지역에서만 안일하게 환경의 위기를 벗어나 생활할 수는 없다. 그동안 인간 중심적인 자연관과 세계관을 중심으로 전개되어 왔던 학문과 경제활동은 자연친화적 방향으로의 인식 전환을 해야 한다. 좀더 적극적으로 자연환경을 보존하고 폐해를 줄이기 위한 노력이 전개되어야 하며, 이를 위한 교육의 역할이 막중하다.

최근 지구환경 위기의 문제가 부각되면서 생명과 환경 보전에 대한 관심이 고조되고 있다. 그러나 교육 정책의 수립 과정이나 교육 목적과 내용 선정면에서 이러한 문제를 어느 정도 비중 있게 다루고 있는가에 대해서는 회의적이다. 학교교육에서 환경 관련 교육과정에 대한 관심이 부족함은 물론, 환경과 관련된 교육 프로그램도 매우 부족한 실정이다.

이러한 상황에서는 생명 존중이나 삶의 질 향상이라는 교육의 이념은 도저히 실현될 수 없는 입장에 처하게 될 것이다. 따라서 교육의 내용과 방법면에서 생명과 환경 보전을 실천할 수 있는 생태주의적 접근을 시도할 필요가 있다. 다양한 여성주의 접근 중 생태여성주의는 현재의 환경적 위기를 극복하는 대안 이념으로 부상하고 있다. 생태여성주의 이념을 기초로 한 교육을 실천할 수 있도록 이에 관한 연구가 필요하다. 생태여성주의 교육 연구는 교육학에 여성주의와 생태학적 관점을 접목시켜 생명과 환경 위기에 대처하는 교육적 해법은 무엇인가의 방향을 제시하는 것이다.

그리스어 '오이코스(oikos)'에 어원을 둔 생태학(ecology)이라는 용어는 산업혁명 이전까지만 해도 주로 집(oikos)을 잘 돌보는 일, 곧 '가계 살림(家事)'이라는 의미로 사용되었다. 비록 아리스토텔레스가 많은 저술들에서 '가정경제'와 '화폐증식경제'를 분리하고 있다고는 해도, 그는 가족과 공동체의 욕구를 충족시키기 위한 가정경제(Oikonomia)가 "자연에 맞는 경제"라고 보았다(두크로, 1997: 32) 이러한 사고에서 생태학은 경제학(economics)과 거의 구분이 되지 않는다. 사실상 일정한 공동체에 속한 사람들의 자급경제와는 무관하게 부유층의 사치품과 전쟁용품을 주로 취급했던 무역시장의 의미는 근대의 산업자본주의의 발달과 더불어 성립된 것이다.

학문으로서의 생태학이라는 용어는 1868년에 독일의 생물학자 에른스트 해켈(Ernst Hackel)에 의해 처음으로 사용되었다. 그는 『창조의 자연사(*The Natural History of Creation*)』에서 생태학을 "살아 있는 존재와 유기적 · 비유기적인 그의 환경과의 관계에 관한 연구"로 정의했다(Enzensbergher, 1980: 136). 그의 정의는 오늘날 『웹스터 사전(*Webster's Third New International Dictionary*)』의 정의 — "생태학은 유기체와 그의 환경과의 상호 관계에 관심을 두는 과학 분야다"(Carmody, 1983: 12) — 와 유사하지만, 당시의 그의 관심은 생태학을 동물학의 한 분야로 한정시키고 있었다. 한편 밀러(G.T. Miller, Jr.)는 좀더 상세하게 "생태학이란 유기체와 그것이 몸담고 있는 집에 관한 연구로서, 자연 또는 자연 안에서 발견되는 유기체와 유기체 집단들의 구조와 기능 및 그것들의 상호작용과 환경과의 상호작용을 다루는 학문"이라고 규정했다(Miller, 1982: 44). 그렇다면 생태학적 원리란 한마디로 '복거(卜居)와 섭생(攝生)의 원리'(구승회, 1995: 47)라고 말할 수 있을 것이다. 거미줄같이 얽혀 있는 복잡한 그물망 속에서 서로 영향을 주고받으며 지탱해 나가는 관계 또는 양육시키는 관계 — 그것이 바로 생태계를 이루고 있는 유기적 자연의 모습이다.

생태학은 이러한 생태계가 어떻게 건강한 삶의 그물망을 유지하고 있는지 밝힘과 동시에, 또한 생태계가 어떻게 파괴되어 동식물의 삶에 죽음을 초래하는지도 검토한다. 특히 인간의 간섭이야말로 환경 파괴의 지름길이라는 생태학적 연구 결과에 힘입어, 최근 수 세기 동안 생태학은 인간이 어떻게 자연을 악용하여 땅과 물과 공기를 오염시키고 동식물 공동체의 파괴를 가져왔는지 검증하려는 목적에서 사회경제적 · 생물학적 연구로 자리잡게 되었다(Ehrlich et al., 1973).

2) 생태주의에 대한 학문적 접근

개인이 지니고 있는 환경에 대한 가치관, 즉 환경관은 '기술지향주의'와

'생태지향주의'로 구분해 볼 수 있다. 그리고 이는 그 정도에 따라 다시 보수적 관점과 진보적 관점으로 세분할 수 있는데, 각각의 관점은 다음과 같이 이해될 수 있다. '기술지향주의'는 이원론적 세계관 및 자연에 대한 정복관을 지닌다. 이는 서양의 전통적인 자연관으로서 인간을 자연으로부터 분리된 존재로 이해하고, 인간 이외의 존재들에 대한 지배가 가능하다고 보는 것이다. 지속적 성장을 추구함에 따라 환경보다는 경제적인 가치를 더 중요하게 여기며 이를 더 우선적으로 인식한다. 이러한 관점은 윤리학적으로는 인간 중심적인 관점에 해당된다. 즉, 인간만이 내재적인 가치를 지니는 것으로 인식하며, 자연에 대해서는 도구적인 가치만을 부여한다.

'생태지향주의'는 일원론적인 세계관 및 자연과의 조화관을 지닌다. 즉, 인간을 자연의 일부로 봄에 따라, 인간은 인간 이외의 자연 존재들을 지배할 수 없다고 보며, 자연과의 조화를 중시한다. 그리고 사회·경제적으로뿐만 아니라 환경적으로도 지속 가능한 개발을 선호한다. 이러한 관점은 철학적으로는 심층 생태주의의 관점에 해당되며, 사회학적으로는 새로운 환경 패러다임의 관점에 해당된다. 그리고 윤리학적으로는 전체주의적인 관점에 해당된다. 즉, 환경을 개별적으로가 아니라 총체적인 관점에서 인식하며, 모든 자연 존재에 대해 내재적인 가치를 부여한다.

생태여성주의는 자연과 인간 사이의 상호 연계를 강조하는 생태계 생명 존중 이념과 사회에서의 평등과 조화의 이념을 기초로 하고 있다. 생태학적 논의와 주장들은 최근 전 학문 영역에서 활발하게 진행되고 있다. 현대 사회에서 인간의 삶이 환경오염이나 생명 파괴 등과 같은 생태학적 문제들과 연관되면서 생태학은 현대인의 삶의 모든 영역에 대한 진단과 비전을 제시하는 주요 논리로서 철학, 정치학, 사회학, 윤리학 등에 접두어로 널리 사용되고 있다. 이들의 논의들은 우리가 사는 시대 문제의 핵심은 무엇이고, 그 문제의 근원은 무엇이며, 이의 해결 전망을 어떻게 보고 있는가에 대한 다양한 생태학적 접근을 시도했다. 이들은 에코토피아(ecotopia)의 이상을 가지고 새로운 생태적 민주사회를 제안하고 있고, 이를 위한 에코에틱(ecoethic)의 필요성을 역설하고 있다.

환경에 대한 사회학적 접근은 기본적으로 인간도 생태계의 일부로 존재하며, 생태학적 법칙의 지배를 받는다는 생태학적 이론에 바탕을 두고 있고(양종회, 1995), 환경이 사회 변화에 중요한 영향을 미치는 독립변수라는 명제를 중시하면서 환경과 인간 혹은 사회의 상호작용을 주요 연구 대상으로 삼는다. 인간과 자연의 관계에 대한 사회학적 접근을 통해 환경사회학이라는 새로운 영역을 구성한 캐튼과 던랩(Catton & Dunlap, 1978; 1980)은 미국의 사회적 세계관을 '인간 예외주의 패러다임(human exemptionalism paradigm)'과 '신생태학 패러다임(new ecological paradigm)'으로 구분했다. 밀브래스(Milbrath, 1884)는 캐튼과 던랩의 신생태학적 범주를 더욱 정교화하여 '새로운 환경 패러다임(new environmental paradigm)'으로 특정화시키고, 대립되는 두 세계관을 '지배적인 사회적 패러다임'과 '새로운 환경 패러다임'으로 구분했다. 지배적인 사회적 패러다임은 인간을 면제된 그리고 다른 자연 존재들보다 우위를 차지하는 것으로 보는 인간 중심적인 세계관을 지지한다. 그리고 과학과 기술이 생태 문제(자원 고갈, 산성 비 등)에 대한 해답을 찾아줄 것이라는 신념을 지닌다. 이와는 반대로, 새로운 환경 패러다임은 생태학적으로 좀더 통합된 인간관을 지지하며, 인간을 자연의 일부로 보고, 생태계의 균형에 대한 한계 또는 수용력을 인식하는 관점이다(Geller & Lasley, 1985).

킹(King, 1989)은 생태여성주의의 기본 신념을 다음과 같이 제시한다. 첫째, 서구 산업화 사회의 자연에 대립하는 문화는 여성을 자연과 연결짓고 여성에 대한 종속을 강화한다. 둘째, 인간의 위계는 사회적 지배를 정당화시키기 위해 만든 것이며 자연적인 것이 아니다. 따라서 여성적 생태론은 자연에 대한 지배를 포함한 모든 종류의 위계를 반대한다. 셋째, 인간과 생물을 포함하여 건강하고 균형적인 생태계는 다양성을 유지해야 한다. 넷째, 종의 생존을 위해 인간과 자연과의 새로운 이해가 필요하고, 생태학적 원리에 의한 인간 사회의 재구조화를 강조한다.

인간의 삶의 질을 향상시키려는 교육은 앞으로 생태계를 외면하고는 성립될 수 없다. 더욱이 자연과 인간의 균형적인 관계에서 생명성의 인류와 비인류 간의 조화와 인류 내의 성별 조화를 함께 배려하는 생태여성주의는 과거 인간과 자연, 남성과 여성의 종속 관계에서 빚어졌던 문제를 생명 중심으로 회복시키는 차원에서 매우 중요한 여성주의 교육학의 틀이 될 수 있다.

3) 생태여성주의 교육 원리

교육은 인간의 의식과 행동을 변화시키는 효율적인 방법이다. 생태여성주의는 인간의 잘못된 자연관과 인간과 환경과의 관계, 인간과 인간 사이의 관계 등을 생태계 회복의 입장에서 새롭게 정립해야 함을 시사해 준다. 생태여성주의 입장에서 "나와 타인," "나와 사물 및 환경," 그리고 "나와 동식물" 간의 관계가 올바로 정립될 수 있도록 이끌어 나가는 것이 오늘날 교육의 중요한 과제다.

유네스코에서는 이미 1976년 성인교육의 목적을 열한 가지로 제시한 바 있다. 이 중 세 번째 목적을 환경과 관련하여 "사람과 그들의 물리적 · 문화적 환경 사이의 관계에 대한 인식을 증가시키고 자연과 공동의 문화유산 그리고 공적 자산을 보호하고 존중하며 그 환경을 개선하려는 노력"이라고 제시했다. 이러한 교육 목적은 인간의 전 생애에 걸쳐서 강조될 필요가 있다. 교육에 대한 생태여성주의 접근은 지역사회 환경 관련 교육에 입각하여 현실 과제를 풀어나가는 방법이 되어야 할 것이다. 자연환경 보호 및 지역사회 공동체 형성의 역할을 막연하게 시민단체 활동에만 의존하고 있다는 것은 교육이 인간의 삶의 질 향상이라는 본래의 목적을 충실하게 반영하고 있지 못하다는 증거다.

생태여성주의 교육은 상호 협동과 생명 존중의 원리를 바탕으로 한다. 생태여성주의는 생태계 회복의 입장에서 자연과 인간의 관계가 새롭게 정립되어야 함을 주장한다. 생태여성주의의 기본 신념 중 교육에서 시사받을 수 있는 점은 "인간과 생물을 포함하여 건강하고 균형적인 생태계는 다양성을 유지"해야 한다는 것과 종의 생존을 위해 인간과 자연과의 새로운 이해가 필요하고 "생태학적 원리에 의한 인간 사회의 재구조화"가 필요하다는 것이다. 교육의 목적이 인간의 행복을 추구하는 것이라 할 때, 그 행복은 인간 자체의 변화나 사회집단의 변화에서만이 아닌 자연과의 정상적인 관계 속에서 가능할 수 있다는 관점은 주목할 만하다.

생태여성주의 교육 이념은 지역공동체 형성 교육, 양성평등 교육, 생명존중 교육, 환경교육 등으로 제시되고 있다(곽삼근, 2001; 2002b). 이는 여성주의 교육학에서 추구하는 여성주의 세계 질서 구축에 가장 근접하는 이념지향성이라고 볼 수 있다. 이러한 교육 이념을 실현시키기 위한 교육은 다음의 세 가지 교육 원리를 토대로 해야 한다. 그것은 1) 생명 중심과 살림의 원리를 바탕으로 한 생명살림 교육의 원리, 2) 가정 모델을 적용한 돌봄의 교육 원리, 3) 상호 협동과 상생의 교육 원리라고 할 수 있다.

첫째, 생명 중심의 원리는 생태여성주의가 주창하는 이념과 가장 부합하는 원리로서 이는 지구의 생명 현상과 이들이 상호 연결되어 있다는 사실을 인식하는 것에서 비롯된다. 생존보다는 전 지구적으로 요구되는 공존 의식을 지향하여 교육학은 기존의 개별적인 성취 지향의 목표와 내용을 재점검할 필요가 있다.

둘째, 돌봄과 배려의 원리는 여성주의 교육학의 가치이며 실천 덕목으로서 주목받고 있다. 학교교육이 능률과 생산 위주의 공장 모델을 탈피하여 가정 모델을 적용하고자 할 때 돌봄의 원리는 우선적으로 요구된다.

셋째, 상호 협동과 상생의 원리는 타자 배제의 극복과 공동체 형성에 요구되는 중요한 덕목으로 여성주의 세계 질서 구축의 과정에 기초를 놓아 주는 역할을 할 수 있다.

이러한 관점에서 볼 때, 다양한 여성주의 이론 중에서도 생태여성주의는 교육학의 이론과 실천에 많은 시사점을 주고 있다. 이제 지구 살림은 더 이상 미룰 수 없는 긴급한 영역이며, 생태 및 환경 영역에서의 교육적 과제를 모색하는 생태여성주의 교육 연구들이 활성화되어야 한다. 우선 생태계 중심으로의 인식 전환 교육이 요구된다. 그동안 교육에서 강조되었던 인간 중심주의에 대한 인식을 전환해야 한다. 인간이 마음대로 자연과 생태계를 정복하고 사용하는 것이 마치 인간의 존엄성을 높이고 만물의 영장임을 과시하는 듯한 잘못된 인식은 수정되어야 한다. 생명의 존귀함을 바탕으로 생태계의 균형과 질서를 유지하는 데 인간은 그 핵심 주체로서의 역할을 다한다는 겸허한 자세를 갖추도록 생태계를 배려하여 교육의 기본 목표가 설정되어야 할 것이다. 생태계 및 환경보호 운동 지향 교육, 대안적 생산 · 소비의 실천 교육, 환경 의식 증진 교육 등이 필요하지만, 무엇보다 생태 중심 교육사상에 대한 연구가 활성화되어야 한다.

한국 교육학계에서도 생태학(이준모, 2000; 노상우, 2002)과 생태여성주의의 이념(곽삼근, 2002b)을 교육학에 적극 반영하고 이를 교육 실천의 중심축으로 삼아야 한다는 주장이 제기되어 왔다. 생태적 교육철학을 주창한 노상우(2002)는 위기적 상황을 극복하기 위해서는 인간 중심의 근대 철학에서 탈인간 중심 철학으로 바뀌어야 함을 강조한다. 이러한 노력은 과학 비판적 시각으로 시대의 문제를 예리하게 파헤치고 있는 학자들을 중심으로 이루어지고 있으며, 이들은 20세기까지 인간이 인간을 위해 이룩한 과학문명이 전 생태계를 위협하고 있음을 지적하면서 현재의 생명 경시는 인륜적 도덕의 붕괴와 인간의 실존적 위기를 낳을 것이라고 경고하고 있다. 생태주의에 여성주의 가치를 접목한 교육학의 이념적 지향성은 곧 생태여성주의 관점과 유기적으로 결합하여, 생명 존중, 돌봄, 협동과 상생의 살림교육 원리를 지향하는 이론과 실천으로 연구되어야 한다.

2. 여성주의 교육학 연구의 세 가지 유형

여성주의 교육학 연구는 태동기부터 지금까지 크게 세 가지 주요 유형으로 제시할 수 있다. 제1 유형 여성주의 교육학 연구는 성 불평등을 해소하려는 관점에서 출발한다. 성별 불평등에 대한 문제 인식을 토대로 여성의 소외와 억압구조를 인식하게 하고, 여성이 사회에 진출하는 데 장애가 되는 요인을 밝히며, 이를 극복할 수 있는 힘을 기르는 등 성 불평등 해소를 위한 제반 시스템 연구와 실천에 관련된 것이다. 제2 유형 여성주의 교육학 연구는 차이와 다양성을 기념하고 축복하는 관점이다. 과거 가부장적 남성 지배 이데올로기 안에서 이분법적으로 평가절하되었던 여성 관련 속성들을 등가치(等價値)짓고, 오히려 그동안 숨겨졌던 여성적 특성을 밝히고 발전시키려는 경향성을 지닌다. 여성의 경험을 학문 세계에 드러내도록 하고, 여성에게 목소리를 내어 말할 수 있도록 힘을 키워 주며, 여성의 정체성에 대한 새로운 자리매김을 시도하도록 하는 것이다. 제3 유형 여성주의 교육학 연구는 여성주의 가치와 윤리인 돌봄 가치를 대안 패러다임으로 제시하고, 새로운 인간론과 세계 질서 구축을 지향하는 관점이다. 생존보다는 공존이 사회적으로 문제가 되는 지구화 시대에 연대적 인간론에 근거한 대안교육 이념이 부상하고 있으며, 이 관점에서 여성주의 교육학 연구의 방향을 정립할 수 있다.

제1 유형은 학교에서의 성 불평등 교육에 전념한 연구임에 비해, 제2 유형은 여성의 인식론을 중심으로 남녀 차이에 주목하여 다양성을 존중하며, 제3 유형은 생활 세계의 삶을 중심으로 교육의 문제를 문화활동의 관점에서 다루며, 대안적 문화 창출을 추구하고 있다는 점에서 주목된다. 단지 교육을 여성의 소외와 불평등 관점이 아니라 남녀 모두 온전하게 학습권을 행사할 수 있어야 하며, 이는 여성주의 세계 질서 구축을 향한 성기성물 이념의 살림 교육학으로 가능하다는 전망이다. 남녀 성별에 관계없이 누구나 기존의 위계적이고 관료적인 교육 시스템인 공장 모델에 맞춰 산업역군 양성의 지식 기술 교육을 받는 것으로부터, 자신의 필요에 맞게 보살핌을 중심으로 하는 가정 모델에서의 학습을 통해 삶의 지혜를 실천할 수 있도록 대안적 교육학에 대한 탐구가 필요하다. 인간의 삶의 과정에서 학습은 하나의 기본적인 권리로 보장받아야 하며, 이를 촉진하고 도와 주는 교육은 인간에게 매우 중요한 의미를 지니는 사회적 행위다. 일정 기간 동안 타인의 돌봄과 보살핌이 없다면 생존 자체가 불가능한 인간에게 교육적 행위는 인간 형성에 가장 본질적으로 필요한 요소다. 여기에서는 여성주의 교육학의 세 가지 연구 유형에 대해 구체적으로 살펴보기로 한다.

성 불평등 교육 연구

1) 성 불평등 교육 연구의 주요 주제

성 불평등 교육 연구는 주로 근대식 교육의 전담 기관인 학교교육을 중심으로 전개되어 왔다. 래서(P. Lather)는 인간과학 분야에서의 페미니스트 연구에서 가장 중요하게 표방된 이데올로기적 목적은 "여성의 불평등한 사회적 지위를 종식시키는 것과 관련시켜 여성 경험의 비가시성(invisibility)과 왜곡(distortion)을 바로잡는 것"이라고 주장한다(Lather, 2001: 295). 이것은 우리가 젠더를 사회 이해의 근본 영역으로 삼는 기초 과제를 의미한다. 이는 즉 "이 세상에 여성이 놓여 있는 그 지점에서 세계를 볼 것"을 요구하는 것이다(Callaway, 1981: 460).

또한 좀더 구체적으로 교육과정 분야에서도 여성주의적 연구는 강조되고 있다. 재닛 밀러(Janet L. Miller)는 교육과정 연구자들에게 중요한 것은 다양한 관점을 포함하는 것이라며, 교육에서 여성의 상황, 여성 교수법 연구를 포함하여, 자기 반성 등에 주목할 것을 요청했다. 밀러(Miller, 1997)의 이와 같은 주장은 맥신 그린(Maxine Greene)의 연구 관점과 같은 맥락에서 주장된 것이며, 그린은 여성의 복잡한 상황, 관련된 미학과 정치적 측면의 여성 교수법 연구를 포함하여, 자기 반성, 빈틈없음과 사회적 변화의 의견 등이 중요함을 역설한다. 그린의 이와 같은 일련의 페미니스트 페다고지 연구(Greene, 1973; 1978)는 교육의 다양한 본질과 전망을 논의하는 데 큰 공헌을 한 것으로 평가된다.

서구에서와 같이 한국에서도 페미니스트 교육 연구 영역에서는 학교의 교육 내용과 교수 과정에서의 성 불평등에 관한 연구가 가장 활발하다고 할 수 있다. 오재림(2003)은 그동안 진행되어 온 교육 부문의 성 불평등에 관한 국내 연구들을 주요 주제별로 정리했는데 첫째, 교육 이념과 교육철학에 담긴 성의 구조, 둘째, 학교교육 내용과 잠재적 교육과정의 성 차별성, 셋째, 고등교육과 여성의 문제 분석, 넷째, 교직과 여성, 다섯째, 성교육과 진로교육을 포함한 각과 교육에서의 성 불평등, 여섯째 교육 정책, 일곱째, 여성 사회교육에 관한 연구 등이다. 이 분류에서도 학교 교육과정 및 운영상의 성 불평등에 대한 연구물이 비교적 많은 것으로 나타났다.

교육에서의 성차별성에 대한 연구는 다양한 분야에서 이루어져 왔는데, 우선 교육 이념과 교육철학에 포함된 성차별성 혹은 소외된 여성의 문제를 지적한 연구들이 있다. 이 분야의 연구들은 교육이 의식적이든 무의식적이든 가치 지향적이고 목표 지향적인 성격을 갖는다는 점에 주목하면서, 교육의 기본적인 이념과 철학적 논의들은 결코 가치 중립적이지 않고 남성 중심적인 가치지향성을 포함하고 있다고 지적한다. 대표적인 연구로는 교육 이념에 나타난 성의 구조를 분석한 한명희(1987)의 연구를 포함하여 유현옥의 「교육철학의 성 중립성과 교육에서의 여성 소외」(1992), 「여성학적 교육이론의 가능성과 그 의미」(1999)를 들 수 있다.

성 불평등을 해소하기 위한 교육 분야의 여성주의적 연구들은 여성주의 교육론(feminist pedagogy) 또는 여성주의/생태주의적 관점에서의 교육변혁론으로 이어지고 있다. 대표적인 연구로는 조경원의 「여성해방론적 교육학: 비관론과 낙관론을 넘어서」(1989), 신미식의 「여성해방교육론이란 무엇인가」(1995), 오욱환의 「여성교육학의 필요성과 한계성」(1996), 김정희의 「지구화 시대의 교육변혁론과 여성주의」(2001), 곽삼근(2002)의 「생태여성주의의 교육학적 시사점」 등이 있다. 이 연구들은 기존의 전통적인 교육론이 성 평등한 교육을 수행하는 것은 불가능하다고 보고, 성 평등을 추구하는 학교교육의 대안으로 등장한 여성주의 교육론의 내용, 방법, 그리고 현장 적용 가능성과 한계 등에 대한 탐색을 시도하고 있다. 페미니스트들은 성 불평등 인식은 학교에서만이 아니라 이미 가정, 대중매체 및 사회에서 내면화된 성 고정 관념의 영향이 지배적이므로 학교의 교육과정 개혁에만 초점을 두는 것만으로는 미흡함을 지적하고 있다(곽삼근, 2002a). 페미니스트 교육 연구에서도 형식적인 학교교육의 틀이 아니라 학교를 포함한 사회문화 전체를 연구 영역으로 확대할 필요가 있음을 주목해야 한다.

성 불평등 관련 여성주의 교육학 연구 분야는 다른 어떠한 여성주의 연구보다 더 많은 결과물들이 제시되고 있다. 유현옥(2002)은 여성교육에 대한 논의의 필요성을 우선 여성과 남성 간의 차별적 사회화 과정 및 성역할 분담으로 인해 발생한 격차에서 찾고 있다. 시민사회에서 "남녀에게 동등한 의무와 책임 및 권리를 부여하는 것은 기본 원칙"이며, 그 의무와 책임 및 권리의 이행 방식은 다양하더라도 이행의 기준은 동일해야 한다고 주장한다. 따라서, 성에 따른 차별은 극복되어야 하며, 그러기 위해서는 여성이 시민으로서의 훈련도 받아야 하는데, 중요한 것은 자라는 과정에서 자연스럽게 몸에 배도록 교육되어야 한다는 점이다. 여성들이 전통적으로 그들이 담당해 온 가족과 집에 대한 관심으로 인해 개발시키지 못한 능력들, 즉 사회 전체를 볼 줄 아는 안목 및 자율적 판단력과 여러 의견이 대립할 때 타협점을 찾을 수 있는 '대화의 능력'을 기르는 것이 요구된다는 것이다. 즉, 여성도 남성과 같은 위치에서 시민으로서 동등하게 참여할 수 있도록 필요한 능력을 기를 수 있는 교육이 필요하다는 것이다.

한국 교육에서의 성 불평등에 대한 문제 제기와 연구 및 논의는 1960년대부터 시작된 서구의 여성운동을 통해 많은 영향을 받았다. 교육에 대한 여성학적 관점은 공통된 문제 의식에서 출발한다고 볼 수 있는데, 유현옥(1999: 85)은 그 공통된 문제 의식을 "여성의 소외와 차별, 왜곡된 인식, 여성적인 특성과 가치에 대한 낮은 평가, 남성 중심의 가치관과 태도 및 신념이 강자 중심 혹은 지배-종속의 논리 원칙과 밀접하게 관련되어 있다는 점" 등의 네 가지로 제시한다.

성 불평등 교육에 관한 문제 제기와 연구가 본격적으로 시작된 것은 1970년대 후반 「교과서의 성차별적 내용에 대한 연구」(정세화, 1977)가 등장하면서부터라 할 수 있으며, 지금까지의 연구는 대부분 교육사회학이나 교육철학을 전공하는 교육학자, 교사, 그리고 여성 학자들을 중심으로 추진되어 왔다. 국내에서 교육의 성 불평등성에 대한 연구가 확산되는 첫 번째 계기는 1983년 한국여성개발원의 설립이라 할 수 있다. 또한 이 시기는 국내에서 여성운동과 여성학이 태동하는 시기로 교육 부문에서 성 불평등에 대한 연구는 여성운동의 확산 및 여성학의 보급과 함께 좀더 구체적이고 체계적으로 이루어지게 된다. 1980~90년대를 거치면서 학교교육 내용 및 교과서의 성차별적 내용에 대한 연구 결과들은 실질적으로 교육과정 개정과 함께 교과서의 내용상의 차별적 요소를 개선하는 데 기여한 바가 크다. 교육 부문에서 성 불평등에 대한 논의가 더욱 활발해진 계기는 1998년도 교육부에 여성교육정책담당관실이 설치된 것과 2001년 여성부의 출범에서 큰 힘을 받았다고 할 수 있다.

성 불평등 교육에 관한 연구 주제 중 가장 많이 다루어진 것은 학교교육 내용의 성차별성에 대한 분석이라 할 수 있다. 이와 관련하여 1980년대 이후 한국여성개발원과 1998년 이후 교육부의 여성교육정책담당관실의 주관으로 수행된 많은 교육정책 연구들이 이 문제를 체계적으로 다루었으며, 그 결과를 토대로 그동안 여러 가지 양성 평등 교육 관련 정책의 개선이 이루어졌다는 평가다(오재림, 2003).

학교 교육과정의 핵심인 교과서에 나타난 성차별성을 분석한 연구들은 1970년대 후반 정세화(1977)의 연구를 시작으로, 1980년대 이후에는 제4차 교육과정 분석(김정자 외, 1985; 주경란, 1985; 한명희, 1983), 제5차 교육과정에 의한 교과서 분석(김재인 외, 1993; 주은희, 1996), 제6차 교육과정에 의한 교과서 분석(정해숙 외, 1998), 제7차 성인지적 관점에서의 제7차 교육과정 분석(오재림 외, 2002) 등으로 이어져 왔다. 최근 학생들의 ICT 교수자료에서도 이러한 성차별적 내용이 분석되고 있다(정경아 외, 2007). 이러한 연구에 힘입어 그동안 문제로 지적된 교과과정이 개편되거나 교과서 속의 성차별적 내용들이 꾸준히 개선되었고, 제6차 교육과정부터는 남녀 모두에게 가정과 기술 과목을 배우도록 하는 등 교육과정 편제가 개편되었으며, 제7차 교육과정에서는 기술 · 가정 교과를 국민 공통 기본 교과로 신설하여 남녀 학생 모두가 이수하도록 되었다. 교과과정 측면에서 보면 어느 정도 성 불평등 요소는 제거된 것 같지만 아직도 교육의 과정에서 드러나는 문제점은 진로교육이나 성교육 영역에서 두드러지게 나타나고 있다.

1980년대부터 시작된 초 · 중등학교의 교과서에 나타난 성역할과 성차별적 내용에 대한 연구는 1990년대 이후로는 국어, 역사, 사회, 도덕, 외국어, 수학, 과학, 가정, 실과, 기술, 체육 등 각 과목별로 꾸준하게 이루어지고 있다. 다양한 학과 교육 분야의 연구들은 과목별로 교과서의 성차별성에 대한 분석에서부터 영역별 학업성취도의 성별 격차에 대한 분석 등 다양한 주제를 다루어 왔으며, 양성 평등 교육 이념의 확산과 함께 과목별로 성 평등 교육의 실현을 위한 학습 원리와 교수법의 탐색 등에 연구 관심이 모아지고 있다(권오남 외, 1995; 오재림, 1998; 강운선, 1999; 김재춘 외, 1999; 권오남, 2000; 2002; 유정애 외, 2002; 안주호, 2003; 정경아 외, 2007).

한편 남학생과 비교하여 여학생들이 불이익을 받는다고 지적된 영역 중에서 진로교육과 성교육 영역의 문제가 심각한 것으로 지적되고 있다.

첫째, 진로교육과 관련하여, 1990년대 이후 여성의 고등 교육 기회 확대와 함께 사회 진출이 늘어나는 현실에 비해 학교교육을 통해 이루어지는 진로 의식 및 진로 개발과 진로 선택 등은 전통적으로 남학생만을 대상으로 이루어져 왔다는 것이다. 이 영역의 연구들은 여학생의 진로 포부, 진로 의식 개발과 진로 선택에 영향을 미치는 다양한 요인들에 대한 분석을 시도함으로써 여성의 진로 선택에 실질적인 도움을 줄 수 있는 바람직한 진로 교육의 방향을 모색해 주고 있다(한국여성개발원, 1992; 이위환, 1993; 곽윤숙, 1993; 김미란, 2003).

둘째, 성교육 문제와 관련하여, 학교에서의 성교육은 이중적이고 비현실적이라는 지적이 있는데, 성교육 연구는 이중성에 대한 분석과 양성 평등 성

교육의 방향을 모색하는 것이 주류다. 이를테면 성교육 지침서에 나타난 성별에 따른 이중 규범에 대한 분석이나 학교 성교육의 내용이 여전히 '생물학적 성' 내지는 성기 중심에만 머물러 있는데 따른 한계점과 문제점 등을 지적하고 성 평등의 성교육으로 가기 위한 방향을 제시하는 연구들이 대표적이다(황은자, 1993; 백영애, 1999; 김혜원 외, 2000; 박효정, 2001).

최근 연구들은 성 평등 교육에서 가장 사각지대로 인식되고 있는 영역은 수학, 과학 및 테크놀로지 분야라고 지적하고 있다. 성역할 고정 관념이 강하게 나타나는 영역이라고 할 수 있다. 그러나 지식정보 사회에서 과학과 테크놀로지에 익숙하지 않으면 직업선택권은 매우 제한적일 수밖에 없다. 이 영역이 성 평등 교육에서 핵심 교과 영역으로 간주되는 이유가 바로 이러한 이유 때문이다. 이러한 배경에서 1990년대 이후 전 세계 모든 지역, 특히 미국에서 성 평등을 이루기 위한 중재 프로그램들이 활발하게 진행되어 왔으며, 수학, 과학, 테크놀로지에서 평등성을 증진시키기 위한 효과적인 전략으로 성차를 만들어 내는 원인들을 제거하는 데 기여했다. 여학생들을 격려하기 위해 개발된 교육 프로그램들은 그동안 전통적인 성역할 인식이 지배하는 교육 현실에서 주변인으로 인식되어 온 여성들의 적극적이고 진취적인 능력 개발 교육에 큰 시사를 주고 있다. 실제 이화여자대학교에서 실시하고 있는 고등학교 여학생 대상 WISE 프로그램은 매우 성공적인 여성 과학 교육으로 평가되고 있다.

2) 성 불평등 학교교육 연구[8]

학교의 교육과정

학교교육 내용은 형식적 · 비형식적 교육과정으로 이루어진다. 형식적 교

8 성 불평등 교육 연구는 곽삼근(1998)의 『여성과 교육』에 상세히 서술되어 있으며, 여기에서는 글의 전개상 언급이 필요한 부분을 발췌하여 수정 보완했다.

육과정은 교육 당국의 심의에 의해 교육과정 지침서와 교과서를 통해 전달되는 지식 및 가치 체계다. 비형식적 교육과정은 학교교육의 파생적 부분으로 학교의 권위구조, 인사조직 체제, 교수 방식과 상벌 체제 등 잠재적으로 형성되는 지식 및 가치 체계다. 잠재적 교육과정과 형식적 교육과정은 일정한 방식을 통해 전달되며 이들은 모두 학생들에게 내재화되므로 교육 혁신을 위해서는 이 양자가 모두 개혁되어야 한다는 것이 페미니스트 교육 연구자들의 입장이다.

학교의 인사조직 및 체제

학교의 권위구조 및 인사조직 체제는 총체적으로 보면 지위와 소득 분배의 측면에서 노동시장 내에 현존하는 성 불평등 형태를 반영한다는 것이 페미니스트들의 인식이다. 아동들은 학교라는 형식적 교육기관에 입학하면서부터 성인으로서 교사를 만나게 되고 가정 이외에 학교라는 조직을 경험하게 된다. 학교에서 보여지는 학교조직 체계, 교사들 사이의 관계는 아동들에게 어떤 성이 더 중요한지 보여 준다.

남성 상위의 권위구조는 2006년도 현재 전체 교사 중 초등학교 80.8%, 중학교 70.8%, 그리고 고등학교 45.6%가 여성인 우리나라에서, 현재까지 여성 교장은 각급 학교별로 9.3%, 11.1%, 6.0%, 교감은 16.0%, 19.0%, 5.3%에 머무는 실정이다(교육인적자원부, 2007). 이러한 수치들은 현 교육기관의 지위 위계나 임금 위계를 대변해 준다고 하겠다. 중 · 고등학교나 대학에서 오히려 여성 교장이나 총학장의 비율이 높은 것은 여학교의 존재 때문이다. 현재와 같은 남성 권위구조 하에서는 남녀 공학보다는 여학교의 존립이 여성의 교육과 여교사의 승진에 더욱 유리하다고 할 수 있다.

그러나 좀더 근본적인 문제는 관료제와 권위 위계 체제로 인한 경직된 교육행정 체제, 대량 생산 시스템에 의한 공교육의 획일화와 폐쇄성이라고 하겠다. 공장 모델과 같은 산업사회 인력 양성의 교육 시스템으로 지식과 기술 중심의 교육이 지배적인 현 학교교육 체제는 근본적인 혁신이 필요하다. 관료제로 인한 타율 시스템이 아니라 학생들의 학습권을 중심으로 그들의 요구와 필요를 반영할 수 있는 가정 모델로 재편되어야 할 것이다.

교과서 및 교육 자료에서의 성차별

학교조직이나 환경뿐만 아니라 아동을 가르치기 위해 조직된 공식적 교육과정도 아동의 사회화에 중요한 영향을 미친다. 공식적 교육과정 가운데 가장 대표적인 것이 교과서다. 우리나라 교육과정의 기본 정신에는 남녀의 역할에 대한 편견을 가지지 않도록 균형 있는 지도가 이루어져야 한다고 제시되어 있지만, 이러한 교육과정의 정신을 실현하기 위한 교수 자료로서의 교과서에는 성에 대한 편견이 내재해 있다. 교과서 이외에도 교사들은 많은 교수 자료를 쓰지만, 학교에서 교과서는 가장 비중 있게 다루어질 뿐만 아니라, 국정 혹은 검인정 과정을 거치기 때문에 사회가 공인하는 지식을 담고 있다는 점에서 아동의 태도와 행동에 미치는 영향력이 크다.

아동들에게 주요 교육 자료가 되는 국내 창작 그림책을 중심으로 1980년대와 90년대의 그림책에 나타난 등장인물의 성별 변화를 보면 90년대에 와서 중성과 여성의 사용이 증가했으나, 아직도 주인공의 성별에 따른 직업 구분이 뚜렷하게 나타나고 있음이 밝혀졌다(성정아, 1994). 남성은 활동적으로 표현되면서 다양한 직업 분야에서 적극적으로 역할을 수행하고 있는 것으로 묘사되는 반면, 가사와 자녀 양육은 여성만의 일로 묘사되고 있다. 아동도서는 물론 특히 초·중고등학교의 교과서 내용 중에는 성별 분업적인 직업관이나 역할, 태도, 행동 특성 등이 아직도 많이 수록되고 있는 것은 시급히 개선되어야 한다.

초·중등학교 교육과정에 나타난 남녀 역할을 교과서에 나타난 사진, 삽화, 등장인물을 통해 분석한 결과들은 다양한 성 편견의 문제를 지적한다. 분석 결과에 의하면 등장인물의 여성 비율이 초·중·고로 갈수록 3분의 1 수준으로 저조하고, 여성의 출현 장소는 가정으로 묘사된다고 한다. 또 남성의 직업은 다양한데 비해 여성의 직종은 그 수도 적고 직업 묘사의 60%가 전통적으로 여성 진출 직업인 간호사, 교사에 국한되어 있다는 것이다. 이러한 자료는 남녀 간의 성별 분업적 통념이 우리나라 초 · 중 · 고 교과서에 반영되고 있으며, 아동 및 청소년들은 학교교육에서도 성별 분업적인 교육을 받고 있음을 시사해 주고 있다. 역사적으로 뛰어난 여성들에 대한 발굴도 미비한 상태다. 교과서에 등장하는 여성 인물들은 율곡의 어머니인 신사임당, 기생인 황진이 등에 불과하고, 실제 존재했던 인물들이 밝혀지기보다는 설화나 민담의 주인공인 심청이나 효녀 지은과 같은 허구적 인물들이 제시되고 있다는 지적이다(곽삼근 외, 1998: 80).

페미니스트들이 연구한 성 불평등 교육 중 교과서 내용상에 나타난 성 편견으로 인한 불평등 현상은 다음의 여섯 가지로 제시된다. 그것은 희소성, 성역할 고정화, 불균형 · 선택성, 비현실성, 분절화 · 고립화, 언어적 편견 등이다(Gollnick, Sadker, & Sadker, 1982). 점차 개선되고는 있으나 우리나라의 교과서 분석 연구에서도 이와 유사한 현상을 발견할 수 있다(김정자, 1986; 정해숙, 1993; 곽삼근, 1998).

(1) **희소성**(invisivility)

이것은 여성이 교수 자료에서 별로 등장하지 않게 되는 이른바 감추어진 여성의 문제다. 특정 집단인 여성이 교육과정 자료에서 현저히 희소하다는 것은 엉뚱한 결과를 초래할 수 있다. 마치 그 집단은 우리 사회에서 덜 중요하거나 가치가 적다는 것을 암암리에 의미하는 효과를 나타내기 때문이다.

(2) **성역할 고정화**(stereotyping)

여성이 전통적인 역할을 담당하며 여성적 특성을 지니는 것으로 묘사함으로써 여성의 잠재적 능력과 가능성을 제한하고 고정화한다. 성역할 고정화는 학생들로 하여금 그 집단에 속한 개인들이 지니고 있는 다양성, 복잡성, 그리고 변동성을 거부하도록 하기도 한다. 따라서 이러한 성역할 고정화에만 의존하는 아동들은 그들 자신의 독특한 능력, 관심 및 잠재력을 개발하는 데 실패하게 될 것이다. 또한 남녀에게 강조되는 특성도 다르다. 남성은 주도하고 여성은 보조하며, 남성은 적극적이고 용감하며, 여성은 소극적이고 감성적으로 묘사된다.

(3) 불균형/선택성(imbalance/ selectivity)

교과서는 어떤 쟁점, 상황, 집단 구성원들에 대해 한 가지의 해석만을 제시함으로써 편견을 영속화시킨다. 교재 내용에서 어떤 상황이나 집단 또는 역사적 사건에 대한 편파적인 해석은 다양한 관점을 갖게 하지 못하고, 학생들의 지식을 한정시키며 현실을 왜곡하게 만든다. 그 결과 학생들은 우리 사회에서 여성과 소수집단의 공헌, 투쟁 및 참여에 관해 매우 제한된 식견을 갖게 될 것이다.

교과서는 문화의 모든 내용을 담을 수 없으므로 일부를 선택해야만 한다. 그런데 여성 혹은 여성과 관련된 문제에 대해 여성에게 불리한 한 측면만의 해석을 제시하게 되면 여성의 능력에 대한 평가절하 등 성 차별적 편견은 영속화하게 된다. 남성 중심의 시각에서 선택적으로 자료를 제시하고, 불균형한 해석을 함으로써 교과서는 현실을 왜곡하고 다양한 관점을 간과한다. 결과적으로 학생들은 이를테면 여성의 사회 참여, 평등을 위한 투쟁, 사회 발전에 미친 공헌에 대해 제한된 관점만을 갖게 된다.

(4) 비현실성(unreality)

교과서는 종종 우리 사회와 당대의 삶의 경험에 대해 비현실적인 초상을 제시해 주곤 한다. 교과서에는 역사나 현실 생활에 대해 비현실적인 모습을 제시하며, 논쟁의 여지가 있는 문제들은 적당히 얼버무리고, 차별이나 편견에 대해서는 회피하는 문제점을 지니고 있다. 현실적으로 남녀의 역할은 변화하고 있다. 현대 사회에서는 남성과 여성 모두 다양한 사회적 일을 하고 있으며 성별 고정 관념에 따라 구분되었던 역할들을 이제는 서로 나누어 하고 있다. 또한 이혼의 증가와 더불어 비전형적인 가정도 증가하고 있다. 초·

중 · 고 학령아동 어머니들의 상당수가 가사 이외의 일을 하고 있음에도 불구하고 교과서에는 이러한 현실이 반영되지 않고 있다. 즉, 논쟁거리가 되는 문제는 제외되거나 적당히 회피된다는 것이다. 따라서 학생들은 이런 문제를 이해하고 이에 대처하기 위한 필요 정보를 얻을 수 없게 된다.

(5) **분절화/고립화**(fragmentation/isolation)

여성의 문제를 주변적인 위치에 놓아 중심 과제에서 고립시키는 문제다. 여성에 관한 문제는 교재의 주된 맥락과 분리하여 따로 취급함으로써 이러한 문제는 중요하지 않고, 문화적 주류에 포함되지 않으며, 전체 사회와 관계가 없다는 식으로 표출시키는 효과를 지닌다. 즉, 책의 전체 내용에서 한 장으로 별도 취급하거나 맨 뒷부분에 부록으로 여성 문제를 다루거나 하여 주류에서 필수적인 것은 아니라는 듯한 메시지를 전달하는 것이다.

(6) **언어적 편견**(linguistic bias)

교육과정 자료는 우리들 언어의 차별적인 속성을 반영하고 있다. 남성적인 용어와 대명사의 사용에서 여성들의 참여는 부정되고 있다. 특히 영어 단어에서 선조나 조상(forefathers)을 의미하는 사람은 남성(he)으로 지칭되는 것 등을 예로 들 수 있다. 더 나아가 직위나 직업을 지칭하는 단어들도 영어의 경우 회장(chairman), 우체부(mailman)는 남성만이 하는 것처럼 표시된다든가, 언어 자체가 차별적이고 남성 위주이기 때문에 여성은 사회에서 그런 역할을 하지 않는 것처럼 여기게 된다. 또한 소년은 남성을, 소녀는 여성을 지칭하는 말이지만 청소년에 대응하는 청소녀라는 말이 쓰이지 않는다든지, 직업인이 남성인 경우에는 직업명을 그대로 쓰지만 여성 직업인의 경우 명칭에 여교사, 여류작가 등으로 성별을 붙여서 쓰는 관행, 애국지사인 윤봉길, 안중근, 안창호, 김구 등은 의사 또는 선생으로 기술되어 공인으로 묘사되지만 유관순은 언니로 묘사되어 사적 영역의 자연인으로 묘사되는 것들이 그 예다.

교사의 성차별적 태도와 행동

성차별적 사회화는 교과서 등 표면적으로 나타난 교육과정보다 잠재적 교육과정에 의해 더욱 큰 영향을 받는다. 교사의 성차별적인 태도와 행동이 성역할 사회화에 미치는 영향은 지대하며, 교육의 과정(process)에서 수많은 성편견과 차별이 존재하고 있다.

교사들의 성차별 인식도와 여성관에 대한 연구 결과들은 여교사보다 남교사들이, 평교사보다 주임교사들이, 연령이 많고 교직 경험이 많을수록 더 전통적이고 가부장적인 여성관을 갖고 있다고 밝혀 준다. 또한 교사들은 전반적으로 지능, 적성, 사회활동, 지도력, 공격성 등에서 남녀가 평등하다는 생각보다는 차이를 인정하고 대우해야 한다는 생각이 지배적인 것으로 나타났다. 교사들은 학생의 성별에 따라 학업 성취에 대한 선입견을 갖고 있으며, 남학생에게는 직업사회에서 요구하는 성향을 기대하고 있다는 것이다. 이러한 교사의 성역할 편견이 중등 학교에서 학생에 대한 성차별적 사회화로 큰 영향을 끼치고 있다고 하겠다.

(1) 교사의 교육적 기대

가정 기술 교과의 통합 운영으로 남녀 학생에게 경험의 확대를 가져올 수 있게 되었지만 교과 운영 시에 교사의 성편견적인 언행이 표출된다면 소정의 효과를 기대하기 어렵다. 한편 수업 담당교사들에 의하면 대체로 여학생들은 기술 영역을 즐겁게 익히는 데 비해, 남학생들의 경우 가정 영역에 대해 소홀히 하고 심리적인 관여도가 적다고 인식하고 있는 것으로 나타났다.

일반적으로 교사 4명 중 3명은 학생의 성별에 따라 잘하는 교과와 못하는 교과가 다르다는 생각을 갖고 있다고 한다. 학업 성취도에서 성 차이가 나타나는 경우 교사들은 그것을 인지적이고 유전적인 요인으로 보는 경우가 많다. 그러나 남녀 학생들의 학업 성취도에 따른 성 차이는 환경적 변인인 사회문화적 요인에 의해서 좀더 잘 설명될 수 있다. 특히 수학과 과학 교과에서 여학생들이 뒤진다고 생각하는 교사가 많은데, 이러한 인식은 자연스럽게 교사의 태도와 행동으로 나타나 여학생들에게 부정적으로 작용하기 쉽다.

(2) 여성다움과 남성다움

전통적인 여성다움과 남성다움은 학교에서 중요한 사회화의 기준으로 사용되고 있다. 교사들로부터 인정받기 위해서는 공부와 예의바른 행동 이외에 남학생들은 리더십이, 여학생들은 외모가 초·중·고등학교로 갈수록 중요한 것으로 인식되고 있는 실정이다. 학교에서 여성다운 태도와 남성다운 태도에도 교사들의 상이한 기대가 주어지고 있는 것이다. 환경 미화, 뒷정리와 같은 전통적인 여성적 활동은 여학생의 일로 강조되고 있다. 여학생들에게는 얌전하고 세심하며 나서지 말 것 등을, 남학생들에게는 활동적이고 대범하며 강인할 것 등을 강조하는데 이는 성역할 고정화를 심화시켜 주는 교육 현상이라고 하겠다.

학생의 학습지도나 생활지도 시 남학생과 여학생에게 강조하는 덕목이 상이하다는 것도 역시 전통적인 성역할의 영향으로 볼 수 있다. 남학생에게 지도력, 적극성, 창의성, 인내심, 봉사정신, 모험심이 더 강조되고, 여학생에게 남을 배려하는 마음, 공손한 태도, 단정한 용모, 순결성 등이 더 강조되는 것으로 나타나는데 이것은 학생들이 교육받은 후 장래의 직업 생활에도 큰 영향을 끼칠 것이다(허라금 외, 1999). 교사들이 여학생들에게만 지나치게 전통적인 여성 덕목을 강조하는 것은 그들의 잠재 능력을 발휘하는 데 제한점이 되므로 반드시 개선되어야 한다.

(3) 진로 지도

교사들의 성차별적 태도는 특히 진학 및 진로 지도에서 두드러진다. 교사들은 여성의 역할 중 어머니와 아내로서의 역할이 가장 중요하다고 보고 있으며, 이러한 경향은 남교사에게 강하여 진학 지도에서 여학생들은 여성 지향적 학과 선택이 바람직하다고 보았다(곽삼근, 2002c). 특히 남녀 학생에 대한 교사의 진로 기대와 그것이 교사의 태도 및 행동으로 표출되는 과정에서 성차별적 요인이 존재하며, 또한 성역할을 재생산하는 실제적 수단인 진로 지도 및 상담활동도 성적 불평등과 밀접히 관련되어 있다. 즉, 교과서에서도 현실과는 상관없이 소극적으로든 적극적으로든 성 고정화와 성적 불평등이 정당화되는데, 이와 더불어 진로지도 프로그램이나 상담활동이 그 정당화에 보완적 역할을 하고 있다는 것이다.

여성에 대한 사회적 제약을 수긍할 수밖에 없다는 현실론이 지배적인 풍토에서 교사들의 인식 개혁과 태도 변화를 위한 연수교육이 필수적이다. 여학생들의 진로 지도를 담당하는 교사는 최소한 성차별적 · 사회문화적 환경에 따른 문제점을 인식하고 이를 보완하고 개선하려는 의지를 갖추고 있어야만 한다. 그러기 위해서는 별도로 양성된 진로 전담교사를 배치하고 세계화 환경 변화에 맞추어 교사들에게 계속적인 재교육을 실시할 필요가 있다.

정보공간에서의 성별 불평등

최근 학생들에게 부과되는 차별적 교육과정으로 손꼽히는 것이 우리의 정보공간에서의 불평등 구조다. 사회문화의 성역할 고정화와 인터넷, 컴퓨터 게임 등 정보공간에서의 남학생 친화적 공간 시각화 및 프로그램 제공은 정보화 사회에서 새로이 성 불평등을 재생산해 내고 있는 기제로 등장하고 있다. 정보공간에는 학교 안과 밖의 울타리가 없으며 학교교육에서 인터넷을 통한 교육을 주요 교육과정으로 택하게 된 지금 교육 불평등은 더욱 심화되고 있다. 더욱이 한국의 청소년은 인터넷, 컴퓨터에 관한 관심사가 월등히 높은 것을 감안할 때 이는 학생들에게 가장 강력한 영향을 끼치는 교육과정으로 자리잡고 있다고 하겠다.

몇몇 연구 결과에 의하면 컴퓨터에 대한 경험과 태도에서 남녀 학생의 성별 차이가 존재하고, 그로 인해 공간 시각화를 학습하는 데 학습 방법에 따른 효과에도 차이가 있는 것으로 밝혀지고 있다. 즉, 여학생은 남학생에 비해 컴퓨터나 가상공간에 대한 경험도 부족할 뿐만 아니라 컴퓨터에 대해 부정적인 생각을 가지고 있기 때문에, 컴퓨터를 이용한 학습 방법보다는 지필 중심의 학습 방법에 더 긍정적인 효과를 보이는 것으로 해석할 수 있다. 그러나 인터넷이나 컴퓨터를 활용한 수업이 증가하는 현실에서, 남학생이 여학생보다 컴퓨터 및 가상공간에 대한 사전 경험이 좀더 풍부한 상태로 수업에 임하게 되면, 컴퓨터를 활용한 수업에서 더욱 큰 남녀 간의 성별 차이를 가져올 수 있다는 것이다(권오남, 2001).

성별과 과학, 테크놀로지 학습의 관련성에 대한 연구는 최근 들어 활발히 진행되고 있다. 20세기 중반까지의 연구들은 주로 생물학적인 성차별적 관점을 바탕으로 이루어져 왔다. 이는 좌뇌설과 우뇌설을 그 근거로 제시하면서, 수학과 과학 분야에서 남성들이 여성들보다 선천적으로 더 우수한 능력을 보인다는 것이다. 그러나 1970년대 후반부터는 몇몇 실험과 교육 연구 결과를 토대로 사회적인 성차에 관한 관점으로 전환되어 왔다. 오스트레일리아, 영국, 핀란드, 헝가리, 이탈리아, 일본, 네덜란드, 스웨덴, 태국, 미국에서 연령에 따른 학생들의 과학 학습 성취도를 분석한 결과, 남녀 학생들의 과학 성취 차이는 시간에 따라 증가하고 있으며, 이는 선천적인 생물학적 요인에 의한 것이 아니라, 사회적 영향과 교육을 포함한 요인들에 의해 야기되는 것임을 밝혔다.

특히 정보공간 교육에서 컴퓨터에 대한 접근과 사용, 결과에서 성 평등을 이루어야 하는 이유는 21세기 정보화 사회의 특징에서 찾을 수 있다. 21세기 사회에서 학습하고, 일하고, 다른 사람과 의사소통하는 데 컴퓨터는 필수적인 도구이며 컴퓨터 사용이 일상의 한 부분으로 되어 가고 있다. 또한 직업의 특성과 직업환경에서도 컴퓨터 관련 직업이 증가하고 있으며, 컴퓨터 관련 직장뿐만 아니라 모든 직장에서도 컴퓨터는 평범한 도구로 여겨지고 있다. 이러한 사회적 분위기와 직장에서 컴퓨터의 사용으로 인해 컴퓨터에 대한 능력과 친밀성을 발달시키는 것이 모든 학생들에게 중요한 교육적 목표 중의 하나로 자리잡고 있으며, 학교는 컴퓨터에 대한 접근과 사용이나 그 결과에서 공평성을 보장하도록 요구된다.

차이와 다양성 연구: 포스트모던 페미니즘과 후기구조주의

여성주의 교육학의 학문적 토대는 우선적으로 여성인식론의 관점에서 고찰해 볼 수 있다. 여성이 지닌 인식론적 특성에 관한 논의는 '여성주의 인식론'의 문제를 제기한 1986년도 벨렌키 팀의 연구에서 그 이론적 근거를 찾을 수 있다. 전통적인 교육에서는 학습자 관점은 고려되지 않았고, 학생의 지식이 아닌 교사의 지식만이 다루어졌으며, 더욱이 여성에 대한 고려는 없었다. 마허와 테트로(Maher & Tetrault, 1996)는 여성은 문화의 가장자리에서만 노를 젓고 있는 존재이기 때문에 여성이 무엇을 아는가라든가, 여성의 질문은 문화적 질문과 교차하지 않을 것이라고 강조한다. 여성들은 "어떠한 질문들도, 환경들도, 그리고 어젠다도 제시하고 있지 못했음"이 여성주의자들에 의해 지적되어 왔다(Belenky, Clinchy, Goldberger, & Taule, 1986: 198).

벨렌키 팀의 연구 업적인 '여성의 인식 방식(Women's Ways of Knowing: WWK)'의 학문적 의의는 여성의 문제에서 교육적 측면 그리고 인식론적 측면으로 새 길을 내는 작업으로 볼 수 있다. 여기에서 '맥락적인 수업(connected teaching)'의 개념이 강조되는데, 이것은 여성이 자신의 질문과 행위 능력들을 발전시킬 수 있도록, 그리고 그녀들의 계획(agenda)을 제시할 수 있는 교육이 되도록 격려하는 것이다.

여성주의 교실(feminist classroom)을 위한 정보 제공자들은 모두 교사들로서, 이들은 여성학뿐만 아니라 교과과정의 내용과 교육학적 문제까지도 관심을 가지고, 더 나아가서는 관여를 하고 있는 이들이다. 이들은 교과과정의 내용과 교육학적 문제는 교실에서의 지식의 구성에서 분리될 수 없음을 지적해 주었을 뿐만 아니라, 더 나아가 여성학과 페미니스트 교육학이 인식론적 전환에 관련이 있음을 보여 준다. 교실 지식이 사회적으로 구성됨을 강조하고, 계속해서 진행되는 여성 연구의 영향은 무엇보다 개인의 발전에 초점을 두고 있는 WWK의 연구에서는 한 걸음 더 나아가 사회적 요인까지 바라볼 수 있는 계기를 마련해 준 것이라고 볼 수 있다. 1980년대 후반의 페미니스트 사고 안에 있는 WWK의 위상을 시작으로 다양성과 후기구조주의(poststructuralism)의 도전이 여성 이론과 여성의 교육에 큰 변혁을 가져오고 있다고 볼 수 있다. 즉 WWK의 처음 수준인 개인적 앎의 형태가 개인의 마음과 인식자(knower)의 공동체와의 상호작용으로 인해, WWK의 마지막 단계인 구성되는 앎의 과정(constructed knowing)으로 발전하는 그 과정을 살펴볼 필요가 있다. 진실한 의미의 다문화적(multicultural)이고, 성별화된(gendered: 사회적 성을 고려한) 교실과 교육과정은 'pedagogies of positionality'라고 불리는 것으로부터 세워질 수 있다. 'pedagogies of positionality'라 함은 지식은 개인적 차원에서뿐만 아니라 사회적, 교실의 상황적 차원을 고려한 구성되는 앎의 과정으로서, 그것은 궁극적인 목적이 아닌 새로운 시작을 위한 위치가 된다는 것을 의미한다. 마허 등(Maher et al., 1996)은 이러한 관점을 비단 교실 상황뿐만 아니라 사회, 세계 전체로 이동시켜야 함을 제안한다.

프랜시스 마허(Frances A. Maher)는 여성주의 교육학에서의 핵심 용어로서 상호 관계적 상황(interpersonal setting), 지식의 사회적 구성(social construction of knowledge), 여성주의 교실수업(Feminist Classroom), 담론(discourse), 구성된 앎(constructed knowing), 다문화적(multicultural), 위치 부여(positionality) 등을 제시한다(Maher & Tetrault, 1996). 이 관점에서 차이와 다양성을 강조하는 여성주의 교육학은 후기구조주의를 대변하는 것으로 부상했고, 어느 정도 "자유로운 개인"이라든가 "주관적이고 주체적인 자아정체성"을 형성하는 데에 기여했다고 할 수 있다.

1) 여성의 인식 방식

여성의 인식 방식(WWK: women's ways of knowing)은 여성 문제에 관련하여 교육에 종사하는 이들에게 충전제로서의 역할을 한다고 평가된다(Maher & Tetrault, 1996). 왜냐하면 그것은 지식과 앎, 그리고 인식론의 전통적 모형 외부에 존재하는 세계를 볼 수 있는 대안적 관점의 틀을 제공했기 때문이다. WWK는 페미니즘 이론과 여성 연구 초기의 주요 성과로서 그것은 분명 세상을 인식하는 데 표준 규범으로서의 남성적 시각이 아닌 여성의 눈을 주목하게 한 패러다임의 전환이다. 이러한 시각의 대표로 길리건과 벨렌키를 들 수 있다. 우선 길리건(C. Gillian)은 『다른 목소리로(*In a Different Voice*)』(1982)에서 여성이 남성의 아래 단계에 위치한다는 콜버그(L. Kohlberg)의 "정의 윤리(ethic of justice)"에 도전하며 "돌봄 윤리(ethic of care)"를 주장했다는 점에서 여성 연구에 지대한 공헌을 했다. 둘째, 벨렌키 팀(Belenky, Clinchy, Goldberg., & Tarule, 1986)은 인지 발달 단계를 분석하여, 여성의 사고 패턴이 남성들보다 얼마나 관계적이며, 상황적인지를 밝혀내었다. 그들은 남성적 사고와 지식의 거짓된 객관성, 분리성, 그리고 합리성 개념에 반대하며, 여성이 지닌 정교한 사고와 판단력을 강조한다.

여성이 남성과는 다른 세계에 존재한다는 이들의 주장은 과히 혁명적이었다고 할 수 있다. 그러나 많은 페미니스트들이 WWK의 연구 혹은 이와 같은 종류의 연구에서 남성과 여성에 대해 진리를 얻어내고자 했을 때, 그들은 성(gender)에 대한 구분을 해내려는 이론적 접근의 배타성에 근원적인 한계가 있음을 발견하기 시작했다. 비록 WWK의 저자들이 특정한 성(gender-specific)에 초점을 둔 것이 아닌, 성에 관련된 관점을 가지려고 노력했음에도 불구하고, 그리고 정보 제공자로서의 여성이 처한 다양한 문화적 상황을 고려하고자 했음에도 불구하고, 많은 사람들은 그들의 관점과 시도들은 이분법적이라고 이해했다. 그리고 결국 여성들 사이의 차이점, 그리고 남성과 여성의 공유점을 없애고자 한 배타적 움직임이 이들의 입장이라고 비판한다. 분명 성에 대한 배타적, 단선적 접근은 여성과 남성의 집단 내에 존재하는 차이점을 허락하지 않는다. 그러나 사회구조적인 장벽, 인종, 문화, 종교, 지리적 위치, 성, 사회 계급 등은 분명 집단 내부의 차이를 유발하는 중요한 기제다. WWK의 혁신적인 학문적 움직임은 분명 새로운 문제들을 지적해 준다. 그것은 '모든 여성들'이라는 하나의 우산 아래, 뻗어 있는 수많은 우산살에 위치하는 다양한 여성집단, 예를 들어 레스비언, 성에 의한 여성 집단을 고려함으로써 비롯된 것이다. 이러한 움직임은 여성의 경험을 중시하고 심지어는 남성에 대한 여성의 우월성을 주장하는 문화적 페미니즘(cultural feminism)[9] 까지 유도된다(Maher & Tetrault, 1996).

2) 여성주의 교실

여성주의 교육이 출현함으로써, WWK는 더욱더 중요한 위치를 차지하게 되었다. 즉 그것은 페미니스트 교사들이 학습자, 특히 여성 학습자들에게 힘을 실어 주는 데 고려할 수 있는 중요한 원리와 실천 양식을 제공했다. 페미니스트 교실에서는 교사의 역할을 "산파로서의 교사(the teacher as midwife)"로 개념화시키고자 한다. 그들은 자신의 전문가적 권위를 내세워 학생들을 억압하는 것이 아닌, 촉진자와 양육자의 위치에 있어야 하는 것이며, 학생들로 하여금 그들 자신의 경험에 대해 말할 수 있도록 해야 하고, 자신의 불확정성을 활용할 수 있도록 도움을 주어야 한다. 즉 학생들이 자기 자신의 질문을 만들고, 그것에 대답할 수 있도록 해야 하며, 자신의 지적 성장을 스스로 달성할 수 있도록 용기를 북돋워 주어야 하는 삶의 현장과 관련 있는 '맥락적인 수업'을 해야 한다는 것이다. 여성주의 교육의 교실에서 수업 상황은 맥락적 교실과 교사(connected class, connected teacher)를 우선시한다. 이러한 교실은 성장의 문화를 제공하고 교사는 학생들이 자기 스스로 자신의 사고와 경험, 질문을 다룰 수 있도록 해야 한다. 페미니스트 교사는 권위적이라기보다는 민주적이어야 하며 또한 경쟁적이라기보다는 협동적이어야 한다. 페미니스트 교실에서는 학습에 대한 접근에서 '분리'와 '합리성'을 주장하기보다는 '연결성(connection)'과 '관계(relation)'를 추구할 것이 요구된다(Maher &

9 1970년대 전반의 급진적 페미니즘에서 발아한 여성운동 또는 그 이론으로서, 인문학과 사회과학의 영역에서 여성을 남성과의 관계가 아닌, 여성문화와 여성공동체와의 관계에서 검토하고 분석하는 작업을 시도하여 완전히 새로운 탐구 영역을 열어놓았다. 이 여성운동의 일반적인 전략은 전통적으로 여성의 속성으로 간주되어 온 많은 자질(주체성, 자연친화성, 연민, 타자의존성 등)을 파악하고, 그 자질을 긍정적으로 평가할 뿐만 아니라 나아가서는 남성에 대해 우월한 특징이라고 주장하는 것이다(송현주, 2001).

Tetreault, 1996).

여성을 교육하는 것과 관련된, 위와 같은 페미니스트 페다고지의 개념과 WWK의 열정적 수용은 1980년대 논쟁이 되어 온 평등과 차이의 대립(equality vs. difference)에 관한 여성이론의 교육학적 해석에 중요한 영향을 주었다. 여기서 페미니스트들이 주장하는 것은 다음과 같다. 여성과 남성은 본질적으로 같거나 혹은 다르다. 그런데 만약 다르다면 우리는 어떻게 여성이 남성과 동등한 대접을 받을 수 있을까에 중점을 두어야 한다고 페미니스트들은 강조한다.

그렇다면 페미니스트 교육 혹은 페미니스트 티칭은 다른 진보적이고 대안적인 교수 방법과 어떻게 다른가? 힘과 지배가 담론으로 존재하는 전통적인 교실 구조에서 여성 학습자는 남성 학습자와 어떻게 차이를 보이는가? 교실 상황에서 교실 참여자들 간의 힘(power), 권위(authority), 목소리(voice)의 차이가 어떠한지를 다루어야 하고, 이러한 관심은 비단 성(gender)뿐만 아니라, 인종, 종교, 나이, 문화 등의 시각에서도 고려되어야만 한다는 것이 페미니스트들의 관점이다. 마허(F. A. Maher)는 페미니스트 티칭의 독특성은 바로 그들의 학생에 대한 자매애(sisterhood)라고 강조한다. 즉, 학문적 권위와 동기부여에 의해 여성 학습자의 복합적이고도 다양한 모습을 인정하고 북돋우는 것이라는 것이다. 지난 10여 년 동안 계속되어 온 이와 같은 질문들과 비판에 대한 개방성은 페미니스트 페다고지와 여성학을 WWK에서의 여성 중심적 접근에서 좀더 복합적이고 다양한 시각의 페미니스트 교육학 연구로 전환하게 했다.

3) 여성주의와 비판적 교육학

"왜 페미니스트 페다고지는 자유주의 모델(liberatory model)[10]과 다른

10 여기서 자유주의 모델(liberatory model)이라 함은 프레이리(P. Freire)가 주장한 비판적 교육학을 의미한다.

가?"라는 질문에 대한 응답은 다음 두 가지일 것이다. '그 둘은 근본적으로 다르다'는 응답과 함께 '페미니스트 페다고지는 여성에 초점을 두고 있다' 등이 그 두 가지다.

지난 30년 동안의 급진적 교육학(radical education)은 교사와 학생 모두의 주체성(agency)을 강조한다. 즉 경쟁보다는 상호 협력을 중시하며 이것은 페미니스트들이 교수(teaching)와 학습에서 상호작용을 강조하는 것과 같은 맥락이다. 그런데 반면 페미니스트 페다고지는 좀더 여성주의(feminism)에 초점을 두고 있다. 즉 교육학 분야에서 온 모형이라기보다는 페미니즘 이론에 좀더 기반을 하고 있는 것이다. 우리가 그것을 '페미니스트 페다고지'라고 부르는 이유는 그것은 페미니즘 이론에 기초한 사고를 통해 실천되고 있기 때문이다.

브라질의 교육철학자인 파울로 프레이리(Paulo Freire)에 의해 주창된 자유주의 모델(liberatory model)에 대한 페미니스트 교사의 입장은 어떠한가? 많은 페미니스트 저자들은 프레이리의 주장에 성(gender)에 관한 논의가 간과되고 있음을 지적한다. 즉 프레이리는 사회의 억압과 불평등이 경제적 측면 등의 계급에 의해 파생되고 있음을 지적할 뿐, 억압과 불평등이 성에 의해서도 재생산될 수 있음을 지적하고 있지는 못하다는 것이다. 그리하여 많은 페미니스트 저자들은 그의 이론에 성의 관점을 포함시켜 그의 이론을 좀더 풍부하게 하고자 한다.

① 마허(F. A. Maher)는 '교수의 성별 모델(gender models of teaching)'의 개념을 세움으로써 프레이리의 주장은 모두 같은 목소리로 말을 하고 있는 피억압자를 상정하고 있는 단차원적(unidimensional) 모형임을 지적한다. 그리고 반드시 누가 억압자와 피억압자의 위치를 차지하고 있는지를 살펴보아야 하며, 성에 의해 달라지는 권력과 권위의 차이를 반드시 고려해야 함을 주장한다.

② 엘스워스(E. Ellsworth)는 비판적 교육학(critical pedagogies)의 추상성과 모호성, 비맥락성에 비판을 가한다. 비판적 교육학은 '인간의 자기주도성', '민주 공동체', '인간 행동의 사회적 행동으로의 전환'과 같은 추상적 개념을 탈정치적 · 추상적 · 탈역사적 관점에서 사용하고 있다. 이러한 개념과 방식으로 주장된 학생들의 세력화(empowerment)라고 하는 것은 사회적 · 정치적 위치, 제도의 구도에 어떠한 도전도 할 수 없다. 비판적 교육학이 주장하는 '해방적 권위(emancipatory authority)'라고 하는 것은 성차별, 계급 차별, 혹은 인종 차별주의 등의 억압의 문제를 좀더 깊숙이 내면화하여 담아내고 있지 않다. 다양한 맥락 속에서 억압받는 피억압자들의 이야기를 온전히 반영하고 있지 못한 것이다. 미국 사회에서의 여성운동의 인종 차별주의가 그 대표적인 예다.

③ 여성의 연구와 여성주의 이론에 관계하는 다른 페미니스트 저자들은 차이(difference)의 문제에 관심을 갖는다. 실제로 WWK가 발간된 이후 많은 중요한 움직임들이 이러한 저자들 사이의 대화들을 확장시켰고, 이 분야를 전환적으로 변화시켰다.

먼저 유색 인종, 레스비언, 제3세계의 여성들 그리고 전 단계 페미니스트 이론의 보편주의(universalism)로 인해 침묵했던 다른 이들의 입장이 여성의 경험 안으로 포함되어, 조사되고, 연구되고, 이론화되며, 가르쳐질 수 있게 되었다. 즉 그들의 경험들을 인식론적(epistemologies) 관점에서 접근하게 된 것이다.

또한 페미니스트 이론과 사고에서 주요한 변환의 모습을 보이는 것은 '정체성 정치학(identity politics)'의 고정화가 도전을 받고 있는 것이다. 페미니스트 포스트모더니즘[11]은 세상에 대한 전체적, 단일적인 시각을 거부한다. 따라서 모든 정체성은 변화하는 언어, 담론, 상황, 역사 속에서 구성되는 것으로 본다. 즉 정체성은 사회 속에서, 맥락 속에서, 개인 간, 개인 내에서 다양하게 구성되는 것이지, 고정된 것이 아니다. 따라서 여성/남성, 흑인/백인, 흑인 여성/백인 여성 등의 이분법적 대립 구도는 해체되어야 한다는 것이다. 포스트모더니즘 페미니스트들은 거짓된 이분 구도 속에서 각 개인의 혹은 각 사회의 정체성을 탐색하는 것이 아니라, 상황의 관계 속에서, 문화적 고려를 바탕으로 그것을 구성해 나가는 것이다. 즉 다문화(multicultural)의 의미는 반(反)백인(nonwhite)의 의미가 아닌 백인의 독존성(유일함을 유지하려는 것: solipsism)을 허물어 가는 것이다. 즉, "다문화주의는 '--주의'가 아니라, 존재하는 그 자체다(Multicuralism is not an ism: it just is)"라는 경구가 이를 대변해 주고 있다.

마허와 테트로(Maher & Tetrault, 1996)는 WWK에서의 여성주의 교실을 통한 연구의 과정에 힘입어, 페미니즘 이론을 변화시키기 위한 추가적 방법을 제시하고 있다. WWK는 다양한, 그리고 수적으로 충분한 표집으로 인해 개인성, 그리고 전체적인 보편성 측면의 실례들을 갖추고 있다. 그러나 WWK는 상황의 다양성과 맥락성, 타자와의 역동적인 관계성 모색에 초점을 둔다. 이것을 통해 개인은 어떻게 성장하며, 그들은 무엇이 되어 가는지를 모색한다. 즉 결국 WWK의 마지막 단계인 구성적인 지식(constructed knowing)은 개인적 인식론으로 귀결될 수 있는 것이다. 즉 이 관점의 페미니스트들이 추구하고자 한 것은 다양한 상황 속에서 자아(self)와 세계(world)의 구성이라고 할 수 있다. 이러한 맥락에서 마허와 테트로는 여성이 세상을 알고, 자신

---

11 포스트모던 페미니즘 또는 후기구조주의 페미니즘은 개인/사회구조, 여성과 남성의 같음/다름의 논의에서 한 걸음 더 나아가, 여성들의 경험과 억압을 설명할 때 여성들 간의 다름도 고려해야 한다고 주장한다. 예를 들어 다민족 사회인 미국에서 중산층의 이성애(heterosexual) 성향을 지닌 백인 여성은 성차별(sexism)만 겪게 되지만, 만일 이 여성이 하층 계급의 유색인종이며 동성애(homosexual) 성향을 가지고 있다면, 성차별 이외에 빈부 격차에서 오는 계급 차별(classism), 인종 차별(racism), 그리고 주류사회에서 지향하는 성 성향과 거슬리는 성 성향을 가짐으로 해서 또 다른 형태의 성차별을 겪게 될 것이다. 다시 말해, 어느 한 여성은 한 가지 형태의 억압만 경험하게 되지만, 경우에 따라 다른 여성은 한 가지 이상의 억압을 경험하게 되는 것이다. 그러므로 포스트모던 페미니즘 또는 후기구조주의 페미니즘은 한 가지 이론으로 모든 여성의 경험과 억압을 설명할 수 없다고 주장하고 한 가지 이론으로 모든 것을 한 범주에 넣으려는, 즉 거대 이론(grand theory) 또는 거대 담론(grand narrative)을 부정한다(송현주, 2002).

을 인식해 가는 인식론적 관점을 기술하며, 여성주의 교실 수업을 제안한다. 그들은 WWK에서의 '여성주의 교실 수업'을 위해 사회적으로 구성되고 변화하며, 맥락에 의존적인 정체성과 지식에 대해 논한다. 그들은 전체성보다는 관계성을 강조하기 위해 방법론적인 범주도 변화시키고자 했으며, 정체성과 지식의 문제는 남자와 여자, 교육과정과 교육학, 교사와 학생들의 이분법적 논리를 적용할 수 있는 대상의 문제가 아님을 제시한다. 그것은 각각 다른 상황에서 자신의 정체성을 어떻게 구성해 나가야 할 것인가 하는 과정이나 진행의 문제다. 따라서 그들은 분리된 궤도보다는 의미의 망을 포착해 내기 위한, 그리고 단선적인 논쟁보다는 다양한 서사를 포착해 내기 위한 새로운 방법론적 범주를 찾고자 했다. 그들은 자신들 연구에서 정보 제공자의 학급 상황을 다음 네 가지 주제를 따라서 분석했다. 각각의 주제들은 개인적인 것과 관계적인 시각(視角) 모두를 반영하고 있음을 주목해야 한다(Maher & Tetreault, 1996).

마스터리

첫 번째 주제는 마스터리(mastery) 혹은 학생들이 배우기로 되어 있는 것이 무엇인가 하는 질문이다. 마스터리의 전통적 의미는 교사와 전문가가 제시한 교재를 합리적으로 이해해야 하는 학습 목표를 의미해 왔다. 좀더 근본적인 차원에서 마스터리는 학생이 무엇에 도달해야 하는지를 말해 주는 지표이며, 학생들이 알아야 하는 것이 무엇이고, 그들이 어느 수준에 고정되어야 하는지를 알려 주어 그들의 위치를 확인시켜 주는 것이다. 따라서 전통적 관점에서의 교육을 받는다는 것은 당시의 주류 문화와의 관계맺기 속에서 구성되어 가는 과정에 있음을 의미한다. 마허와 테트로(Maher & Tetrault, 1996)는 마스터리에 대한 이러한 전통적 관점은 정보 제공자인 페미니스트 교사들이 격렬하게 반대했던 개념이라고 지적한다. 그들의 관점은 학생은 개인으로서, 그리고 집단으로서 관계맺기 속에서 성장하는 존재다. 학생이 알아야 하는 존재이며, 마스터하는 존재다. 교사들은 학생들이 가지는 관계맺기

(relationship)에 주목해야 한다는 것이다. 따라서 그들은 마스터리의 의미를 단지 개인적 성취의 의미로서가 아닌 특별한 맥락에 기초한 해석에 기반을 두어 이해해야 함을 강조했다. 즉, 교실 속 대화와 토론에 기반을 둔 구성원들의 해석과, 그 상황의 조사자에 의해 제공된 해석을 모두 고려하여 마스터리의 의미를 재규정할 필요가 있다.

목소리

목소리(voice)는 두 가지 의미로 분류된다. 하나는 학급에서 학생 개인이 자신의 의사를 표현하는 것을 의미하며, 또 다른 하나는 교사와 학생의 목소리가 상호작용하면서 공동체를 구성하여, 서로에게 영향을 미치고, 서로를 구성시키는 활동으로서의 목소리다. 전자의 목소리의 경우 WWK 연구의 초기 단계에 중요시되었던 것이다. 즉 침묵 속에 있었던 여성 학습자들에게 자신의 목소리를 찾아 주는 것이 주요 과제였던 것이다. 그러나 학급 상황에서 우리는 다양한 목소리가 존재한다는 것을 인지해야만 한다. 즉 마스터리의 경우와 마찬가지로 우리는 학급이라는 공간이 맥락적 담화를 구성해 내는 특성을 가지고 있음을 고려해야만 한다. 학급은 단지 개인의 의사 표현 공간에 그치는 것이 아닌 것이다.

권 위

비판적 교육학과 페미니스트 교육학의 초기 접근은 교사의 권위(authority)에 대해 초점이 모아졌었다. 교사의 권위에 대한 핵심적인 질문은 그것의 원천이 어디인가에 있다. 전통적으로 교사의 권위는 교사가 가진 학문적 지식의 우수성에서 비롯된다고 생각되었다. 이에 따라 학생에게 성적을 부여하는 교사의 역할이 부여되었고 학생과 교사 사이의 절대적인 권력 관계는 당연한 것으로 여겨져 왔다. 그러나 여기에서의 권위라 함은 마스터리와 목소리처럼 각각의 학교 상황에서 구성되고 진행되는 것을 의미한다. 즉 교사와 학생 간의 물질적 · 정서적 측면의 다양한 관계맺기 속에서 발생되는 것이 바로 권위다. 그리고 학생들 역시 상황에 따라 권위를 소유하고 있음을 염두에 두어야 한다. 즉 권위라는 것은 상황적이며 구성되는 것이다.

위치 부여

자리매김, 위치 부여(positionality)라는 개념은 포스트모더니즘과 그와 연관된 페미니스트들에 의해 조성된 개념이다. 어떠한 주제의 지식이라도 특별한 상황에서 인식자의 다양한 위치를 인식할 때만 타당하며, 위치는 항상 성, 인종, 계급, 그리고 그 밖의 사회 통치 기제의 역동적 규칙에 의해 정의될 뿐이다. 네 가지의 주제 중 위치 부여라는 개념만이 유일하게 개인 요소의 시각으로만 이해될 수 없으며, 그 때문에 위치 부여라는 주제는 반드시 상황, 맥락이라는 요소를 포함해야만 한다. 개인의 정체성 혹은 입장과는 달리 위치 부여는 관계적이며, 진화하는 개념이다. 때문에 인간의 정체성과는 달리 위치 부여의 개념은 비판과 의심의 여지가 있는 개념이며, 공동체의 네트워크 속에서 분석되고, 탐사되며, 변화될 가능성이 있는 개념이다. 우리는 이 개념을 이해하기 위해 포스트모던 페미니즘의 통찰력을 이용해야 하고, 비판적 이론가인 린다 앨코프(Linda Alcoff)의 위치 부여에 관한 이론을 살펴보아야 한다. 그녀는 위치 부여를 여성이라는 규정되고 제한된 정체성 안에서 고정됨이 없이 여성 스스로 그녀들이 처한 억압을 조정할 수 있는 데서 기인한 구성물이라고 정의한다. 이렇게 여성 스스로 위치한 자리에서 의미 만들기는 여성 자신이 정의한 그들의 정체성 확립과 연결된다. 즉, 여성이 여성 스스로 행하는 '위치 부여'와 정체성 확립을 위한 '정체성 정치학(identity politics)'이 바로 여성의 힘 갖추기/세력화의 핵심이라는 것이다.

마허와 테트로(Maher & Tetrault, 1996)는 17명의 교수의 수업을 연구하기 위해 이러한 네 가지 주제를 사용했다. 이것을 통해 그들은 특정한 상황에서의 개인적 발달을 볼 수 있었으며, 또한 개인에 의해 만들어진 의미와 교실 공동체 안에서 형성된 넓은 담론 사이의 관계를 만들어 낼 수 있었다.

교육학 혹은 인식론에서의 위치 부여의 개념 도입은 중요하다. 후기구조주의 페미니즘에서 '위치 부여'란 여성이 스스로 결정한 자리에서 그들 나름대로 가치나 의미를 해석하고 구성하는 것으로, 가령 한 여성이 페미니스트가 되었다면, 중요한 사실은 그 여성이 페미니스트가 되어서 세상의 새로운 사실을 아는 것이 아니라, 기존에 있었던 사실이나 사건들을 그 여성이 주체적으로 다른 위치에서 볼 수 있게 된다는 것이다. 이러한 '위치 부여' 관점에 관한 후기 페미니스트 페다고지의 입장은 학습자와 교수자의 젠더, 인종, 계급에 의한 다름과 차이를 배려한 학습 상황에서 그들의 '위치 부여'를 하고, 그들의 다양한 경험과 억압을 그들의 주체적 위치에서 재해석하고 새로운 의미로 정의하는 것을 말한다(송현주, 2002).

위치 부여는 개인의 정체성 혹은 고정된 본질로서의 의미가 아니다. 위치 부여의 의미에는 단지 개인적 존재로서 파악되는 고정적 존재가 상정된 것이 아니라 불평등한 사회구조 속에서 얼마든지 다른 위치에서 놓여질 수 있는 사회의 구성원으로서의 존재가 상정되어 있다. 이러한 존재에 대한 기본 전제를 바탕으로 우리는 탐사될 수 있고, 분석될 수 있고, 변화될 수 있는 우리 자신들과의 관계망(relational network)을 우리 스스로 발전시킬 수 있는 것이다.

지식의 형성과 정체성 형성에 대해 위치 부여 접근(positional approach)은 거의 시도된 적이 없었다. 따라서 마허와 테트로가 시도한 이러한 교실의 사회구조적 모습과 교실 지식 형성에 관한 토론 과정은 나름대로 새로운 시도라고 볼 수 있다. 그들은 교육에서의 다양성을 반영한다거나 페미니즘 이론에 내포되어 있는 정체성과의 투쟁을 반영하여 지식 구성에 대한 연구가 좀더 활성화될 수 있는 토대를 마련했다고 할 수 있다.

4) '위치 부여' 이후의 과제

여성주의 교실 수업(feminist classroom)에서의 여성 연구, 페미니스트 이론은 최근까지 주변화된 여성들에게 주목해 온 것이 사실이다. 그러나 교실의 담론을 분석하기 위해 위치 부여라는 주제를 사용하는 것은 여성주의 연구자들로 하여금 새로운 연구 문제를 형성하도록 한다. 교실에서 여성을 주변화된 인물로서 보는 것이 아닌, 그들이 보여 주고 있는 주변과 중심의 관계를 파악하는 데에 주력해야 할 필요성이 발생하게 된다. 페미니스트 이론은 주변성을 이해하는 것에서부터 오며, 지배집단으로부터 오는 페미니즘은 인정할 수 없다는 그레이 오스터러드(Grey Osterud)의 주장은 음미해 볼 만하다(Maher & Tetrault, 1996).

위치 부여라는 변동적인 관점으로 개인과 사회의 관계를 파악하게 된다면, 우리는 구성[12]적인 앎(constructed knowing)의 새로운 역할을 이해하게 될 것이고, 또한 여성 연구, 페미니즘 이론을 좀더 넓고 다양한 관점으로 인식하게 될 것이다. 구성적인 앎을 지향하는 여성 연구, 페미니즘 이론은 개인의 발전을 도모할 뿐만 아니라, 지식의 공동체성도 인식하게 한다. 그리고 우리가 끊임없이 분석해 내야만 하는 지배적 집단 내에서의 권력의 관계와 작동의 복잡성을 파악하게 한다.

페미니즘에 반대하는 사람들은 여성 연구와 다문화주의 교육론을 공격하기 위해 특히나 문화적 페미니즘과 정체성 정치학의 약점을 이용한다. 그들은 페미니즘에 대항하며, 주관적인 경험과 객관적인 연구 사이의 이분화를 추구하며, 주관적 인식론을 거부한다. 간단히 말해서 그들은 '수용적 경험(received experience)'으로의 회귀를 원한다. 그러나 페미니스트 운동은 이것을 뛰어넘어야 하며, 바람직한 인식론으로서의 구성적 앎을 재창조, 재구성해야만 한다.

마허와 테트로(Maher & Tetrault, 1996)는 페미니스트 학문을 하는 연구자들의 책임은 교실 상황, 더 나아가 사회, 공동체를 이해하고자 할 때에는 연구자들이 다루는 주제는 복합성, 다양성을 지녀야 함을 강조한다. 다문화 시대 여성 연구 수업의 서사는 모든 것을 아우르고 개인과 사회적 관계를 고려하는 것이어야 하며, 다문화 중심적이어야 함이 요구되고 있다. 이를테면 성,

---

12 구성의 의미는 끊임없는 변화(constantly changing)를 의미한다.

여성에 대한 폭력, 가정 내 폭력, 여성과 남성의 경제적 차이, 제3세계 여성의 지위 등은 반드시 개인의 경험의 분석에 그쳐서는 안 되며, 그것에서 더 나아가 다양한 맥락 속에서의 개인의 경험과 공동체 속의 관계를 분석하는 작업으로 발전되어야 한다는 것이다. 마찬가지로 우리가 추구해야 하는 구성적 지식은 반드시 개인뿐만 아니라 전체 공동체 속의 기능도 고려해야 한다.

이제까지 페미니스트 교육학이 개인의 임파워먼트에 치중했다면, 향후 사회적 존재로서의 개인이 어떻게 집단과 사회의 변혁을 위해 자신을 자리매김하고 관계를 어떻게 맺는가에 대해 탐구할 것이 필요하다. 이러한 관점에서 여성주의 교육학이 다루어야 할 영역은 더 이상 개별적인 주체성의 확립이나 목소리 내기, 또는 평등한 사회적 관계 형성 등에 그쳐서는 안 된다. 포스트모던 시대의 교육학이 다양성을 인정하는 것으로 인식되고 있다는 것은 본질적이고 핵심적인 공동의 가치가 없다는 것으로 곡해되기도 한다. 그러나 교육학은 가치 지향적 학문이다. 그렇다면 여성주의 교육학의 가치 지향은 무엇인가? 여성주의 윤리와 가치의 바탕에서 교육의 목표, 내용, 그리고 방법이 재구조화되고, 이러한 가치를 중심으로 교육 체제와 교육 패러다임을 전환하는 것이다. 포스트모던 교육학에 대한 비판적 성찰과 더불어 여성주의 연구에서도 제3유형에 대한 요청이 있다. 다음 절에서 이를 간략히 소개하며, 제2부에서 살펴볼 여성주의 교육의 가치와 틀은 바로 이러한 시스템적 변화의 필요성과 가능성을 나타내 주고 있다.

여성주의 가치 구현 연구

21세기를 맞이하여 여성에 대한 관심이 고조되고 있다. 그동안 가치평가를 제대로 받아오지 못했던 여성들을 미래 학자들은 무한한 잠재가능성을 지닌 집단으로 평가하고 있다. 최근 자원의 고갈과 생태계 파괴로 이제까지 진행되어 온 근대적인 발전 방식은 더 이상 지속될 수 없다는 공감대가 널리 형성되고 있으며, 또한 정보화와 국경 없이 움직이는 자본은 기존의 국민 경제의 틀을 무너뜨리고 있다. 이 같은 지구촌 문명의 변화는 현대를 살아가는 우리와 후손들에게 큰 과제를 안겨 주었다. 생명을 보존하는 일과 환경을 보호하는 과제다.

이러한 지구환경의 위기에 직면하여 그동안 가정의 살림을 맡아 왔던 여성들이 이제 개인의 가정 살림만이 아니라 온 인류의 살림 향방을 주도해야 하는 위치에 있음을 공인하게 된 것이다. 생태여성주의에 대한 교육학적 조망을 토대로 여성의 살림활동에 대한 교육학적 의미 부여를 하게 된 것이다(곽삼근, 1998; 2002b; 2005a). 그동안 평가절하했던 여성의 살림의 자질과 능력을 재평가하게 되었으며 나아가 여성성에 대한 새로운 해석을 하게 되었다. 또한 사회가 직면한 다양한 문제 해결 과정에서 여성적 가치의 중요성이 부각되면서 여성주의 윤리에 대한 관심도 높아지고 있다. 그러나 이 때 여성은 생물학적인 성별을 의미하는 것은 아니다. 여성주의에서 여성이란 "전통적으로 여성의 특성으로 인식되고 있는 성향을 발휘하는 사람"을 의미하므로 남녀 모두에게 적용될 수 있다. 그렇다면 그 특성은 무엇인가? 여성의 특성은 사적 영역에서 모성 양식으로 표현되는 돌봄 생활의 결과, 즉 생명에 대한 보살핌을 실천해 온 여성들의 생명 존중과 생명 살림의 마음과 행동이 표출되는 과정에서 나타나는 성향들이다. 이러한 성향을 잘 발휘할 수 있도록 능력을 함양하는 것이 여성주의 교육에서 추구하는 바이며, 이를 통해 여성주의 문화의 창출, 여성주의 세계 질서의 구축에 기여할 수 있는 여성주의 시티즌십과 여성주의 리더십을 함양할 수 있다. 여성주의 시티즌십에 관한 연구와 여성주의 윤리 및 가치, 여성주의 리더십에 대한 연구들은 오히려 교육학이 아닌 사회학이나 철학, 여성학의 영역에서 활발하게 추진되기 시작했다(장필화, 2002; 이상화, 2003; 허라금, 2005; 조형, 2005; 정대현, 2005, 조형, 2007; 윤혜린, 2007). 이는 여성학의 다학문적 성격을 감안할 때 매우 자연스러운 현상으로 볼 수 있기는 하다. 그러나 교육의 패러다임 전환으로 대안적 교육학이 요구되는 시점에서 교육학 영역에서의 여성주의 시티즌십 형성에 대한 연구가 절실히 요청된다.

한국 교육학계에서는 그동안 간과되어 왔던 여성의 특성을 학문 세계에 드러내려는 시도가 1990년대에 와서 비로소 시작되었다(곽삼근, 1998). 이러한 시도는 여성주의 윤리에 대한 연구 등으로 그 맥이 다학문적으로 연결되고 있다(김정희, 1999; 허라금, 2005; 윤혜린, 2005). 여성주의 도덕성 발달이론과 생태여성주의 교육학에 대한 관심은 새로운 여성주의 문화를 창출하는 이론적 토대로 볼 수 있다(곽삼근, 2001). 우리 사회의 구조 자체를 평등하게 바꾸어 남녀 간의 파트너십을 새롭게 체결하기 위해서는 그동안 여성과 여성성을 열등한 것으로 차별하고 소외시켜 온 성차별적 문화가 바뀌어야 한다는 주장도 강력히 제기되어 왔다(유현옥, 2002). 성차별적 문화가 극복된다는 것은 사회구성원들이 성에 관계없이 각자 자신이 원하는 삶의 형태를 선택할 수 있는 권리가 보장되는 것을 의미한다. 성차별적 문화를 드러내는 과정에서 그동안 소외되어 왔던 여성과 여성성에 대한 관심을 갖게 되었고, 그 결과 여성성에 대한 새로운 인식을 불러일으키게 되었다고 할 수 있다. 이러한 학문적 노력은 불평등 해소 차원의 여성주의 교육을 여성주의 문화 창출이라는 여성주의 교육학 연구로 한 단계 상승시키는 결과를 가져왔으며, 우리 사회의 대안적 교육학 패러다임으로 여성주의 교육학이 주창되기에 이른 것이다.

장진호(1985)는 한국 교육의 과제에 대해 1) 개별성, 2) 관계성, 3) 공동성의 세 가지를 제시했는데, 현재 한국 교육에서는 개별성만이 강조되고 관계성과 공동성 관련 교육 실천은 매우 취약한 실정이다. 그런데 진정한 인격체로서의 개인은 관계성과 공동성을 전제로 할 때에만 완성될 수 있고, 또한 관계성과 공동성은 완성된 개인성을 토대로 성취 가능하므로 이 세 가지 속성이 분리된 상태로 추구되어서는 불완전할 수밖에 없을 것이다. 따라서 원자론적 인간론이 아닌 연대론적 인간론에 입각하여 교육 목적과 과정의 재편이 요구된다.

교육이 개별적인 학습의 차원에서 강조되고 있는 현실에서 기존의 교육 이념을 사회철학적 관점에서 비판적으로 고찰하는 작업이 필요하다. 하버마스(Habermas, 1968)를 비롯한 비판이론가들은 교육을 통해 진리를 추구하고 개인과 집단으로 하여금 그들에게 영향을 주는 결정에 효과적으로 참여할 것을 촉구한다. 그렇게 함으로써 그들 자신의 삶을 더 잘 통제할 수 있게 하고, 그들의 잠재력을 실현하고 좀더 정의로운 사회를 이룩하는 데에 관심을 갖는다. 하버마스와 그의 선배 학자들은 그렇게 될 것이라고 기대하고 그것이 이성에 의해 실현될 수 있다고 주장하며, 이성과 좋은 삶이 서로 깊이 연관되어 있음을 보여 준다(Young, 1990; 이정화 외, 2003: 282).

이러한 맥락에서 학습자들은 교육을 통해 이성적인 능력을 함양하고, 우주와 인간 세계를 올바로 인식하는 지식을 함양할 것이 요청된다. 교육을 통해 자신의 삶을 구속하고 있는 억압적 구조에 대해 인식하고 자신에게 영향을 주는 결정 과정에 효과적으로 참여함으로써 스스로의 삶을 더욱 잘 통제하고 잠재력을 실현해 나갈 수 있어야 할 것이다. 더 나아가 좀더 평등하고 정의로운 사회를 이룩하는 데 관심을 갖도록 공동체 학습을 지향해야 한다. 즉, 교육은 개인적 측면에서의 자기계발뿐 아니라 자신과 타인의 삶에 대해 사회구조적인 측면에서 들여다볼 수 있는, 그리고 모순된 부분에서의 변화를 모색하고 실천하여 사회 변혁을 가져올 수 있는 힘을 키워 줄 수 있어야 하며, 이러한 이성적 능력을 함양해야 한다는 관점에 주목할 필요가 있다. 즉, 관계성과 공동성을 이념적으로서가 아니라 실제 삶의 현장에서 실천할 수 있도록 교육의 시스템이 구축되어야 하며, 이는 여성주의 교육학에서 관심 있게 다루고자 하는 연구 과제다. 즉, 냉철한 머리와 따뜻한 가슴이 조화롭게 지구화 시대 생명을 살리는 보살핌의 윤리가 어떻게 공공 교육조직에서 그리고 일상생활에서 추구되고 실천될 수 있는가에 대한 교육학적 고민을 여성주의 교육학에서 다뤄야 한다.

제3장 여성주의 교육학의 연구 방법

여성주의 연구 방법이란 무엇이며, 여성주의 교육학에서 왜 연구 방법은 중요한가? 연구 방법이 무엇이며, 어떠한 연구 방법을 사용해야 하는가에 대해 주로 양적 · 질적 연구 방법 차원에서 접근되고 있다. 여성주의 연구방법론(feminist methodology)은 매우 중요한 쟁점임에도 불구하고 이 용어는 서로 다르게 해석될 소지가 있다. 여기에서는 하딩(Harding, 1987)이 사용한 개념과 같은 맥락에서 도구적 방법(methods)이라기보다는 개념적 방법(methodology)이란 의미의 용어로 사용하며, 이 관점에서 연구 방법을 논의한다.

1. 여성주의 연구에서의 질적 · 양적 연구 방법

샌드라 하딩(Sandra Harding)은 'methods'는 연구 과정에서 사용하는 특정한 절차적 과정상의 방법을 의미하는 것으로 인터뷰 등의 방법을 지칭하는 것으로 규정했다(Harding, 1987). 이에 비해 'methodology'는 어떻게 연구가 수행될 것인가에 대한 이론이나 혹은 어떻게 연구를 수행할 것인가 그리고 어떻게 이론이 적용될 것인가 등에 관한 광범위한 원칙을 지칭하는 것으로 규정했다. 이를테면 사회조사 방법이나 실험연구 방법 등의 적용 혹은 지식론으로서의 인식론에 관한 논의 등이 여기에 해당한다. 자야라트네와 스튜어트(Jayaratne & Stewart, 1995: 223)는 하딩의 이러한 주장에 동감하며, "양적 · 질적 연구 논쟁을 극히 사소한 것"으로 간주한다. 하딩의 논리에 따를 때 양적 · 질적 연구 방법은 하나의 절차적 방법에 불과하며, 무엇보다 중요한 것은 "연구 방법에 대한 페미니스트 관점"이라고 강조한다. 물론 한편으로는 수용 가능한 측면도 있으나, 전적으로 양적 · 질적 두 연구 방법을 동일 선상에 놓을 수 있다는 주장은 논쟁의 여지가 있다. 오히려 그들의 주장에서 의미 있게 연구 방법상 활용할 수 있는 것은 실천 강조라는 점으로, "방법상의 개념적 논쟁에 투자할 시간을 실천에 투자(from definition to implementation)"해야 한다는 주장에 주목할 필요가 있다(Jayaratne & Stewart, 1995: 230).

일반적으로 여성주의 연구는 질적인 연구 방법을 사용하는 것이 합당하다는 의견이 지배적인 가운데, 자야라트네와 스튜어트(Jayaratne & Stewart, 1995: 217)는 오히려 "여성주의 이데올로기와 목적을 지지하는 효과적인 도구"로서 양적 연구 방법의 가치를 강조하기도 한다. 그동안 양적인 연구 방법은 여성을 연구 대상에서 제외하거나 여성의 경험을 왜곡시켰다는 비난을 받기도 했다. 그러나 질적 연구를 옹호하고 이를 사용하는 여성주의 연구자들도 일단은 양적인 연구 방법을 차용하고 이를 비난하는 것으로부터 그들의 연구를 시작한다는 점은 흥미있는 지적이다(Jayaratne, 1983; Birke, 1986; Healy & Stewart, 1991).

한편 기존의 전통적인 양적 연구에 대한 여성주의자들의 비판은 몇 가지 양상으로 나타난다. 이에 대해 자야라트네와 스튜어트(Jayaratne & Stewart, 1995: 218)는 양적 연구의 문제점으로 지적된 사항들을 다음과 같이 일곱 가지로 유형화시켜 제시한다.

첫째, 연구 주제에서 성차별적이고 엘리트 중심적인 주제 선정과 관련된 것(Cook & Fonow, 1984; Grady, 1981; Jayaratne, 1983; Scheuneman, 1986)과 아울러 여성에게 매우 중요하고 핵심적인 연구 문제가 결여되어 있다는 것이다(Parlee, 1975; Roberts, 1981).

둘째, 연구 설계에서 편견적인데, 이를테면 오직 남성을 연구 대상으로 선정하는 등의 문제를 포함한다(Grady, 1981; Lykes & Stewart, 1986).

셋째, 연구자와 대상자 간에 자원 개발식의 착취적인 관계가 성립되며(Mies, 1983; Oakley, 1981), 이러한 관계는 연구팀 내에서도 성립된다(Birke, 1986; Harding, 1987).

넷째, 객관성에 대한 허상의 문제가 있는데, 특히 이는 실증주의적 접근의 경우 더욱 교묘하게 관련된다(Bleier, 1984; Stanley & Wise, 1983).

다섯째, 양적인 데이터의 단순하고 표피적인 속성에 대한 비판이 존재한다(Jayaratne, 1983).

여섯째, 연구 결과의 부적절한 해석이나 지나친 일반화가 있으며(Jayaratne & Kaczala, 1983; Westkott, 1979), 여기에는 오직 남성만을 대상으로 한 연구이지만, 여성에게 적용시키려는 과오를 범하면서도 개인을 비난하는 설명을 사용하는 문제점을 지니고 있다. 콜버그(Kohlberg, 1981)의 도덕성 발달이론에 대한 길리건(Gilligan, 1982)의 비판이 대표적인 사례다.

일곱째, 부적절한 자료 유포 및 확산과 활용의 문제가 있다(Tangri & Strasburg, 1979). 마이스(Mies, 1983)는 이러한 비판에 대해 현재 사회과학에서 수용되고 있는 방법론적 이론과 페미니스트 공동체의 목적 간에 존재하는 근본적인 모순으로 지적하고 있다.

한편 질적 연구 방법을 옹호하는 학자들은 여성 연구란 그들의 경험을 그대로 학문 세계에 드러나도록 하는 것이 중요하므로, 사회과학 연구 방법은 응답자가 경험한 그대로 세상을 묘사하도록 허용해야 한다고 주장한다(Smith, 1987). 그러나 여성주의자 특히 질적 연구 방법을 사용하는 여성주의자들은 사회과학계에서 그다지 환영받는 편은 아니다. 질적 연구 방법이 응답자의 경험에 대해 좀더 정확하고 타당한 정보를 제공해 주는데도 불구하고, 주류 학문 공동체로부터 강한 부정적 반응을 불러일으킨다고 지적되고 있다(Cook & Fonow, 1984; Du Bois, 1983; Healy & Stewart, 1991; Reinharz,

1979). 많은 주류 연구자들이 여성주의 질적 연구는 '비과학적'이거나 혹은 '정치적으로 동기부여'가 되어 있으며, 지나치게 편견적이라는 것이다(Jayaratne & Stewart, 1995: 221).

여성주의 교육학 연구에서 가장 중요한 것은 연구 관점의 전환이 요구된다는 것이다. 기존 학문 세계에서 여성을 배제한 것은 남성들만이 사회적으로 존중받고 지성적인 존재로 인정받게끔 만드는 자원에 접근할 수 있었다는 것을 의미한다. 그 결과로 남성들은 모든 이에게 "떳떳하게 말할 수 있는 권위(authority)"를 획득하게 되었음이 지적되고 있다(Weiler, 2001: 1). 캐슬린 와일러(Kathleen Weiler)는 기존 교육학 사상의 연구에서 큰 비중을 차지하고 있는 존 듀이(John Dewey)나 파울로 프레이리(Paulo Freire)를 여성주의자들이 인용할 수밖에 없었으며, 특히 초기 페미니스트 연구자들은 듀이의 민주주의 교육학이나 프레이리의 해방적 교육학에서 많은 영감을 얻은 것이 사실임을 상기시킨다. 그럼에도 불구하고, 듀이나 프레이리는 여성주의 시각을 결여하고 있음에 대해 여성주의자들이 비판하게 되는 입장임을 지적한다. 즉, 연구의 관점에 대한 새로운 전환이 필요함을 역설한 것이다.

마허(Maher, 2001: 15)는 듀이의 진보주의 교육 이념 중 교사의 권위 부분에 대해 흥미 있는 분석을 시도하고 있다. 전통적 교육에 비해 진보주의 교실에서는 교사는 촉진자, 안내자 정도로 그 권위가 상당히 약하게 규정되는데, 그것은 여교사가 지배적인 상황에서 민감하게 해석될 수 있다는 것이다. 자율적인 탐구를 권장하는 아동 중심의 진보주의 교실에서 학생들은 남성성으로 강조되는 자율, 탐구의 주인공으로 간주하고, 교사는 여성성을 대변하는 수동적인 조력자로 자리매김하는 현상으로 나타난다는 것이다. 이러한 교사와 학생의 성 대결 구도는 "민주주의 교실의 권력 역동성"에 대한 관심을 상기시켰다고 볼 수 있다.

한편 듀이의 교육이론과 관련하여 제인 마틴(Jane Roland Martin)의 비판적 인식은 매우 탁월하다. 듀이가 강조하는 교육은 결국 "시민, 근로자, 개인"을 길러내는 것이지, 가족구성원, 부모, 가정 살림이 등 전통적으로 여성의 활동으로 간주되었던 영역은 배제되었다는 지적이다(Martin, 1994: 231). 여러 연구에서 이러한 이슈는 학교 교육과정과 학교 교실교육에 포함되어야 한다고 시사했는데, 마허(Maher, 2001: 20)는 이를 좀더 분명하게 제시하여 마틴이 주장한 돌봄, 관심, 연결의 '3C(care, concern, connection)'를 진보주의 교육에 더해서 포함시켜야 한다고 강력하게 주장한다. 물론 듀이 자신도 가정에서의 활동들을 학교 현장으로 가져오도록 권고했다. 산업혁명은 가정이 지닌 생산 활동작업을 앗아갔으므로 이러한 고려는 매우 중요했다고 볼 수 있다. 그러나 마틴이 지적하듯이 단지 여성 활동의 속성을 교육과정에 더하는 것만으로는 불충분하다고 볼 수 있다.

우선 듀이가 교육에서 강조하는 것은 "교육이란 아동이 성장함에 따라 사적인 영역에서 공적인 영역으로 성장해 가는 발달적 여행"으로 봄으로써 이는 기본적으로 "교육은 남성적"임을 상정하고 있는 것이다. 이는 마틴이 지적했듯이 "교육자는 교육을 받는다는 것을 새로운 사고, 정서, 행동을 습득하는 과정으로만 인식하지 않고, 그들은 "가정 영역과 관련된 태도, 가치, 사고 및 행동 양식을 포기하는 것"을 상정한다는 것이다(Martin, 1994: 234). 이러한 공식에서 집이나 가정은 자연적인 상태로서 간주되고 말았으며, 가정 영역은 발전되어야 할 대상이 아니라 발전을 측정하는 출발점으로서, '자연'과 '문화'가 구분되는 측정 지점으로 자리잡히게 된 것이다. 가정에 대해 이렇게 취급함으로써 교육자들은 남학생과 여학생들을 공적 영역을 지향해 가는 여행자로 보게 되었으며, "학교는 그들이 목적지에 도달하는 데 필요한 지식, 기술 및 가치를 얻기 위해 잠시 들렀다 가는 장소" 로 보게 되었다는 것이다(Martin, 1994: 234). 교육과정에 "가족과 가정의 구성원으로서 개인의 발달"이라는 과제를 포함시키는 것은 의미가 있다. 이에 대해 남학생들은 오히려 '가정 기술' 의 부과에 대해 조소적인 태도를 갖기도 하는데, 현재의 사회문화 분위기로 인해 나타난 반응으로 볼 수 있다. 그러나 교육학적으로 이는 "사적인 영역과 공적인 영역 간의 분리를 연결시키려는 희망"으로 간주되므로 매우 중요하다(Maher, 2001: 21).

한편 평등의 관점에서 학교 교실의 상황에서 성적 · 문화적으로 서로 다른 배경을 지닌 학생들에게 교육과정은 똑같은 환경으로 다가오지 않을 수 있다. 이 지점에서 프레이리가 주장한 "억압받은 자"와 "아동"은 단일 집단이거나 보편적인 상태의 존재가 아니라는 점이 간과되고 있다는 것이다. 따라서 단순히 각자의 경험이나 목소리를 표현하도록 고무시키는 것은 좀더 혜택받은 사람들의 목소리만을 고무하는 결과를 가져올 수 있다는 것이다. 와일러(Weiler, 2001: 11)는 여성주의의 궁극 목적은 정의와 평등 이념 추구에 연대하면서, 특히 "사회 정의의 한 부분으로서 성 평등(gender equity)을 위해 투쟁하는 것"임을 밝히고 있다.

여성주의 교육학자들은 가부장적이고 남성 지배적 정치운동을 거부하는 것은 그것이 결함이 있어서가 아니라, 자신들이 추구하는 여성주의 목적을 성취하기 위해 비판적인 개입을 하는 것임을 밝히고 있다. 사적인 관심사로만 간주되었던 여성들의 활동 분야를 공적인 세계와 연결시키려는 교육과정상의 노력은 여성주의 교육혁신에서의 제1 과제가 될 것이다. 이처럼 여성주의 연구에서 양적 · 질적인 연구 방법 선택보다 우선해야 할 것은 "여성주의 관점으로의 전환"과 이를 견지하는 연구 방법의 확보라는 점을 분명히 해야 할 필요가 있다.

2. 대안적 연구 방법의 등장

여성주의 교육학 연구는 구체적으로 어떠한 방법론적 의의를 지니는가? 교육학에서의 여성주의 연구는 여러 학문 영역 중에서도 비판이나 기존 연구에 대한 파괴 정도가 덜하다는 특징을 지닌다. 여성주의 교육학에서, 교육의 목적이나 내용에서 기존의 남성 중심의 경쟁 위주 교육을 벗어난 협동과 상생의 교육이라고 할 때 여성주의 교육학 연구 방법도 상당한 차이가 있을 것임을 전망할 수 있다. 인간의 삶을 이해하는 데 교육은 필연적 핵심 요소이며 모든 삶의 지혜가 전수되고 학습되는 문화적 현상이다. 그동안 모든 학문 영역에서 주류인 과학적 연구 방법은 가장 널리 확산되어 인정받고 있음이 사실이다. 이 연구 패러다임의 성과물들은 수량화, 객관화시키는 데 매우 효율적이고 또 그 결과를 일반화하거나 효과를 입증해 주는 데 큰 매력이 있다. 이와 반대로 계량화나 일반화에 제한적인 연구 방법들은 자연히 뒤로 밀려 왔다는 지적이다. 그러나 최근 대안적인 연구 방법에 대한 관심이 부상하고 있고, 특히 다양한 학문 분야에서 생태학적 또는 생물학적이라 불리는 대안적 접근에 대한 관심이 높아지고 있다. 생태교육학, 생물정치, 생물윤리, 대체의학 등으로 불리는 대안적 관점과 연구 방법이 속속 등장하고 있는 것은 생명을 중시하는 현대 사회의 추세에서 거스를 수 없는 현상이다. 이 접근들은 과거 기계적이며 자연 정복 지향의 획일적 접근 방식의 문제점을 지적하며, 좀더 인본주의적이고 자연친화적이며 생명 질서를 존중한다는 공통점을 지니고 있다. 여러 학문 분야 중 우리의 몸과 가장 가까운 의학 분야와 여성 연구로 부상되는 생애사의 경우를 소개한다.

몸에 대한 여성주의 접근: 의학의 사례

의학 분야에서 최근에는 자연주의적 의학 연구를 주창하는 움직임도 있다. 서양 의학은 환자의 병을 진단하기 위해 첨단 의료기구 등 다양한 방법을 사용한다. 진단 결과에 따라 병균을 직접 공격하여 치료하고자 한다면, 그것은 때로는 환자의 입장에서 볼 때 불필요한 것 같은 검사로 인해 고통을 받게 되기도 한다. 그럼에도 불구하고 확실한 치료 방법이 없거나, 과도하게 화학적인 의약품에 장기 노출되어야 하는 질병의 경우 인간은 병 자체로 인한 것보다 진단과 치료 과정에서 더 큰 고통을 받는 경우가 많다.

서양 의학 연구자들이 대체의학 또는 동양의학과의 비교 연구를 하면서 점차 자연주의적인 대체요법의 중요성에 대해 언급하는 서양 의사들의 글을 접하게 된다. 특히 여성의 건강을 다루는 의사의 경우 한국에도 소개되었을 뿐 아니라 전 세계 16개국에서 번역 출간된 크리스티안 노스럽(Christian Northrop)의 저서는 괄목할 만한 업적이다. 또한 초등학교 시절부터 40년 간 면역 체계 이상 등으로 지독한 투병생활을 하면서 서양 의학의 문제점을 지적한 의사의 체험기는 큰 교훈을 안겨 준다. 여기에서 이 두 의사의 사례를 소개함으로써 대안적인 연구 방법이 왜 필요한지를 논의해 보자.

1) 여성주의 방법

첫 번째 사례는 자연주의적인 접근과 여성주의적인 접근이 잘 드러나 있는 한 미국인 여의사의 이야기다. 중년 여성의 건강에 대해 대체의학적으로 접근한 미국의 의사인 노스럽은 그녀의 저서 『폐경기 여성의 몸 여성의 지혜(*The Wisdom of Menopause*)』(2002)에서 여성의 몸에 대한 철저한 이해가 없는 상태에서 자연적인 치유법을 외면하고 화학요법에 의존케 하는 서양 의학의 문제점을 지적하고 있다. 그녀는 이러한 문제점을 신랄하게 비판할 뿐만 아니라 기존 의학에 도전하며, 직접 대체의학적 방법으로 여성들을 진료하고 상담하는 연구소를 운영하기도 했다.

특별히 중년 여성에 대한 연구로 탁월성을 인정받은 노스럽은 신체적인 건강보다는 정신적인 건강 측면에 더 많은 관심과 지혜를 필요로 함을 제시하고 있다. 『폐경기 여성의 몸 여성의 지혜』는 미국 산부인과 전문의로서 20년 이상 개업의로 환자를 진료하고 임상 연구를 하면서, 폐경기에 여성의 몸과 정신에 일어나는 증상과 여성 질환 등에 대해 자신의 독특한 대체의학적 관점을 중심으로 임상 보고를 하고 있다. 최근 논란이 되고 있는 호르몬 요법의 여러 단점들을 지적할 뿐만 아니라 약초, 한약, 침술, 식이요법 등의 효과를 소개함으로써 미 의학계의 질타를 받기도 했다. 그러나 자신이 폐경을 맞으면서 직면했던 문제와 현역 의사로서 상담해 온 수많은 사례들을 자세히 소개해 준 그녀의 접근 방식은 기존 주류 방식에 문제를 제기한 대안적 여성주의 연구 방법에 큰 시사점을 던져 준다.

또한 한국에서도 그동안 우리에게 익숙하게 처방되어 왔던 각종 의약품은 미국의 백인 남성을 표준 대상으로 하여 제조 생산되었으므로 여성의 몸에 과다하게 자극을 유발할 수도 있다는 여성주의자들이 등장하고 있다. 여성의 신체는 생산 능력의 보유 시기와 이를 전후로 하여 미묘한 신체적 · 정신적 변화를 경험하도록 되어 있는데, 이러한 자연적인 현상과 여성의 정신적 변화가 서양 의학에 충분히 반영되어 있지 못했다는 지적이다.

> 솔직히 나는 50년의 역사를 가진 생화학적 조제약이라는 아버지보다 수백만 년의 실험 기간을 거쳐 생성된 천연 호르몬이라는 어머니의 지혜에 더 신뢰가 간다(Northrup, 2002: 199).

그녀가 관심을 기울이고 있는 중년 여성기의 신체적 · 정신적 변화는 여성을 위한 제2의 삶과 학습에 교육학적 과제를 안겨주고 있다. 과거 남성 중심 연구 대상자들을 토대로 개발된 서양 의학과 의사들이 인간의 육체를 마치 생각없는 물질적 존재로 다루고 처방하는 관습에 저항하여 대안적 관점을 제시함에 주목할 필요가 있다. 여성주의 의학은 인간의 몸은 단순히 물적 신체가 아니라 고유한 정신과 물질의 연합으로 형성된 매우 독특한 존재로서, 이 특성과 기질을 소중히 해야 한다는 취지에 가치를 부여한다. 여성학적인 관점에서 육체는 담론, 생물, 실천이 교차하는 체현의 장이다. 개별적이고 자율적인 육체는 없다. 육체는 언제나 세계와 변화하는 관계맺기의 과정으로 존재한다. 육체는 단순히 의미가 새겨지는 기체가 아니고, 단순히 수용적이기만 한 것이 아니라 실천의 재배치를 가져오는 적극적인 반응의 장이기도 하다.

노스럽은 중년기를 여성의 새로운 탄생이라는 관점에서 보고 있으므로, 몸과 정신의 새로움을 부각시킨다. 그야말로 중년 여성기를 위한 교육지침서라고도 할 수 있을 정도로 무엇을 왜 학습해야 하는가를 제시해 주고 있다. 기존의 방법이 어떻게 해서든 인위적으로라도 나이 들어가는 현상에 저항할 수 있는 약물과 수술 기법을 개발하여 젊음 예찬 이데올로기를 창출했다면, 그녀가 주창하는 자연주의적이고 여성주의적인 대체의학은 기존의 편견과 인식을 뛰어넘어 여성들의 의식을 자연친화적이고 긍정적으로 변환시키는 데에 크게 기여한다고 볼 수 있다.

완경(폐경으로 흔히 알려져 있으나 여성주의자들이 사용하기 시작한 '완경'으로 표시하는 것이 여성에 대한 긍정적 의미를 더해 주는 것으로 인정됨: menopause)으로 접어들기 시작하는 중년 여성은 어느 정도 남성으로부터 독립적이 되어야 한다는 메시지도 함축하고 있다. 그 어원이 바로 그러한 의미를 담고 있는 것은 흥미롭다. "완경이란 남자로부터 자유로워진다(pause from men)는 의미"를 담고 있으며, 여성이 생식 능력으로 인해 주어졌던 임무를 완수한 이후에 제2의 탄생을 맞아 삶의 방향을 새로운 차원에서 선택해야만 한다는 메시지로 해석될 수 있다. 생물학적인 여성의 탄생과 성장은 완경을 통해 사회철학적으로 의미 있는 여성문화 형성의 삶으로 전환될 수 있다. 여기에서 우리는 의학에서의 여성주의적인 관점에 주목할 필요가 있으며, 이는 교육학에 새로운 과제를 던져 주고 있다.

2) 자연주의 방법

다른 또 하나는 고도의 의학 기술의 사각 지대를 밝혀 준 쾌거라고 할 수 있는 사례다. 난치병으로 어려서부터 40년 간 고통을 받으면서 병원 치료에 의존했던 한 재미 의사의 투병기가 소개된 바 있다(하병근, 2008). 그는 "서양 의학은 '반쪽 의학'이라며, 서양 의학의 관행들을 매몰차게 비판한다. 의학 교과서는 인간의 건강보다는 질병관리에만 집중하도록 하고, 신물질로 만든 치료제만이 치료약인 듯 서술돼 있다는 것이다. 이것의 문제점은 이로 인해 자연물을 이용한 건강관리의 중요성은 의료인의 머릿속에서 사라져 버렸다는 점이다. 하병근(2008)은 그의 투병기를 소개한 글에서 다음과 같이 진술하고 있다.

> 10여 년 간 혼을 쏟아 미국에서 공부한 나의 의학은 자연의학이다. 기존의 주류 의학이 크게 의존하는 신물질에서 벗어나 자연으로 눈을 돌려 나를 구원

> 할 물질을 찾아온 길, 그 길에서 나는 의학을 다시 배웠고 왜 서양 의학이 그 긴 세월 내게 아무것도 해 주지 못했는지도 알게 됐다. ……환자는 의학의 스승이다. 의학은 환자들의 고통을 담보로 발전해 왔고 그들의 고통이 밑알이 되어 성장해 왔다.……건강과 질병은 0과 1의 디지털 개념이 아니라 아날로그 선으로 이어지는 연속선상의 개념이다(http://www. donga.com/docs/magazine/shin/2008/01/08/200801080500003/200801080500003_11.html).

본인 자신이 자신과 같은 처지의 환자들을 고쳐 보겠다는 강력한 의지로 직접 의사가 된 이후 의약품을 직접 본인의 몸에 실험적으로 투약하면서 밝혀 낸 사실은 경이롭기까지 하다. 그가 발견해 낸 비타민 C의 효용 가치는 이미 수십 년 전에 치료제로서의 가능성이 연구된 바 있고 임상 사례에서도 효과가 입증되었으나, 지금처럼 눈부시게 발달하는 현대 의학에서는 오히려 사장되어 이미 오래 전 창고의 자료로 전락하고 말았다는 것은 인간을 대상으로 하는 연구 동향의 아이러니한 측면이다. 무엇을 위해 연구를 하는 것인가의 본질적인 목적에 충실하고, 그 방법에서 인본주의적이면서도 자연친화적인 방법을 견지하려는 움직임은 오히려 당연한 귀결이라고 할 수 있다.

교육학에서도 본말이 전도된 현상이 종종 나타나고 있다. 인간성 형성이 기본임에도 불구하고, 지식교육의 효과를 높이기 위한 파행적 학교 운영을 강행하는 현실에 혁신이 필요함을 절감하게 된다.

여성주의 질적 연구 방법으로서의 생애사

여성의 삶의 경험과 문화를 학문 세계에 드러내기 위한 질적 연구 방법은 여성들의 숨겨져 왔던 경험을 밝혀 주는 데 기여하고 있다. 이러한 방법 중 가장 많이 활용되고 있는 생애사 연구 방법이 있다. 근대화를 거친 후의 포스트모던 시대에 개인의 생애사는 자신의 의지에 의해 만들어 가게 된다는 인식이 싹터 왔다. 개인은 자신의 삶의 체험을 바탕으로 끊임없이 발전해 나가기 때문에 획일적인 객관화된 연구로는 다양한 개인의 특성을 연구하기 어렵다는 것이다. 이러한 개인들의 모습을 연구하기 위한 움직임이 활발해지고 있고, 포스트모던 시대에는 양적 연구보다는 개인의 삶의 과정이 잘 나타나는 질적 연구가 의미 있다는 주장들이 제기되고 있다(박성희, 2004). 독일의 사회학자 울리히 벡(Ulich Beck)은 현대 사회의 개인은 자신만의 고유성을 갖는다고 하며 개인은 삶을 계획하고 준비하고 반성하며 위기를 극복해 나가는 적극적인 '행위의 주체자'로 인식되고 있다. 즉 선택에 의해 삶을 만들어 가는 행위의 주체자는 개인 삶의 주인공이 된다는 것이다. 이러한 삶의 주인공을 외부자의 시각이 아닌 일상생활을 영위하는 내부자의 시각으로 연구할 필요성이 증가하고 있으며, 이러한 연구 방법의 대명사로 소개된 것이 생애사 연구 방법이다.

연구법이란 연구자의 관심과 이론 그리고 연구 대상물에서 완전히 중립적인 측정 도구가 될 수는 없다. 여성 연구의 변천 과정은 이러한 실상을 잘 나타내 주고 있다. 이를테면, 여성 연구 단계에서 1) 여성의 희소성, 2) 예외적인 여성 연구, 3) 여성의 장애 요인 연구, 4) 여성의 경험 연구, 5) 기존 이론에의 도전, 6) 이론의 변환 등 6단계 연구 과정을 보면 제4 단계의 여성 경험 연구는 곧 새로운 이론을 탄생시키기 위한 필수 과정이라고 할 수 있다(곽삼근, 2002d). 여성의 실제상을 밝힐 수 있는 자율적인 연구가 가능한 새로운 연구 방법을 찾는 것이 여성학의 급선무였다고 할 수 있다. 여성의 경험을 연구하는 제4 단계에서의 연구를 매우 잘 대표하는 것이 생애사 연구 방법이라고 할 수 있다. 생애사 연구 방법은 이런 발견적인 이론적 틀을 마련해 줄 뿐만 아니라 실제 삶의 모습에서 나온 연구 결과를 토대로 하여 도덕적이며 정책적으로 여성에게 도움을 줄 수 있는 연구법이기 때문에 점점 중요함이 더해 가고 있다는 인식이다.

왜 여성 연구에서 생애사 연구 방법이 관심을 받고 있는 것일까? 여성의 삶의 주기는 남성과 다르며, 여성들의 경험과 정서는 매우 다르게 나타난다는 사실이 제4 단계 여성 연구를 통해 밝혀지고 있다. 여성의 체험 연구는 꺾여짐과 불연속성 그리고 갈등으로 대표되는데 이런 여성의 인생 이야기는 남성의 일직선적인 인생 이야기와 대조를 이룬다는 것이다. 이런 경험적 연구를 통해 알 수 있는 것은 여성은 남성과 다르게 인생을 살고 있다는 것이다. 여성의 인생 이야기에는 사회적인 네트워크와 관계가 많은 비중을 차지하게 되며 개인의 이야기를 자신과 아주 가까운 사람과의 관계 속에서 표현하고 있다는 것이다. 생애사 연구는 개인의 다양한 심리적인 측면을 포함하고 있고 구성주의적 시각을 가진 연구다. 이론적인 연구로서 생애사는 개인 스스로의 적응과 사회에 의한 구성적인 면이 외부에서 만들어지는 것이 아니고 개인의 내부에서 생성되는 과정으로 보고 있다. 생애사 연구는 자신에 대한 발견적 인식을 하게 해 주며 독자에게 자신의 내부를 성찰할 수 있는 배움의 기회도 갖게 해 준다. 이러한 과정에서 관계에 대한 새로운 성찰을 가능하게 해 줌으로써 연구 관련자 모두에게 교육학적인 의의를 제공해 준다고 볼 수 있다.

이러한 연구 방법은 여성들의 경험과 학습을 상세하게 드러내 주는 데 기여했으며, 남성과 다른 세계를 만들어 온 여성의 삶을 학문적으로 조명함으로써 여성주의 문화 창출 연구의 토대를 형성해 주었다고 할 수 있다.

3. 삶의 과정으로서의 학습문화 연구

여성주의 연구 접근

여성주의 교육학 연구가 어떠한 방법으로 진행되어야 하는가에 대한 논의는 여성주의에 대한 개념만큼이나 다양하다. 그러나 여성주의가 여성의 종속성을 인식하고 밝히려 한다는 실천적 특성을 지닌 바와 같이 여성주의 접근 교육 연구는 교육에서의 여성 소외를 밝히고, 여성이 종속성을 극복하여 세력화를 성취하도록 이끄는 과정에 대한 연구로부터 출발했음은 명백하다.

여성주의 교육 연구는 교육의 남성 중심성에 대한 이론적 도전에서 대두되었다. 연구 방법상에서 여성주의의 틀이 과연 별도로 존재하는가에 대한 의문도 제기될 수 있다. 그러나 연구 방법이란 무엇인가? 이는 연구 가설을 논증하기 위한 증거들을 수집하는 기술을 의미한다. 어떠한 연구 가설을 설정하는가에 따라 연구 방법이 달라질 수 있다고 하겠다. 즉, 교육학에서 연구 가설과 방법상 획기적인 인식의 전환(paradigm shift)을 수반하지 않고서는 기존의 남성 중심적 연구의 틀에서는 여성들의 교육과 삶을 올바로 파악해 볼 수 없기 때문이다. 그동안 학문 세계에서 인간에 대한 이해는 다각도로 진행되어 왔다. 그러나 그 인간 이해에 관한 지식은 거의 남성 이해라는 해석이 여성주의자들에 의해 지적되어 왔다. 그렇다면 학문 세계에서 여성들의 삶은 어떻게 묘사되고 있는가? 남성의 시각에서 여성의 삶은 거의 학문 세계에 대두되지 못했거나 또는 왜곡되게 표출되었을 뿐이다. 여성은 남성과 다른 삶을 살아왔으므로 여성들의 삶이 올바로 해석되려면 기존의 이론과 연구 방법이 아닌 새로운 접근 방법이 필요하다는 인식은 여성주의 연구 방법의 출발점이 되었다고 하겠다.

그 일례로 인간 발달 연구에서 방법적 전환과 기존 이론에의 도전, 그리고 이론의 변형이라는 과정을 살펴보자. 이제까지 인간 발달의 정도는 분리와 자율이라는 잣대로 측정되었으나, 여성의 발달은 분리와 자율에 의해서만 이루어지기보다는 애착과 소속에 상당한 정도로 기초를 두고 있음을 밝혀 준 사례를 대표적으로 꼽을 수 있다. 초도로(Chodorow, 1978)가 밝혀 준 양육 방식에서의 남녀 차이를 이론적 토대로 길리건(Gilligan, 1982)은 도덕성 발달에서의 남녀 차이를 밝혀 주었다. 발달이론은 성장의 단계를 자율성의 지향 정도로 규정했으나, 남을 돌보고 서로 나누고 공유하며, 또 지역 공동체를 형성하려는 인간 능력의 진보 및 함양은 무시했다. 여성과 남성의 발달에서의 차이를 기존 연구 방법으로는 밝힐 수 없었으나, 길리건은 콜버그(Kohlberg, 1981)의 도덕성 발달 연구는 남자 중심이라는 표집상의 문제를 지적하며 자신의 연구 결과 새로운 주장을 하게 된 것이다. 즉, 길리건은 여성을 대상으로 연구하여 그들의 삶으로부터 발달 구조를 얻어냈으며, 콜버그와는 다르게 도덕 개념의 발달을 설명했다. 남성이 개인의 권리, 정의의 윤리를 중시하는 데 비해 여성은 인간의 관계, 돌봄의 윤리를 중요시한다는 새로운 주장을 하게 된 것이다. 이에 대해 '페미닌' 접근이라며 그 한계성을 비판하는 측도 있으나, 길리건의 연구는 여성의 독특성을 밝혀 주는 데 매우 획기적인 공헌을 했을 뿐만 아니라 교육학에서도 남녀의 능력차 연구에서 하나의 전환점을 이룬 것으로 평가되고 있다. 특히 길리건(Gilligan, 1982), 노딩스(Noddings, 1999), 벨렌키(Belenky, 1996), 트론토(Tronto, 1999) 등에 의해 지속적으로 주창되어 온 돌봄, 배려의 윤리는 여성주의 교육학의 토대를 이룬다고 할 수 있다.

여성주의 연구 방법은 사회 의식적이고 가치 지향적이며 그 자체의 논리적 체계를 갖고 있다. 기존의 인간과 조직 연구는 남성이 표준이었으며, 여성을 포함한 연구라고 하더라도 동일한 기준을 사용하여 양적으로 측정하고 비교했으므로, 여성의 독특한 경험은 학문 연구에서 완전히 배제되었다는 것이다. 연구자들은 표준화된 도구를 사용하여 실증적으로 결과를 측정하는 데 관심이 있었으며, 여성들의 행위는 남성과 똑같은 기준에 의거하여 양적으로 비교할 수 있다고 믿었다. 이러한 연구 모델의 문제는 인간의 특수한 경험에 기초한 정서 및 인식이 배제되었다는 점이다. 따라서 여성을 학문 세계에 포함하는 데에 여성에 대한 올바른 이해를 할 필요가 발생했고, 이를 위해 여성들의 학습 경험을 연구하기 위한 새로운 방법이 출현하게 되었다.

인간의 문화활동 연구 방법 탐색

여성주의 교육학 연구는 곧 인간의 삶과 인간의 활동에 대한 연구로 그 범주가 확대되어야 한다. 과거 남성 연구 대상이거나 학교교육에 관한 연구가 아니라 연구의 목적, 대상 그리고 연구의 범위가 확대될 수밖에 없다. 왜냐하면 여성주의 교육학에서 교육의 의미는 삶의 터전에서 행해지는 학습의 과정을 포함하며, 이는 인간의 문화활동과 관련되기 때문이다.

기존의 학문 연구 영역에는 수많은 성차별적 편견들이 내재하여 있음이 지적되고 있다. 아이흘러(Eichler, 1988 : 2)는 이와 관련하여 우리 중 어느 누구도 성차별이 전혀 없는 사회에서 살아본 적이 없다고 언급한 바 있다. 이론상으로는 그러한 사회가 구사될 수 있으나, 실제로 우리가 현재 살고 있는 생활 반경에 존재하는 한 성차별이 전혀 없는 사회에 산다는 것은 근본적으로 어려운 것이다. 아이흘러(M. Eichler)가 지적한 바와 같이 우리의 우주를 진정 이해하려면, 우리는 두 가지 측면을 관찰하고 설명할 수 있는 관점을 창조하여 최초의 전환점을 구축해야 할 것이다. 이를테면 교육이라는 현상도 의식적이든 무의식적이든 가치 지향적이다. 우리나라 교육 이념상 성(性)의 구조를 인식한다면 교육 이념 차원에서도 이미 성차별이 내재함을 지적하고 이의 연구의 필요성을 주장한 한명희(1987)의 시각은 여성주의 교육학의 출발을 예견해 준다. 또한 교육 연구에서 성차별주의가 존재한다는 사실을 인식하는 것은 여성의 관점에서 성별 차이를 고려한 연구의 첫걸음이라고 할 수 있다. 우리가 연구 방법상 존재하는 성차별주의를 인식할 때, 우리는 그 편견들을 피할 수 있고 기존의 연구들을 새로운 관점에서 재해석하려고 노력하게 된다.

소위 과학적 연구라는 것에 대한 여성주의의 입장을 살펴보자. 하딩(Harding, 1986)은 서구 과학이 사회의 어떤 부분을 발전시키는 데 확실히 도움을 주었으나, 동시에 다른 사람들, 이를테면 제3세계와 세계 각 부분의 여성 그리고 빈곤층들을 무기력화하는 역할도 했다고 주장한다. 과학의 여러 과제들을 전 세계의 모든 사람들의 필요에 연결시키는 것을 배워야만 한다든가, 단지 이미 과도하게 이득을 보고 있는 사람들의 바람에만 계속 연계시켜서는 안 된다는 비판가들의 주장에 귀를 기울일 필요가 있다.

또 하나의 중요 주제는 여성주의는 다른 해방주의적 사회운동과 관점을 통합시켜서 좀더 효율적인 동맹 관계를 형성해야 한다는 것이다. 토머스(B. Thomas)는 이 점을 명백히 주장하고 있다. 즉, 여성주의 과학 프로젝트는 반군사주의, 생태운동, 반인종, 후기 식민주의 투쟁, 그리고 건강 및 노동운동등과 서로 도움을 주고받았음을 강조하며, 각각의 집단은 그들의 이익을 대표하고자 하는 모든 사람들의 "삶의 관점으로부터 생각하도록 배워야 함"을 주장한다(Thomas, 1991: 6). 만일 우리가 연구할 때 여성의 삶으로부터 시작한다면, 우리는 다른 질문을 할 것이고, 다른 자료를 모을 것이며, 결국 세계에 대한 덜 부분적이고 덜 왜곡된 그림을 그릴 수 있다는 것이다.

여성주의 연구의 초기 진행 과정을 보면 여성주의 연구가 무엇인가를 밝히며, 주로 사회학적인 측면에서 여성주의 비평의 글들을 소개하고 있다. 아울러 기존 사회학의 주류에 여성주의 관점이 필요함을 역설하고 있다(Roberts, 1981). 워렌(Warren, 1988)은 현장 연구에서 연구 결과 산출에 젠더가 어떠한 영향을 끼치는가에 초점을 둔다. 사회학적이고 인류학적인 토대에서 연구가 진행될 때 젠더가 사회적 삶과 사회과학을 형성하는 방식과 현장연구 과정, 자료 분석에 어떠한 방식으로 개입될 수 있는지를 소개해 주었다. 또한 래서(Lather, 1991)는 질적 연구와 여성주의 탐구가 교육 연구에서 상호 어떻게 형성되는가를 제시해 준다. 앞으로도 상당 기간 질적 연구는 여성주의 교육학 이론을 정립하는 데 상당한 기여를 할 것으로 전망된다.

여성주의 교육학은 새로운 이론을 세우기 위해서 일차적으로는 질적인 연구 방법을 통해 그동안 숨겨져 있던 일상적 학습 경험을 학문 세계에 노출시키는 것이 중요하다. 학교교육학이라고 부르는 것이 합당한 기존의 교육학 연구의 개념과 범위를 변화시킬 것이 불가피하게 요청된다. 우선 여성주의 교육학은 삶의 현장 중심으로 성립하므로 삶의 현상과 관계의 학습을 다루어야 한다. 또한 살림의 이론과 실천을 융합시킬 수 있는 연구 방법이 필요하다. 삶의 터전인 가정과 지역사회에서 '일상적 생활실천가(everyday maker)'[13]들의 학습을 촉진하기 위한 연구 방법을 개발할 것이 요청된다. 여성주의 세계질서의 구축에 관한 학습과 교육을 위해 이론과 실천의 융합이 필수적이다.

13 '일상적 생활실천가(everyday maker)'의 개념은 이 책 제3부 9장에서 상세히 다룬다.

이러한 관점에서 비판적 교육학의 실천(praxis) 개념은 매우 유용하게 적용될 수 있다. 아울러 여성주의 시티즌십의 함양에 관한 실천적 연구도 필요하다.

교육학에서의 학문적 관심은 다른 어떠한 분야에서보다 인간 자체에 두고 있다. 인간은 사유하는 존재이고 동시에 행동하는 존재다. 인간이 행동한다는 것은 시간과 공간을 필요로 하는 존재라는 것이다. 작게는 한 가정에서부터 크게는 이 지구를 무대로 활동하는 존재다. 그런데 그 활동은 무엇을 위해 존재하며, 그 결과는 무엇을 가져오는가에 따라 한 인간의 활동도 평가될 것이다. 즉, 활동하는 존재인 만큼 인간은 유한한 지구상의 존재이고 그 존재 가치는 그의 활동에 의해 평가되어 왔다고 할 수 있다. 한 인간이 어떠한 활동을 했는가가 바로 인간의 삶의 흔적을 규명하는 매우 중요한 기준이 될 수 있다. 그렇다면 그 활동에는 어떠한 것들이 있는가?

한나 아렌트(Hannah Arendt)는 인간의 활동을 세 가지 차원으로 유형화했다(Arendt, 1958). 신체의 유지를 위한 신진대사에 필요한 소비의 대상을 마련하는 활동이 있는가 하면, 의복이나 집처럼 좀더 항구적인 물건을 만들어 생활에 도움이 되게 하는 활동이 있다. 또한 자신의 모습을 공적인 자리에서 드러내며 자신의 개성을 알리려는 활동도 있다. 아렌트는 이러한 세 가지 유형의 활동을 각각 노동(labor), 작업(work), 행위(action)라고 부른다. 이 세 가지 모두가 인간적 삶의 조건과 연결되는데, 특히 행위가 인간의 정치 행위의 핵심이라고 주장한다(곽삼근, 2005b). 이러한 유형 분류는 인간의 개별적 성취나 그 수행 결과를 중심으로 평가하고 있는 오늘날의 교육학에 새로운 문제 의식을 제공하고 있다. 여성주의 교육학은 여성주의 세계 질서 구축을 지향하여 행위하는 인간, 성기성물의 이념을 실천하는 인간상을 지향한다. 따라서 행위하는 인간을 위한 학습 시스템 구축에 대한 폭넓은 연구가 요구된다.

제4장 여성주의 교육학의 연구 과제

1. 여성주의 교육학 연구의 기본 방향

인간이 동물과 다른 점이 이성적으로 사유하는 능력이라면, 교육학에서 이성적인 사고와 합리적인 판단은 인간 교육의 필수불가결한 기본 요소임이 명백하다. 그러나 관념/물질, 이성/감성 등 서구의 근대 합리주의 사상이 토대로 하고 있는 이분법적인 사고는 지식 체계의 위계 서열화를 낳았고, 급기야 다른 한쪽의 경시 내지는 무시를 불러왔음을 주목할 필요가 있다. 이념이나 추상적이고 이론적인 지식은 높게 평가하면서, 구체적이고 실제적이며 실천적인 지식이나 감성 등은 중심 외부의 사람들에게 속한 것으로 낮게 취급하는 분위기가 자리잡아 왔다고 할 수 있다. 대안적 패러다임의 교육학에서는 이러한 이분법적인 분할에 의거한 이론과 실제 간의 괴리, 교육과 삶의 괴리를 지양하고, 삶의 터전을 중심으로 한 교육 현상에 주목한다.

최근 교육은 인권적 차원에서 논의되고 있는 것이 세계의 주요 흐름으로 나타나고 있다. 그동안 사회정책에 대한 관점은 수혜자에 대한 복지적 차원에서 접근하다가 생활 능력 함양이라는 교육적 차원으로 변화해 왔다. 사회정책은 모든 국민들의 삶에 직접·간접으로 영향을 끼치고 있는데, 일반 행정 분야의 연구가 남성 중심의 사고에서 추진되어 왔던 것과 같은 방식으로 추진되어서는 곤란하다. 남성 중심 사고의 일례로 지금까지 사회에서 인력의 기준은 다양한 여성에 의해 보살핌을 받는 개인 남성 노동자 모델을 전제로 했고, 이는 여성의 경제활동 참여에 불리하게 작용했다는 것을 제시할 수 있다. 여성들은 전통적으로 자녀와 가족을 보살펴 왔는데, 보살핌은 경제적 생산 활동에 못지않은 인간 생존의 필수 덕목이므로, 성 평등을 추구하려면 인력 기준이 남녀 모두에게 적용되는 보편적 돌봄 모델로 전환되어야 한다는 주장에 관심을 기울일 필요가 있다.

전통적 여성주의와 포스트모던 여성주의, 그리고 생태여성주의 관점에서 살펴볼 때, 향후 여성주의 교육학 연구의 방향을 다음과 같이 제시할 수 있다.

첫째, 여성들이 평등하게 학문 세계에 지식의 생산자로 참여하고, 교육과 직업을 평등한 여건에서 선택할 수 있도록 성 평등 교육을 추구할 수 있는 시스템 구축 연구가 필요하다. 전통적 여성주의자들이 주장한 바와 같이 성 평등 관련 여성주의 교육학 연구가 추진되어야 한다. 교육과 직업에서 남녀 평등이 단계적으로 실천되어 왔으나, 정치 및 경제활동에서 여성의 참여 수준은 국제적으로 비교했을 때 아직도 저조한 상태이며, 학문 세계 지식의 남성 중심성이 지배적인 상황이다. 자유주의 여성주의자들이 사회적 활동에서의 남녀 평등을 주창하고 이를 제한하는 다양한 장애 요인을 제거할 것을 요청한 것은 오늘날 한국 사회에서도 지속적으로 관심을 두어야 하는 영역이다. 또한 지식에 대한 젠더 개입으로 여성의 삶과 관점을 반영한 지식 구성에 대한 연구 관심도 지속되어야 한다. 자유주의와 사회주의 여성주의자들의 주장처럼 아직도 여성들은 사회문화적 또는 제도적으로 교육의 기회나 직업 선택에서 제한을 받고 있어 이를 보완하기 위한 연구와 정책 지원이 필요하다.

둘째, 포스트모던 여성주의 관점이 시사하는 바와 같이 학습자 개인의 인권과 다양성을 존중하고 장려하는 차원에서 여성주의 교육학 연구가 추진되어야 할 것이다. 각자의 필요에 의해 요구되는 학습권은 인권의 문제로서, 사회 정의를 위한 조건이고, 평등과 평화를 위해 요구되는 기본 조건이다. 따라서 모든 사람이 "자유로운 시민"으로서 "지구 살림 행위"를 할 수 있도록 학습 시스템 구축을 위한 연구가 필요하다.

지금까지의 인권은 공적 영역에 대해서만 관심이 있었다. 그러나 많은 사람들 특히 여성들의 삶의 현장인 사적인 영역에서는 아직도 인권의 침해를 받고 있다는 지적에 주목할 필요가 있다(김선욱, 1996). 공과 사는 얽혀 있으므로 인권은 국가적인 차원에서뿐만 아니라, 가정적 차원에서도 보호되어야 한다는 주장에 귀를 기울여야 할 것이다. 따라서 정치, 경제에서부터 건강, 기술, 자원, 학습에 이르기까지 시민의 법적 자유와 권리가 실제적인 생활 속에서 향유되어야 한다.

셋째, 생태 여성주의 관점에서 여성주의 교육학은 생명 존중, 생태계의 조화와 균형을 이루는 데 기여할 수 있는 교육 시스템을 연구해야 한다. 세계적으로 지구환경 위기의 시대에 지속 가능한 개발에 관심이 집중되고 있으며, 여성주의 세계 질서를 구축하려는 연구는 이러한 측면을 선도적으로 적용할 것이 요구된다. 생명을 존중하고 양보다는 질을 더 중요시하고, 생산보다는 소비에 더 관심을 기울이며, 환경 보존 차원에서 균형 있고 지속 가능한 발전을 추구하지 않으면 안 된다. 그러한 세계를 만드는 데에는 여성주의 관점에서의 성찰과 실천이 요구된다. 이제 능률과 생산 중심의 경제 체제는 소비와 환경 보존 및 생명 존중의 새로운 패러다임으로 전환되어야만 할 것이다. 이 점에서 여성주의 교육학에서 추구하는 가치는 성기성물의 관점을 가족, 지역사회, 생태계 전체로 확대 적용할 것이 필요하다. 과거 여성운동이나 여성학이 성 분리주의 시각으로 편중되어 소수의 한정된 여성 문제에 집중하는 경향을 보여 왔으나 앞으로는 전체 인류 복지나 생태계 보호 등 연구 지평을 넓혀야 하며, 실천 차원에서 지구인의 일상적 삶의 질을 높여 가는 시스템 구축이 요구된다. 따라서 인간 사회 중심의 성 분리주의적 입장보다는 전 지구적 생태계를 중심으로 하는 생태사회 통합적인 전략을 활용하여 균형을 추구하려는 연구와 실천이 필요하다.

2. 여성주의 교육학의 연구 과제

여성주의 교육학의 연구 과제는 교육의 본질을 왜곡시키고 있는 교육 현상에 대한 문제 인식을 출발점으로 모색된다. 현행 교육이 객관적인 지식 습득을 중심으로 개인별 성취에 초점을 두는 원자론적 인간관에 입각하고 있다는 사실을 염두에 두었을 때, 향후 여성주의 교육학의 연구 과제는 일차적으로 관계를 중심으로 어떻게 학습을 설계할 것인가에 있다. 아울러 인간의 활동을 노동과 작업의 관점만이 아니라 행위 중심으로 고찰하여 행위를 유도하기 위한 연구와 실천, 여성주의 관점에 대한 끊임없는 성찰, 그리고 여성주의 학습문화 창출에 관한 연구 과제 등을 제시할 수 있다.

관계 중심의 학습 연구 및 실천

1) 삶의 조건인 관계의 중요성

인간의 삶이나 교육에서의 핵심 키워드는 '관계맺기'다. 이미 인간이라는 용어에는 '사이'라는 의미의 '관계'가 내포되어 있듯이 우리의 삶에서 관계는 곧 생존 조건이고 '관계의 회복'은 곧 삶의 목표다. 그럼에도 불구하고 현재 공교육에서 '관계'를 맺고 관계를 유지하며, 관계를 회복하려는 노력은 그다지 찾아볼 수 없는 실정이다. 남성이 정의의 윤리를 대표한다면, 여성은 돌봄의 윤리인 관계 지향적임을 상기할 필요가 있다. 이러한 관점에서 여성의 관계지향성은 새로운 대안 윤리로 떠오르고 있다.

21세기를 맞이하여 여성의 잠재력과 능력 발휘에 대한 긍정적인 평가가 대두되기 시작했다는 공감대가 형성되고 있다. 지구환경의 위기 의식으로 인해 생명의 유지와 지속적인 발전 가능성에 대한 논의가 점증하면서 '살림이' 존재의 필요성이 대두되고 있다. 아울러 기존에 주로 여성이 담당해 왔던 '살림'(생명과 사람을 살리기 위한 솜씨의 발휘) 능력에 대한 새로운 인식을 하게 된 것이다. 즉, 여성은 이제 한 가정의 살림만이 아니라 지역사회는 물론 전 지구의 살림을 담당하는 공적 역할의 핵심적 위치를 점할 것을 요청받고 있는 것이다.

인간의 삶을 이해하는 데 교육은 필연적 핵심 요소이며 모든 삶의 지혜가 전수되고 학습되는 문화적 현상이다. 인간의 삶은 역동적이며 삶의 역동적 측면을 교육학의 입장에서 분류해 보면 그것은 한마디로 관계의 학습이라고 할 수 있다. 즉, 첫째는 시간적 관계로 누적된 경험의 역사와 현재라는 삶의 상황과의 관계학습이고, 둘째는 공간적 관계로 누적된 자연과 사회 등의 환경과 인간과의 관계학습이며, 셋째는 인간적 관계로 누적된 나와 남 사이의 모든 관계학습이다. 이러한 관계의 학습을 하는 활동이 곧 인간의 삶의 현상이고 또한 교육 현상이다. 여성주의 관점에서 볼 때 여러 가지 관계의 학습은 성별 간 평등하게 이루어지지 못했음은 주지의 사실이다.

2) 감성적 능력 갖추기

여성주의 연구는 그동안 성별 간 존재했던 불평등성을 만회하는 것을 넘어 모든 약자의 관점을 우선적으로 고려하는 입장을 옹호한다. 자연과 생태계를 배려하고, 소외받는 집단을 배려하는 등 힘과 권력의 일방적 행사에 대신하여 비폭력적이고 평화적이며 상호의존적인 삶의 가치관 형성을 지향한다. 나의 가족과 지역사회에서 민감성을 발휘하여 보살핌과 배려의 문화가 우리 사회에서 실천될 수 있도록 다양한 방법을 강구하고 시도하려는 관점을 견지한다.

이제까지의 교육학은 학교교육을 통한 정치적 사회화와 엘리트 선발 등 국가 중심의 산업 역군 양성의 차원에서 접근했으므로, 관계의 학습에 대한 관심은 매우 소홀했다. 최근 사회적으로 널리 알려져 관심을 받고 있는 용어들인 정서 지능 EQ(Emotional Quotient), 도덕적 지능 MQ(Moral Quotient), 사회적 지능 SQ(Social Quotient) 개념들의 등장은 과거 지적 지능지수 IQ (Intelligence Quotient)를 중심으로 인간의 능력을 평가하던 관점에서부터 좀더 현실 생활에 기반을 둔 인간 관계 중심으로 선회하고 있음을 나타내 주는 증거라고 할 수 있다. 우리의 삶에서 관계가 이렇게 중요한 덕목으로 자리 잡고 있음에도 교육 현장에서는 이를 반영하지 못했다. 관계를 경험적으로 학습할 수 있는 기회를 제대로 제공하지 못하고 있는 현실은 시급한 개혁이 요청되는 부분이다. 사람, 시간과 역사, 사물과 환경과의 관계만이 아니라 지식에서도 관계는 중요하다. 즉, 단순히 지식의 습득이 중요한 것이 아니라 그 지식과 나와의 관계가 더욱 의미 있고 중요한 것이다. 우리 자신이 살고 있는 공간인 지구의 생태계에 관한 지식은 이론적인 지식만이 아니라 실천을 요구하는 지식이다.

모든 교육에서 '관계'는 핵심 키워드로 등장할 것이 요구된다. 교육학의 연구에서는 관계의 학습은 어떠한 상태에서 가능하며, 어떻게 성취될 수 있는가에 대한 탐구가 우선되어야 한다. 그러나 단순한 지식 습득과 달리 관계를 잘 형성하고, 맺은 관계를 잘 유지하고 발전시키는 것은 좀더 복잡하고 정교한 지성과 감성적 능력을 필요로 한다.

3) 적극적인 관계맺기

관계를 제대로 유지하고 발전시킨다는 것은 때로는 자기 자신의 권리에 대한 포기가 요구되는 상황도 올 수 있고, 대상에 대한 헌신이 요구될 수도 있다. 나와 가족이나 집단에서 또는 이웃과의 관계에서 양보와 인내가 필요한 경우를 종종 경험하게 된다. 일간지에 보도되는 사회면 기사 중 상당 부분은 사람들 간의 관계가 제대로 유지되지 못해 발생된 경우가 많다. 분쟁, 폭력, 상해 등등은 겉으로 드러난 좋지 못한 관계의 모습들이다. 그러나 교육학에서는 법적 · 사회적으로 문제를 발생시키지 않는 범위에서의 관계만을 의미하는 것은 아니다. 그것은 소극적인 차원의 관계다. 교육학은 도덕적으로 적극적인 관계를 맺을 것에 대해 윤리적 방향을 제시해 주어야 한다. 적극적인 관계란 무엇인가? 그것은 타자 배제의 극복을 포함한 배려, 보살핌, 사랑의 관계다. 가족, 친구, 지역사회에서 만나는 사람들만이 아니라, 우리가 존재하는 공간의 모든 대상인 사물에 대해서도 올바른 관계를 맺도록 학습하는 것이 필요하다. 이러한 적극적인 관계는 가까이에 있는 자신의 물건을 사용하는 마음자세로부터 우리가 숨쉬고 있는 공간, 지구에 대한 경외심으로까지 나아가야 한다. 중 · 고등학교 심지어 대학 캠퍼스에서도 종종 교실이나 책상, 건물에 휴지나 음료수를 마신 빈 병이 뒹굴고 낙서나 심한 손상을 입힌 경우를 종종 보게 된다. 자신이 사용하는 공간이나 사물과의 관계를 제대로 맺지 못한 사례라고 볼 수 있다. 실제로 서울 시내 한 중학교에 학교 매점이 폐쇄되었는데, 함부로 빈 병이나 과자봉지 등 쓰레기를 버린다는 이유가 가장 큰 것임을 알게 되었다. 학교 교실이나 매점 부근에 음식 쓰레기는 없어졌지만 학생들이 주변 상가를 드나들며 간식을 해결하니, 월담을 하여 학교 규칙을 위반하기도 하고 주변 상가는 더욱 지저분해지는 결과가 빚어졌다. 근본적으로 자신이 사용하는 물건과 공간과의 관계가 제대로 맺어지지 않으면, 통제는 또 다른 문제를 유발한다고 볼 수 있다. 산이나 강에 버려진 쓰레기도 같은 맥락에서 볼 수 있다. 따라서 지구상에 존재하는 인간에게 지구를 포함한 사물과의 관계맺기가 가장 기본적으로 요구되며, 주변 환경과의 관계가 제대로 정립된 이후에야 인간과의 관계도 능동적으로 될 수 있다.

4) 관계 출발로서의 감사

관계의 근원은 "자신의 생명이 탄생하고 유지하는 데 관계된 모든 것"에 대한 감사함으로부터 출발할 수 있다. 이러한 감사함을 느낄 수 없는 오늘날의 교육 상황에서는 아무리 좋은 교육환경을 제공한다 해도, 제대로 된 관계를 맺기 어려울 것이다. 자기 자신의 생명이 탄생되고 삶을 유지하는 데 얼마나 많은 에너지와 물질과 손길이 소요되는지를 깨닫고, 이에 대해 감사함을 느끼는 것이 우선되어야 한다. 진정으로 감사함을 느낀다면 이를 어떻게 갚아야 하는가를 생각하게 되는데, 이것이 사물과의 관계를 잘 맺도록 인도하는 첫걸음이다. 나의 존재가 보살핌과 사랑을 바탕으로 태어난 고귀한 존재로서의 인권을 지닌 것처럼 다른 사람도 마찬가지로 고귀한 존재임을 깨닫는 과정이 필요하다. 우리 사회에서 당면하고 있는 사회문제 중 외국 이주민의 증가로 인한 교육 소외집단 증가 및 이질화를 들 수 있다. 다문화 시대를 대비한 교육은 '관계맺기' 원리로부터 접근해야 한다.

한 발 더 나아가 모든 생명체와 사물들도 그 고유의 존재 가치를 새로이 깨닫게 되어 소중하게 관계를 맺는 것이 필요하다. 특히 나와 자연과의 관계에서, 임의대로 우리가 편한대로 취해 왔던 행동들이 대상을 훼손할 경우 우리는 우리의 행동을 자제하고 인내하고 편안함을 포기해야 하는 경우도 있다. 그뿐만 아니라 대상에 대한 보살핌을 실천하기 위해 헌신해야 할 것이 요구된다. 따라서 지식 중심의 교육은 감사와 헌신의 삶의 자세를 학습할 수 있도록 '관계 중심의 교육'으로 재편되어야 한다.

행위하는 인간 연구 및 실천

여성주의 교육학의 관점에서 여성주의 세계 질서 구축을 위해 행위하는 인간, 살림의 이론과 실천을 융합하는 일상적 실천인(everyday maker)을 어떻게 기를 것인가에 대한 연구가 필요하다. 생태여성주의가 표방하고 있는 자연 생태계와 생명 존중을 실천하는 여성주의 교육학의 핵심은 '살림의 교육학'이 되어야 한다. 가정, 지역사회, 지구를 살리는 여성주의 교육학은 바로 한나 아렌트(Hannah Arendt)의 행위하는 인간의 개념을 탐구하는 것으로부터 시작될 수 있을 것이다.

이제까지의 인류 역사를 돌이켜볼 때 우리는 불가능한 것을 가능하게 만들고자 온갖 노력을 해 왔으며, 현재는 점점 불가능의 영역이 좁아지는 첨단 기술 시대에 살고 있다. 아렌트(Arendt, 1958)가 말하고 있는 가장 기초적인 인간 조건은 '지구'이며, "지구는 바로 인간 조건의 핵심이다". 그러나 이 명제는 역설적 의미를 담고 있다. 지구는 한편으로 인간이 인위적 수단의 도움 없이 살 수 있는 거주지이지만, 인간은 다른 한편으로 스스로 만들어 놓은 인공세계를 가진다는 점에서 다른 동물과 구별된다는 것이다. 즉, 인간은 자신이 살 세계를 스스로 창조한다는 점에서 자연과 구별된다.

과학과 기술의 발전으로 인해 인간은 좀더 편리한 삶을 영위할 수 있으나, 다른 한편으로 인간의 존재는 위협을 받을 수 있다. 인공적 세계를 건설하면 할수록 인간이 자연적 환경으로부터 멀어지는 것은 지극히 당연한 일이다. 자연적 생명 세계와 인위적 인공 세계는 대립적이기보다는 오히려 상호 보완적인 관계에 있다. 왜냐하면 인간은 자연과의 신진대사를 통해서만 자신의 생명을 유지할 수 있기 때문이다. 그러므로 과학과 기술은 인간 실존의 자연적 조건을 파괴하지 않는 한도 내에 인공 세계를 건설해야 하며, 이것은 오늘날 '지속 가능한 발전'이라는 화두와 맥을 같이한다. 그러나 아렌트가 지적하듯이 과학과 기술은 가능한 한 인간을 자연적 속박으로부터 해방시켜 인간에 의해 완전히 통제될 수 있는 인공 세계를 구축하려는 경향을 갖고 있으며, 이것은 기술 시대에 내재되어 있는 전체주의적 경향으로 볼 수 있다. 만약 생명체로서의 인간에게 부여된 자연적 필연성으로부터 완전히 벗어나는 것이 근본적으로 불가능하다고 한다면, 불가능한 것을 가능하게 만들고자 하는 과학과 기술의 시도는 바로 기술 시대의 근본악이라고 아렌트는 지적한다. 즉 기술 시대의 근본악은 바로 우리가 살고 있는 "지구로부터 탈출하고자 하는 것"이라는 것이다(이진우 외, 1996: 33). 그것은 곧 인간 조건의 파괴를 의미하는데, 우리 사회의 어느 누구도 인간 조건을 파괴하는 것을 원하지는 않을 것이다. 이 파괴를 막기 위해 우리는 항상 사유해야 한다고 아렌트는 강조한다. 즉, 우리가 행하면서 무엇이 인간 조건을 파괴하는 것인가를 자문해 보아야 할 것이다. "우리가 활동할 때 우리가 진정 행하는 것은 무엇인가?" 아렌트 사상의 핵심을 이루고 있는 이 질문은 21세기의 첨단 과학 시대에 살고 있는 우리에게 매우 중요한 생각의 실마리를 제공해 준다.

아렌트는 인간이 실존하기 위해서는 세 가지 조건이 필요하다고 주장한 바 있는데, 이진우 · 태정호(1996: 35)는 이를 명쾌하게 다음과 같이 제시한다. 첫째, 하나의 생명으로서 살아 있어야 하며, 둘째, 생성과 소멸을 거듭하는 자연의 필연성으로부터 벗어난 영속적인 자신의 세계가 있어야 하며, 셋째, 말과 행위를 통해 이 세계를 공유할 수 있는 다른 사람들이 있어야 한다는 것이다. 그렇기 때문에 한나 아렌트는 생명, 세계성, 다원성을 인간 실존의 세 조건이라고 명명한다.

더 나아가 아렌트는 이 조건들에 각각 고유한 활동 양식을 부여한다. 생명으로서 산다는 것은 신진대사를 통한 자연과의 교통을 의미하는 것이므로 '노동'은 생명의 조건에 부합하는 가장 기초적인 인간의 활동이다. 따라서 인간은 노동의 동물로서 자연의 필연성에 예속되어 있다는 것이다. 다음으로 인간에게 비교적 영속적인 세계를 제공하는 활동은 바로 작업이다. 인공 세계를 구성하는 사용물을 생산하는 작업은 따라서 수단과 목적의 범주, 즉 도구성의 지배를 받는다. 예컨대 책상을 제작하는 것이 목수 작업의 목표이듯이, 생산 과정은 최종 생산물을 산출함으로써 끝이 난다. 이 때 생산 과정은 목적을 생산하기 위한 수단으로 기능한다. 그렇다면 우리가 창조하는 인공 세계의 목적은 어떻게 결정되는가? 아렌트는 이렇게 모든 사람에게 의미 있는 공동의 세계에 관해 논의하는 기초적 활동을 행위라고 규정한다. 행위는 노동의 필연성과 작업의 도구성 어느 것도 절대화되지 않도록 하고 동시에 서로 유기적 관계를 맺도록 만드는 인간의 기초적 활동이다. 이렇게 볼 때 노동의 활동은 생명의 조건에, 작업의 활동은 세계성의 조건에, 그리고 행위의 활동은 다원성의 조건에 부합한다(곽삼근, 2005b).

포스트모던 시대에 살고 있는 우리에게 공동체 의식을 일깨워 줄 '공통의 공포'는 과연 무엇인가? 이에 대해 아렌트는 그것은 바로 "사유하지 않는 것"이라고 단언하면서, 이제는 항상 우리가 도대체 무엇을 행하는가를 사유해야 한다고 강조한다. 아렌트(Arendt, 1958)는 인간의 정신적 활동을 제외하고 오직 인간의 신체적 활동들을 '노동', '작업', '행위'로 범주화하여 설명함으로써 일종의 정치철학적 인간학을 발전시키고 있다. 오늘날 행동하는 시민들을 생각해 볼 때, 이러한 유형화는 매우 탁월한 분류임을 알 수 있다. 시민 참여의 시대에 합리적으로 '행위'하는 인간을 키우는 것은 곧 교육의 몫이며, 이는 여성주의 교육학이 표방하는 성기성물 이념의 연대적 인간관, 여성주의 시티즌십 형성과 연결된다.

여성주의 관점 탐구

여성주의 교육학은 여성학의 발달과 더불어 성장한다. 따라서 여성주의 관점을 지속적으로 연구할 필요가 있다. 그동안 여성주의 교육학 연구의 초기 단계로부터 다양한 교육학적 연구 주제들이 다루어졌으며, 이들을 포함하여 지속적인 관점의 발전을 포함해야 할 것이다. 여성주의 관점이란 무엇을 의미하는가?

성의 억압은 젠더만으로 구성되지 않으며 계급, 나이, 장애 유무, 민족, 인종 등 다양한 요소들이 억압과 착취의 구조를 구성한다. 또한 그러한 요소와 그 시대의 사회적 문제와의 접촉에 의해서만이 그 고통은 실제적 당면 과제가 될 수 있다. 그러므로 여성주의 관점은 이제 젠더 정체성만으로 세상을 보는 것을 의미하지는 않는다. 그것은 살아가면서 만나게 되는 다양한 경험과 내 안의 다양한 정체성과의 만남을 뜻하는 것이다. 여성학은 타자화된 이들을 위한 경계 허물기에 힘을 쏟고 있는 학문이라고 할 수 있다. 여성들의 공통점은 생물학적 육체도, 동일한 가부장제의 피해자임도 아니고, 자신의 차이를 인식하지 못하도록 혹은 침묵하도록 하는 권력의 배치로 인해 고통받았다는 것이다. 이처럼 여성주의가 약자 우선 관점을 견지함으로써 단순히 성 불평등에 관한 이론이 아니라 모든 종류의 불평등과 고통에 대한 민감성 실천을 지향하는 대안적 이론으로 인식되고 있다. 끊임없이 자기 안의 타자 가능성을 노정하는 것이기에 여성주의는 다양한 타자들과의 소통, 그들의 고통에 대한 감수성, 여러 사회적 모순들과 차별의 관계에 주목할 수밖에 없게 된다. 숨어 있는 경계를 찾아 허물기, 가려져 있는 '헐벗은 생명'을 찾아내어 드러내기 등 이것이 여성주의 연구의 주요 관점으로 인식되어야 한다(안현용, 2008).

이제까지 교육 실천 영역에서의 여성주의 교육학 연구는 여성을 대상으로 좀더 구체적으로 임파워먼트(empowerment)를 통한 억압 상황의 종식에 초점을 두어 왔다(Tisdell, 1995; 송현주, 2001). 다시 말하자면, 여성의 능력 함양과 이러한 능력을 통한 사회의 전환 – 가부장적 남성 중심 사회에서 성 평등한 사회로의 전환 – 이 여성주의 교육의 핵심임을 많은 연구들이 지적한다(Weiler, 1988; bell hooks, 1995). 그러므로 여성 대상의 여성주의 교육은 그동안 교육 내에서 성불평등으로 인한 여성의 억압과 종속을 드러내고 성 평등 교육을 위한 대안 담론을 형성할 수 있는 토대를 제공했다. 따라서 현재까지 제시된 페미니스트 연구의 과제는 첫째, 교육의 이념 및 실천에서 남성에 대한 여성의 종속성 밝혀 주기, 둘째, 남성 중심 체제의 교육조직에서 여성 존재의 소외 밝히기, 셋째, 남성 중심의 기준이 아닌 새로운 관점에서 여성 학습 경험의 독특성을 밝혀 주고 묘사하기, 넷째, 여성의 임파워먼트를 강화하는 방향 모색하기, 다섯째, 생명, 환경, 공동체 지향의 교육 과제 탐구 등으로 요약된다(곽삼근, 2002c).

남성과 여성을 대상으로 하는 여성주의 교육학 연구 과제는 여성주의 관점을 포함하되 대안적 교육학으로서의 새로운 과제를 안고 있다. 여성주의란 매우 다양한 모습을 하고 있는데, 지구화 시대 교육학에서의 여성주의 접근은 포스트모던과 에코페미니즘의 관점을 핵심적 토대로 하여 전개되고 있다. 최근 지구환경의 위기에 직면하여 생태계 보존 문제는 성별과 계급을 초월한 새로운 관심사로 급부상하고 있으나 아쉽게도 아직까지 교육학의 연구 영역에서 주류로 자리잡고 있지는 않다. 공동체 의식 형성과 함께 생태계와 환경 및 평화를 위한 보살핌의 논리를 주요 주제로 연구해야 할 필요성이 증가하고 있다. 이러한 보살핌의 논리는 연구로서만이 아니라 실제 교육 현장에서 이념으로 추구되고 실천되어야 한다. 또한 생태여성주의의 출현은 자연과 환경에 대한 의식 전환과 태도 변화 그리고 시민 참여의 학습 원리를 실천할 수 있도록 교육 방향의 전환을 요청하고 있다. 교육활동에서 지역사회 민감성 인식 및 참여, 환경 및 시민 의식 고양이라는 활동은 정책적으로 적극 지원되어야 한다. 즉, 인간 중심의 개별성에 편중되어 있는 교육을 관계성과 공동성을 확보하도록 공동체적 삶의 구현이라는 방향으로 체제를 개편할 필요가 있다. 생명 존중과 공동체 문화 이념을 교육 실천에 반영시켜 성기성물의 이념을 구현할 수 있는 교육 시스템 창출 과정에서도 항상 여성주의 관점을 견지할 것이 요구된다.

대안적 여성주의 문화 창출 연구 및 실천

페미니즘을 대안적 문화운동으로 인식하기 시작했다는 증거는 최근의 연구물들에서 볼 수 있다(유현옥, 2002; 조형, 2003; 정대현, 2005; 양민석, 2005; 윤혜린, 2005). 유현옥은 모더니티 프로젝트에 기초한 현대 사회는 경제적 불평등의 문제를 비롯해 환경 및 생태계의 파괴, 전쟁과 폭력의 문제와 같은 현존하는 사회문제들을 해소할 수 있는 방법을 제시하는 데 한계를 보이고 있다고 지적하며, 대안적 문화운동으로서의 페미니즘을 주장한다. 근대화는 생산의 끊임없는 증대를 요구하는 산업주의의 논리에 구속되어 있었으며, 이는 자본주의나 사회주의 모두에게서 그 폐해가 발견되고 있다. 일방적으로 자연의 정복과 지배를 통해 경제 성장을 추구하는 개발 위주 성장주의를 추구하는 한 생태계의 파괴는 필연적인 과정이라는 것이다. 이러한 문제 인식은 생태여성주의를 태동시킨 배경이 되었으며, 생태여성주의는 지구화 시대의 공통 어젠다로 관심을 받게 되었다. 남성에 의한 여성의 종속은 인간에 의한 자연의 정복 및 착취와 대등한 정도로 비교 가능하다는 생태여성주의의 문제 인식은 인간의 자연 정복을 되돌아보게 함과 동시에 남성의 지배 권력에 대한 반성을 촉구하도록 요구하고 있다. 여성과 자연환경 및 생명 파괴의 문제는 남성 중심사회의 동일한 억압구조에서 비롯된 것이며, 그 해결 방법에서도 함께 모색되어야 할 문제라는 인식으로 이어지고 있는 것이다. 이러한 관점에서 페미니즘은 교육에 주목하고 있으며, 이는 교육이 남성과 여성, 자연과 인간의 어울림과 균형을 통한 모든 생명체의 통합을 추구하는 대안적 문화를 형성하는 데 매우 중요한 역할을 담당할 수 있는 가능성을 지닌 영역이라고 보고 있기 때문이다. 인간 사회란 전체 생명 사회의 한 부분이라는 것을 인식하는 것이 필요하고, 이 관점에서 생태여성주의는 새로이 조망되어야 하며,

이를 삶의 현장에서 구현할 수 있는 시스템 창출이 필요하고, 이 과정에서 여성주의 교육학의 역할이 요구된다.

이상 살펴본 바와 같이 그동안 수행된 페미니스트 교육 연구들은 성차별적인 성별 관계가 학교교육을 통해 어떻게 재생산되는가에 초점을 맞추었으며, 이러한 관점에서 교육 기회의 분배 문제나 성차별적 교육과정 분석 등을 통해 문제점을 밝히고, 이를 개선할 수 있는 방안을 제시하여 어느 정도 성과를 거두었다. 향후 페미니스트 교육 연구는 여기에서 한 걸음 더 나아가 여성주의 문화를 창출하기 위해 어떠한 교육을 지향할 것인가에 대한 연구가 필요하다고 하겠다. 이를 위해서는 성 평등한 성별 관계 창출을 위한 그동안의 노력에 더하여, 교육 전반에 관계맺기를 위한 교육의 실천 노력이 필요하며, 여성주의 교육학은 이러한 지향의 달성을 가능하게 할 수 있다. 따라서 여성주의 교육학의 인식론적 토대, 내용, 방법 그리고 현장 적용 가능성 등에 대해 더욱 깊이 있는 연구가 필요하다.

여성주의 교육이론은 단계적으로 발전되어 왔고, 제1 단계와 제2 단계는 상이한 목적을 갖는다. 제1 단계는 현존하는 성별 불평등을 해소하는 지침으로, 제2 단계는 새로운 여성문화 창조를 위한 지침으로, 때로는 이 두 단계가 중첩되어 나타나 이중의 목표를 갖는다. 어떻게 교육에서 성 평등을 성취할 수 있는지 또 어떻게 사회문화의 변화를 달성케 할 수 있는가에 대해서는 상이한 관점들 간에 충돌의 여지가 많다. 그동안 페미니스트 교육 연구는 구체적인 연구 내용과 방법면에서 어떠한 페미니즘의 관점에서 연구를 추진하는가에 따라 다양하게 전개되어 왔다. 자유주의 여성주의는 자유롭고 민주적인 사회에서 여성과 남성의 평등을 추구하므로 평등에 역행하는 문제를 분석한다. 그러나 마르크스 여성주의는 자유주의자들의 '평등' 개념이 사실상 계급 구조화된 현실을 간과하고 있다고 비판한다. 한 걸음 더 나아가 사회주의 관점은 그러한 평등이 생산 및 재생산 수단의 사회적 소유 관계의 변혁 없이는 성취될 수가 없다고 보며 제도 개혁에 관심을 둔다. 급진주의 여성주의는 좀더 근본적인 여성 억압의 문제로 들어가서 지식과 문화의 남성 독점 양상과 성 정치학의 문제를 지적하며, 남성의 지배와 폭력을 지탱해 주는 문화적·의식적 구조를 보도록 촉구한다.

전통적 여성주의의 이러한 이분법적 양상에 문제를 제기하며 다양성과 차이를 부각시키는 포스트모던 여성주의는 관점과 시각의 다양화에 기여했다. 남성과 여성의 차이에 주목하며, 각자의 위치에서 정체성을 찾는 것에 관심을 두는 포스트모던 여성주의는 획일적인 잣대로 남성과 여성의 평등을 성취하려는 시도가 허구임을 주장하며, 새로운 여성문화 창출의 출발을 선언하는 계기를 만들어 주었다. 최근 지구환경의 위기에 직면하여 생태여성주의는 성별과 계급, 그리고 인종을 초월한 공통의 관심사로 급부상하고 있다. 그러나 아쉽게도 아직까지 교육 연구 영역에서 핵심 주제로 부상하고 있지 못하다.

여성주의 교육학 연구는 이론과 실천에서 어떠한 여성주의를 표방해야 하는가? 다양한 여성주의 유형 중 이념적으로는 포스트모던과 생태여성주의의 통합적인 관점을 지향하면서도, 교육과 학습의 현장에서는 성 평등을 추구하는 전통적 여성주의의 방법론을 적용할 필요가 있다. 포스트모던 여성주의와 생태여성주의는 이념적으로 함께할 수 없는 것처럼 전혀 상반되는 모습으로 등장했다. 그러나 포스트모던 여성주의, 특히 후기구조주의가 지나치게 원자화된 개인의 내부 의식만을 부각시키는 것은 이미 문제점으로 지적되고 있다는 점을 감안한다면, 이를 보완할 수 있는 방향 선회가 필요하다. 전체 사회구조와는 무관하게 개인의 정체성이 형성되고 삶의 방향을 선택한다는 것은 여성주의 세계 질서 구축에 부합될 수 없다. 자유로운 개인의 '자유'는 어디까지나 지구상에 존재하는 생물체로서의 공존을 위한 소명을 전제로 한 이후에 가능하다. 즉, 지구화 시대 생존보다는 공존이 쟁점이 되고 있는 현 상황에서 원자론적 인간론보다는 연대적 인간론에 터한 학문적 논의가 요구된다는 것이다. 따라서 개인의 학습을 촉진하는 교육학은 연대적 인간론을 토대로 성기성물의 관점에서 공동체 형성에 기여하는 개인과 함께 생명 존중 실천과 인류 평화 구현을 '삶과 학습'의 주요 주제로 연구해야 할 당위성이 있다. 인식

주체를 개인 중심에만 국한시켰던 것을 공동체 중심으로까지 확장시키는 교육과정을, 인간 개인의 삶에 대한 관심을 생태계의 공동체 형성에 대한 관심으로까지 확대 변혁시키는 방안을 교육과정에서 연구해야 한다. 여성주의 교육학의 주요 목표는 여성주의 세계 질서를 구축할 수 있도록 여성주의 시티즌십 형성과 이를 위한 교육 시스템을 연구하는 것이어야 한다. 이를 위한 여성주의 교육의 이론적 틀은 어떠한 가치와 토대에서 구성되어야 하는지를 제2부에서 다루기로 한다.

제 2 부 여성주의 교육의 틀:

돌봄, 타자 배제 극복의 교육 원리

여성들이 제도권 교육기관에서 교육을 받을 수 있었던 시기는 조선 시대를 거쳐 지금까지의 과정을 보았을 때, 그리 오랜 역사를 갖지 않는다. 이화학당이 최초의 근대식 여성 교육기관으로 1886년 출발한 것을 보아도 약 122년 정도의 역사를 갖는다. 그나마 초기에는 여성 교육이 사회적으로 인정되지 않아 주류 집단 출신의 여성에게는 접근조차 불가능했다. 여성이 뒤늦게 제도 교육을 받고 사회에 진출한 것은 남성의 세계에 편승했다는 인상을 여기저기에서 받게 된다. 교육학의 영역에서 이러한 경향성은 더 강하게 나타나고 있다. 특히 한국의 경우 최근까지 교육학은 제도 교육에 관한 연구가 주류를 이루고 있다. 그럼에도 불구하고 여성들은 생활문화에서 남성들보다 풍부한 경험과 지식을 후손에게 전수해 왔고(women's ways of teaching and learning), 이것은 여성의 교육활동으로서 최근 들어 의식주 생활 연구에서 상당한 권위를 인정받기 시작했다. 이러한 생활문화 영역에서 오랜 기간 가정의 살림을 주도해 왔던 여성들의 지혜 전수 방식은 '살림의 교육학'으로 명명될 수 있으며, 그 기본 원리는 돌봄과 배려, 그리고 타자 배제 극복의 원리다. 돌봄과 보살핌의 윤리는 여성들의 살림의 지혜에서 비롯되었으므로, 여성주의라는 이름으로 학문 세계에 대두되는 것이 자연스러우며, 교육 패러다임의 전환기에 남성·여성을 망라한 대안적 교육학으로 공공 교육학 연구에서 적극 활용되어야 한다는 인식이다. 제2부에서는 이러한 여성주의 교육학의 틀을 '돌봄과 배려의 윤리'라는 관점에서 젠더 개입과 지식, 경험, 삶의 변화, 여성주의 가치와 돌봄 윤리, 그리고 여성주의 학습문화 연구 등에 대해 살펴보기로 한다.

제5장 젠더 개입과 지식, 경험, 삶의 변화

따뜻한 사회를 염원하는 바람은 일반 사회 영역만이 아니라 여러 학문 분야에서도 나타나기 시작하고 있다. 교육학에서 돌봄과 배려의 교육학을 주창하는 움직임이 있음은 물론이고, 가장 차갑고 냉정하다고 인식되는 경제 분야도 예외는 아니다. 낸시 폴브레(Nancy Folbre)의 저서 『보이지 않는 가슴: 돌봄 경제학』(2001)이 이러한 분위기를 전해 준다. 이것은 남성 경제학에 대한 여성주의적 비판과 대안 제시라고 볼 수 있다. 경제가 시장의 '보이지 않는 손'에 의해 움직인다는 것은 우리에게 너무나 익숙한 경제학의 원리다. 그러나 경제를 움직이는 또 다른 한 축에 돌봄이라는 '보이지 않는 가슴'이 있다는 사실은 우리가 주목해야 할 중요한 사실이라는 인식이다. 이와 같은 학문에서의 젠더 개입은 단순히 경제학이나 여성학에서만 유용한 것이 아니라 모든 학문 분야에서 시도되고 있다. 학문에서의 젠더 개입으로 인해 지식의 변화, 인간의 경험에 대한 해석, 그리고 삶의 변화 등은 커다란 반향을 불러오고, 그 결과는 필연적으로 교육학에 일대 변혁을 일으키고 있다. 교육학이 인간을 대상으로 하는 학문이므로, 인간의 경험, 인간이 생산하고 소비하는 지식, 인간의 생활세계와 이를 구축하기 위한 제반 운영 시스템 등은 교육학적 안목에서 검토되어야 할 필요가 있다. 이 장에서는 그동안 남성적 관점과 시각의 틀에서 형성된 지식이 우리 사회의 과학적 지식으로 인식되어 왔었다는 사실을 비판적으로 조망하고, 젠더 개입이 우리의 지식과 삶을 어떻게 변화시킬 수 있는가를 구체적인 사례를 제시하며 살펴보기로 한다.

1. 과학적 지식에서의 젠더 개입

폴브레는 지금의 주류 경제 패러다임을, 실제로 많은 사람들이 수행하고 있는 돌봄의 경험에 기반하여 새로운 경제 패러다임으로 바꿀 것을 주장한다. 폴브레는 통상 일반 남성 학자들이 제시하듯이 효율과 평등의 대비로서 자본주의 체제가 좋다거나 또는 사회주의 체제가 좋다는 식의 양자택일 논리에 반대한다. 오히려 문제는 이 둘을 양립 불가능한 것으로 보는 것이라고 지적하면서, 차가운 머리와 따뜻한 가슴을 함께 가진 국가를 어떻게 만들 것인가를 고민하는 것이 중요하다고 강조한다(폴브레, 2007: 211). 이것은 경제학에서의 젠더 개입이라고 볼 수 있으며, 하나의 패러다임 전환이라고 할 수 있다. 그동안 과학적 지식 탐구를 학문의 전 분야에서 추구해 온 결과 과학적 지식에 대한 신뢰는 전폭적인 것이었으나, 여기에는 지구상의 절반을 차지하는 다른 성의 입장을 반영하지 못한 치명적인 결함이 있음이 지적되기 시작한 것이다. 과학과 공학, 의학, 예술 등과 더불어 전 학문 분야에서 다른 한 성(性)의 관점이 무시되었다는 주장은 지식을 새로이 구성해야 할 필요성을 제시해 주고 있다.

과학을 비롯한 각 학문 분야에서의 여성주의적 사고는 지식과 이론을 바꿀 것을 요청하기도 한다. 모성적 사고의 현대적 논의가 과학을 비롯한 학문 전 분야에서 요구되고 있으며, 무엇보다도 기존의 한 성별을 중심으로 전개된 지식과 이론의 한계성을 극복할 대안을 제시하는 것이 필요하다. 각 학문 영역에서 젠더 개입은 지식 구성에 어떠한 변화를 가져올 것인가에 대한 연구가 필요하다. 아울러 인간의 총체성을 다루는 교육학은 다른 모든 학문과 밀접하게 관련되어 있으며, 따라서 교육학에서도 이러한 젠더 개입의 움직임이 나타나고 있다.

젠더 개입의 의미

1) 사회과학에서의 젠더 개입

사회과학에서 가부장제와 자본주의에 대한 문제 제기는 오랫동안 지속되어 왔다. 특히 노동을 중심으로 경제활동과 사회정책에 대한 여성주의자들의 비판적 인식은 다양한 논쟁을 불러오고 있다. 우선 사회정책에서의 젠더 개입은 어떠한 방향으로 가능한가? 이 문제에 대해 초창기 페미니스트 정책분석 연구들의 공헌에 주목할 필요가 있다. 1977년에 엘리자베스 윌슨(Elizabeth Wilson) 의 『여성과 복지국가(*Women and the Welfare State*)』, 제니퍼 데일(Jennifer Dale)과 페기 포스터(Peggy Foster)의 『페미니스트와 국가복지(*Feminists and State Welfare*)』, 그리고 1986년에 길리언 파스칼(Gillian Pascal)의 『사회정책: 페미니스트 분석(*Social Policy: A Feminist Analysis*)』 등은 사회정책에서 국가와 가족의 관계, 가족 내외에서의 재정적 · 정서적 · 신체적 관계 등에 대한 분석 자료들을 제시해 주었다. 이 연구들은 사회정책 분석에서의 주요 질문들을 제시해 주었다. 사회정책 분석에서 새로이 제기된 문제들은 돌봄의 쟁점, 종속, 요구, 일과 수입의 관계, 복지 제공에서의 수혜자와 제공자의 관계 등이다. 그뿐만 아니라 그 연구들은 그 후 끊임없이 가부장제와 자본주의 및 국가의 관계에 대한 이론적인 질문들의 토대가 되었다고 할 수 있다.

남성들이 정립한 주류 경제학은 가족의 영역이 아닌 시장에서 교환되고 거래되는 행위들에만 관심을 가져왔다. 그 결과 여성의 일은 가정에서 이루어지는 사적인 것으로 간주되어 그 가치를 제대로 평가받지 못해 왔으나, 사실은 경제의 핵심을 이루고 있다고 볼 수 있다. 방글라데시, 필리핀 등 제3세계에서 '비공식적 경제(informal economies)'로 불리는 여성들의 노동은 사실상 해당 국가들의 농업 및 산업의 중심을 이루어 왔다(Staudt, 1988: 101). 그동안 주로 여성들이 행하는 돌봄 노동은 도덕적 책임의 영역으로 간주하여 그 본질적 특성을 해치지 않으려 했다. 그래서 "돌봄 노동은 성공과 실패로서가 아니라, 잘 수행하면 존경과 감사를 보내고 그렇지 않으면 도덕적 비난으로 이어지는 것"이 되어 버렸다는 것이 일반적 인식이다(최이윤정, 2007: 209).

그동안 돌봄의 영역은 국가가 담당해야 하는 복지정책의 일환으로서가 아니라 가족 내에서 여성에 의해 자연스럽게 이뤄지는 형태로 고착되어 왔다. 그러나 생물학적 차이에 기반해 여성이 돌봄의 역할에 더욱 적합하다는 것은 잘못된 인식이라는 지적이 급증하고 있다. 폴브레는 돌봄 노동은 경제적 가치의 일환으로서 사회구성원들이 평등하게 실천해야 한다는 인식이 필요하다고 강조한다. 일례로 우리나라에서 '남성의 육아 참여'라는 말이 여기저기서 사용되고 있는 요즈음 이는 매우 당연한 성별 합의 사항으로 들리지만, 한국 남성의 1주일 가사 노동 참여 시간은 1시간도 채 안 된다는 사실은 여전히 남성이 여성을 도와 주는 차원에서 돌봄 노동에 접근하고 있음을 보여 준다(최이윤정, 2007: 210).

경제학에서 시장 논리는 물론 중요하다. 그렇다면 우리는 '돌봄'을 시장 논리에 맡길 수 있는가라는 질문을 던져보아야 할 것이다. 돌봄 영역을 시장의 논리에 맡기면 어떻게 될까라는 질문은 최근에 노동에 관해 연구하는 여성학자들 사이에 빈번히 제기되기도 한다. 이는 경제적 관점에서도 문제가 되지만, 한편으로는 여성의 '사회적 일거리'에 대한 접근으로서도 문제가 제기되고 있다. 예를 들어 평생을 사회적 '일' 없이 살기에는 수명이 너무 길어졌기 때문에, 현재 가사나 자원봉사 등의 일을 별 의심 없이 일생의 기쁨으로 받아들일 여성은 많지 않다는 지적이 있다(김현미, 1999). 이 관점에서 볼 때 돌봄 노동의 사회화라든가 경제적 보상의 문제는 지속적으로 논의될 것으로 보인다.[14] 만일 돌봄을 시장 논리에 맡긴다면, 돌봄이 필요한 많은 사람들이 언제나 필요한 돌봄을 받을 수 있을까? 돌봄 노동의 질은 유지될 수 있을까? 상품 구입에 드는 돈을 낼 수 없는 사람들에게까지 그 혜택이 골고루 돌아갈 수

14 가사 및 돌봄 활동의 중요성에도 불구하고 경제적 보상이 이루어지지 않는 데 대한 비판과 아울러 가사 및 돌봄 활동에 대한 경제적 보상의 필요성이 제기되고 있다(허라금, 2005; 2006; 허미영, 2006).

있을까? 이와 같은 문제의 논의를 위해서는 돌봄 노동이 다른 노동과 달리 정서적 공감이 중요하고, 어린이나 노인과 같이 상대적으로 돌봄이 필요한 대상이 존재하기 때문에 이들에게는 상황에 맞게 이타심을 가지고 공평하게 분배될 필요가 있다는 주장에도 주목할 필요가 있다. 돌봄 노동의 특수성을 고려하지 않고 단지 시장 영역에만 맡겨 둔다면, 정서적 차원의 가치는 유지되기 어렵다는 주장이 제기되고 있다. 이 현상은 마치 노딩스(Noddings, 1992)가 제기했던 "돌봄 행위는 제공받은 자의 인정과 감사 표시가 가장 중요하다"는 주장을 상기하게 만든다. 돌봄 노동에 대해 물질로써만이 응답하는 것이 아니라 정서적으로 상호 베풀고 감사할 줄 아는 사회로의 질서 구축이 좀더 풍요로움을 유지할 수 있게 해 준다고 볼 수 있다. 그렇다면 돌봄 노동의 시장성은 없는가? 시장 영역에서의 돌봄 노동은 살아남을 수 없는가? 한편으로는 이러한 의문이 여전히 남아 있게 되므로 이러한 양면을 어떻게 지혜롭게 풀어나가야 하는가에 대한 탐구가 요청된다.

남을 돌보는 일이 대부분 여성들에 의한다는 것은 여성적 특성과 어떠한 연관이 있는가? 젠더 관점에서 일을 담당하는 사람들의 성별을 분석하는 것은 어떠한 의미를 지니는 것인지, 성별은 어떠한 영향을 끼치고 있는지 등에 대해 분석할 필요가 있다는 주장이 힘을 받고 있다(Ungerson, 1987). 사회정책에 대한 젠더 개입 연구가 필요함을 시사하는 대목이다.

한편 파인스타인과 서본(Fainstein & Servon, 2005)은 정책입안자들이 왜 성 평등 연구를 해야만 하는가를 공복(公僕, public servants)의 관점에서 제시한다. 정책 기획자나 입안자들은 공공의 이익을 위해 봉사하는 직업으로 인식된다. 상이한 그룹의 공공집단은 사회에서 또는 의사결정 과정에서 다른 힘을 지닌다. 젠더라는 시각을 통해 볼 때 다른 해결책을 내놓을 수도 있다. 성(sex)은 생물학적인 것이지만 젠더(gender)는 한 문화에서 남자와 여자 사이의 실제적 또는 인식된 차이를 토대로 구성된 연합, 성 고정성 사회적 유형 등을 의미한다. 젠더를 분석의 한 카테고리로 넣으면 오래된 문제를 새로운 시각에서 보게 되고, 기존의 쟁점을 중요한 방식으로 재규정하며, 여성을 정책계획의 주체로뿐만이 아니라 정책계획, 정책결정 과정의 능동적인 참여자로 만들 수 있다. 일상적인 삶에서 관련되는 정책을 끌어오는 것이 필요하며, 정책 세계에서 여성들은 "밑바닥에서부터 풀뿌리 방식의 변화"를 가져오는 데 기여할 수 있다(Fainstein & Servon, 2005: 4).

파인스타인(Fainstein, 2005: 124)은 여성주의와 정책에 대해 이론적인 쟁점을 중심으로 비판적 논의를 전개하고 있으며, 특히 주요 쟁점으로 제시하는 것은 의사결정 과정에의 여성의 참여 부족, 문화적 규범에서 여성의 일에 대한 가치 폄하, 여성들에게 합당한 서비스를 제공하지 못하는 시정부의 문제, 빈곤의 여성화에 대한 무감각과 안일 등을 제시하고 있다. 이들은 현재 한국 사회에서도 주요 연구 과제로 논의되어야 할 쟁점이다(곽삼근, 2005c; 김재인 외, 2005). 사회과학 연구에서 젠더 개입을 통한 관점의 전환은 여성을 의사결정 과정에 참여시키거나 시민으로서의 일상적 참여를 강화시킬 뿐만 아니라, 우리 사회 전체의 삶의 질을 향상시킬 수 있을 것이라는 가능성을 시사해 주고 있다. 이 책의 제3부에서 다룰 여성주의 시티즌십에 대한 최근 논의들은 이러한 주장을 뒷받침해 주고 있다.

2) 인식론에서의 젠더 개입

교육학에서 교육의 목적과 내용 및 교수 방법을 결정하게 되는 기초적인 토대는 인식론(epistemology)이다. 그러나 전통적으로 남성을 연구 대상으로 교육학 이론을 정립한 틀을 여성에게도 적용하면서 별다른 이의 제기가 없었으므로 여성주의 인식론에 대한 관심은 희소했다. 즉, 인식 과정에서 성별차를 고려하지 않았기 때문에 특별한 필요성을 느끼지 않았다고 볼 수 있다. 어떠한 지식이 과학적 지식이라고 주장될 때, 그러한 주장을 정당화하는 기준이 무엇인가를 제시하는 이론을 인식론이라고 한다. 남성 중심적인 학문 세계에서 여성학적 지식과 이론의 과학적 지위와 권위를 관철하기 위해 여성주의자들이 발전시킨 것이 여성주의 인식론이다. 남성과 여성은 인식론적 차이가 있는가라는 문제로부터 접근할 필요가 있다. 학습자로서 여성은 인식론적인 차이를 갖는가? 여성주의 인식론에 대해서는 상반되는 두 견해가 존재한다. 하나는 주로 정치학 · 사회학적 관점에서 기존 남성 중심 과학 탐구에의 변형을 추구하는 여성주의 인식론의 필연성을 강조하는 관점이다. 다른 하나는 주로 순수 철학적 관점에서 인식론을 해석하여 인간의 순수 인식론 이외에 여성주의 인식론 자체로는 정당화의 규범적 이론으로 성공적이지 못하다는 입장이다. 그렇다고 여성주의 이론이 인식론적 물음을 포기해야 한다는 주장은 아니다. 이는 여성주의의 인식론적 기반은 인식론적 문제를 윤리적 · 정치적 물음과 분리시키지 않고 고찰해야만 얻을 수 있다는 주장과 상통한다. 여성주의 지식과 과학이 자신을 관철하기 위해서는 새로운 인식론을 창출하려는 시도보다는 "과학적 탐구의 담론을 변형시켜야 하고, 인식론적 과제들의 구조에 도전을 해야 하는 것"(Code, 1991: 314)이라는 입장을 음미해 볼 필요가 있다.

하딩(Harding, 1989: 120)은 여성주의 이론에서 논의의 초점이 되는 인식론은 지식론이라고 강조한다. 인식론에서 문제가 되는 인식은 궁극에는 참된 인식이며, 우리가 앎 혹은 지식이라고 부르는 것이 믿음이나 억견과 구별되는 기준이 무엇인가하는 물음으로 귀결된다는 점에서 지식론이 된다. 인식론은 어떠한 지식이 대상에 대한 가장 좋은 신념을 줄 수 있는가 하는 기준을 정해 준다는 의미에서 규범적 주장을 한다고 본다. 따라서 인식론은 그러한 기준의 설정과 함께 그 기준을 정당화해야 하며, 인식론의 또 다른 하나의 중요 영역은 과학적 인식작용의 탐구다.

인식론이란 지식에 대한 이론으로서, 지식의 본성과 범위, 지식의 전제 조건, 기반과 타당성 등에 관심을 둔다. 이상화(1994: 10)는 페미니즘에서의 인식론적 물음을 다음과 같이 제시한다.

(1) 누가 지식을 생산해 내느냐, 누가 지식에 대한 권위를 부여하는가 — 지식과 권력의 상관 관계: "누가 아는가" 인식 주체에 관한 물음은 지식 생산자에 대한 물음과 함께 고찰되어야 한다.

(2) “무엇을 아는가” 인식 대상에 관한 물음 — 이는 과학적 지식의 대상을 누가 선택하고 어떠한 가정에서 출발하여 어떠한 방법론으로 접근하는가 하는 물음과 함께 고찰되어야 한다.

(3) “어떻게 아는가” 하는 물음은 인식 주체와 인식 대상 간에 이루어지는 인식 과정과 참된 인식의 원천에 대한 물음이다. 이 물음은 지식 생산 과정이 어떻게 사회적으로 조직되며, 과학적 지식의 권위를 판정하는 기준이 누구에 의해 결정되는가를 함께 고찰해야 답변될 수 있는 물음이다.

여성주의 연구 방향은 새로운 주제 첨가 정도가 아니라 여성주의적 이론과 주장들의 타당성과 진리를 논변할 수 있는 새로운 인식론적 기반의 모색이 요구되는 것이다(곽삼근, 2002d).

여성주의 교육의 이론적 틀을 인식론적 관점에서 살펴보는 것은 여성과 지식 형성의 관계를 밝혀 주므로 매우 중요하다. 여성들은 남성들과 비교해 볼 때, 실재(reality)를 인식하는 방법이나 형태가 다르다는 여성주의자들의 주장은 설득력을 갖고 있다. 여성들은 어떤 근거나 경험 위에서 진리와 지식 그리고 권위에 대한 인식을 어떻게 형성하고 있는가? 남성과는 상이한 방식으로 실재를 파악하는 여성의 인식 형태는 그 구성 과정에서 현재의 가족 제도나 학교교육으로부터 영향을 받고 있다는 주장도 제기되고 있다. 위와 같은 질문들에 대해 여성의 앎의 방식을 연구한 벨렌키와 동료들(Belenky et al., 1986)의 저서는 여성 교육에 중요한 시사점을 던져 주었다. 그들은 자아 개념의 형성이나 실재(reality)에 관한 인식 방법에서 여성들이 보이고 있는 특성을 밝혀보고자 인터뷰 방법을 중점적으로 사용하여 연구했다. 『여성의 앎의 방식(*Women's ways of knowing: The development of self, voice, and mind*)』이라는 제목의 책에서 그들은 여성의 인식 형태는 감정적, 직관적, 개인적이라는 특성을 지니고 있음을 밝힌다. 아울러 합리적이며 객관적인 논리의 도출에서 남성보다 열등하다는 성차별적 편견의 허구성을 규명함은 물론,

지적 능력에서도 여성은 남성보다 열등하다고 간주해 온 종래의 연구 결과에 대해 그 타당성을 검증해 보고자 했다. 남성 학습자들이 "분리되고 개별적인 지식(separated knowing)"에 익숙한 데 비해, 여성들은 현실 생활에서 "맥락적이고 관계적인 지식(connected knowing)"에 익숙하다. 그렇기 때문에 여성 학습자들을 위한 교육 내용으로서는 "맥락적 지식"이 제공되어야 하며, 그들에게 더 많은 자유를 부여하는 비형식 학습 과정이 필요하다는 것이다. 따라서 여성의 앎의 방식에 대해 맥락적이고 관계적인 지식이라는 관점을 수용할 경우에, 개별적 지식을 중시해 왔던 교육의 방식에 패러다임의 대전환이 요구된다. 벨렌키 팀은 그들이 연구한 결과로부터 여성의 인식 방식을 다섯 가지로 제시했는데, 이는 다음과 같다.

(1) 침묵(silence): 아는 것이 없는 위치. 사람들은 어리석거나 무능력하고 목소리가 없는 것으로 느낀다.
(2) 수용적 지식(received knowing): 자기 외부의 지식과 권위가 부여하는 지식을 수용한다.
(3) 주관적 지식(subjective knowing): 개인적이면서 사적이고, 논리 정연한 사고나 아이디어보다는 정서적이고 직관적인 상태에 근거한다.
(4) 과정적 지식(procedural knowing): 지식을 평가하고 정당하게 획득하기 위한 절차나 기술들을 요구한다.
(5) 구성적 지식(constructed knowing): 진리는 맥락적이라는 것을 이해한다. 지식은 절대적인 것이 아닌 시험적인 것으로 인정된다. 인식자(knower)는 알려진 것을 구성하여 이해한다고 본다. 지식 습득을 위해 복합적 접근을 하며, 점진적인 지식의 과정으로 수행과 실행을 강조한다.

이러한 연구 결과는 당시 매우 신선한 충격을 주었으며, 남성 중심의 인식 과정에 여성을 편승시키는 것이 아니라 여성들 독자의 영역을 확보하는 데 동기를 제공해 준 것으로 평가되었다. 그런데 사회문화에 따라 그러한 방식은 어떻게 적용될 수 있는지에 대한 논의가 일기 시작했다. 벨렌키 팀 연구의 연장선상에서 한국 여성들의 '인식의 방식'은 어떠한가에 대한 연구를 진지하게 해 볼 필요도 있다.

사회문화적 차이에 따라 인식 방식에 차이가 있다는 주장과 이를 뒷받침해 주는 자료는 바로 골드버거(N. Goldberger) 팀에 의한 후속 연구라고 할 수 있다. 『여성의 앎의 방식』이 출판된 지 10년 후, 골드버거와 동료들(Goldberger et al., 1996)은 문화권에 따라 강조하는 앎의 방식이 다르다는 것을 다시 연구하여 발표하게 되었다. 기존에는 '침묵'을 주로 수동성의 표출로써 이해했다. 그러나 여성들에게 침묵은 때때로 전략으로서 채택된다는 것을 제2의 연구에서 입증하고 있다. 예를 들어 성취의 경지에 달한 흑인 여성들은 소리내어 말하지 말라는 것을 배웠는데 그들은 부모나 교사 남자 친구들로부터 백인 여성의 전형에 부합하도록 행동하라고 배운다. 이러한 이유로 골드버거는 처음 저작에서 말한 '침묵'의 카테고리에 포함된 사람들, 즉 아는 것이 없어서 목소리를 내지 못하는 사람들과 전략적 혹은 문화적, 의식적으로 동의되는 침묵을 활용하는 것과는 구분해야 한다고 했다. 따라서 여성에게서 많이 보이는 앎의 방식인 침묵은 결코 지적 열등함을 의미하는 것이 아니라 문화에 따라 '조장되는 침묵'도 있다는 것을 밝히고 있다. 또한 골드버거는 수용적 지식(received knowledge)이 최초 연구에서 묘사된 것처럼 반드시 수동적이거나 그리 간단한 것만은 아니라고 한다. 외부 권위에 대한 공손함, 수용에 대한 문화적 의미는 문화권마다 다르기 때문에, 문화에 따라서는 수용적 지식이 우월한 것으로 여겨지기도 한다. 또한 이전에 집산주의 문화 속에서 살았던 사람들과의 인터뷰는 수용적 지식의 의미와 효용의 또 다른 모습을 보여 준다.

골드버거는 사람이 어떻게 알게 되고 무엇을 알게 되는가 하는 것이 성, 인종, 계급 등에 의한 문화적 환경과 사회적 권력 차이에 따라 다르다고 보고,

인종, 계급 관계뿐만 아니라 성(gender)의 관계가 이러한 상황에서 중심적인 역할을 한다고 주장했다. 이와같이 여성의 앎의 방식에 대해 이해하기 위해서는 여성 개인의 특성뿐 아니라, 계급, 성별 등 지배와 권력 관계 속에서 다르게 나타나는 앎의 방식들, 그리고 서로 다른 문화들 속에서의 앎의 방식들에 대한 더 깊은 연구와 분석이 필요하다.

한편 헤이스와 플래너리(Hayes & Flannery, 2000)는 여성들의 인식 과정이 남성과 다른 것은 생물학적 차이라기보다는 사회적인 원인에 의한 것으로 보았다. 헤이스 등은 남성과 다른 여성의 특성과 여성 교육을 직접적으로 연결시키고, 여성의 학습은 심리적 측면만 가지고는 이해할 수 없고 반드시 사회적 맥락(social contexts)을 고려해야 한다고 했다. 또한 여성들은 사회적 맥락에 의해 수동적으로 받기만 하는 것이 아니라 이에 반응하는 존재이며, 이러한 저항이 개인적으로만 일어나도록 할 것이 아니라 세력화될 수 있도록 조직, 네트워킹이 필요하다고 주장했다. 이러한 주장이 여성주의자들 사이에 공감대를 형성하게 되면서, 인식 방식이나 지식 특히 과학적이고 객관적이라고 인정되어 온 지식에 대한 여성주의적 재검토가 이루어지고 있다. 인식이나 지식에 대한 젠더 개입 움직임이 활발하게 전개되기 시작했으며, 과학적 지식에의 젠더 개입은 지식을 새로이 형성할 정도의 파격적인 변화를 초래하고 있다.

최근 이와 같은 맥락에서 각 학문 분야에서의 젠더 개입에 관한 연구 관심이 증가하고 있다. 젠더 개입 연구의 시도는 이제 시작에 불과하지만 서서히 기존의 지식에 대해 도전하고 새롭게 지식을 구성하려는 움직임으로 나타나고 있다. 물론 이 책은 교육학에서의 젠더 개입을 기초로 연구된 결과물들로 구성되어 있다. 교육학은 다른 학문 영역의 발전과 매우 밀접한 연관을 갖고 있으며, 관련 연구를 살펴보는 것은 교육학을 이해하는 데 반드시 필요하다. 이어서 과학적 지식에 대한 젠더 개입의 한 흐름으로 2008년 미국 스탠퍼드 대학교에서 개최되었던 '젠더와 지식혁신' 컨퍼런스를 중심으로 살펴보기로 한다.

과학적 지식 구성에서의 젠더 개입

여성주의자들은 이제까지 학문 세계를 지배하고 있는 과학적 지식에 대해 여성을 반영하지 못했다는 제한점을 지닌다고 지적한다. 과학적 지식에 여성을 반영한다는 것은 곧 젠더 개입을 의미한다. 2008년 3월 13~14일 미국의 스탠퍼드대학교에서 젠더연구소(The Michelle R. Clayman Institute for Gender Research) 주최로 과학과 엔지니어링에서의 젠더를 반영한 지식혁신(Gendered Innovations in Science and Engineering II: Fix the Knowledge) 컨퍼런스가 개최된 바 있다. 이는 2005년 1차에 이어 2차를 맞는 심도 있는 집중 세미나의 형태를 띠었다. 이틀 간 진행된 이 학술 행사에 미국 전역의 여러 대학에서 엔지니어링, 의학, 과학 분야의 교수 및 연구자가 참여했으며, 특히 환경공학 분야에서는 인도와 남아프리카의 전문가들도 참여했다.

이 컨퍼런스에서 특이한 논쟁점으로 대비되는 것은 남녀 차이에 기초하여 여성성을 강조하는 주장과 이에 대한 반대로 동등을 강조할 것에 대한 관점의 충돌이었다. 물론 연구소 측에서는 이미 30여 년 간의 연구들을 토대로 동등에서 차이 강조로 돌아서게 된 배경을 설명했고 전체적으로는 이를 이해하는 분위기였으나 참석자 중 몇몇 질의자들은 강한 반감을 표시했다. 물론 당시에 연구소에서 기획한 의도를 역사적 배경과 아울러 충분히 소개하여 참석자들의 이해를 도왔음에도 불구하고 이러한 반응이 나타났으며, 이는 젠더 논의가 진행되는 곳이라면 어느 곳에서나 언제든지 나타나고 있는 현상이다.

론다 쉬빙거(Londa Schiebinger)는 클레이먼연구소(Clayman Institute) 소장이며 과학사 교수로서 "지식을 총체적으로 점검하여 다시 고치는 작업을 해야 한다(Fixing the Knowledge)"는 요지의 인사말을 하여 많은 과학자들의 관심을 모았다. 그녀는 조사 결과를 인용하며 과학자라고 할 때 일반인들의 92%는 남성을 상정한다고 강조했다. 젠더 분석을 하는 것은 과거에 보지 못하던 부분을 볼 수 있게 하는데 마치 렌즈의 앵글을 달리하면 다르게 보이는 것처럼 새로운 관점, 새로운 질문을 제기하게 되고 결국 지식 증진에 기여하게 된다는 것이다. 여성만이 아니라 물리학, 화학 등 어느 분야에서나 성별에 구분 없이 누구든 젠더 분석을 할 수 있음을 강조했다. 젠더 분석에는 3단계가 있음을 제시하며, 그 제1 단계는 과학 분야에 여성의 참여, 제2 단계는 과학 문화 내의 젠더 혹은 연구기관의 분위기 수정, 제3 단계는 지식에서의 젠더 혹은 지식의 수정 등의 3단계 과제를 제안했다. 현재 미국 실리콘 밸리의 주요 회사들 중 단지 4%만이 여성이 이끄는 기업임을 예로 들면서 여성이 과학 분야의 기업 리더로 되는 것이 매우 희소한 상황임을 지적했다.

신시아 프렌드(Cynthia Friend) 하버드대 화학과 교수는 1982년 최초 여성 교수로 임용되어 2004년까지 유일한 여성 교수였는데, 여성에 대한 편견과 고정 관념이 매우 심했던 것을 사례로 제시하며 설명하여 큰 호응을 받았다. 예를 들어 매우 열심히 노력하여 여성이 여러 가지 상을 받거나 하면, "그래 그 정도면 과분하지, 이제 그만하면 최고로 발휘한 것 아니야"라는 반응인데, 남성이 그 같은 업적을 이루면, "그래 얼마든지 가능성이 있다. 좀더 열심히 하면 더 큰 업적을 이룰 수 있을 거야"라는 대조적 반응이 있었음을 자신의 경험을 토대로 설명했다. 이러한 상황을 감안했을 때 과학 분야에서 여성이 리더십을 발휘하려면 팀을 형성해야 하고 아울러 문화를 변화시키기 위해 창의적으로 일하는 것이 중요함을 역설했다.

더 많은 여성들이 과학과 공학 분야에 참여할 때 지식은 어떻게 변하는가? 어떠한 새로운 질문들이 제기되는가? 오래된 질문에 대한 어떠한 새로운 해법이 발견되는가? 다양한 전공 분야인 엔지니어링, 테크놀로지, 의학, 환경, 자연과학 및 기업 경영 등의 분야들은 젠더가 공학 연구의 실제 구성 요소로 될 때 지식 자체가 어떻게 변화하는가에 대한 문제를 관심 있게 다룬다.

위의 젠더 컨퍼런스의 후원기관으로 매우 다양한 많은 기관 및 단체들이 참여했고, 이틀 동안 성황을 이루며 열띤 토론과 논쟁의 장을 이루었다.[15] "게임과 가상세계에서의 여성(Women in Gaming and Virtual Worlds)"이라는 주제로 진행된 패널에서, 셰리 레이(Sheri Graner Ray: Executive Director,

Women in Gaming International)는 남성 게임 인구에 비해 여성들이 전자 게임에 몰두하는 인구가 매우 적은 현상을 남녀의 학습 방식의 차이 측면에서 집중 조명했다. 실험집단과 비교집단을 놓고 여러 가지 다양한 연구를 추진했던 그녀는 학습에서의 젠더 차이를 남성은 모험과 개척(risk taking/exploring), 여성은 모방과 모델링(modeling/imitative)으로 그 특성을 제시했다. 예를 들어 헤드셋을 사용하는 게임에서 남성들이 솔선하여 착용하고 게임에 접근했는데 반해, 여성들은 머리가 헝클어진다는 등의 이유로 착용을 시도하지 않았는데, 다른 여성이 사용하는 것을 비디오로 보여 준 후 변화를 경험했다고 한다. 즉, 여성들이 헤드셋을 착용하는 것이 매우 안전하다는 것을 확인시켜 주자 착용하는 여성이 25% 증가했다는 실험 결과를 제시했다. 이것은 안전이 입증된 후에 접근하려는 방법상의 문제이지만, 또한 내용상의 문제에서도 성별 간에 큰 차이가 있다는 것을 밝혀 주었다. 이를테면 대부분의 전자 게임에서 전쟁과 관련된 무기인 총, 대포, 함대, 폭발물 등이거나 운동경기 구기 종목의 공들이 자주 나타나는 것에 대해 여성들은 큰 흥미를 갖지 못해 게임에 접근하지 않고 외면한다는 것이다. 여성들은 승부 지향보다는 관계 지향적이라서 전쟁과 승부를 주제로 하는 게임에 관심이 없다는 의견도 나왔고, 아울러 당일 토론과 질문에서 게임을 하는 문화에 대한 인식에서의 차이도 매우 크다는 것이 지적되었다.

한편 의학 분야에서 미셸 자와드즈키(Michelle Zawadzki: Senior Director of Knee Development, Zimmer Inc.)는 무릎 통증을 호소하는 환자의 구성비를 보면 여성이 훨씬 많음에도 불구하고, 환자들의 통증 완화 및 무릎 대체 시술에 대한 연구 대상자를 보면 남성 중심에서 이루어져 왔음을 큰 문제로

---

15 이 컨퍼런스의 참여기관 및 단체는 다음과 같다: Bio-X, Department of Biology, Department of Chemistry, School of Earth Sciences, School of Engineering, Faculty Women's Forum, Feminist Studies Program, the Hasso Plattner Institute of Design at Stanford ("d.School"), Stanford's Office of Science Outreach, Department of Physics, Stanford Technology Ventures Program(STVP), and the Woods Institute for the Environment.

지적했다. 물론 여성들이 가족을 보살피고 가사 업무 등 생활주기상으로 무릎 통증 유발 요인이 많은 것도 개선되어야 함은 물론이지만, 치료 과정에서도 의학 전반에 남성 중심성이 심각함을 경고한다. 즉 무릎 뼈의 골격 형태가 남성과 여성 간에 차이가 있음에도 남성의 표준 모델을 그대로 사용하여 시술 후 남성에 비해 통증을 더 많이 유발하고 잘 맞지 않는다는 것이다. 단순히 뼈의 크기가 작은 것을 여성에게 사용한다는 것은 골격 형태나 각도 및 굴곡이나 선 형태를 무시한 것이라는 지적이다. 당일 발표 현장에 실제 남녀 무릎뼈의 모형물들을 가져와 비교 관찰하게 하고, 또 슬라이드로 상세하게 형태와 구조를 설명하여 상호 비교해 볼 수 있는 기회를 갖게 함으로써 매우 흥미있는 반응을 얻었다. 그 밖에 의약품 사용이나 진단에서 남녀 성별에 따른 차이를 의학 연구에서 적극 반영해야 할 필요성을 인식시키기에 충분했다.

환경에 대한 젠더 개입 논의는 최근 큰 관심을 불러일으키는 분야다. 캘리포니아 어바인대학의 여성학 부교수인 캐비타 필립(Kavita Philip)은 "젠더, 환경, 그리고 글로벌라이제이션"이라는 주제로 인도의 케랄라 주(Kerala State)의 어업에서 진행된 여성운동의 사례를 소개했다. 테크놀로지라는 미명하에 외국 자본의 투자는 남성들이 편리한 기계를 사용하여 생태 파괴적 고기잡이 방법을 확산시켜서 해양 생태계를 위협한다는 것이다. 원주민 고기잡이 방식은 대부분 여성들에 의해 시행되었고, 소규모였으나 친환경적이었던 것이다. 이러한 선진국 개발 논리에 대한 문제점을 환경이라는 관점에서 문제 제기할 때 선진국 당사자인 백인 여성들의 시각은 어떠할까? 아니나 다를까, 분위기가 갑자기 삭막해지는 가운데, 서구의 과학기술이 환경을 훼손하고 있다면 그 대안은 무엇인가? 우리는 먹지 말고 가만히 앉아 있어야 하는가라는 극단적인 질문들이 터져 나왔다. 젠더와 자본의 논리에 더하여 정치적인 문제까지 개입된 복잡한 쟁점이므로 지속적인 연구가 요청되는 주제다. 그러나 어느 나라 어느 지역에 거주하든 지구환경은 결국 모두 연결되어 있으므로 인종과 국적을 망라한 지구적 차원의 공동 연구가 필요하다는 인식이며, 여기에 여성주의 관점에서 배려의 논리가 요구된다.

"토착 고유성에 대한 환경적 지식을 증진시키는 여성의 역할"에서 시본길 반 담(Sibongile Masuku Van Damme)은 남아프리카 국립공원 보존가로서의 경험을 토로하면서, 남성 중심의 개발 논리가 많은 자연을 훼손했음에 문제를 제기했다. 이를테면 공원 개발에서도 그 지역의 환경적 · 역사적 맥락을 고려하여 최소한의 외부 개입으로 제한할 필요가 있다는 것이다. 즉, 기존의 방식에 대한 성찰적 자세를 견지하고 어디까지나 보조적 차원에서 접근할 필요가 있음을 시사했다. 또한 다양한 비판적 질의 응답을 통해 지역 발전이라든가 개발은 자연의 관점, 토착민의 관점을 어느 정도 반영해야 함을 알 수 있게 하는 데 성공적이었다. 이러한 환경공학에서 남성 중심, 서구 중심의 패러다임에 대해 반성적 성찰이 요구된다. 입장이 서로 다른 연구자들 사이에서 내려진 잠정적 해답은 에너지 생산과 소비에 유의해야 한다는 것으로 심각한 논쟁과 갈등의 상황은 일단락되었다고 볼 수 있다.

"실리콘 밸리 사업문화에서 여성들의 경험(Women's experience of Silicon Valley's Entrepreneurial Culture)"이라는 주제로 주제 강연을 맡은 하버드 경영대학의 미라 하트(Myra Hart) 교수는 여성들의 사업 수행에 대한 의식이 남성과 매우 다름을 제시하여 눈길을 모았다. 남성과 여성의 경력 이동(career migration)을 1995년과 2000년 두 시점에 조사한 내용을 비교한 결과 동일한 회사에 남아 있는 비율은 남성(59%)이 여성(32%)보다 높고, 다른 기업으로 옮기는 경우도 남성(8%)이 여성(4%)보다 높았는데, 기업을 떠나는 비율은 여성(64%)이 남성(33%)보다 압도적으로 높았다는 것이다. 물론 떠나는 이유는 여러 가지가 있겠지만, 성공적으로 잘하고 있는 여성들의 경우 떠나는 이유가 관심을 끌고 있다. "돈은 충분히 벌었다. 그러니 가족들과 더 많은 시간을 갖겠다"는 답변이 중심을 이루었다는 것은 깊이 생각해 보아야 할 대목으로 교육학 연구에도 시사점을 제시한다.

그 밖에 토론 과정에서 제기된 문제 중 여성의 전문성 향상과 자녀 양육의 과제 등이 제시되었다. 다른 어떠한 분야보다 여성의 기업 진출은 매우 험난한 과정이다. 특허를 받는 비율도 매우 낮은데, 산업체 파트너를 찾기도 어렵고, 멘토나 네트워크를 구축하는 일도 만만치 않다는 것이다. 가정과 일을 병행하거나, 성 고정 관념, 여성 평가 절하 등의 문제가 도사리고 있다는 것도 난점이다(Sue Rosser).

그러나 여성이 과학계에 진출하는 것은 여러 가지 변화를 가져올 수 있다. 성희롱을 줄이고, 멘토링 기회를 확대시키고, 보육 프로그램을 증가시키고, 경력의 유동성을 증진시키고, 형평성을 증진시키는 장점이 있다는 것도 지적되었다(Nancy Hopkins). 실리콘 밸리의 여성 사업가들은 여성이 창업하고 성공적으로 진출하고자 할 때 멘토를 발견하여 네트워킹을 충실히 하는 것과 자신감을 갖고 이것을 표현하는 일이 중요하다고 하는가 하면(Joyce Chung, Garage Technology Ventures), 열심히 일하는 것도 중요하지만 학습을 즐겨야 한다고 강조한다(Ann Winblad, Hummer Winblad). 아울러 가정과 일을 병행하기 위해 후원적인 배우자를 발견하여 유동적으로 양육과 가사 업무를 다루는 것이 중요함도 언급되었다(Diane Greene, VMware CEO). 어느 사회를 막론하고, 여성들이 사회에 진출하여 활동하는 것은 유사한 어려움을 겪는데, 이는 여성의 삶의 주기가 전 세계적으로 일정한 패턴을 형성하고 있다는 것과 무관하지 않을 것이다.

이렇게 볼 때, 과학 지식 형성에 젠더가 개입된다면 그 실체와 형성 과정, 그리고 활용에서 큰 변화가 있을 것임을 예상할 수 있다. 과학이나 의학, 환경공학 영역에서 과학적 지식에 변화가 올 수 있음을 예고해 주고 있는 것은 말할 나위도 없고, 그 지식을 활용하는 고객들의 삶에 변화가 올 것임을 알 수 있다. 이미 한국에서도 기업체에서 친가정 경영을 주창할 정도로 가정과 여성을 배려하는 움직임이 포착되고 있다. 생산과 능률보다는 환경과 구성원들의 형평성 있는 참여를 배려하지 않으면 미래는 낙관할 수 없다는 분위기로 선회하고 있다. 지식을 재개념화 · 재구조화하는 작업이 필요함을 주장하는 여성주의자들의 목소리에 주목하게 된다.

2. 자아정체성 형성 경험과 젠더 의식

자아정체성 형성과 성역할 고정화

자아정체성 형성은 인간에게 매우 본질적이고, 교육에서 다루어야 할 핵심 과제다. 그러나 이제까지 교육학에서 자아정체성 형성 문제는 지식교육에 밀려 부차적인 것으로 취급되었고, 다루었다 해도 인간으로서(주로 남성의 입장을 대변한 것이지만) 외적으로 드러난 일반적인 과정을 다루었다고 할 수 있다. 지식기반 시대에 지식의 개념이 변화하고 있고 학교교육의 패러다임에도 변화가 일고 있다. 단순히 객관적인 지식을 습득하는 것이 아니라, 학습자와 지식과의 관계에 초점을 두는 구성주의 학습 맥락에서 볼 때, 자아의 존재 의미라든가 자아정체성은 교육학에서 핵심 쟁점으로 등장해야 한다. 특히 후기구조주의 시대의 도래는 자아정체성에 대한 진지한 성찰을 요구하고 있다.

자아정체감(自我正體感, ego-identity)이란 무엇을 의미하는가? 사전적 정의에 의하면 "자아정체감은 자신에 관해 통합된 관념을 가지고 있느냐에 대한 개념"이라고 정의된다(두산백과사전 EnCyber & EnCyber.com). 즉, 자아정체감이 형성되었다는 것은 자기의 성격, 취향, 가치관, 능력, 관심, 인간관, 세계관, 미래관 등에 대해 비교적 명료한 이해를 하고 있으며, 그런 이해가 지속성과 통합성을 가지고 있는 상태를 말한다.

자아정체감 형성은 개별적이고 내적인 문제이며 그 주체의 상황에 따라 다양한 방식으로 진행되므로 유형화하기가 쉽지 않다. 비교적 가장 영향력이 크면서 사회적으로 의미 있는 유형화는 성별이나 연령에 따른 자아정체감 형성으로 볼 수 있다. 인간이 태어나 성장하면서 남아, 여아로서의 성별 정체감 및 성역할 습득은 매우 직접적이고 결정적인 학습의 과정을 통한다. 이러한 과정이 한 사회의 성별 편견과 불이익으로 인해 왜곡된다는 것은 가장 기본적으로 존중되어야 할 개인의 학습권이 손상을 입는 것이라고 할 수 있으며, 그 결과 왜곡된 자아정체성을 형성하게 된다. 그동안 성별 정체감이나 성역할 체험이라는 용어를 사용해 왔으나, 이것 역시 성역할 고정화로 인해 왜곡된 경우가 많으므로, 여성주의 관점에서 이를 재조명해 볼 필요가 있다.

성별 정체감을 형성하는 데 가장 중요한 변수는 성역할 사회화 과정이며, 이는 학교교육 이전에 이미 가정과 지역사회, 매스커뮤니케이션 등을 통해 상당 부분 이루어지고 있다. 성역할(性役割, sex role)이란 무엇을 의미하는가? 사전적 정의에 의하면 성역할은 "인간의 행위나 태도와 관련하여 남녀별로 적절한 것으로 규정된 문화적 기대치"로 표현되어 있다(두산백과사전 EnCyber & EnCyber.com). 즉, 한 사회의 문화가 성역할을 좌우한다는 의미다. 성역할은 주로 사회화 과정에서 학습되는데, 이는 인간이 태어나서 죽을 때까지 "평생 동안 지속되는 과정으로서, 자아정체감이나 사회에서의 위치, 또는 타인과의 관계"를 정해 주는 기능을 하게 되므로, 교육학에서 주요 영역으로 주목할 필요가 있다.

성 편견이 지배적인 사회문화 속에서 남성/여성의 성역할에 대한 인식은 고착화되기 쉽다. 그러나 한편으로는 근대화 이후 개인의 권리 의식이 강화되면서, 남성 또는 여성으로서의 젠더 의식 발달이 표면화되고 있다. 성 평등의 관점에서 남성과 여성의 삶의 모습을 비판적으로 고찰하게 된 것이다. 따라서 현대 사회의 많은 구성원들은 사회 변화와 더불어 표출된 성역할 고정화로 인한 갈등을 체험하는 경우가 빈번히 발생하게 되었다. 이러한 갈등은 때로는 삶의 가장 본질적인 인생관 가치관에 영향을 미치기도 하는데, 갈등은 학교에서보다는 삶의 터전인 가정에서 더 많이 노출되고 있다. 오늘날 가정의 문제 중 상당 부분은 이러한 성역할 체험 및 갈등으로 인해 파생된 것이기도 하다. 따라서 자아정체감 형성과 성역할 갈등은 가정에서의 체험적 젠더 의식 발달을 중심으로 고찰해 보는 것이 필요하다.

인간이 유아 · 아동 · 청년 · 성인 · 노년기를 거쳐 살아가는 동안 삶의 터전인 일상생활 속에서 또는 사회에서 경험하는 성역할 체험은 매우 중요한 교육과정이라고 할 수 있다. 만일 학교교육을 통해 배우는 것과 가정이나 대중

매체 등을 통해 체험되는 성별 문화가 충돌할 때, 오히려 학교교육보다 더 큰 영향력을 발휘하는 것이 학교 외 문화다. 이것이 바로 가정과 사회의 문화적 체험이 학교의 교육과정과 대등한 정도로 심도 있게 연구되어야 하는 이유다. 그럼에도 불구하고 지금까지 성 평등 지향 여성주의 교육 연구자들은 대부분 학교 내의 교실 상황에 대한 연구에 주안점을 두었다. 물론 학교교육 제도 내에서의 교육 실천에서 변화도 필요하다. 그러나 학교 주변의 가정과 사회의 문화가 바뀌어야 학교교육도 성공적으로 변화할 수 있다. 삶의 터전인 가정과 사회의 교육과정은 학교에서 제공되는 커리큘럼이 있기 이전에 또 그러한 커리큘럼에 의한 교육이 이루어지기 이전에 이미 우리가 마시는 공기처럼 자연스럽게 교육적 기능을 담당해 왔다. 이러한 과정을 통해 성역할에 대한 인식과 태도가 형성되고 있음을 기존의 여러 연구들이 입증해 주고 있다. 자아정체감 형성에서 성역할과 관련한 젠더 의식 발달을 생애주기별로 상세히 살펴보기로 한다.

젠더 의식 발달과 갈등

한국인들이 각 발달 단계에 따라 생애주기별로 어떠한 성역할을 체험하고 이에 대해 그들이 어떻게 인식하며 어떠한 갈등을 겪는가를 밝힌 연구에 의하면, 크게 다섯 단계의 생애주기별로 몇 가지 특성이 있는 것으로 제시된다(곽삼근 · 조혜선 · 윤혜경, 2005). 이 연구를 토대로 각 단계별로 젠더 의식 발달을 소개하기로 한다.

생애 단계에 따라 상이한 발달 특성이 있음을 밝힌 대니얼 레빈슨(Daniel J. Levinson)은 생애주기를 심리학, 정신의학, 사회학 등의 영역에서 조망하여, 아동기 · 청년기(3～17세), 성인에의 과도기(17～22세), 성인 전기(22～40세), 중년에의 과도기(40～45세), 중년기(45～60세), 노년에의 과도기(60～65세), 노년기(65세 이상)로 구분했다(Levinson, 1978; 1998). 김종서 등이 1982년에 평생교육적 관점에서 한국인의 상황에 맞게 구분한 생애 단계에서 성인기는 25세부터 시작되는 것으로 보고 있다. 이 구분에 따르면 유아기(0~6세), 아동기(6~12세), 청년 전기(12~19세), 청년 후기(19~25세), 성인 전기(25~35세), 성인 후기(35~60세), 노년기(60세 이후) 등 전 생애가 7단계로 구분된다(윤진, 1985). 이러한 생애 단계별 고찰에서 특히 주목해야 할 것은 인생 구조의 면에서 개인의 삶의 양식이나 계획이 여성은 남성과 다르다는 사실이다(Levinson, 1996).

젠더 의식 발달과 갈등 문제는 생애주기별로 상이하므로 단계별로 살펴볼 필요가 있다. 인간은 누구나 가정과 학교 및 사회생활을 거치면서 사회적 규범을 내면화하고 성역할을 수행하면서 문화적인 태도를 습득해 나간다(Anderson, 1983). 이러한 태도는 타고난 생물학적 특성이나 본능의 표출이기보다는 가정 및 사회에서 기대되는 성별 특성에 따라 형성된 행동 기준으로 볼 수 있다. 이들은 사회가 지향하는 관습, 가치, 규율과 같은 문화 속에서 기대하는 성역할을 인식하고 체험하면서 이에 대해 갈등하거나, 무비판적으로 수용하기도 한다. 성의식의 기본 요소인 성역할은 개인이 소속해 있는 문화 내에서 남성과 여성을 일반적으로 특징짓는 규정된 태도와 행동 양식, 인성 특성으로서 남녀를 구분하는 특정화된 개념이다(이윤경 · 김헌수 · 신화식, 1987).

개개인의 외적 행동, 정서적 반응, 인지적 기능, 내적 태도, 심리적 적응 및 사회적 적응을 가장 뚜렷하게 나타내는 것으로 성역할 발달은 사회화 과정에서 가장 기본적인 문제이기도 하다. 개인은 현재의 교육 체제와 사회문화의 전통 속에서 성역할을 다소 이분법적인 성역할로 인식하고 이를 습득했으나, 급변하는 사회의 환경 변화로 인해 성역할을 실천할 때 상이한 성역할 모델이 제시되기도 하여 갈등을 겪게 된다. 이러한 갈등 양상은 신체적 · 심리적 · 인지적 · 사회적 발달 차이로 인해 다르게 표출되므로 생애주기별로 차이가 있다. 각 시기별 젠더 의식의 발달과 이로 인해 겪게 되는 자아정체감 형성에서 발생하는 갈등 양상은 다음과 같다.

1) 유아기

유아의 성에 대한 정체성은 대개 2~3세에 시작되는데, 이는 자기의 성에 대한 명칭 붙이기에서 비롯된다. 이 때 자아정체감을 형성하기 시작하고 양성 식별 및 주변 사물에 대한 성 유형화가 가능하여 남자, 여자의 일을 구분하기 시작한다. '남자' 또는 '여자'라는 명칭 붙이기는 4~5세가 되면 자신과 자기 가족 이외의 사람들에게까지 거의 정확하게 적용할 수 있게 되고, 6~7세가 되면 자기와 타인이 어느 성에 속하는지를 확실하게 말할 수 있게 된다(이경우 · 이은화, 1999). 성에 대해서도 안정성과 항상성을 획득하여 여아는 여성으로 자라게 될 것임을, 남아는 남성이 될 것임을 안다. 이 때부터 가정에서의 역할, 놀잇감, 장차 행할 직업 등과 관련한 성 유형화에 관심을 가지게 되면서 유아들은 성별에 따라 엄격하게 구별되는 또래 동성집단을 더욱 선호하게 되고 놀이가 혼성으로 이루어질 때에도 3배 정도 더 많이 동성의 놀이친구와 시간을 보낸다(Maccoby & Jacklin, 1987). 또한 가작화 놀이 등을 통해 머리 모양, 의상 등 겉모습을 바꾸더라도 성은 변하지 않는다는 것을 자연스럽게 알게 된다.

유아들은 자아정체감이 형성되는 시기에 자신이 속해 있는 성역할 문화 속에서 자신의 성에 적합하다고 규정된 일련의 가치관과 특성을 습득해 나간다(우은복, 2002). 유아들의 성역할 태도에 관한 연구는 취업모 자녀보다는 비취업모 자녀가(이선미, 1995), 어머니의 학력이 낮을수록(이순희, 2003) 유아들의 성역할 고정 관념이 높다고 보고했다. 이 같은 연구들에서 부모의 성역할 고정 관념 및 성역할 태도가 유아에게 그대로 답습되고 있으며, 유아들이 무비판적으로 수용하고 있음을 알 수 있다. 우리 사회의 이분법적 성역할이 가정과 사회에서 여과 없이 노출되어 고정 관념을 무비판적으로 수용할 수 있는 시기인 유아기에 이미 남자, 여자를 구별하고 대화가 가능한 6~7세의 여아들은 상당한 정도로 성역할을 습득한 것으로 보고되고 있다(곽삼근 · 조혜선 · 윤혜경, 2005). 자아정체감 형성에서 유아기가 차지하는 비중은 실로 막대하며, 이 시기의 학습은 그 후 재학습을 통해 확인된다고 해도 과언이 아니다.

2) 아동기

유아기를 지나면서 아동은 자기 성이 변하지 않는다는 것을 확실히 알게 되므로 자신의 성에 적절한 역할이 어떤 것인지 알려고 더욱 애쓰게 된다. 그러나 성에 대한 유형화는 개인차가 있다. 남자가 보통 더 엄격하고 인습적인 고정 관념을 갖는 대신 어머니가 집 밖에서 직장을 갖는 경우, 남녀 어린이 모두 성 고정 관념이 적고, 특히 부모가 같은 종류의 일을 하고 있는 자녀의 경우 남자와 여자의 역할이 동등하다는 의식을 갖게 되기 쉽다. 반대 성을 선호하는 어린이의 경우 일반적으로 여자가 되고 싶어하는 남아보다 남자가 되고 싶어하는 여아가 더 많다. 이것은 여자 어린이의 사내 같은 행동이 남자어린이의 여자 같은 행동보다 사회에서 더 수용되고 강화되기 때문일 수도 있다. 또한 남자의 행동이 여자의 행동보다 더 인정되기 때문에 여자 어린이가 더 인정받기를 원하기 때문일 수 있다는 해석이 지배적이다(변명숙 · 성옥련, 2000). 이를 성역할 분리 차원에서 보면, 말괄량이(tomboy) 여아들의 남성스러운 행동을 건강한 일탈이라고도 볼 수 있으나 대부분 사춘기에 접어드는 시기에 이러한 행동을 그만둔다. 모건(Morgan, 1998)은 그 이유를 다양한 사회적 압력들이 소녀의 말괄량이 행동을 포기하게 한다고 설명했다.

초등학교 시기의 아동들은 성차별에 대해 민감하게 인식하고 있는데, 가정과 학교, 대중매체로부터 성차별을 경험하게 된다. 학교에서 교사의 성 고정 관념과 차별적인 역할 기대는 여학생에게 '좋은 대우'로 인식되고 있으나 여학생의 성취 수준을 낮게 하고, 남학생에게는 '차별'이 되기도 한다(손이전, 2002). 이 연구는 초등학생들은 차별적으로 사회화되어 성차별이나 성역할 고정 관념을 당연한 것으로 받아들이기도 하며, 그것에 대해 다르게 생각하고, 말하고, 행동하기도 함을 지적한다. 초등학교에 다니는 시기가 되면 아동은 여자와 남자의 차이점을 확실하게 인식하고 표현하는 것을 알 수 있다. 여자와 남자의 차이에 대해 아동들에게 이미 성인들의 생활 모습과 시각이 어느 정도 투사되어 있다고 볼 수 있다. 아동기에 형성되어 있는 성역할 인식은 가정에서 부모들의 모습을 보고 동일시 과정을 거치면서 사회적인 성역할 분담의 현실을 상당 부분 반영하고 있다. 자아정체감 형성 과정에서 가정, 매스커뮤니케이션 그리고 지역사회의 교육적 영향력이 지대하므로 이에 대한 젠더 개입이 요구된다.

최근 일부 지역의 초등학생 단계에서 남학생의 소극성, 여학생의 적극성으로 인해 아들이 매를 맞고 다닌다고 상담을 하는 부모들을 목격하게 된다. 발달이 빠른 여학생들에게 잠재되어 있던 '목소리 내기'가 현실화되고 있다는 우려도 있다. 그동안 우리 사회에 남성성이나 과격성이 좋은 것인 양 잘못 인식되어 온 점도 있으며, 억압당해 왔던 여학생들이 한꺼번에 자신을 표출하려는 경향으로도 볼 수 있으나, 이는 결코 바람직한 것은 아니다. 폭력은 누가 사용하든 잘못된 것이며 자신과 상대방에 대한 배려 차원에서 잘 인도되어야 할 것이다. 이러한 문제는 배려의 원리가 학교교육에 시급히 도입되어야 함을 제시해 주는 증거다. 타자 배제를 극복하는 여성주의의 관점에서 또한 인권 교육의 관점에서도 어떠한 이유에서건 어떠한 성별이든 폭력과 위협은 용인될 수 없다.

3) 청년기

청년기로 접어드는 초기부터 신체적인 측면은 물론 지적 · 정서적 측면에서도 급격한 발달이 이루어진다. 청소년기는 흔히 제2의 탄생이라고 불리는 또는 아동이 성인이 되어 가는 과도기적 단계로 특히 성과 관련된 영역에서 급작스런 변화가 일어난다. 이 시기에 성에 대한 인식은 청년기의 자아정체성 발달과 사회적 형성에 가장 중요한 위치를 점할 뿐만 아니라, 문화적 의미의 성역할에 대한 인식과 관념의 기초가 된다. 즉 청소년기에는 성에 대한 가치관과 윤리관이 형성되며, 성역할에 대한 순응 및 도전이 일어나고, 성정체감의 확산 및 폐쇄가 일어난다. 이러한 상황에서 청년기의 남성과 여성들은 자신들의 성역할에 대해 스스로 새로운 정의를 내리고 그에 대한 관념을 구체적으로 형성한다. 이처럼 청년기에 성역할에 대한 고정 관념이 증가하는 현상을 "청년기의 성역할 집중화 현상"이라고 하며(허혜경, 2002), 학교가 남녀 학생들에게 성별 교육을 실시하기에 더욱 공고해지는 경향이 있다. 이는 미국의 페미니스트들에 의해 자주 지적되어 온 문제이며(Sadker & Sadker, 1994), 자의식이 강해지는 청년기 동안의 불평등한 학교교육은 소녀의 자기존중감을 훼손시키기도 한다(Gilligan, 1982). 청년기 동안 남학생들은 학교교육을 통해 자신의 정체성을 찾아 직업인으로 거듭나는 것이 중심 과제가 되지만, 여학생들은 정서적 인간 관계가 중심이 되는 경향이 있으며, 미래의 남편에 적응하기 위해 융통성 있는 정체감을 형성한다는 연구 결과도 있다(Almquist et al., 1980). 그러나 여성에 대한 성역할 고정 관념은 빠르게 변화되고 있으며, 여성들의 사회적 활동 증가로 인해 더 이상 학교가 전통적 성역할을 답습해서는 안 될 것이라는 주장이 힘을 받고 있다(장휘숙, 2002).

청년기의 성역할 갈등에 대한 연구로서, 곽삼근(1998)은 대학생을 대상으로 하여 면담조사를 실시한 바 있다. 청년 후기에 속하는 여성들이 겪은 성차별 경험을 가정생활, 학교생활, 일반 사회조직 활동, 직장생활 등의 영역으로 유형화하여 실시한 인터뷰 결과, 청년기의 여성들이 가정, 학교, 사회에서 많은 제약을 받고 있으며, 스스로 이것을 인식하고 있음을 알 수 있다. 청년기의 여대생들이 겪고 있는 성차별적 경험은 그들의 유아, 아동기 시절의 경험과 연결되는 것으로 오랜 시간 공고화된 성역할 고정화가 청년기 후반의 여성들에게 수많은 성차별적 고정화로 나타나도록 유도한다.

청소년기는 성정체성이 확립되는 시기이지만, 한편으로는 기존의 성역할에 대해 의문을 제기하는 시기이기도 하다. 따라서 성편견에 대해 비판적 의식을 갖게 되며 때로는 이에 저항하기도 하는 시기다. 청소년기는 성별 불평등이 사회에 존재한다는 것을 비로소 인식하기 시작하는 시기다. 한편 청소년기는 직업 진로를 탐색하고 선택해야 하는 시기이므로 좀더 폭넓은 경험을 많이 할 필요가 있다. 그러나 청소년기에 학교나 가정에서 리더 역할의 경험조차 성차별적으로 주어지는 것은 성차별적 역할 분담을 내면적으로 받아들이게 하여 장차 진로 선택에서도 성역할 고정화가 일어나기 쉽다. 또한 사회적으로는 취업과 관련한 성별 불평등이 만연한 상황이므로 청년기에 여러 경로의 성별 불평등에 의한 성역할 갈등을 경험하기 쉽다는 것이 문제점으로 지적되고 있다. 이러한 갈등은 자아정체감에 혼란을 가져오기 쉬우므로, 진로 선택에 결정적인 시기인 청년기의 학습과 경험은 특별히 정체성 형성을 도와주도록 고안되어야 한다.

4) 성인기

현대 사회는 전통 사회와는 달리 여성의 사회 진출을 적극적으로 요구하는 시대이며, 현대의 여성들 또한 사회 참여를 원하는 경우가 많다. 남성들 역시 자신들의 활동 영역을 사회나 직장에만 한정시키지 않으려 하고, 가사나 육아 등 가정의 제반사에 참여할 필요성에 공감하기도 한다. 성인기에 새로운 사회 상황을 맞이하게 되면서 성인의 성역할에 변화가 일어나고 남성으로서 또한 여성으로서의 자신의 역할인지에 대한 변화가 찾아온다. 따라서 성인기에는 성역할에 대한 가치관의 재확립이 필요하다. 만약 전통적인 성역할을 학교와 가정에서 배웠다면, 이를 실천하는 과정에서 성인은 많은 갈등을 경험하게 될 것이다. 특히 빈 둥지 시기인 중년기가 되면 남성과 여성의 역할은 비슷해지기 시작하기 때문에(정옥분, 2001), 남성에게는 남성성만을, 여성에게는 여성성만을 강요하거나 남성은 직장, 여성은 가정이라는 이분화된 범주에서만 활동하기를 강요한다면 남은 여생인 노년기에 자아정체감 및 역할 정체감에서 더욱 심한 갈등을 겪게 된다.

성인들의 성역할 갈등 체험에 관한 조사 자료는 우리 사회의 성차별 양상을 보여 준다. 문화방송의 「MBC 가족백서」(2004)는 가족 내부에서 세대 간 지원 · 부양의 기능을 담당하는 일상적 가사관리, 출산, 자녀 양육, 노인 보호가 주로 여성에 의해 이루어지고 있다고 보고했다. 이 같은 가정의 사회재생산 기능은 한국 사회에 국한된 것은 아니나, 사회재생산 성별 집중도와 이와 연계된 사회적 성차별의 정도가 산업화가 어느 정도 이루어진 사회들 가운데 한국이 가장 심각한 것으로 지적되고 있다. 또한 성차별에 작용하는 성 영역 분절 이데올로기는 유교적 가족 이념에다 서정주의 및 도구주의 가족 이념이 복잡하게 뒤얽힌 것으로 세대 관계에서 남녀 간 상호작용이 끊임없이 재조정되어야 하는 것으로 권고되고 있다(장경섭, 1998; 2004).

우리나라는 대표적인 가부장적 사회로 인식되고 있다. 이를테면 남성 중심적인 문화가 가정, 학교, 직장, 사회 등 모든 영역에 뿌리내리고 있어 여성들이 주체적으로 생활하기 어렵다는 것이다. 성인기에 접어들면 성역할 갈등은 이상과 이념의 차원이 아닌 현실 생활의 차원에서 경험하게 된다. 성인들은 자신의 의지와 관계없이 이미 형성되어 있던 이분법적 성 고정 관념의 현실로 인해 좌절을 맛보고 고통스러워하는 경우가 많다고 보고되었다(곽삼근 · 조혜선 · 윤혜경, 2005). 전업주부는 시댁과 남편과의 관계에서 오는 스트레스에 시달린다는 인식이 지배적이고 반면에 직업을 가진 주부는 직업과 가사/육아 사이에서 부담을 느끼고 있는 것이 두드러진 현상으로 나타난다는 것이다. 결과적으로 이러한 사회적 문제는 여성에게도 남성에게도 조화롭게 생활하기에는 매우 어려운 환경을 가져다 준다.

최근 연구 결과들은 예전과 달리 가족 내에서 여성이 전적으로 담당해 오던 자녀 양육 및 노인 부양 등 가족 내 돌봄 노동이 더 이상 여성의 전유물이 아니라는 인식이 확산되고 있음을 시사하고 있다. 오히려 여성들이 성역할 갈등을 느끼면서 과거에 비해 돌봄의 윤리를 의도적으로 배제하려는 움직임도 감지되고 있다는 지적이다. 이제는 남녀 공동에 의한 돌봄 윤리로의 의식 전환과 사회적 · 교육적 지원이 이루어져야 할 것이다. 성인기의 자아정체감은 과거에는 가정 내의 역할을 중심으로 형성되어 왔으나, 차츰 개인적인 주체성에 관심이 쏠리고 있으며, 때로는 사회적 위치에 따라 발전적으로 변화되어 가고 있다. 자신이 어느 지점으로 위치 부여를 하는가에 따라 변화가 가능하다는 관점은 성인기의 삶을 학습 중심으로 재구성하고 재해석할 수 있는 여지를 제공한다.

5) 노인기

노인의 평균 수명 연장은 노년기의 확대를 가져왔다. 그리고 핵가족화로 인해 자녀 양육 이후에 노부부만이 남게 되는 빈 둥지 또는 노인 단독가구의 보편화가 이루어지고 있다. 이러한 가족 주기의 변화뿐 아니라, 은퇴로 인해 노년기의 주된 생활 장소가 남녀 모두 가정으로 바뀌어 부부가 함께 지내는 시간이 많아지게 되었다. 사회와 직업을 우선적으로 중요시하며 생활해 온 남성들이 가정생활에 깊이 관여하면서 부부나 다른 가족들과의 관계에도 변화가 생기게 된다.

이와같이 부부 관계의 역동성은 건강, 경제적 여건 등 여러 가지 요인의 영향을 받지만, 성역할 분담이나 태도의 변화 및 행동 유형에도 크게 기인한다. 더구나 노년기의 성역할 변화는 개성과 인지, 선택적인 강화, 모방, 동일시, 그리고 삶의 상황에서 변화되는 요구에 대한 반응 때문인데 성역할의 변화는 가정 내 역할 분담에 익숙했던 부부 관계에 영향을 미친다. 은퇴로 인해 남성 역시 주된 생활 장소가 가정으로 바뀌면서 특히 남편의 성역할 태도는 부부의 결혼만족도에 큰 영향을 미치고 이는 곧 삶의 질과도 연결된다. 남편이 성 평등한 태도를 갖는 경우에는 부부 간의 친밀도나 재결속 관계가 더욱 안정될 수 있지만, 남편이 전통적인 이분법적 성역할을 고집할 경우에는 갈등이 증폭될 수 있다는 연구는 이러한 사실을 뒷받침해 준다(이신숙, 1997). 이 연구는 여성 노인의 성역할 태도 점수는 16.4점으로 남성 노인의 성역할 태도 점수인 14.2점보다 더 높아 여성 노인이 더 변화에 적극적임을 제시한다. 또한 남편의 성역할 태도가 부인보다 근대적인 경우에는 결혼만족도가 높으나 그렇지 않은 경우에는 갈등이 확대되는 것으로 나타나 남성들의 근대적인 성역할 태도가 결혼생활 및 노년의 삶을 좀더 건강하게 한다고 볼 수 있다. 무엇보다 노년기에는 성역할에 대한 가치관의 재정립이 필요하며, 심리적 양성성에 기초하여 변화된 생활환경에 적응할 수 있도록 상대방 배려에 기초한 가치관 형성이 필요하다.

한편 모성이라는 이름으로, 여성들이 으레 헌신적이고 돌보는 특성을 지닐 것으로 과잉 기대하는 것에 대해 재검토해 보아야 한다는 주장이 제기되고 있다. 남성과 여성 모두 다 남을 배려하고 돌보는 능력을 키우면 되는데 여성에게만 그러한 덕목을 강조한다는 것은 성차별적이라는 것이다. 사회단체에 근무하며 교육을 담당하는 한 여성은 이러한 분위기를 잘 전해 준다.

> 생명의 출산은 여성만이 가능하지만 생명에 대한 돌봄은 남녀 차이가 없습니다. 생명에 대한 돌봄은 역할이 구분되어 행하는 것이 아니라 자질과 관심의 문제입니다. 남성도 아이를 안아 주고 기저귀도 갈아 주고 목욕도 시킬 수 있으며 같이 놀아 주고 먹을 것을 만들어 주는 등 모두 잘할 수 있습니다. 다만 그렇게 하는 것이 아직은 우리 사회에서 낯설기 때문에 남성의 육아휴직이 커다란 뉴스가 되고 때론 비난을 받기도 합니다(곽삼근 · 조혜선 · 윤혜경, 2005에서 인용).

노인들이 남성과 여성의 평등한 삶에 대해 나타내는 반응은 다양하지만, 아직도 성역할 고정 관념에서 벗어나지 못하고 있는 부분이 크다는 점이 주목된다. 다시 말해, 여성 또는 남성에게 고유한 성역할이 있다는 의식이 강하다는 것이다. 자아정체감이 어느 정도 형성되어 성인기를 거친 노인들의 경우 학습을 통해 또다시 새로운 인생의 전환점을 맞을 수 있다. 활동의 축소가 진행되면서 성찰적인 인생의 후반을 맞이하여 타인의 학습을 도와 주려는 자아 확장이 요구되는 시기다. 따라서 과거에 받았던 마음의 상처는 치유하고 감사하는 마음으로 타인에게 헌신하는 삶의 성찰적 자세를 가질 수 있도록 도와 주려는 교육적 개입이 요청된다.

젠더 의식 발달의 교육학적 시사점

1) 교육적 과제

자아정체감 형성과 관련하여 제기되는 문제들은 각 개인이 위치한 생애 발달 단계에 따라 상이하다. 생애주기에 따라 나타난 정체성 형성, 성역할 체험 및 갈등과 관련하여 논점과 교육적 과제를 제시하면 〈표 1〉과 같다.

〈표 1〉 생애주기별 성역할 갈등 및 교육적 과제

생애주기	성역할 체험 및 갈등 논점	교육적 과제
유아기	• 성 고정 관념 무비판적 수용	친자연, 민감성, 반편견 교육
아동기	• 가정 · 학교 간 이중적 성역할 등 혼돈 체험	일관성 있는 규범 및 체험 교육: 가정, 학교, 지역사회 및 대중매체 연계를 통해 일관성 유지
청년기	• 남녀간 성 평등 및 인권 의식 수준 격차 발생/ 진로 등으로 자아갈등 체험	성 평등 및 인권 존중 의식 함양 및 실천: 학교에서의 약자 배려 의식교육, 멘토 관계 형성
성인기	• 결혼 출산으로 인한 여성들의 직업 단절 및 부부 간 가사 분담 갈등/ 자아정체성 혼란	배려하는 가정생활 실천, 타자 배제 극복 및 일터에서의 배려문화 의식 교육
노년기	• 남성들의 새로운 성역할 부적응	부부 간 새로운 성역할 체험 및 성찰적 삶의 실천: 은퇴 준비 생활교육

여성주의적 관점은 종래에 당연하게 받아들여졌던 성역할 분업에 대해 의문을 제기한다. 이러한 성역할 발달을 이론적으로 고찰하고 실제 가정과 사회에서 구성원들이 생활하면서 어떻게 인식하는가를 조사한 연구에 의하면, 그들은 생애 발달 단계에 따라 상이한 성역할 발달을 체험하며, 그로 인한 갈등을 체험함을 알 수 있다(곽삼근 · 조혜선 · 윤혜경, 2005). 전 생애에 걸쳐 각 발달 단계에 따라 사회적 역할이 상이하므로 자아정체성 형성 및 성역할 갈등의 양상도 다르다는 것을 알 수 있다. 이 연구에서 밝혀진 바에 의하면 여성들은 성차별적 인식 수준이 남성에 비해 더 높은 것으로 나타났다.

유아기는 성 고정 관념을 무비판적으로 수용하는 시기이므로 성인 모델에 의한 이분법적 성역할을 습득할 가능성이 많은 시기다. 또한 교육 및 양육의 사회화 과정에서 부모와 교사의 태도가 가장 영향력을 발휘하는 시기이기도 하다. 이후 아동기는 가정과 학교 간 이중적 성역할을 체험하는 시기인 동시에 전통적 성역할에 대해 의문을 제기하는 시기다. 청년기에는 남녀 간에 성

평등 의식 수준에서 격차가 발생하기 시작하고, 성별 분업의 현실에서 진로 선택에 대한 고민을 하며 자아 갈등을 체험하게 된다. 졸업을 앞둔 여대생들은 취업 현장에서 소외되고 있다는 인식이 지배적인 것으로 나타났으며, 이것이 성불평등의 가장 핵심적인 요소라고 강조하기도 한다. 또한 성인기가 되면 부부 간에 가사 분담으로 인한 갈등을 체험하게 되고, 여성의 경우 결혼과 출산 및 양육으로 인한 직업 단절의 위기를 맞게 된다. 실제로 자녀 양육으로 인한 직업 단절로 좌절을 겪는 여성들을 주변에서 흔히 발견할 수 있으며, 반면 직업을 갖고 있으면서 가사와 육아의 이중 부담으로 고통을 겪는 여성도 많다. 이 시기에 자신의 위치와 자아정체성에 혼란을 경험하게 된다. 노년기에는 은퇴로 인해 사회와 가정에서의 새로운 성역할에 적응해야 하는 과정에서 부적응을 경험하는 경우가 흔히 있다.

이와 같은 성역할 갈등은 체제 지원을 통해 해결될 수 있는 측면도 있으나, 의식교육을 통해 조화롭게 접근하는 것이 효과적이다. 〈표 1〉에서 제시된 바와 같이 유아기에는 자연환경을 자주 접하게 하고, 민감성, 반편견 교육을 통해 고정 관념을 갖지 않도록 해 줄 필요가 있다. 아동기는 가정과 학교에서의 성별 인식이나 교육이 불일치하는 데에서 혼란을 가져올 수 있으므로 일관성 있게 가정과 학교, 지역사회 및 대중매체 등이 협조 체제를 갖고 타인 배려와 약자 우선의 관점에서 성 평등교육에 임하는 것이 필요하다. 청소년기에는 진로를 선택해야 하는 시기이므로 성역할 고정 관념을 갖지 않도록 학교에서 적극적으로 성 평등 의식교육을 제공할 필요가 있으며, 멘토 관계맺기를 도와 주는 것이 자아정체성을 성공적으로 형성토록 해 준다. 성인기는 직장이나 사회단체에서 본인 및 배우자들을 위해 성 평등 의식교육과 아울러 타자 배제 극복을 위한 교육을 실시할 것이 필요하며, 노인기에는 은퇴 준비 생활교육을 실시하는 것이 중요하다. 여기에서 유의할 것은 남성과 여성에 대한 성 평등 의식교육이 남녀 모두를 대상으로 하되 때로는 분리하여 별도로 실시할 필요가 있다는 점이다. 또한 노년기에는 자아를 확장하고 성찰적 자세를 가지며, 주변을 위해 헌신하는 삶을 영위하도록 평생교육적 도움을 제공하는 것이 매우 중요하다.

2) 삶의 체험을 다루는 교육학의 필요성

남성과 여성은 서로 다른 경험을 통해 나름대로의 갈등을 체험하고 있으나, 남성의 체험이 개인의 기호와 선택에 의한 것인데 비해 여성의 체험은 사회구조적이고 성차별적 요소를 지니는 것으로 인식되고 있다. 즉, 이분법적인 성역할이 이뤄지고 있는 삶의 현장에서 청년기와 성인기에는 가정, 학교, 직장 그리고 사회에서 여러 가지 문제점들을 안고 있다. 진로 선택에서 고민하는 청소년의 성 정체성 문제, 취업을 하고자 하는 여대생들이 부딪히는 직업 현실에서의 성차별 문제, 직장을 다니다 자녀 양육 때문에 퇴직한 후 가정에서 자녀 양육을 담당하고 있지만 남편의 수입에 의존하고 있어 자립적이지 못하다고 인식하는 주부의 무력감, 가사와 직장에서 이중고를 겪고 있는 여성 직장인들의 양육 부담 문제 등등 여성들이 인식하고 있는 문제들은 매우 다양하다. 이러한 문제의 공통적 원인은 근본적으로 여성이라는 성별 때문에 겪는 문제들이라는 것이다. 특별히 한국 사회처럼 가부장적 전통이 강한 사회에서 이와 같은 여성의 문제는 대부분의 여성들에게 공통적으로 적용되는 경향이 있다.

그러나 문제의 심각성은 이렇게 여성 각 개인의 차원에서 문제로 멈추는 것이 아니라는 점이다. 사회적인 저항문화를 형성하는 분위기와 아울러 전통적인 여성의 역할은 도전받고 있다. 우선 한국 여성들의 결혼과 출산 기피 현상이 심각한 상태로까지 진전되고 있어 한국은 세계 최저 출산율을 기록하고 있으며, 그동안 억압받아 왔다고 생각하는 여성들의 '시위'는 좀처럼 가라앉기 어려워 보인다. 여성들의 이와 같은 억압과 피해 의식은 개인적 차원에서 머물지 않고 사회적인 문제로 등장하고 있다. 또한 남성들의 반격도 만만치 않다. 독신 남성들이 증가하고 있으며, 콧대 높은 한국 여성보다는 외국 여성 신붓감을 선호한다는 조사 보고도 있다. 가부장제의 폐해로 인해 여성과 남성 모두에게 새로운 결혼풍속도가 연출되고 있으며, 자아정체성 형성을 위한 새로운 위치 부여가 필요함을 절감하도록 만드는 상황이다. 여성만의 문제가 아니고 남성만의 문제가 아닌 우리 사회구성원 모두의 문제이므로 함께 성장하고 배려할 수 있는 체계로의 총체적 변화를 모색할 것이 요청된다.

그렇다면 남성과 여성의 갈등적 상태는 과연 어떻게 풀릴 수 있는가? 최근 생애사 연구를 통한 여성 연구는 여성 노인들이 가부장적 사회에서 겪었던 험난한 삶의 과정에서 받은 상처들이 치유받아야만 함을 제시하고 있다(곽삼근 · 박성희 · 박소연, 2007). 개인과 사회의 건강함을 위해 남성과 여성, 여성과 여성들 간의 관계를 회복해야 하며, 그러한 관계 회복은 학습을 통한 거듭남에서 가능하다. 즉, 치유를 가능케 하는 방법은 학습과 새로운 여성주의 문화 창출이다. 학습은 인간을 변화시키는 가장 강력한 수단이며, 우리 삶의 목적은 학습이고 수단도 학습이다. 성인들이 평생교육에 참여한 결과 삶의 변화를 경험한다는 연구들은 이러한 사실을 입증해 준다. 중년기 주부의 학습 참여 효과를 인터뷰 방법으로 연구한 논문에 의하면 학습의 일상화, 성장 및 발전, 자신이나 세상을 보는 관점의 전환, 소속감과 자존감 증진, 삶의 활력 획득 등 관점에서 긍정적인 변화를 한 것으로 나타나 있다(안지영, 2007).

따라서 생애주기의 각 단계에 맞는 학습을 통해 우리 사회가 좀더 성 평등적이고 상대를 배려해 주는 결혼 문화, 가족구성원 모두가 함께 성장하는 가정문화를 정착시킬 것이 요구된다. 남성과 여성 모두를 위해 배려와 돌봄의 여성주의 학습문화를 창출 · 확산시켜야 하며, 이를 지원할 수 있는 여성주의 교육철학과 그 실천을 위한 시스템 연구가 필요하다.

3. 삶의 터전에서의 젠더 개입

삶의 터전이란 일차적으로 인간이 태어나서 양육되고 보살핌을 받는 생명의 터전인 공간을 말한다. 우리 사회에서 가족 구조 및 형태가 변화하고, 가족구성원들의 역할에 대한 교육학적 관심은 희소하며, 가정의 필요성이나 중요성에 대한 관심도 점점 사라져 가는 현상이 나타나고 있다. 새로운 형태의 가족에 대한 담론이 등장하고 있는 이러한 시점에 가정 공간에서의 경험을 젠더 관점에서 고찰하고, 이 삶의 터전에 대해 재조명해 볼 필요가 있다.

모성에 대한 인식

1) 모성이란 무엇인가?

모성에 대한 여성주의자들의 관점은 대체로 '여자의 운명'이 아닌 부모 노릇의 체험으로부터 유추하는 데 동의한다. 즉, '모성'은 여성의 타고난 본능이라기보다 어머니로서의 체험을 구성하는 사회적이고 문화적인 과정이다. 그러나 이제까지 가부장적인 사회 체제로 인해 모성은 왜곡되어 왔으며, 따라서 남성과 여성 사이에 커다란 간격이 존재하게 된 것이다.

이러한 입장에 이론적인 기초를 세워 준 학자가 바로 초도로를 비롯한 여성주의자들이다. 초도로(Chodorow, 1978)는 여성이 모성을 가지고 태어나기 때문에 어머니가 되는 것이 아니라 여성이 어머니로서 양육을 전담하기 때문에 모성이 여성다움의 일부로 재생산한다고 밝혀 주었다. 또한 리치(Rich, 1976)는 '모성의 제도'와 창조적인 기쁨과 만족을 주는 '모성의 체험'을 구별하여, 여성을 억압한 것은 가부장제가 제도화한 모성임을 주장했다. 가부장제 하에서 '모성이라는 보이지 않는 제도'는 강제노동을 의미하는데, 실제로 여성이 일을 함에도 불구하고 언제 아이를 낳고 어떻게 길러야 하는가를 규정하는 것은 그들 자신이 아니라는 점을 지적해 주기도 했다. 문학 속의 모성 표현의 공동 저자인 로스만(Rothman, 1998)은 모성을 둘러싸고 있는 세 가지 이데올로기로 가부장제, 과학기술, 자본주의를 지적하며, 페미니즘은 모성의 낡은 정의와 새로운 정의 사이에서, 모성을 여성적 시각으로 바라보는 어머니 자신의 언어를 주장하지 못하고 있음을 지적했다.

우리가 모성이라고 생각하는 자질과 보살핌의 노동은 남녀 모두에게 좀더 넓게 공유될 수 있다. 오늘날 사회적으로 논의되고 있는 '모성 보호'의 문제는 생물학적 여성성을 넘어서고 있다. 아기를 키울 수 있는 사람은 생물학적 어머니만이 아니다. 부모-자녀 관계는 호르몬이나 염색체에 기반을 두고 있는 것이 아니라 사랑과 관심에 기반을 두는 것이고, 보살핌은 신체적 특성보다는 사회적 특성에 좌우된다. 이런 보살핌과 배려는 자녀에게뿐만 아니라 자신들의 삶에도 영향을 미칠 수 있다. 보살핌과 배려의 지향으로 재창조된 모성의 체험과 사고는 남녀 모두에게 세상을 살아가는 다른 방법과 새로운 인식의 지평을 열어 줄 수 있다.

여성주의자들은 생존에 필요한 일상적인 노동의 가치에 대한 사회적 인정이 필요하다고 주장해 왔다. 상업적인 자본주의는 전문화된 상품 생산에 기반을 두기 때문에 생산의 획일성과 자연자원의 단일 기능적인 활용을 요구한다. 복잡한 생태계는 단순한 구성 요소로 환원되고 생존은 삶의 궁극적인 목표가 아니라 진부한 것, 당연히 주어지는 사실로 여겨진다. 따라서 생존, 생명을 위한 일상적인 노동의 가치는 무시되고 있다. 하지만 과학과 기술의 진보가 인간을 해방시켜 줄 것이라는 희망은 오늘날 자연 생태계의 파괴라는 악몽으로 바뀌고 있다는 것이 페미니스트들의 인식이다. 오늘날 '지속 가능한 개발'을 주장하는 생태주의와 환경운동이 비상한 관심을 모으고, 에코페미니즘(ecofeminism)이 환경, 평화, 여성문제의 상호연관성을 발견하려는 노력을 기울이는 것은 우연이 아니다. 이들은 자본주의 가부장제가 '생산적'이라고 규정한 것에 내재한 파괴성을 폭로함으로써 생산에 대해 문제를 제기하고 창조적 활동의 인식과 경험을 위한 새로운 장을 마련하고자 한다. 그러므로 가사노동에 내재하는 '살림'의 의미를 회복하고, 생명의 지속을 위한 보살핌과 필요 노동의 가치를 사회적으로 인정하는 문화가 자리잡도록 노력하는 것 역시 남녀 모두에게 중요한 과제로 제시되고 있다(김종숙, 2003). 가사노동은 인간의 생애주기 전반에 걸쳐 지속적으로 요구되는 보살핌(caring)의 노동이며, 또한 인간의 생존과 노동력의 재생산을 위해 반드시 수행되어야 할 필요노동(necessary labor)이란 점을 인식하는 것이 중요하다. 가사와 육아를 전담하는 '전업주부'의 탄생은 가정과 직장이 분리된 산업사회를 배경으로 하며, 이들이 노동을 하고 있다는 사실은 가정성과 모성의 이데올로기로 인해 가려져 왔다는 인식이 여성주의자들에게 자리잡기 시작했다.

2) 남성과 여성의 모성 인식 차이

가정에서의 보살핌 행위에 관한 자료들을 모으면서 매우 흥미 있는 사실을 발견하게 되었다. 사회적으로 두각을 나타낸 남성과 여성들의 명언이나 시를 비교했을 때, 남성과 여성의 인식 차이가 매우 대조적인 모습으로 나타났다. 가정이나 어머니에 대해 남성들은 그리움과 편안함을 중심 주제로 묘사했으며, 주로 사랑과 인내로써 자신을 키워 준 훌륭한 어머니를 아름답게 그리고 있었다. 반면 기록을 남긴 여성들은 가정을 매우 구속적이고, 자유를 추구하는 여성들에게 억압적으로 굴레를 씌우는 답답한 공간으로 인식하고 있는 경우가 대부분이었다. 여러 가지 관점에서 이 현상을 해석할 수 있겠으나, 이 두 입장은 모두 가정을 단순하게 "어머니가 살림과 자녀 양육을 맡아 일하는 공간"으로만 이해하기 때문에 남성과 여성의 가정에 대한 인식이 극단적으로 대비되는 것이라고 볼 수 있다. 필자는 가정을 단지 가부장제 하에서 어머니가 온갖 고생을 겪으며 자녀를 낳아서 키우는 양육의 공간으로만 간주한다는 것은 가정의 의미를 지극히 축소시키는 요인이 된다는 점을 지적한다. 그러면 가정은 어떠한 공간으로 이해되어야 하는가? 결론부터 말하자면, 가정은 애정으로 연결된 모든 구성원이 함께 성장하기 위한 교육과 학습의 공간으로 이해되어야 한다는 것이다.

사실 그동안 가정은 이러한 기능을 지니고 있었음에도 불구하고 그 소중한 교육과 학습의 가치를 체계적으로 학문 세계에서 밝혀내지 못한 연구 미흡의 문제가 있었음을 인정해야 한다. 남성과 여성들의 가정에 대한 인식 차이를 비교하면 가정 내에서 이루어졌던 힘의 불균형 상태를 발견하게 된다.

'모성'에 대한 남성들의 인식

남성과 여성의 가정에 대한 인식의 문제를 차례로 짚어보면서 논의를 전개하기로 한다. 우선 남성들의 인식을 살펴보자. 문학작품을 통해서도 우리는 "어머니를 묘사한 남성 인식"의 일면을 살펴볼 수 있다. 가정의 상징은 '보살핌', '모성'으로 나타나고 그 상징성은 어머니에 대한 문학적 묘사에서 쉽게 볼 수 있다. 일찍이 고려 속요에서도 아버지보다 어머니를 보살핌의 대명사로 세우고 있다. 무한히 큰 어머니의 사랑을 느끼게 하는 사모곡이 대표적인 예다.

> 호미도 날이지마는 낫과 같이 잘 들 까닭이 없습니다. 아버님도 부모님이시지만 어머님과 같이 사랑하실 분이 없도다. 아, 임(세인)이시여 어머님과 같이 사랑하실 분이 없도다. — 작자 미상 사모곡, 『악장가사, 시용향악보』

이 사모곡에서는 아버지의 사랑보다 어머니의 사랑이 더 깊고 넓음을 낫과 호미라는 비유를 들어 이야기하고 있다. 이처럼 오래 전부터 어머니의 모습은 사랑이 가득한 모습으로 대변된다. 또한 우리나라만이 아니라 외국의 어머니에 대한 명언들에서도 어머니는 매우 위대하고 헌신적이며, 가장 큰 영향력을 끼치는 존재로 묘사되고 있다.

> 저울의 한쪽 편에 세계를 실어 놓고 다른 한쪽 편에 나의 어머니를 실어 놓는다면, 세계의 편이 훨씬 가벼울 것이다. — 랑구랄

> 내가 성공을 했다면 오직 천사와 같은 어머니의 덕이다. — 링컨

> 어머니가 아버지보다 자식에 대해 더 깊은 애정을 갖는 이유는 어머니는 자식을 낳을 때의 고통을 겪기 때문에 자식이란 절대적으로 자기 것이라는 마음이 아버지보다 강하기 때문이다. — 아리스토텔레스

> 제일 안전한 피난처는 어머니의 품속이다. — 풀로리앙

이처럼 어머니를 사랑, 헌신, 천사, 피난처 등으로 묘사한 이들은 거의 남성들이라는 것이 흥미롭다. 명언들에서 어머니의 모습은 한결같이 사랑과 헌신으로, 그리고 아버지보다 자식과의 유대 관계가 깊음을 이야기한다. 정한모의 시「어머니」에서는 어머니가 위대하고 숭고한 이미지로 묘사되고 있다.

> 어머니는 눈물로 진주를 만드신다. 그 동그란 광택(光澤)의 씨를 아들들의 가슴에 심어 주신다. 씨앗은 아들들의 가슴 속에서 벅찬 자랑 젖어드는 그리움 때로는 저린 아픔으로 자라나 드디어 눈이 부신 진주가 된다. 태양이 된다.
>
> 검은 손이여 / 암흑이 광명을 몰아내듯이 / 눈부신 태양을 / 빛을 잃은 진주로 / 진주로 다시 쓰린 눈물로 / 눈물을 아예 맹물로 만들려는 / 검은 손이여 사라져라. 어머니는 / 오늘도 / 어둠 속에서 / 조용히 / 눈물로 / 진주를 만드신다. — 정한모,「어머니」

정한모의 시는 자식을 위한 어머니의 고귀한 희생과 사랑을 '눈물'과 '광택의 씨'로 표현하고 있으며, 그것을 자양분으로 해서 성장한 자식의 아름다운 모습을 '진주'·'태양'으로 설정하고 있다. 이에 비해 '검은 손'은 힘겨운 삶을 살면서도 오직 자식 잘 되기만을 바라시는 어머니의 간절한 소망을 무화(無化)시키려는 어떤 부정적 힘 또는 방해물의 이미지로 해석되고 있다. 이 시에서는 정성으로 기도를 하는 정적인 모습이면서도 자식을 위하는 면에서는 강인한 어머니의 모습이 잘 그려져 있다. 그 밖에도 많은 시인들은 어머니를 사랑, 헌신, 희생, 용서, 고생 등의 단어를 통해 인고의 세월을 지켜 주는 위대한 존재로 찬미한 사례들이 많다(http://blog.naver.com/narcissus96?Redirect=Log&logNo=60028398274).

위에 인용한 시들과는 다른 관점에서 모성 양식에 대한 비판적 인식을 표현한 시도 있다. 그 중 "어머니, 당신 속에 우리의 적이 있습니다"라는 박노해(2004)의 표현은 가부장적 억압을 상기하도록 해 주는 것으로, 모성 양식의 어두운 그림자를 역설적으로 표현해 준 것이다. 이는 사랑하는 어머니가 모성 양식에 들어 있는 "가부장제 억압으로 신음하면서 또한 그 제도를 유지하고 확장"하는 위치에 있을 수밖에 없는 가슴 아픈 모습을 증언하고 있다는 것으로 해석된다(정대현, 2005). 그러나 전반적으로 남성들의 인식에서는 어머니의 모성성에 대한 연민과 사랑, 감사가 공통적으로 담겨 있다고 볼 수 있다.

그런데 어머니 자신들의 관점은 어떠할까? 만일 여성의 시각에서 어머니를 묘사한다면 어떠한 느낌이 나올까? 국내외 여성들의 '어머니' 또는 '가정'에 대한 인식과 느낌은 별도의 내용으로 다루어야 하므로 뒤에서 살펴보기로 한다. 여성과 남성의 관점과 인식은 상반되는 경우가 많다. 남성들이 모성이나 어머니의 보살핌 행위에 대해 매우 숭고하고 성스럽게 인식하는 데 반해, 여성주의자들의 인식은 이와 상당히 거리가 먼 경우가 많다. 다음에 소개하는 외국 여성들의 사례들은 이러한 대비를 극명하게 나타내 준다.

'모성'에 대한 여성들의 인식[16]

어머니 또는 '모성'에 대한 여성주의자들의 생각은 앞에서 살펴본 남성들의 어머니에 대한 인식과는 매우 상반되는 것으로 나타나고 있다. 특히 1980~90년대를 지나면서 다음에 인용하는 프랑스의 철학자이자 저술가인 엘리자베스 바댕테르(1944-)와 독일의 정치가인 리타 쥐스무트(1937-)의 주장에서 보듯 너무나 당연하게 여성에게 따라다니는 모성 예찬이 부담스럽다는 사례들이 많이 나타나고 있다.

> 모성애는 흔히 인간의 본능으로 묘사된다. 그래서 우리는 모성적인 태도가 시간과 공간에 상관없이 여성의 본성에 뿌리박혀 있다고 굳게 믿어 버렸다. ……모성애는 인간의 감정 가운데 하나일 뿐이다. 다른 모든 감정처럼 모성애도 불확실하고, 일시적이고, 완전하지 않다(바댕테르, 1980).

---

16 외국 여성주의자들의 인식에서 직접 인용되는 체험적 표현들은 우어줄라 쇼이(2003), "여자로 살기, 여자로 경험하기"에서 맥락에 맞는 것을 부분적으로 소개했다.

여성은 태어날 때부터 다르다거나, 여성의 역할은 생물학적으로 미리 결정되어 있다는, 이런 주장이 오래 전부터 반복되고 있다. '여성의 중심'이 모성이라는 생각은 여자들에게 흔히 잘못된 인식을 심어 주는 결과를 초래한다(쥐스무트, 1999).

위에 제시한 여성들에게서 모성에 대한 아름다운 찬사 대신에 모성이라는 사회적 굴레를 여성에게 씌우는 것이라는 페미니스트 인식을 엿볼 수 있다. 미국의 작가인 아드리엔 리치와 독일의 정치가인 크리스티네 베르크만은 여성의 정체성에 모성 역할이 핵심적임을 다음과 같이 언급하고 있다.

'어머니가 아닌 여자' 혹은 '아이가 없는 여자'라고 말하면서 여자를 구분하는 경우가 흔히 있다. 하지만 '아버지가 아닌 남자', 혹은 '아이가 없는 남자'라고 말하면서 남자를 구분하는 경우는 아직 본 일이 없다(리치, 1976).

서양에서는 모두들 자식을 등한시하는 어머니에 대해 말한다. 그러나 자식을 등한시하는 아버지에 대해 말하는 사람은 없다(베르크만, 1998).

여성들은 모성이라든가 헌신적인 여성의 이미지에 대해 부담감을 갖고 비판적으로 인식하고 있었음을 알 수 있다. 모성에 대한 부정적 인식만이 아니라 가부장적 가정에 대해 더욱 신랄한 비판이 가해졌음을 알 수 있다. 영국의 작가 버지니아 울프(1882-1941), 독일의 저술가이자 평화운동가인 리다 구스타파 하이만(1868-1943), 독일의 작가인 요한나 앨버스키르헨(1857-1937) 등 가부장제에 대한 페미니스트들의 강력한 저항도 오랫동안 서구 사회에서 가정의 모습이 어떠했는지를 알려 주는 데 도움이 된다.

공적인 영역과 사적인 영역은 뗄 수 없이 밀접하게 연관되어 있다. 한쪽에 독재와 복종이 있으면 다른 쪽에도 같은 것이 있게 마련이다(울프).

학교, 감호소, 감옥, 행정, 법원 등 모든 국가기관에서는 남성들이 만든 폭력 원칙이 관철된다(하이만, 1921).

모든 것이 남자를 중심으로 움직인다. 모든 권리, 모든 법칙, 모든 사회기관과 전 가족이(앨버스키르헨, 1904).

여성 존재의 종속성에 대한 한탄의 표현도 쉽게 볼 수 있다. 일례로 오스트리아의 철학자이며 『여성문서(*Dokuments der Frauen*)』 발행인인 로자 마이레더(1858-1938)는 "나약한 존재는 쉽게 굴복한다. 의지가 약한 사람은 흔히 온순하고 양보심이 많고 자립심이 부족하다. 그런데 여자들은 의지가 약할 뿐만 아니라 '의지가 약해야만' 한다"라고 갈파하며, 여성의 위치가 나약함과 종속으로 표현될 수밖에 없음을 지적했다.

가정과 여성의 역할에 대한 부정적 인식이 확산되는 것은 서구 페미니스트 운동의 발화점 역할을 했다. 당시 여성을 위한 교육은 제한적으로 제공되었을 뿐만 아니라, 그 내용은 전통적인 여성의 역할을 잘 수행하는 것으로 한정되었다. 일찍이 독일의 작가인 요한나 앨버스키르헨이 "지금까지의 여성 교육은 여성의 약점과 질병을 키우고 훈련시키는 데 중점을 두었다"라고 표현한 것은 바로 이러한 정황을 잘 전해 주는 구절이다. 그렇다면 21세기에 들어선 현재, 20세기의 페미니스트들이 우려한 여성의 종속 문제는 해결되었는가? 많은 변화가 있기는 했으나, 요즘도 여성들의 상황은 어떠한 면에서 변하지 않은 상태로 여성들의 몸과 마음을 구속하고 있다. 미국의 심리치료사이며 저술가인 수지 오어바흐(1946-)가 요즘 자라나는 여자아이들에 대해 묘사한 다음의 글은 새로운 형태의 "몸의 부자유함" 을 나타내 주고 있다.

세 살짜리 여자아이가 벌써 스파이스 걸스처럼 되고 싶어한다. 캐나다의 한 연구에 따르면 여섯 살 여자아이들도 수영복을 입으면 어떻게 보일지를 염려하고, 열두 살 소녀들은 식사할 때 양심의 가책을 느끼며. 열다섯 살 소녀들은

'이 정도 날씬하면 괜찮을까?' 하는 걱정에 휩싸인다고 한다(오어바흐, 2000).

그러나 흥미있는 것은 여성들만이 몸이 부자유한 것이 아니라 남성들도 이와는 다른 차원에서 또 다른 부자유함을 갖는다는 인식이 발견되고 있다는 점이다. 여성들의 정체성을 형성하는 핵심이 모성 역할이었음을 나타내 주는 위의 인용문들은 최근 도전을 받고 있는 것이 사실이다. 최근 여성주의 인식에서 정체성이란 것은 파편화되고 다수화된 정치적인 것이라는 주장에 주목하게 된다. 그것은 모순적이며, 단일한 형태로 존재하지 않는다는 것이다. 즉, 그것들은 같은 몸으로 존재하지만 상대방에게 포섭되기도, 고립되기도 하는 모순성을 지닌다는 점을 주시하는 것이다. 또한 점점 더 많은 종류의 정치적인 기반들이 형성되고, 그에 상응하는 새로운 사회운동들, 즉 페미니즘, 환경운동, 반핵운동, 생태운동 등이 생겨남에 따라 새로운 정체성들이 생겨난다고 보는 것이다. 새로운 정체성이 형성되면 기존의 정체성은 소멸되기도 하므로, 어느 단일의 정체성(master identity)이란 없는 것이며, 맥락과 상황에 따라 정치화될 수 있다는 관점이다(안현용, 2008). 이러한 관점에서 보면, 정체성을 동일성이 아닌 차이의 관점에서 논해야 하는 상황에 놓이게 되는 것이다.

여성의 문제로부터 출발한 여성주의 인식은 곧 남성들의 문제에 대한 민감성을 포함할 것을 요구받고 있다. 즉, 이제 여성주의는 대안적 패러다임으로 여성과 남성 모두의 '부자유함'에 대한 문제 인식을 토대로, 새로운 '관계 정립'을 위한 연구로 발전하고 있다. 또 한 가지 변화가 있다면 좀더 다양한 형태로 여성들의 선택의 폭이 넓어졌다는 점이다. 가정을 구속으로 생각하는 사람들이 결혼을 하지 않는 선택을 하고 있으며, 자녀도 선택적으로 결정할 수 있다는 것은 획기적인 혁명에 버금간다. 이러한 변화 양상들은 초기 여성주의 인식의 전제에 대한 재점검의 계기를 가져다 주었다. 한편 이러한 사회적 변화의 소용돌이 가운데에서 여성성에 대한 새로 보기 움직임이 대두함으로써 또 하나의 새로운 가능성이 열리게 된 것이다.

3) 모성에 대한 상반된 논의

여성성에 대한 새로 보기 움직임은 모성을 긍정적인 관점에서 새롭게 인식해야 함을 강조한다. 그러나 여성주의자들 사이에 모성과 여성성에 대한 논쟁은 매우 치열하다. '모성'과 '여성성'에 관한 새로운 미화는 여성을 이전의 상태로 되돌리려는 시도라는 강력한 비판이 일부 페미니스트들 사이에 일어났었고 지금도 계속되고 있음을 볼 수 있다. 이를테면 프랑스의 철학자이자 작가인 시몬 드 보부아르나 브누아트 그루는 1980년대부터 여성성이 다시 부각되는 현상에 대해 매우 신랄하게 비판했다. 보부아르는 "모성은 현대에도 결국 여자를 노예로 만드는 가장 세련된 방법이다"고 갈파하면서 아이를 낳는 게 여자의 본연의 임무로 여겨지는 한, 여자는 정치나 기술에는 거의 신경을 쓰지 못하며, 그뿐만 아니라 여성의 우월성에 대해 남성들과 논쟁을 벌일 생각조차 못하게 된다고 우려했다(보부아르, 1982). 그루 역시 같은 맥락에서 모성이나 여성성의 재현을 우려하며 "오늘날 여성들은 경력을 우선으로 하는 지옥 같은 고독한 삶보다(그런 경력을 기꺼이 포기하는 여성들이 다시 늘어나고 있다) 기쁨으로 빛나는 어머니 역할을 더 선호한다"라고 지적했다(그루, 1999). 그루는 이미 1970년대 이후로 부뚜막을 지키는 여자는 허수아비 같은 존재로 연명해 왔는데도 이제 다시 그 모습이 추구할 이상이 되어 버렸다며 개탄했다.

그런데 이와 같은 비판은 두 가지 관점에서 오늘날 수용되기 어렵다. 첫째, 모든 여성의 결혼과 직업이 하나의 궤도로 설명되지 않는다는 점이다. 어쩌면 경력을 자유 의지로 선택할 수 있는 여성들에게는 그럴듯한 미사여구로 들리지만, 생활의 필요에 의해 직업을 가져야 하고, 가정과 일을 병행해야만 하는 오늘날 많은 여성들에게는 이해하기 어려운 주장으로 들린다. 둘째, 포스트모던 시대의 여성들은 사회구조로 인한 삶의 양식보다는, 자신이 자유 의지로 선택한 자신의 위치와 자아정체성에 더 가치를 두기 때문이다. 과거에 비해 자유와 선택의 폭이 넓고, 양보다는 질적인 삶의 문화를 더욱 추구하려는 경향성이 있으므로, 부뚜막을 지키는 것은 밖에 나아가 산업체에서 일을 하는 것보다 더 가치 있는 행위라고 인식하는 여성집단이 형성되었다는 것이다.

실제로 미국에서 가정으로 돌아와 자신의 생활을 창조하는 여성들이 늘어나고 있다는 보도가 심심치 않게 나오고 있다. 『주부 행복의 비밀』의 저자인 스콧 헬츠만 박사에 따르면, 현재 미국에서는 아이가 없음에도 집에 머무는 전업주부가 늘어나고 있다고 한다. 헬츠만 박사는 "지난 몇 년간 가정을 지키기로 결심한 고학력의 전문직 여성들이 급격히 늘었다"며 "기혼 여성 650명을 조사한 결과 10% 이상의 여성들이 아이도 없이 가정에 머물고 있는 것으로 조사됐다"고 밝혔다. 다음에 인용하는 기사는 이러한 현상을 잘 나타내 주는 사례다. 데이비스라는 여성은 10년 전까지는 중학교 교사였다가, 가정에서 남편과 함께 할 시간이 없었고, 자신을 챙길 시간도 없었으므로 사표를 내고 집에서 지내는 중이라는 것이다.

〈美 아이도 직장도 없는 주부 늘어……새로운 '럭셔리족'(?)〉

텍사스 루이빌에 살고 있는 데이비스는 아이를 키우는 엄마도 아니고 그렇다고 재택근무를 하는 것도 아니다. 그녀는 말 그대로 '전업주부'로 '포스트 페미니스트'의 삶을 개척하고 있다고 미국 CNN이 최근 보도했다……데이비스 자신은 이런 삶이 전혀 호화로운 삶이 아니라고 강조한다. 그녀는 "화요일은 세탁을 하는 날이고, 수요일은 식료품을 사러 간다. 또 목요일은 대청소하는 날"이라며 "월요일과 금요일은 다른 약속이나 업무를 위해 비워두고 있다"고 말했다. 그녀는 독서, 글쓰기와 봉사활동 등을 즐기고 새로운 취미를 개척하는 데도 적극적이다. 또 "이런 삶이 가정의 행복을 가져다 주고 있다"고 강조한다. 그녀는 "나는 가정을 책임지고 있기 때문에, 바깥일로 더 이상 스트레스 받고 살 필요가 없다. 남편이 할 일은 남편에게 넘겼다"고 전했다. (이남진 기자, 2008.8.10)

http://news.naver.com/main/read.nhn?mode=LSD&mid=sec&sid1=104&oid=003&aid=0002230477

어떠한 의미에서 이제는 직업을 갖느냐 갖지 않느냐 하는 것이 한 여성의 삶의 질에 절대 기준이 될 수 없고, 그 여성이 어떠한 자세로 일상의 사건과 일의 의미를 인식하고 행동하는가가 중요하다. 실제로 최근 한국의 여성운동은 이러한 추세를 반영하려는 움직임으로 나타나고 있다. '미시족'으로 불리는 중산층 주부들의 삶의 만족도가 높은 것은 새로운 관점에서 여성의 자아정체성을 확립해 가고 있는 사례로 볼 수 있다. 어떤 여성은 가정에서, 어떤 여성은 일터에서 자신들의 선택적 자유 의지로 삶을 디자인하고 있는 경우가 바로 억압적인 가부장적 모성으로서가 아니라 선택적 모성의 관점에서 여성의 삶을 인식하려는 움직임이 있음을 보여 주고 있다.

여성성, 모성성도 이러한 맥락에서 활발하게 논의되고 있다. 즉, 1970~80년대 이후 점증하던 모성 비판은 어느덧 1990년대 들어 포스트 페미니즘의 물결을 타고 새로운 양상을 맞고 있으며, 이에 대한 뜨거운 논쟁이 여성주의자들 간에 지속되고 있다. 아래에서는 좀더 구체적으로 여성 인식의 변화 과정을 살펴보기로 한다.

여성성에 대한 긍정적 인식

여성주의에 대한 다양한 이미지가 있다. 여기에서는 초기 여성운동을 주도한 주요 외국 여성들의 삶에 대한 이해는 사회 변화에 따라 새롭게 해석되고 있다. 그들의 젠더 인식이 어떻게 변화해 왔는가를 실제 여성들의 인식과 표현을 시대별로 고찰함으로써 초기 여성운동 태동기로부터 현대에 이르기까지 여성의 삶과 주변 환경에 대한 인식의 흐름과 방향을 알 수 있고, 여성주의가 왜 등장하게 되었으며, 어떠한 변화 과정을 겪는가의 맥락을 파악하는 데 도움이 될 것이다.

여성성에 대해 새로운 해석이 가능함을 시사해 주는 엘레나 가니니 벨로티(이탈리아의 교육자) 같은 여성주의자들이 등장하기 시작했다. 여성성을 새로이 해석하는 진술이 서구에서 이미 1988년에 등장했다는 것은 70년대의 급진 여성운동에서 상당히 순회하고 있음을 나타내 준다. 한국에서도 여성성을 지닌 남성 지도자를 논의하는 이 시점에서 볼 때, 여성주의의 시대적 흐름 중한 맥락을 볼 수 있다.

화강암처럼 단단했던 역할 구분이 무너지고 있다. 적어도 여자들과 몇몇 젊은 남자들의 경우에는 그렇다. 이제 더 이상 강하고 확실하고 힘 있고 능력 있고 전문 지식이 있는 남자가 유일한 우상은 아니다. 약하고 수동적이고 능력 없고 종속당하는 특성이 여자의 전유물도 아니다. 전문 지식과 자립 능력을 갖춘 성숙한 여자와 '여성성'이라는 개념이 그다지 어색하게 들리지 않으며, 감성이 풍부하고 섬세한 남자와 '남성성'이라는 개념 역시 그다지 모순으로 여겨지지 않는다(벨로티, 1988).

또한 여성성이나 모성성은 점차 생물학적으로 여자에게만 해당하는 특성이 아니라 배워지고 개발된다는 것이며, 이러한 인식은 지난 세기 말부터 여성주의자들 사이에서 차차 고개를 들기 시작했다. 그것은 여성, 남성 모두에게 자녀를 돌보는 행위에서 '돌봄의 감정'이 새롭게 형성될 수 있음을 많은 사람들이 주장해 왔고, 현재는 독일의 사회학자이자 저술가인 헤라드 쉥크(1948-)와 같은 남성 연구자들도 이에 동의하는 분위기다. 이를테면 '새로운 모성애'는 '선택의 자유'에 대한 여성의 최초의 반응이며, 독일에서는 약 30여 년 전부터 여성들이 과연 엄마가 되고 싶은지, 언제 엄마가 되고 싶은지를 선택할 수 있게 되었다는 주장은 새로운 도전으로 대두되었다.

어머니가 되는 것은 이제 더 이상 생물학적인 원칙이 아니라 자유로이 선택할 수 있는 삶의 원칙이다. 인생에서 아이를 선택하지 않을 수도 있다는 가능성과 마찬가지로 이러한 결정의 중요성은 점점 커진다(쉥크, 1996).

아버지가 동시에 어머니 역할도 맡는다면 아버지나 아이들에게도 더 좋았을 것이다. 인간다운 아버지들은 어머니의 부담을 덜어 줄 뿐 아니라 아이들에게도 좋은 영향을 주기 때문이다. 이는 아들에게 좋은 본보기가 되고 딸에게는 남자에 대한 새로운 척도가 될 것이다(슈바르처, 2000).

여성을 모성의 관점에서 바라보는 것에 대한 비판적인 시각도 만만치 않다. 모성이라든가 여성성을 강조하는 것은 다시 과거의 여성 예속으로 돌아가는 것이 아닌가 하는 우려에서 나온다. 이 우려를 단적으로 제시해 주는 표현들은 마치 제2의 페미니즘 부흥기를 맞는다는 인상을 주기도 한다. 이를테면 독일의 저널리스트이며 『엠마(*EMMA*)』의 발행인인 알리스 슈바르처(1942-)는 페미니스트들은 70년대 중반에 이미 정치에서 역혁명이라고 부르는 일이 일어나는 것을 목도해야 했다고 한탄한다. 즉, 페미니스트들이 그동안 주장해 왔던 내용은 재빨리 번복되었고, 소위 "여성성이라는 것이 새로이 미화되었으며, 모성은 다시금 신비화"되게 상황이 돌아가고 말았다는 것이다. 이것은 여성들에게 "제발 세상일에서 손을 떼라! 너희는 다르다. 다른 상태를 고수해라. 그것에 자부심을 느껴라." 이러한 암시를 주려고 했다고 지적한다. 이어서 슈바르처뿐만 아니라 유럽의 페미니스트들은 새로운 전기를 맞으며, 비판적으로 표현하게 된다. 슈바르처는 '남성상'과 '여성상'이 다시 화두로 떠올라 새로운 반동으로 여성들을 다시 '다른 존재'의 이미지로 고정시키려는 움직임을 우려하고 있다(슈바르처, 1999). 그뿐만 아니라 프랑스의 철학자인 엘리자베스 바댕테르는 다음과 같이 이 상황을 묘사하며, 여성에게 새로운 이미지 고정화가 있음을 예고한다.

> 2000년대의 편견은 확실히 전후 세대의 그것과는 다르다. 그토록 단단해 보이던 가부장제 이데올로기도 조금씩 변색되고 있다. 하지만 보부아르가 단호하게 지적했던 여성의 신비화가, 이번에는 페미니스트라고 주장하는 일부 여성들의 지도 아래 20년 전부터 슬슬 다시 침투해서 퍼져 나가고 있다. 모성과 특히 여성다운 특성이라고 일컬어지는 부드러움, 이타주의 혹은 평화를 사랑하는 습성들이 다시 되돌아와 지금 크게 유행하고 있다(바댕테르, 1999).

이와 같은 페미니스트들의 우려는 단지 여성만이 모성과 부드러움으로 상징화되었던 예전 시대로 되돌아가는 것을 상정하고 있기 때문인 것으로 볼 수 있다. 그러나 한국에서 산업구조 및 직업구조의 변화, 정치환경의 변화 등은 이러한 진술이 우려에 불과할 것이라는 분위기를 조성하고 있다. 최근 이화여대 여성학 연구를 중심으로 '모성' 가치의 새로운 조명이 활발하게 연구되고 있다(조형, 2005; 정대현, 2005; 윤혜린, 2005; 양민석, 2005)). 정대현(2005)의 모성 가치에 대한 깊이 있는 철학적 분석은 여성주의의 핵심 가치로 '모성'을 제시하는 이론적 틀을 제시해 주고 있으며, 이 부분은 제1부에서 상세히 고찰했듯이 대안적 여성주의 교육학의 핵심 가치로 등장하게 된 것이다.

여성주의 현실 참여 양식

1) 여성의 일과 직업 그리고 사회적 연대감

페미니스트들의 현실 인식은 시대적 · 사회적 상황에 따라 달라질 수 있다. 그러나 부정적인 모성 인식은 그 이외의 영역인 여성의 정체성, 일, 정치 등으로 모두 연관되어 나타난다. 사회에 참여하거나 사회적으로 의미 있는 존재가 되고 싶다는 여성들의 열망은 예나 지금이나 마찬가지로 강렬한 것으로 나타난다. 특히 여성주의자들에게 관심사였던 것은 사회 참여를 어렵게 하는 장애를 발견하여 그것을 어떻게 수정 내지는 보완할 것인가에 관한 것이었다. 개인적인 능력 함양에서는 많은 여성들이 월등하게 좋은 성과를 내고 있다. 그러나 공감대 및 연대감 형성, 네트워킹에서는 더 많은 노력이 필요함을 영국의 저술가 바버라 바디건(1827-1891), 미국의 교육자 캐서린 비치(1800-1878) 등 여러 페미니스트들은 오래 전부터 강조하고 있다. 여성들에게 경제력과 직업이 매우 중요함을 여성주의자들은 갈파하고 있다. 이들 여성주의자들의 주장은 매우 오래 전부터 여성에게 경제력이 필요했다는 주장을 뒷받침해 준다.

육체와 정신을 건강하게 유지하기 위해 여자들에게도 일이 필요하다. 남자들에게 일이 필요한 것과 똑같은 이유에서 여자들에게도 일이 필요하다(바디건, 1857).

여자도 자신의 생활비를 스스로 마련하고, 교육과 능력에 적합한 정당한 일자리를 찾을 수 있어야 한다(비치, 1851).

그러나 여성이 경제활동을 하는 것은 가부장제 하에서 이중 부담으로 새로운 억압을 창출하고 있다는 지적도 있다. 일찍이 펄벅(1892-1973)은 자신이 남자였다면 아무런 방해도 받지 않고 책을 쓸 수 있었을 것이라고 부러움을 나타낸 바 있다. 아울러 그녀는 자신이 남자였다면 "아내와 여비서, 집안일을 처리해 주는 여러 명의 보조자"가 틀림없이 자신을 도와 주었을 것이라고 회상하면서, 자신이 여자였으므로 집안일 때문에 작업을 중단한 적이 너무나 많았다는 것을 한탄했다. 이러한 문제 의식은 가정에서의 역할 분담과 노동시장 환경의 개혁을 통해 여성과 남성의 일에 대한 새로운 균형을 찾게 해 주어야 한다는 목소리로 나타나고 있다.

이상에서 소개한 여성주의자들의 주장을 살펴보면 당시 여성들이 사회적으로 불이익을 받고 있다는 상황 인식이 잘 드러나고 있다. 물론 오늘날까지도 그 상태가 변하지 않은 사항들이 많다. 여성들이 하는 일은 무시당하거나, 사회에서 중요하게 취급되지 않았음을 알 수 있다. 미국의 인류학자로서 전세계 여러 곳의 생활 풍습을 연구했던 마거릿 미드(1901-1978)는 세계적으로 공통적인 것은 주로 여성들이 자녀 양육과 집안 살림을 맡아 왔다는 사실이라고 했다. 미드(1949)는 "남자들이 요리, 뜨개질, 인형놀이를 하고, 새를 쫓아야 한다면, 그리고 그 일이 사회적으로 남자에게 적합한 일로 여겨진다면, 남자들은 이 일들을 중요한 일로 간주했을 것이다. 같은 일이라도 여자가 하면 별 볼일 없는 일이 되어 버린다" 라고 주장했다. 여성들의 활동이 평가절하되어 왔음을 간접적으로 시사해 주는 표현이다.

한편, 여성들에게 가장 미흡하다고 인식되는 부분은 사회적인 연대감 영역이다. 역사적으로 여성들은 사적인 영역에서 사적인 담론 중심으로 생활해 왔으므로 함께 세력화할 수 있는 계기가 부족함을 알 수 있으며, 독일의 작가인 아름트라우트 모르그너(1933-1990), 독일의 희극 배우이자 텔레비전 사회자인 헬라 폰 진넨(1959-) 등의 주장들은 이를 잘 나타내 주고 있다.

> 국민의 절반은 여자다! 여자들이 모여서 자신의 처지와 소원, 요구를 말할 수 있는 공간이 필요하다. 그래야만 여자들 사이에 연대감이 생겨나고, 더 안전하고 아름답게 세상에 설 수 있다(모르그너, 1990).

> 남성 단체는 무수히 많다. 그렇지만 여자들은 일단 여자들끼리 모이고 경험을 교환하는 법부터 배워야만 했고 또 지금도 계속해서 배워 나가야 한다(폰 진넨, 1992).

미국의 배우이며 영화감독 및 제작자인 조디 포스터(1962-)는 남성 영역에서 일하는 어려움에 직면하면서 특히 함께 뭉치고 결집하는 것이 잘 안 되는 여성들의 입장을 애석해했다. 여성 선구자로서 일하려면 보통 남성보다 열 배는 더 나아야만 한다고 강조하면서, 여성들도 언젠가는 '올드 걸스 네트워크(Old Girls Network)'를 결성해야 한다고 주장했다(포스터, 1992). 또한 슈바르처는 페미니즘의 첫 번째 과정은 여성과 남성의 화해가 아니며 그것은 부차적인 문제라고 강조했다. 오히려 그녀가 보기에 페미니즘의 첫 발자국은 여성과 여성의 화해이며, 따라서 우선적으로 자기 자신과 화해해야 한다고 주장했다(슈바르처, 2000). 이러한 주장들은 여성들이 연대감을 가져야 하고 공통 인식을 함께할 필요가 있으며, 이를 바탕으로 행동으로 나아가야 함을 제시해 주는 주장들이다.

2) 여성주의 현실 참여와 실천

1990년대 들어서면서 여성들이 담당해 왔던 '살림'에 대한 평가가 새로운 시각에서 재조명되기 시작했다. 그동안 남성 중심성으로 일관된 공적 영역에서 파생되고 있는 문제를 해소하기 위한 대안 패러다임으로 여성의 특성과 가치에 관심이 높아지고 있는 것은 하나의 가능성으로 다가온다고 할 수 있다. 기업에서 새롭게 등장하는 여성의 경영 스타일은 여성 리더십 연구의 장르를 열어 줄 정도로 관심을 모았고, 정치 · 사회면에서의 여성 리더십 연구를 활성화시키는 기폭제가 되었다.

여성과 정치는 매우 요원해 보이지만, 실상 현대 사회로 올수록 사적이고 개인적인 영역은 점차 축소되고 모든 것이 거대한 경제 체제의 한 축으로 연결되고 있으므로 정치는 곧바로 부엌과 안방의 문제와 직결되고 있다. 물질적이고 감정적인 투자가 많이 요구되는 가사노동에 종사해 온 여성들은 삶의 현장에서 부닥치는 문제들에 대해 여성 특유의 현실 감각을 가질 수 있으며, 이러한 능력은 정치나 경제 어느 부분에 진출하더라도 매우 높이 평가할 만하다.

캐나다의 페미니스트 저술가인 슐라미스 파이어스턴(1970)은 "페미니즘 혁명은 그저 남성의 특권을 제거하는 것이 아니라 성별 간의 차이 자체를 없애는 데 그 목표가 있다"고 강조하며 남녀의 생식기 차이에 사회적 의미와 비중을 두지 말아야 할 것을 피력한 바 있다. 아울러 페미니즘 운동은 지금까지 개인적 영역과 정치적 영역을 효율적으로 연결시키는 유일한 운동이었으며, 페미니즘은 새로운 체계, 새로운 정치 양식을 발전시켰다고 강조한다. 여기에서 '새로운 양식'에 주목할 필요가 있다. 과거 남성 중심의 양식은 공적인 차원을 매우 엄격하게 개인적 영역과 구분했으나, 점차 (항상 여성의 전문 분야였던) 개인의 영역과 '외부 세계'의 정치를 합치시키고, 그럼으로써 이 세계에 그들의 감정과 감각을 재현할 수 있는 그런 양식을 말하는 것이다.

이러한 맥락에서 보면 여성들은 개인적으로 가정에서의 살림을 통해 정치적 영역과 연결되는 지점을 몸으로 체험했다고 할 수 있다. 따라서 여성들은 매우 구체적이고 현실성 있는 생각을 토대로 우리 사회에 참여하고 행위할 수 있다는 장점을 지니고 있다. 일찍이 미국의 저널리스트이며 저술가인 로빈 모건(1970)이 "여성운동은 최초의 과격한 사회운동임에 틀림없으나 그것은 구체적인 개인 경험에 근거한 정치다"라고 갈파한 것처럼 현실 참여적 특성을 지닌다. 또한 현실 정치와 관련해서 여성의 특성은 실천 현장에서 잘 나타나고 있다. "정치에 대해 뭔가 듣고 싶으면 남성들에게 물어보라. 하지만 실행되길 바라는 게 있다면 여성들에게 물어라"라고 갈파한 마거릿 대처 영국 수상의 경험담에서도 여성의 입지가 잘 나타나 있다(대처, 2003).

이러한 정치 참여 양식을 여성성이 표출되는 양식 또는 여성적이라고 할 수 있는가에 대해서는 여성주의자들 간에도 이견이 있다. 한동안 여성성은 배척되어야 할 대상으로 전통적 여성주의자들은 주장했다. 초기 여성운동가들에게 여성이라는 존재는 2등급 인간으로 인식되었으므로 당연한 결과라고 볼 수 있다. 그러나 포스트모던 시대에 이러한 이분법적 구도는 재편되기 시작했으며, 이제 여성성은 여성주의자들로부터도 새로운 평가를 받게 되었다. 예를 들어 오스트리아의 철학자이며 『여성문서(*Dokuments der Frauen*)』의 발행인인 로자 마이레더(1905)는 여성운동은 여성성의 개념을 전적으로 부정하지는 않지만 대단히 회의적인 입장을 취한다고 보았다. 아울러 "여성성의 개념에 포함된 보편적인 가치를 의심하고 물리치려고 노력한다" 고 갈파하면서, 그 대신 "여성에게 개인의 발전에 도움이 되는 거침없는 자유를 되돌려 주려 한다"는 주장을 펼쳤다. 여성성에 대한 이해를 그 당시의 상황과 오늘의 상황을 같은 잣대로 비교할 수는 없을 것이다. 그러나 여성 개인의 발전과 자유를 얻게 되는 것은 여성운동의 목표이나 여성의 특성을 포기하는 것이 운동의 목표로 간주될 수는 없다는 것이 최근의 여성주의 인식이다.

이 책에서 여성주의 가치를 여성주의 윤리로부터 도출하여 교육학적 의미를 부여하는 것은 여성성을 소극적으로 물리치려는 것이 아니라, 적극적으로 여성성의 장점을 계승하려는 시도다. 여성주의 윤리는 이미 돌봄 윤리로 길리건(Gilligan, 1982), 노딩스(Noddings, 1984)에 의해 주창되었고, 여성의 인식 방식은 벨렌키(Belenky, 1986) 등에 의해 주창되었으며, 한국에서도 생명여성학(이영숙, 2002), 살림 리더십(허라금, 2005), 모성 리더십(조형, 2005), 모성 가치(정대현, 2005) 등 관련 연구들이 선을 보여 왔다. 그럼에도 불구하고 여성주의 교육학이라는 연구 영역에서 이러한 관점을 토대로 교육 체제나 교육 내용을 조명하려는 시도는 찾아보기 힘들다. 여성들이 사적인 영역에서 수행해 왔던 생명 돌봄과 살림의 행위 가치는 공적인 영역에서 의연하게 도입되어야 하며, 특히 교육학에서 대안적 교육 패러다임으로 자리매김되어야 한다. 남성 중심 가치가 지배하는 정치나 교육에서 여성주의적 참여 양식의 확산이 요구되고 있으며, 궁극적으로 여성주의 세계 질서를 구축하는 시티즌십 형성의 토대는 여성주의 교육학 연구를 통해 가능할 것이다.

제6장 여성주의 가치와 돌봄 윤리

여성주의 교육학의 학문적 토대를 이루는 가치는 여성주의 윤리다. 여성주의 가치와 윤리란 무엇인가에 대한 진지한 고민과 논쟁이 한국 여성학계에서 수년간 지속되어 왔다. 길리건(Gilligan, 1982)에 의해 제기된 기존 도덕성 발달 연구의 남성 중심성에 대한 문제점과 여성 도덕성 발달의 특징인 돌봄 가치에 대한 연구는 새로운 전기를 마련해 주었다. 콜버그의 제자이자 동료였던 길리건에 의해 돌봄 윤리(ethics of care)가 여성의 윤리로 주창된 것은 1980년대 여성학 연구의 흐름을 바꾸는 계기로 볼 수 있다. 돌봄 윤리는 인간관계, 책임, 인간적 유대, 희생과 헌신 등에 기초한 여성 윤리로서 합리성과 자율성, 공정성, 개인의 권리 등을 강조하는 기존의 남성 중심적인 윤리로 인해 파생된 도덕적 문제들을 개선할 수 있는 대안으로 제시되었다.

이러한 돌봄 윤리는 한때 여성적(feminine) 윤리로 명명되기도 했다. 길리건의 돌봄 윤리에서 제시하고 있는 감정이입, 동정심, 타인에 대한 고찰 등과 같은 보살핌에 대한 관심이 여성만의 특성으로 간주될 수 있는가에 대해서는 논란의 여지가 있다. 그러나 이러한 여성적 특성은 여성성이라는 개념으로 이제까지 남성이 지녀온 것으로 인식되는 경쟁, 지배, 목표 지향 등의 특성과 대비되어 여성이 가지는 독특한 자질을 나타내는 것으로 간주되는 것 또한 사실이다. '여성성'은 감정이입, 직관, 적응력, 목표 지향적이라기보다는 '과정으로서의 성장'에 대한 인식, 창의성, 타인을 보호해 주려는 느낌, 감정적일 뿐 아니라 합리적으로 대응할 수 있는 능력이라고 정의되기도 한다(Daly, 1978).

몇몇 학자들은 여성(female)만이 아니라 모든 사람들도 이러한 윤리를 개발할 수 있고 또 그렇게 해야 한다고 주장한다. 따라서 '여성주의' 윤리라고 부르는 것은 생물학적으로 '여성'이 아닌 '여성주의' 가치를 대변하는 의미로 보아야 한다. 물론 '여성주의(feminist)' 윤리라고 명명하는 이유는 이 가치가 그동안 사회적으로 소외집단이었던 여성으로부터 발견되었고, 기존의 남성 중심 사회에서 폄하되어 빛을 발하지 못했던 덕목이므로, 이를 부각시키고자 하는 의미도 포함한다. 그러나 좀더 엄밀히 표현하자면, 여성주의는 '여성'이라는 생물학적 차이에 기반한 개념이라기보다는 약자 우선의 대안적 문화 이념으로 간주할 것을 요구한다.

1. 여성주의 가치와 윤리

보살핌과 돌봄의 윤리는 도덕교육의 주요한 부분으로 인정받게 되었고 도덕성 발달 영역에서뿐만이 아니라, 교육학 전반에서 관심을 받고 있다. 사회학적 접근에서 여성주의를 논할 때 성별 불평등을 강조한다면, 문화학적 접근에서는 성차이의 가치를 부각시키게 된다. 여성의 특성, 가치를 발견하여 이를 학문 세계에서 밝히는 연구들이 길리건(Gilligan, 1982), 벨렌키 등(Belenky et al., 1986)을 중심으로 1980년대 후반부터 90년대에 활발히 등장했다. 필자는 여성과 남성의 차이를 부각시키며, 여성 리더십의 특성을 여성이 그동안 사적 영역인 가정생활에서 경험했던 살림의 지혜인 돌봄(caring) 역할로부터 유추할 필요성을 제시한 바 있다(곽삼근, 1991; 1998; 2002b). 한국의 교육학 연구에서도 도덕 윤리교육 차원에서 길리건의 돌봄 윤리에 대한 연구는 몇몇 연구자들에 의해 꾸준히 소개된 바 있다(조경원, 1995; 박병춘, 1999; 강수영, 2002; 김추령, 2003). 그러나 이에 대한 비판적 관점에서 여성과 돌봄 윤리를 연계시키는 것에 대한 반대 입장도 있다. 여성의 위치를 사회적 권위와는 동떨어진 보살핌에 자리매김함으로써 여성의 지위를 더욱 열악하게 할 것이라는 우려도 제기되고 있다. 그럼에도 불구하고 인류 사회의 공존을 위한 우선 가치는 돌봄과 평화이어야 한다는 인식에는 이의가 없을 것이다.

여성주의 윤리란 무엇인가?

여성주의 윤리학은 여성철학의 가장 활발한 영역으로서, 기존의 윤리학이 지나치게 이론 중심적, 일반적, 이성 중심적임을 비판하고 있다. 또한 기존 윤리학이 전제하는 사회공동체는 원자적 개인으로 상정되어 있는데, 이는 여성학에서 강조하는 관계적 자아와 상충되는 것이다. 또한 윤리를 공적 영역에만 적용하는 것도 기존 전통 윤리의 한계이며, 여성주의 철학자들은 새로운 윤리관을 제시하려고 노력해 왔다. 허라금(2004a)은 원칙의 윤리에서 여성주의 윤리로 패러다임을 바꿀 것을 주장했으며, 자연과학적 체계를 모델로 하는 근대 윤리학의 문제점은 윤리의 실체화라고 지적한다.

퍼거슨(Ferguson, 1996)은 페미니스트 철학의 쟁점과 전망에서 페미니스트 연구의 역사적 발달을 1960년대부터 1996년에 이르기까지 미국과 유럽에서 학문 지식의 영역으로 등장했던 여성학의 발달과 연결시켜 살펴보고 있다. 여기에서 그녀는 페미니스트 인식론자들과 보살핌의 윤리이론가들은 세상의 가치를 평가하는 여성들의 방식이 남성들의 접근과는 달리 맥락적이고 관계적이라고 본다. 특히 1980년경부터 기존 남성 윤리학에 여성이라는 집단을 추가해서 함께 동일하게 생각하는 접근 방법에 만족할 수 없었고, 기존의 도덕 개념들이 남성 편향적이라고 생각하기 시작했다. 따라서 기존의 도덕이론을 재사유할 필요성을 주장하게 되었으며, 말하자면 페미니즘이 철학을 돕게 하는 것이 되었다고 볼 수 있다.

자가(Jaggar, 1996)는 '페미니스트'라는 이름표가 벌을 주기 위해 쓰이든,

명예로운 보상으로 사용되든, 긍지의 표시이든, 수치의 표시이든, 이데올로기 투쟁에서 하나의 무기가 되어서는 안 된다고 주장하고 있다. 그녀는 페미니즘을 "여성의 예속을 종식시키고자 하는 사회운동"으로 정의하고 있으며, 페미니스트란 "남성이든 여성이든 간에 사회적 목표에 진지하게 참여하는 사람들"이라고 정의한다. 이러한 개념 정의는 이제까지 다양한 학문 분야에서도 일반적으로 수용되어 왔다고 볼 수 있다.

자가(Jaggar, 1996)는 페미니스트 윤리학은 실천과 이론의 두 차원에서 이루어짐을 강조한다. 실천적인 차원에서 토대가 되는 것은 여성의 예속이 도덕적으로 그르다는 것이고, 이론적인 차원에서 서구 페미니즘의 윤리학은 서양 도덕철학의 관념 이론들에 가치 절하가 내재해 있는 명시적 · 암시적 방식을 탐구한다는 것이다. 즉, 여성의 도덕적 체험은 남성의 도덕적 체험만큼 이론적으로 중요한 의미가 있다는 신념에서 출발해야 하며, 도덕적 주체와 도덕적 이성을 포함하여 도덕적 삶의 본성에 대해 여성의 도덕적 체험을 존중하는 체계적인 이해를 발전시켜야 한다는 것이다. 이러한 주장은 여성주의 교육학에서 여성의 학습문화를 창출하고자 하는 움직임에 힘을 실어 주고 있다. 아울러 그녀가 주장하는 페미니스트 윤리학은 여성주의 교육학의 핵심 가치와 같은 맥락에서 이해될 수 있다.

일찍이 진 베이커 밀러(Jean Baker Miller)는 인간 관계가 지배와 종속의 형식을 취할 때 일어나는 문제점들을 지적하면서 "여성의 발달은 남성과는 다르기 때문에 같은 개념들이 적용될 수 없다"고 갈파한 바 있다. 또 밀러는 기존 심리학의 언어로는 "우호 관계와 친밀 관계를 이루고 유지하는 것을 중심으로 하는" 여성적 자아감의 구조가 설명될 수 없다고 주장한다. 그러나 그녀는 이러한 여성의 심리 구조에, 현재에 우리가 익숙해 있는 위험한 삶의 양식과는 다른 "더욱 발달되고 더욱 우호적인 삶의 양식"이 잠재되어 있다고 주장한다. 이러한 주장의 배경으로 여성적 자아가 기반을 두고 있는 것은 공격이 효율적인 삶의 방식이라는 믿음이 아니라 연결이 필요하다는 인식을 들 수 있다(Miller, 1976: 86). 이렇게 밀러는 더욱 창조적이고 협동적인 삶의 방식이 가능하다고 예견하는데, 이 삶의 방식이 실현되기 위해서는 사회적 평등 외에도 사람들이 보살핌으로 연결된 상황과 불평등한 압제의 상황을 구분할 수 있는 심리학의 새로운 언어가 필요하며, 이 언어는 여성들의 인간 관계에 대한 경험에서 유래될 수 있다고 주장한다. 이러한 맥락에서 볼 때 길리건의 연구에서 밝혀진 돌봄 윤리는 여성들의 삶의 양식으로부터 도출된 쾌거라고 할 수 있다.

남성과 여성의 도덕성 발달

여성주의 교육 연구에 관심을 표명한 마틴은 돌봄(caring), 관심(concern), 관계성(connection)과 같은 여성적인 특성은 무시한 채 합리성과 객관성, 그리고 지적 지식만을 강조하는 오늘날의 자유주의 교육은 남녀 모두에게 피해를 주기 때문에 변혁을 필요로 한다고 주장했다. 이와 함께 남녀 모두에게 남성적 특성을 반영하는 생산 과정과 여성적 특성을 반영하는 재생산 과정을 모두 교육해야 한다고 주장하고 있다. 왜냐하면 마틴은 이상적인 도덕적 인간은 남성적 특성과 여성적 특성을 함께 공유하는 존재라고 보았기 때문이다(박병춘, 1999; 김추령, 2003: 27).

'보살핀다(care)'라는 용어는 '염려하는 것(care about)'과 돌보는 것(care for)'을 모두 포함하지만 둘 사이의 구분은 필요하다. 넬 노딩스(Nell Noddings)의 돌봄의 철학에서 이 둘의 구분은 명백해진다. 물론 논란의 여지는 있지만 교육에서 어느 것을 보살핌의 범주로 보아야 하는가에 대한 지속적인 연구는 필요하다. 한국에서도 이에 대한 연구는 관심을 불러 모으고 있다. 예를 들어, 집이 없는 사람을 '염려하는 것'은 쉬운 일일지 모르나, 이들을 '돌보는 것'은 훨씬 더 능동적으로 참여해야 하는 것이다(신동희, 2002). 이러한 문제가 발생한 사회 · 정치학적인 상황을 파악할 수도 있어야 하며, 실제로 사람을 돌보는 일은 개인적인 자신의 자유와 권리를 포기해야 하는 경우도 있고, 헌신이 요구되는 일이기 때문이다. 일상의 생활에서 돌봄을 실천한다는 것은 이처럼 개인적인 감정, 열정, 노력, 에너지, 시간 투자 그리고 때로는 자기 희생이 따를 수 있다. 그러나 염려하는 것, 옳고 그름을 판단하는 것은 이성, 논리, 동감으로서 그치는 경우도 허다하다. 이런 의미에서 정의가 소극적이라고 한다면 보살핌은 좀더 적극적인 개념이라고 할 수 있다. 정의는 각자가 자기 몫을 찾기 위해 투쟁하고 각자 자기 몫을 누리는 것을 뜻하며, 보살핌은 각자에게 자기 몫 이상을 주고자 하는 사랑이라는 의미를 담고 있다는 인식이다.

길리건은 콜버그가 여성의 도덕성 발달에서 나타날 수 있는 차이점을 전혀 고려하지 않고 자신의 이론을 구축한 점을 비판했다. 콜버그의 연구에서 표본으로 삼고 있는 연구 대상 집단 속에 여성이 한 명도 포함되어 있지 않았는데도, 콜버그는 인지 발달 단계를 남녀 모두에게 나타나는 보편적인 것이라고 주장하고 있다는 것이다. 길리건은 이러한 점에 근거해서 콜버그의 연구 방법이 남성 중심적인 편견을 내포하고 있다고 비판했다(Giligan, 1982). 인간의 도덕성 발달에서 실제로 콜버그는 여성을 6단계 중에서 제3 단계에 위치시키고 있다. 제3 단계에서 도덕성은 개인들 간의 상호 관계로 해석되는데 길리건은 이를 연구의 출발점으로 삼고 있다. 길리건에 의하면 제3 단계에 속하는 행위자들은 도덕을 대인 관계적인 것으로 파악하고, 선함이라는 것도 다른 사람들을 도와 주거나 즐겁게 해 주는 것과 동일시한다고 한다. 콜버그는 여성들이 4, 5, 6단계로 발달해 가기 위해서는 전통적으로 남성의 활동이라 여겨졌던 활동에 참여하여 자신들의 도덕적 관점이 부적합하다는 것을 인식해야만 한다고 주장했다. 즉, 콜버그는 다른 사람의 필요에 반응하고 다른 사람을 보살피는 것과 같은 전통적으로 여성적 덕성으로 규정되었던 바로 그 특성들 때문에 여성들을 도덕 발달에서 열등한 것으로 규정한 것이다.

길리건은 이처럼 콜버그가 여성이 남성보다 도덕성 발달에서 낮게 평가된 것은 여성에게는 부적절한 남성의 척도를 가지고 여성의 도덕성 발달을 측정했기 때문이라고 비판했다. 길리건은 여성은 남성과는 질적으로 다른 도덕 발달이 이루어진다고 주장했다. 여성은 남성과는 다르게 보살핌이나 책임에 토대를 둔 도덕 개념에 부합하는 도덕 발달의 경로를 밟는다는 것이다. 길리건은 여성들에 대한 다양한 관찰을 통해 여성의 도덕적 성숙관에서 발달이 이루어지는 과정은 세 개의 관점과 두 개의 과도기로 이루어진 5단계로 구성된다고 보았다(Gilligan, 1982).

우선 그 첫 단계에서 여성은 생존을 확보하기 위해 자신만을 보살피려는 성향이 강하다. 두 번째 단계는 첫 단계를 비판적으로 반성하는 과도기인데, 이 때에 여성은 자신의 생존을 위주로 하는 판단이 이기적이라고 비판한다. 세 번째 단계는 여성은 다른 사람들에 대한 책임을 강조하며, 자기에게 의존하는 사람이나 자기보다 열등한 사람을 보살피고자 하는 모성적 도덕을 채택하고, '선행'을 다른 사람을 보살피는 행위로 규정한다. 그러나 보살핌의 대상이 오직 다른 사람에게만 국한될 때, 자신은 보살핌의 대상에서 제외되어 인간 관계의 평형 상태가 깨진다. 즉 이 단계에서 여성은 무조건적으로 보살핌과 순응을 행위의 원리로 채택하고 자기 희생을 도덕적 이상으로 간주하지만, 이것은 자신과 다른 사람들 사이의 불평등을 야기하기 때문에 혼동에 빠진다. 네 번째 단계는 혼돈에 이른 여성이 세 번째 단계에서 채택된 관점을 재고찰하는 과도기다. 이 과도기를 거쳐 다섯 번째 단계에 이를 때 여성은 자신도 보살핌의 대상이 되어야 한다는 것을 깨닫게 되며, 다른 사람과 동시에 자신에 대해서도 부당한 착취와 가해를 막아야 하고 스스로에 대해 책임을 느끼고 보살펴야 한다는 보살핌의 원리를 "도덕적 판단의 보편적인 자기 선택적 원리"로 채택한다(김추령, 2003: 15). 보살핌 윤리의 관점에서는 바로 이 다섯 번째의 관점을 채택하는가의 여부가 행위자의 도덕적 성숙을 가늠하는 기준이 된다고 볼 수 있다. 자아와 타아가 상호 의존적이라는 직관적 관점에 의해 종국에는 폭력은 모든 사람에게 파괴적이라는 것과 보살핌의 활동이 관련된 모든 사람들의 의식을 고양시킨다는 것인데, 이러한 인식은 바로 성기성물(成己成物) 정신인 "나를 이룸은 만물의 이룸과 맞닿는다"는 연대론에 의한 인간 이해와 일맥상통하며, 즉 사람들이 상호 연결되어 있다는 사실을 전제로 해야 할 것임을 알 수 있다.

돌봄 윤리란 무엇인가?

배려, 돌봄이란 무엇인가? 교육철학자로서 선도적으로 이 개념을 고찰한 노딩스를 중심으로 그녀가 내린 배려의 정의를 살펴보기로 한다. 노딩스는 '배려'의 일상적인 언어적 의미를 분석하기보다는 관계적 관점에서 배려하는 사람과 배려받는 사람의 관계를 규정하기 위한 기초로서 배려를 정의했다. 배려는 "타인에 대해 감정적 · 도덕적으로 전념(engrossment)하고, 정신적으로 부담을 갖는 상태"로서 사물에 대해 염려하거나 근심하는 것을 의미한다(Noddings, 1984: 9). 노딩스의 관점에서 볼 때 배려한다는 것은 세 가지 의미로 설명할 수 있다. 첫째, 배려한다는 것은 어떤 대상에 대해 부담을 느끼고, 초조해 하고, 걱정하는 것이다. 둘째, 배려한다는 것은 누군가에 대해 강한 욕구와 성향을 느끼고, 그의 입장과 관심을 고려하는 것이다. 셋째, 배려한다는 것은 나이 많은 친척의 복지나 건강에 대해 책임감을 느끼는 것을 의미한다. 노딩스는 배려가 지니는 태도적 측면과 동기적 측면을 강조하여 외향적이고 관찰 가능한 행동보다는 헌신적인 태도를 더 근원적인 것으로 보고 있다. 따라서 우리가 행동으로 배려의 마음을 표할 수 없는 경우에라도, 상대에게 진심어린 관심을 갖고 고통을 함께 느끼며 일종의 의무감과 사랑을 가지고 진실한 마음으로 헌신한다면 이를 배려로 규정할 수 있다는 것이다.

1) 돌봄과 배려의 개념

길리건은 도덕성 발달에 대한 연구 결과 남성의 윤리를 정의의 윤리, 여성의 윤리를 돌봄의 윤리로 명명했다(Gilligan, 1982). 길리건 이후 여성 윤리로 규명된 돌봄 윤리는 큰 반향을 불러일으켰고, 정의와 돌봄의 차이에 대한 연구도 관심을 모으고 있다. 기존의 남성 중심 윤리 연구가 정의를 독보적인 것으로 다룬 데 비해, 여성주의자들에게 돌봄 윤리는 새로운 연구 관심사로 떠오른 것이다. 이 둘은 어떠한 관계에 있을까를 살펴보는 것이 필요하다.

배려와 정의의 관계

정의를 주장하는 관점은 종종 공식적인 해결 방법을 처방하고 문제를 이론적으로 풀 것을 공언한다. 이 과정에서 발생하는 불평등은 적용상의 결함 탓으로 돌린다. 노딩스는 정의가 포기하는 부분을 종종 배려가 찾아낸다는 것을 지적하면서, 정의로운 결정을 하게 되더라도 윤리적 책임이 끝나지 않음을 강조한다(Noddings, 1984; 1989). 배려와 정의는 서로 긴장 관계에 놓여 있는 개념이다. 그렇다고 어느 한쪽만이 필수적으로 존재해야 함을 주장할 수도 없다. 그러는 중에 정의로운 판단에 도달했을 때에도 여전히 윤리적 작업이 많이 남는다. 그래서 "정의가 떠나는 곳에서 배려가 뒤처리한다"는 말이 사실로 받아들여지고 있다(카츠 · 노딩스 · 스트라이크, 2007: 45). 이 둘은 상호 보완적이어야 하며 정의만이 강조되는 사회 시스템은 좋은 환경을 제공하지 못함을 우리는 경험적으로 보아 왔다. 그럼에도 불구하고 이제까지 우리는 명목상으로 정의는 추구하는 가운데 배려는 전혀 회자되지 않는 사회에서 살고 있었으므로 여성주의 가치인 배려 윤리는 어느 경지까지 지속적으로 연구되고 강조되어야 하리라고 본다.

노딩스는 배려와 정의가 도덕적 일화나 만남에서 각기 다른 순간이나 시간에 적절히 적용될 수 있음을 다음과 같이 설명한다(카츠 · 노딩스 · 스트라이크, 2007: 23). 예를 들어, 정의적 사고는 교육 평등에 관한 일반적 정책을 입안할 때 필요한 반면에, 배려는 그 정책을 정교화하고 수행할 때 중요하다. 노딩스는 배려와 조화되지 않은 정의는 과거의 불평등을 제거하려고 하지만 실제로는 새로운 불평등을 만들어 낸다고 주장한다. 이를테면 능력별 반편성의 문제점을 없애기 위해 모든 학생을 대학입학 준비반에 집어넣는다면 많은 학생들의 재능과 관심이 무시되며, 심지어는 훼손되기도 한다. 이와 같은 상황에서 학생들이 자랑스럽게 선택할 평준화 체제를 만들 수 있는가. 그리고 소외집단 학생들이 강제보다 적절한 상담과 안내를 통해 대학입학 준비반에 더 많이 들어갈 수 있는가와 같은 여러 가지 문제점이 발생한다고 볼 수 있다. 정의와 배려는 항상 함께 운용 원리로 고려되어야 할 것이다.

돌봄의 두 가지 유형

일상적인 언어가 사용되는 많은 공간에서 '돌봄(caring)'이라는 용어가 사용되고 있다. 돌봄은 무수한 행위자(actor)와 활동(activities)들을 수반하는 개념이다. 예를 들어 의사와 간호사는 의료적 돌봄을 제공하고, 역사가는 과거를 돌봄으로써, 어머니는 자녀를 돌봄으로써, 그리고 교사는 학생을 돌봄으로써 그들의 활동을 지속한다.

그렇다면 이들 돌봄, 배려(caring)라는 활동의 공통적인 영역은 무엇인가? 그것은 계속되는 책임과 헌신(commitment)을 수반한다는 것이다. 영어에서의 'care'의 어원은 '짐(burden)'이라는 단어에서 비롯한다(Tronto, 1999: 394). 따라서 우리가 어떠한 것에 대해 돌보고, 누구를 위해 돌보는 것은 도전하는 것이 아니라 끊임없이 희생하고 실행하며 헌신하는 행위를 뜻한다고 할 수 있다. 그러므로 트론토뿐만이 아니라 많은 연구자들이 돌봄을 설명하는 용어로 희생과 헌신을 사용하고 있는 것이다.

만약 돌봄이 책임과 헌신을 수반한다면, 그것은 반드시 대상(object)을 가지고 있음에 틀림이 없다. 그러므로 돌봄은 관계적이다. 이러한 대상에 대한 관계성을 고려할 때, 노딩스가 돌봄 철학에서 제시하듯이 돌봄 개념은 'caring about'와 'caring for'로 구분되어야 함을 트론토는 강조한다. 전자는 덜 구체적인 대상을 지칭한다. 그것은 좀더 일반적 형태의 헌신, 책임과 연결지어진다. 반면 후자의 경우 좀더 구체적이고, 특정한 대상을 언급한다. 돌봄의 이러한 두 가지 형태의 구분이 명료하지는 않으나, 그럼에도 불구하고 이러한 구분은 우리 사회에 통용되고 있는 돌봄의 의미를 이해하는 데에 유용하다. 왜냐하면 우리 사회에서 돌봄이라는 것의 의미는 'caring about'과 'caring for'의 구분으로 성 구별화되어 있기 때문이다(Tronto, 1999).

돌봄을 실행하는 'caring for'는 다른 사람의 특별하고 구체적이며, 신체적이고 심리적이며, 감정적인 요구에 대응하는 것을 포함하고 있다. 그것은 자기 자신, 타인, 그리고 타인들의 집단에게 돌봄을 제공할 수 있다. 이와 같은 돌봄의 형태는 인간이 자신을 만족시킬 활동을 필요로 한다는 신체적 · 심리적 요구(식욕, 위안, 평온 등의 욕구)를 가진다는 사실에서 출발한다. 그런데 이러한 인간의 욕구는 다분히 사회적 · 문화적인 것이다.

우리 사회에서 'caring for'를 내포하고 있는 특별한 구조는 가족에서 기인한다. 돌봄의 행위는 가족 형태의 지지자로서, 구성 요소로서 존재했으나, 근래에 들어서는 가족은 더 이상 전적으로 이러한 기능을 하지 않는다. 사회가 자본화, 상업화, 복잡화됨에 따라 돌봄의 행위는 전문화되기를 요구받게 되었다. 그런데 돌봄에 대해 시장 지향적인 시각이 증가함에 따라 많은 우려가 야기되었다. 즉 이는 자아와 타인과의 관계의 통합을 방해함으로써 허구적인 돌봄의 형태를 만들어 내고 있다는 것이다. 돌봄은 시장 영역과 사적인 영역에서 성별화되었다. 여성의 직업은 돌보는 직업(caring occupation)이었으며, 사적인 영역에서 돌보는 행위들은 불균형화를 초래하게 된 것이다. 즉 간단히 말해 우리 사회의 전통적인 성역할은, 남성에게는 'caring about: 대상에 대해 관심을 갖는 것'을, 여성에게는 'caring for: 대상을 돌보는 것'을 요구했던 것이다(Tronto, 1999: 394).

트론토는 모든 돌봄의 형태가 도덕적인 것이 아니라는 것을 인식할 때 'caring about'와 'caring for' 행위의 명백한 차이점이 드러난다고 시사한다. 우리가 "대상에 대해 관심을 갖는 행위(caring about)"를 하는 것이 도덕적 활동인가를 알고자 할 때 우리는 그 대상의 본질을 요구한다. 예를 들어 정의라는 것은 도덕적 관심사이기 때문에 정의에 대해 관심을 갖는 것은 도덕적 활동이 된다. 반면 휴가 활동에 대해 관심을 갖는 것은 도덕적인 활동이 아니다. 한편 "대상을 위해 돌봄의 행위를 하는 것(caring for)"은 다른 방식으로 도덕적 의미를 갖는다. 그것은 돌봄을 제공하는 대상에 대한 충분한 이해를 요구하지 않는다. 오히려 돌봄의 행위가 일어나는 상황을 중시하며, 돌봄의 주는 자와 돌봄을 받는 자와의 관계를 중요시한다. 그리고 'caring for'는 상황적, 사회적, 문화적, 계급적 요소가 중요시된다. 그것은 도덕적 책임을 항상 수반하기에 항상 도덕적 질문을 수반한다. 따라서 'caring for'는 본질적인 활동으로서의 도덕이 아니라, 그 활동을 행하는 이의 도덕적 의무와 사회의 요구가 반영된 활동인 것이다. 예를 들어 지저분한 모습의 아이와 그를 돌보는 어머니의 행위를 상기해 보면 돌봄의 속성이 더욱 명확해진다. 그러므로 우리 사회의 여성과 가장 밀접하게 연결되어 있는 돌봄의 형태로서 타인을 돌보는 행위, 그것의 도덕적 차원을 결정하기 위해서는 다음 두 가지를 반드시 고려해야 한다(Tronto, 1999). 첫째, 우리는 반드시 그 돌봄의 활동이 그것 안에서, 그리고 그 자체로 도덕적 의문을 야기하는 행동인지를 고려해야 하고, 둘째, 다른 사람을 위한 돌봄의 의무가 사회에서 어떠한 도덕적 중요성을 가지는지 고려해야만 한다는 것이다.

2) 여성 윤리로서의 배려 윤리

노딩스는 길리건의 배려 윤리에 대한 입장을 수용하고 여기에 기초해서 배려 윤리를 윤리학적으로 더욱 발달시켰다. 노딩스는 기존의 윤리학 연구에서 여성은 도덕적으로 열등하고, 남성에게 윤리적으로 위험한 존재로까지 간주되어 왔다고 주장한다(Noddings, 1990: 160). 여성이 이렇게 무시당하고 열등하게 평가된 것은 윤리학이 남성들에 의해 연구됨으로써 여성의 경험과 특성들이 철저히 무시되고 배제되었기 때문이라는 것이다(박병춘, 2002: 199). 노딩스는 길리건의 입장을 수용하면서도 그 한계를 보완함으로써 보살핌의 윤리를 더욱 발전시킨 학자이며, 노딩스의 주장은 다음 두 가지로 요약된다.

첫째, 노딩스는 보살핌의 윤리를 여성적인 윤리(feminine ethic)로 파악한다. 그는 길리건과 마찬가지로 윤리학에서 남성적 특성과 여성적 특성이 서로 다르다는 것을 수용했다. 길리건과 노딩스는 이성, 추상적인 사고, 규칙, 그리고 원리들은 남성적 특성으로, 직관, 감정, 타인에 대한 수용, 맥락적 사고는 여성적인 특성으로 규정했다. 즉 그들은 윤리를 법과 원칙에 근거한 정신이 지배하는 원리의 윤리와 여성적인 돌봄의 정신이 지배하는 보살핌의 윤리로 구분했다. 노딩스는 남녀 간의 차이에 대한 인식을 토대로 기존의 윤리학은 남성의 윤리학으로서 남성에 의해 연구되어 왔을 뿐 아니라 남성적인 관점만을 반영하고 있으며, 이를 근거로 도덕성을 평가함으로써 여성적 특성을 반영하는 보살핌의 윤리를 철저하게 무시했다고 비판했다. 여성의 관점에서 구성된 보살핌의 윤리가 여성 또는 남성을 통제하거나 지배하기 위해 고안된 것이 아니라 더 좋은 세상을 만들기 위해 고안된 것이며, 결코 여성만을 위한 윤리를 의도했던 것은 아니다. 말하자면 보살핌의 도덕성은 남녀 모두에게 필요한 보편적인 도덕성으로 보자는 것이다.

둘째, 노딩스는 보살핌의 윤리를 관계윤리(ethic of relation)로 파악한다. 노딩스에 따르면 보살핌은 돌봄의 관계 안에서 이루어지고 완성된다는 것이다. 보살핌의 관계는 남성보다는 여성의 경험에서 자연스럽게 우러나오기 때문에 그동안 여성적인 특성을 지닌 것으로 인식되어 왔다. 이러한 보살핌의 관계에 기초한 윤리적 정향이 숙고되고 정교화될 때 이것은 '관계윤리학' 또는 '보살핌 윤리학'으로 부를 수 있다(박병춘, 2002: 130). 노딩스는 관계윤리는 전통적인 원리 중심의 윤리학에서 강조했던 도덕적 의무를 중요시하지 않는다는 데에 주목한다. 칸트가 의무감에서 나온 행위만이 도덕적이라고 보는 데 비해, 관계윤리에서는 자연적 보살핌에 근거하고 이에 의존하여 행위를 판단한다. 즉, 칸트가 감정을 멀리하고 의무감에서 행동하라고 주장하는 데 반해, 관계윤리는 자연적 보살핌을 자극하기 위한 의무감을 요구한다는 커다란 차이를 보인다.

노딩스는 여러 유형의 관계들 가운데서도 특히 배려 관계에 대부분의 관심을 쏟고 있다. 노딩스는 "배려의 원(circle)과 배려의 사슬(chain)"의 개념을 사용해서 배려가 더 많은 사람들에게로까지 확대될 수 있다고 주장하고 있다(Noddings, 1989: 33). 노딩스에 따르면 배려하는 사람으로서의 나는 동심원의 중심에 있다. 그리고 동심원의 중심에서 가까이 위치한 원 안에 있을수록 친밀함과 배려의 정도가 높다. 바로 이 원들이 중심에서 얼마나 떨어져 있느냐가 우리가 배려하는 다양한 사람들에 대해 느끼는 친밀함의 수준을 나타낸다는 것이다(Noddings, 1989: 221). 이러한 맥락에서 노딩스는 보살핌의 윤리는 보살피는 사람을 보살핌을 받는 사람이 수용하고 반응할 수 있을 경우에만 완성될 수 있음을 강조한다.

그렇지만 보살핌의 범위에 대해 관계를 맺고 반응하는 사람들에게만 한정지은 것은 윤리적으로나 교육적으로 정당화되기 어렵다는 지적에도 관심을 기울일 필요가 있다. 노딩스의 주장대로라면 식물인간, 정신박약 아동은 보살핌의 대상에서 제외되어야 하며, 교사의 헌신적인 보살핌에 대해 전혀 무관심한 학생들도 보살핌의 대상에서 제외되어야 할 것이다. 예컨대, 어려운 처지에 있는 학생이 주위 사람들로부터 보살핌을 받고도 전혀 반응을 보이지 않는 경우가 종종 있는데, 그렇다고 해서 그 학생을 보살핌의 대상에서 제외시킨다는 것은 보살핌의 본래 정신과는 위배되는 것이다. 반응이 없는 대상들에게 행해지는 보살핌의 행위는, 물론 어려움이 따르기는 하지만, 배제되어야 할 것이 아니라 오히려 권장되어야 할 것이다. "무반응적인 대상들에게 영향을 주는 일반적인 보살핌의 행위"도 때에 따라서는 정당화될 수 있는 것이다(이병승, 2002: 144). 이러한 점에서 보살핌의 윤리가 좀더 보편적인 윤리로서 설득력을 가지기 위해서는 보살핌의 대상과 범위가 넓어져야 한다는 주장도 검토해 볼 만한 여지가 있다.

마찬가지로 생명중심주의 윤리학(bio-centric ethics)의 관점에서 보더라도 인간의 보살핌에 반응을 보이지 못하는 생명체들은 보살핌의 대상에서 제외시킨다는 것은 공생(共生)과 상생(相生)의 관계를 지향하는 보살핌 윤리의 주장과 어우러지기 어렵다. 보살핌의 윤리가 좀더 설득력을 가지기 위해서는 보살핌의 범위가 감응의 대상으로부터 비감응적인 대상으로까지 확대되어야 할 것이다. 우리 주변의 자연 대상물들이 우리에게 감응하면 보살핌의 대상이요 감응하지 않으면 보살핌의 대상이 되지 않는다는 주장은 지나치게 인간중심주의(anthropocentrism)적인 주장에 지나지 않는다. 성숙한 보살핌은 조건적이고 차별적인 것이 아니라 무조건이고 무차별적인 것이어야 한다. 슈바이처 생명 외경의 사상은 분명히 보살핌의 대상을 인간으로부터 생명체 전체에로 확대해야 한다는 외침이었다. 따라서 반델버그(D. Vandelberg)도 지적했듯이, 보살피는 사람이 다른 사람은 물론이고, 동물, 살아 있는 생명체, 사람들이 만든 인위적인 물건까지도 보살필 수 있을 때 그를 성숙한 도덕성을 지닌 사람이라고 부를 수 있을 것이다(Vandelberg, 1996: 266).

그러나 이러한 주장에는 헌신에 대한 한 차원 높은 요구가 있음을 상기해야 한다. 돌봄을 제공하는 자는 대개 경제적인 보상보다는(대부분의 돌봄 제공자들의 경우 무보수) 돌봄 받는 자의 감사와 인정이 더 큰 힘을 불러일으키는 법이다. 표현을 전달할 수 없는 경우는 부득이 예외적이겠지만 그렇지 않은 경우 상대방의 인정은 돌봄 행위 지속에서 가장 중요한 요소로 강조된다.

3) 해방으로서의 보살핌: 여성적 가치의 회복

보살핌의 윤리라는 용어는 1980년대에 서구 여성주의자들의 관심을 받으며, 하나의 연구 영역으로 등장했다. 전통적으로 여성적인 특징으로 받아들여지는 보살핌, 연결성, 관계성을 긍정적인 인간의 특성으로 간주하려는 움직임이 있어 왔다(Giligan, 1982; Tong, 1982). 이러한 맥락에서 남성과 여성, 이성과 감성, 공(公)과 사(私), 정신과 육체와 같은 이분법적인 존재론에서 열등한 것으로 간주되어 왔던 것들을 새롭게 사유함으로써 위계적인 가치체계에 도전하고자 하는 연구도 선보이고 있다. 이것은 여성의 도덕적 경험으로부터 도출되는 관계성과 보살핌에 대한 긍정을 통해 윤리적 함의를 찾고자 하는 것이며, 상호 연결되어 있는 도덕적 주체에 대한 새로운 이해를 보여주는 것이다(이윤정, 2003: 17-18).

보살핌의 윤리학은 기존 도덕이론이 성별화된 공사 영역의 이분법에 기반해 있음을 드러내고 도덕 영역을 넓히는 데 기여했다(Held, 1998: Jaggar, 1996). 지금까지 도덕적인 영역은 문화, 이성, 보편성과 같은 특징으로 구성되어 있는 공적 영역으로 한정되어 왔으며, 몸, 자연, 비합리성, 구체성, 상황 등 개인으로 특징지어지는 사적 영역은 도덕적 영역의 외부에 존재해 왔다. 그러나 최근 여성학적 관심사인 '몸'에 대한 연구들이 밝혀 주었듯이, 정신적·도덕적인 영역은 더 이상 육체적인 한계를 초월한 이성적인 개인이 구체적인 상황과는 무관하게 행위할 수 있는 공간이 아니다. 도덕적인 영역은 인간의 삶의 조건을 모두 수용하여 공사 영역의 모호한 구분을 지움으로써 인간의 전체 삶을 조망할 수 있도록 확장되어야 하는 것이다. 헬드(Held, 1998)가 강조하듯이, 보살핌의 윤리는 이성과 감정, 공적 영역과 사적 영역 그리고 자아의 개념을 재개념화할 수 있도록 했다. 다시 말해, 이러한 재개념화 과정을 통해 여성들의 체험을 출발점으로 삼아 근대 철학의 철학적 전제들이 가지고 있는 결함을 노출시켰고, 또 그럼으로써 서구 전통 속에서 "여성적이라고 구성해 놓고 평가절하해 온 여성적 가치를 회복시킴으로써"(Jaggar, 1996) 도덕적 이해를 심화시켜 왔다. 그 결과 여성도 남성과 같은 도덕적 행위자(moral agent)로 만들 수 있는 기반이 마련되었으며, 한국에서도 이러한 연구 패러다임이 등장하고 있음에 주목해야 한다.

우선 인간의 삶은 관계의 중요성 측면에서 고찰될 필요가 있다. 삶은 항상 관계 속에 놓여 있을 뿐만 아니라 상호 의존적이며 서로 연결되어 있다. 그러므로 보살핌 윤리학에서의 존재론은 타자와 분리되어 있는 자아 개념을 거부하며, 개인이 자신의 이해를 방어하기 위해 타자에 적대적인 관계를 취하는 것이 아니다. 타인을 통해 자아에 대해 알아 나갈 수 있으며 발전할 수 있다는 점에 초점을 맞춘다. 이러한 새로운 존재론적인 모색은 인간이 존재론적으로 서로 연결되어 있음에 주목하고자 한다. 한 인간은 역사적 존재이고, 그의 역사는 궁극적으로 타인과의 관계의 역사다. 무엇보다 그의 창작성과 도덕성의 고결함은 타인과의 관계 속에서 개발되고 실현된다고 할 수 있다. 인간의 존재 방식은 자타(自他)와의 대립 관계가 아니라 상관 관계적이며 역사적임에 주목해야 한다.

보살핌을 여성의 속성으로 간주하는 것에는 위험이 따르기도 한다는 사실에 주목할 필요가 있다. 여성들이 일차적으로 보살핌을 수행하고 있는 현실 상황에서 남성보다는 여성이 감정이입의 보살핌을 잘할 수 있는 성향을 가지고 있다는 성별 고정 관념을 조장할 수 있음을 염려하는 것이다. 다시 말해, 이러한 성별 고정 관념은 보살핌이 오로지 여성에게만 주요한 덕성으로 남겨지게 될 위험을 초래할 수 있다는 점에서 비판의 여지가 있다는 것이다(이윤정, 2003: 23). 보살핌에 의미를 부여하는 사회 제도는 그동안 보살핌을 여성의 전통적인 역할로 국한시켜 왔으며, 가부장적 가치 체계 속에서 여성의 도덕적인 가치는 보살핌의 역할을 얼마나 잘 수행하느냐에 따라서 매겨져 왔기 때문에 보살핌의 가치가 왜곡되어 받아들일 수 있음을 지적하는 것이다.

이러한 관점에서 길리건이 주장하는 보살핌 행동에서의 권력 개입 문제에 주시할 필요가 있다. 즉, 현재의 사회 체제에서의 보살핌 가치에 대한 강조는 여성의 일방적인 보살핌을 강요하는 성역할 재강화의 함정이 될 수 있다는 것이다. 즉, 보살핌 관계에서 이러한 남성과 여성 간의 호혜성의 결여는 모든 보살핌 관계가 다 가치로운 것일 수 없다는 것을 자명하게 보여 주는 것이다. 즉, 관계의 가치는 다양하고, 달라질 수 있으며 부정적인 가치를 포함하고 있을 수 있다. 그러므로 보살핌 윤리는 보살핌 관계를 새롭게 정의내릴 수 있도록 관계성 개념에 대한 면밀한 검토를 수행해야 하는 것이다. 이러한 점에 대해 길리건은 「다름에 대한 경청(Hearing the Difference)」에서 가부장적인 구조 안에서 살아간다는 것은 관계를 맺기 위해 관계를 포기해야 하는 역설에 사로잡힌다고 말한다. 보살핌 관계가 권력 관계 속에서 이루어지는 현재의 상황 속에서 관계에 대한 고찰은 필수적이다. 보살핌의 역할이 "자기 희생이라는 왜곡된 미덕을 내면화"하도록 만듦으로써 여성의 무력함을 철저하게 각인시킬 수 있다는 점을 비판하는 것이다. 더 나아가 보살핌의 성역할은 여성의 무력함을 초래함으로써 "여성들을 도덕적인 존재로 만들 수 없도록 한다"는 점에서 더 큰 위험을 내재한다고 볼 수 있다(이윤정, 2003: 25). 이러한 위험 요소가 있음에도 불구하고 보살핌 윤리는 여성주의적 관점에서 재조명할 때 그 위험을 뛰어넘을 수 있을 것으로 전망한다.

2. 돌봄 활동의 도덕적 차원

돌봄이란 모두 도덕적이라고 할 수 있는가? 노딩스는 "대상을 위한 돌봄, 배려(caring for)"가 도덕적 삶과 연결지어질 때 고려되어야 하는 사항을 다음과 같이 세 가지로 제안한다. 첫째, 다른 사람을 'caring for' 할 때, 다른 사람들의 요구에 경청(attentiveness)하는 태도에 드러나는 도덕적 삶으로서의 측면을 생각해 보아야 한다. 둘째, 다른 사람을 'caring for' 할 때, 돌보는 사람(carer)과 돌봄을 받는 사람(cared-for) 사이의 권위와 자율성의 문제를 고려해야 한다. 셋째, 다른 사람을 'caring for' 할 때, 돌봄의 독특성으로부터 야기되는 문제들이 무엇인지를 고려해야 한다. 이 원칙을 좀더 구체적으로 살펴보자.

상대방에 대한 주의 깊은 관심과 경청

돌봄은 도덕적인 태도를 제안한다. 돌봄의 관점에서 볼 때, 중요한 것은 추상적이고 합리적인 개인이 공정한 결정을 어떻게 내릴 수 있느냐가 아니다. 무엇보다 중요한 것은 특별한 타인과의 요구와 만나는 것 그 자체이며, 그러한 돌봄의 관계를 어떻게 유지시켜 나가느냐에 관한 것이다. 그 때문에 돌봄에서의 도덕이론은 타인의 구체적인 요구와의 만남이 중요시된다. 트론토는 우리가 돌봄의 도덕적 측면을 고려하고 타자의 요구를 생각할 때 고려해야 할 몇 가지 차원을 다음과 같이 제시하고 있다.

1) 상대방에 대한 이해

돌봄, 배려의 실천에 몰입하기 위해, 도덕적으로 행동이 변화하기 위해 필요한 지식의 본질에 대해 생각해 보아야 한다. 먼저 다른 사람으로부터 온 지식, 다른 사람의 요구에 대한 고려를 해야 한다. 여기서 타인으로부터 온 지식이란 타인의 요구가 반영되지 않은 현대의 도덕이론을 의미하는 것이 아니다. 돌봄의 대상이 되는 타인의 특별한 상황을 완전히 이해한 후에야 얻게 되는 지식을 의미한다. 그러한 지식을 얻기 위해서는 돌봄을 행하는 사람은 돌봄의 대상이 되는 이에게 많은 부분을 헌신[17]해야만 하며 또한 주의를 기울여야 한다. 노딩스는 다른 사람의 요구에 수용력을 발휘할 필요가 있음을 강조한다. 이것은 일종의 사심 없음(selflessness)으로서, 누군가가 자신에게 돌봄을 요구하는 순간 자기 자신이 선점되는 일은 없어지는 것을 의미한다. 이것이 돌봄의 도덕적 고려에서 가장 중요한 윤리적 질문이며, 어떻게 다른 사람을 도덕적으로 만나는가에 답변을 해 주는 것이다.

한편 지식과 관심의 관계를 고찰함으로써 우리는 마음씀(attentiveness)의 개념에 대한 시각이 사회 일반의 이론과 다른 것이며, 다르게 접근되어야 하는 것임을 알 수 있다. 하버마스를 비롯한 마르크스주의자에 따르면 사람의 관심은 자신이 그 주어진 상황에서 스스로를 발견하고 다룰 수 있는 객관적 상황에 놓여 있을 때 발생한다. 그러나 돌봄의 관점에서는 이러한 견해가 충분히 지지될 수 없다. 여기서는 분명 돌봄을 제공하는 자와 돌봄을 받는 자와의 특수한 관계맺기 속에서 이해와 관심이 발생하며, 돌봄을 받는 대상의 요구에 대한 지식을 알 때에 비로소 돌봄, 배려의 온전한 모습이 발현된다. 필요한 것은 진실된 마음씀이다. 상대의 진실한 요구가 무엇인지를 아는 것은 쉬운 일이 아니다. 때문에 돌봄을 베푸는 자는 자기 스스로 상대방의 요구가 무엇인지를, 그들에 대한 진실된 주의 깊음을 통해 얻어 냄으로써 진정한 의미의 '자기 지식(self-knowledge)'을 확보할 수 있어야 한다. 자기 지식을 얻게 되는 한 돌봄을 베푸는 이들은 돌봄의 대상이 되는 이들의 요구 속에 자기 자신의 요구가 묻혀 버리는 과오는 범하지 않는다.

2) 자신에 대한 관심과 이해

마음씀은 심오한 자기 지식을 요구한다. 주의 깊음에 대한 관심은 일반적으로 돌봄의 대상이 되는 자에 대한 관심을 명확히 알고 유지하기 위해 자기 자신에 대한 관심을 잃을 수도 있다. 이러한 점으로 인해 돌봄, 배려에 대한 도덕이론을 모색할 때 어려운 문제점들이 나타난다. 즉, 돌봄 대상에 대한

17 노딩스의 이론인 배려에 따른 관계적 양식은 전념, 수용성, 동기 전환, 공감, 감응성, 염려, 책임, 헌신으로 규명지어진다.

충분한 관심을 유지하기 위해 우리는 얼마만큼 자신의 요구를 간과해야 하며, 상대를 수용하는 조건들을 어떻게 만들어 낼 수 있는가? 또한 어떻게 하면 돌봄의 대상이 되는 사람들의 요구가 꼭 필요한 진실한 것임을 판단할 수 있는가?

주의 깊음은 시간의 헌신과 그 자체로 높은 비용을 유발하는 노력을 포함한다. 노딩스는 돌봄, 배려가 돌봄의 대상이 되는 사람들에 의해 인정, 인식되지 않는다면 그것은 완전하지 못한 돌봄이라고 주장한다. 그리고 그러한 인식의 판단 기준은 전적으로 돌봄의 대상이 되는 자에게 달려 있다고 주장한다. 그런데 대상이 되는 자로부터 즉각적으로 인정이 되지 않는 돌봄이나 배려도 흔히 존재할 수 있다. 이러한 경우 돌봄 행위를 어떻게 판단해야 하는가에 대한 기준은 무엇인지 난해해진다. 돌봄을 제공하는 그 당시에는 인정되지 못해도 훗날에 그 가치가 새롭게 인식되고 인정되는 경우도 있으므로 즉각적인 인정이 없다고 하여 잘못된 돌봄이라고 판단할 수 있는가? 이러한 경우 돌봄의 행위를 제공하는 입장에서는 때로는 반성과 성찰적인 태도를 통해서만 돌봄의 의미를 제대로 파악할 수 있음을 상기할 필요가 있다.

이와 관련하여 노딩스의 수용적 양식을 살펴볼 필요가 있다. 수용적 양식은 인간 존재의 핵심이다. 수용적 혹은 관계적 양식은 인간으로 살기 위해 본질적인 것이다. 존재한다는 것은 단지 살아 있는 것 이상의 것을 요구한다. 아는 일에 대해 인식하고 있음을 뜻하는 것이다. 상대를 수용하는 일은 열린 마음으로 그에게 주의를 집중하는 것이다. 배려는 A에게 전형적인 전념과 동기의 이동, B에 의한 배려의 인식을 필요로 한다. A가 B를 보살필 때, A가 자신을 보살핀다는 사실을 B가 인식하는 것이 배려이다. 노딩스는 B가 배려를 인식하고 있다는 것을 A가 이해할 수 있을 때 배려 관계가 형성된다고 믿는다. A와 B 중 어느 한쪽이라도 그 역할에 실패한다면 배려 관계는 성립하지 않는 것이다. 노딩스의 주장은 우리에게 상대방이 인식할 만큼의 자기 희생을 하도록 한다는 점에서 특이하다. 그러나 이러한 주장에는 상당한 위험 요소가 내재되어 있다(김수동, 2002). 먼저 우리는 우리의 희생 비용이 최소화되는 정도의 거리를 유지하여 돌봄, 배려를 행할 것이다. 돌봄, 배려의 윤리가 우리 자신에 대해 청구하는 잠재적 비용의 또 다른 위험은 사라 루딕(Sara Ruddick)의 주장 속에 잘 드러난다. 루딕에 따르면, 만약 우리 자신이 상대방에 대해 지극히 헌신적인 돌봄, 배려를 행했을 경우, 예상치 못한 급작스런 재앙이 우리의 피배려자(the cared-for)에게 발생했다면, 우리 자신은 그 원인을 우리 자신, 스스로에게 돌리게 되어 스스로를 파괴하는 자기 파괴, 자기 상실의 결과를 초래한다. 그러므로 돌봄, 배려는 단순한 사심 없음으로 이해될 수 없다. 그것은 굉장한 낭만주의적 사고다. 나 자신(self)과 타인(other)의 관계맺기에서 무엇보다도 필요한 것은 자기 스스로를 돌볼 수 있는 능력이며, 이것이 돌봄의 윤리의 핵심이다. 이러한 맥락에서 보았을 때 무조건적인 희생과 헌신은 때로는 돌봄의 행위를 미완으로 이끌 수도 있으므로, 타인에 대한 돌봄과 아울러 자신에 대한 돌봄이 중요한 항목이다. 이 점은 길리건에 의해서도 명시적으로 제안되고 있다. 앞의 도덕성 발달에서 자세히 소개했듯이 길리건은 여성의 도덕적 발달이 이루어지는 과정을 세 개의 관점과 두 개의 과도기인 5 단계로 보았는데, 다섯 번째 단계에서 여성은 자신도 보살핌의 대상이 되어야 한다는 것을 깨닫게 된다는 것이다. 돌봄 행위를 하는 자는 스스로에 대해 책임을 느끼고 보살펴야 한다는 보살핌의 원리를 "도덕적 판단의 보편적인 자기 선택적 원리"로 채택한다는 사실에 주목할 필요가 있다.

3) 돌봄에서의 시장적 논리의 개입

주의 깊은 관심과 마음씀의 문제는 정치적 · 사회적 차원의 문제라는 관점도 있다. 트론토는 다른 사람의 요구에 주의를 기울이는 것은 전적으로 자기 자신의 개인적인 요구를 포기하는 것을 의미한다고 주장한다. 그렇다면 마음씀으로서의 돌봄은 현대 사회의 관계적 패러다임과 양립할 수 없다는 결론에 이른다. 왜냐하면 현대 사회의 시장적 관계라든가 교환의 패러다임은 가장 먼저 개인 자신의 이익과 관심을 우선시할 것을 전제로 하기 때문이다. 현대 사회에서의 모든 사회적 관계에는 교환의 논리가 깊이 깔려 있으며, 분명 이러한 패러다임은 마음씀의 개념과 양립하기 어렵다. 그러나 그러한 교환의 논리가 사회에서의 관계맺기에 절대적인 기제가 될 수 있는가는 별개의 문제다. 이 관계에는 여러 가지 복잡한 요소들이 개입되므로 그렇게 간단히 결론짓기 어렵다. 만약 한 개인이 자신의 의지대로 교환의 양식과 돌봄의 양식을 사용할 수 있는 경우라면 그 개인은 돌봄의 양식이 도덕적인 삶의 형태에서 중요한 차원의 것임을 인식해야만 한다. 트론토는 교환의 양식과 돌봄의 양식의 어느 극단적 이분법적인 선택은 옳지 않다고 보며, 이러한 맥락에서 남성과 여성의 성역할 분업의 문제점을 제기한다. 즉, 남성은 중요한 업무(business)의 윤리 담당, 여성은 집안일을 담당한다는 도덕 윤리의 이분 구도는 사회적 교환인가 돌봄인가라는 이분법적인 구도로서 비판의 여지가 있다. 성별에 관계없이 양자 선택은 누구에게나 가능해야 하고, 그렇게 될 때에 돌봄은 충분히 윤리적 가치를 지니게 되는 것이다.

돌봄에서의 권위와 자율성

돌봄, 배려의 윤리가 현대 사회 일반의 도덕이론과 배치되는 양상을 보이는 또 다른 요소는 권위(authority)와 자율성(autonomy)의 측면이다. 왜냐하면 돌봄, 배려라는 것은 상대방의 구체적이고 개별적인 요구와 만날 때 발생하는 것인데, 이것은 자율적이고 합리적인 행동을 전제로 하고 있는 현대 대부분의 도덕철학의 가정과는 쉽게 조화를 이룰 수 없기 때문이다. 돌봄, 배려가 행해지는 많은 상황들은 분명 자율적이지 않은, 혹은 합리적이지 않은 존재들을 포함하고 있는 상황들이 대부분이다. 또한 돌봄, 배려를 주는 이들이 합리적 · 자율적 존재라는 것을 가정했을 때 발생되는 관계맺기는 결코 평등하지 않다. 이러한 관계에는 권위와 의존성이 출현하게 된다는 것이다. 과연 돌봄을 주는 자(care-giver)는 그들이 돌보아야 하는 이들과의 관계에서 그들이 부여받는 권위와 자율성을 어떻게 이해해야 할 것인가? 많은 연구자들에게 돌봄 윤리에서의 자율성과 권위에 관한 문제는 중요한 쟁점이었다. 길리건과 노딩스의 논지를 살펴보자.

우선 길리건은 돌봄 윤리를 다음과 같이 정의한다. "돌봄의 윤리란 엮어져 있는 관계망을 형성하고 유지하기 위한 헌신"이라는 것이다. 길리건은 콜버그의 인지에 기반한 도덕이론을 비판하고, 타자와는 다른 자율적인 자아(autonomous self)를 강조한다. "자아의 유지"와 "관계망 형성" 사이에는 항상 긴장이 존재하고, 각 개인이 도덕적 성숙에 도달하기 위해서는 자아의 관심과 타인의 관심 사이의 균형을 이루어 내는 것이 중요하다는 관점이다.

한편 노딩스는 돌봄 윤리를 관계의 측면에서 다음과 같이 정의한다. 돌봄 윤리란 "돌봄을 주는 사람과 돌봄을 받는 사람 사이의 관계"에서 형성된다. 이러한 돌봄 윤리는 양측 모두에게 영향을 준다. 노딩스는 돌봄을 준 사람은 돌봄을 받는 이의 요구에 전념하게 되고, 돌봄을 받는 이는 그에 반응을 하게 됨을 강조한다. 돌봄, 배려의 윤리는 콜버그의 영향 아래 형성된 현재의 도덕이론에 도전을 가한다. 현재의 도덕이론은 합리적이고 이성적이고 자율적인 개인을 전제로 하며, 도덕이론의 일반화를 추구한다. 그러나 모든 개인들을 포섭할 수 있는 공통 이론, 일반화 이론은 성립될 수 없다. 관계는 상호적인 것이며, 상호성은 성숙함을 의미한다. 즉 노딩스는 배려자와 피 배려자의 상호 의존성을 중시하며, 완전한 윤리는 서로에게 의존하는 데에서 비롯됨을 강조한다.

돌봄 행위에 대한 이성적인 인식을 통해, 단순히 감성적으로 행해지는 어머니나 여성의 몫으로만 간주되었던 사회적 인식이 바뀌어야 할 것을 길리건과 노딩스는 강력하게 요청하고 있음을 알 수 있다. 그렇게 됨으로써 여성의 윤리가 아닌 모든 사람을 위한 대안적 여성주의 윤리로써 우리 사회의 돌봄 패러다임을 새로이 형성하는 데 기여할 수 있을 것이라고 전망하는 것이다. 제3절에서 살펴보는 "돌봄 윤리에 대한 재인식"은 과거 남성 윤리와 여성 윤리로 명명되는 부분을 집중적으로 분석하여 문제점을 제시하고, 돌봄 윤리가 인간의 윤리로서 자리매김될 수 있는 가능성에 대해 논의한다.

돌봄에 대한 경제적 접근

한편 캐리 워네스(Kari Waerness)는 돌봄을 전적으로 경제적 논리에 기반을 두어 해석하는 것은 불충분하다며, 돌봄의 합리성에 대해 설득력 있는 논리를 전개한다. 즉, 그는 돌봄 윤리는 노동과 감정의 두 측면에서 함께 접근되어야 함을 주장한다. 노딩스는 이러한 맥락에서 돌봄을 평가할 때 돌봄 제공자와 수혜자 간의 상호 관계를 매우 중요한 판단 준거로 제시한다.

> 돌봄은 사람들 사이의 관계에 대한 것이다. 돌보는 자는 돌봄을 받는 자에 대해 관심, 애정, 헌신, 배려를 보여 준다. 한 사람이 필요로 하는 돌봄은 한 사람이 제공하는 돌봄에서 매우 귀중한 것이며, 돌봄을 필요로 하는 사람이 고통을 받고 있을 때, 돌봄을 제공하는 자는 그것을 확인하고 그들을 편안하게 해 주는 것이다……. 지치거나, 우울하거나, 낙담해 있을 때 우리는 우리를 도와줄 다른 사람을 원한다. 이러한 상황에서 다음과 같은 주장을 할 수 있다. 우리는 다른 사람을 도와 줄 의무와 다른 사람의 도움을 받을 권리를 지닌다. 이것은 영예로운 권리이자 의무다(Noddings, 1999).

사적 영역에서의 돌봄, 즉 사랑의 태도를 공적 영역에서의 돌봄으로까지 확장시키기 위한 워네스의 노력은 간호하는 직업에서의 딜레마 해결의 실마리를 제공해 주고 있다. 우리는 돌봄을 요구할 권리와 돌봄을 제공할 욕구를 지닌 존재다. 이러한 주장은 분명 돌봄에 대한 이성적·합리적 설명을 가능케 해 주는 것으로 보인다. 준전문직 직업에 종사하는 여성들은 심리적 두려움을 걱정할 필요가 없다는 것이다.

이 지점에서 노딩스는 이 딜레마적 문제의 해결은 두 가지 요소, 즉 강압(coercion)과 교육을 포함시킴으로써 얻을 수 있다고 제시한다. 그러나 유의할 것은 강압의 정도가 돌봄, 배려와 모순되어서는 안 된다는 것이다. 교육은 특정한 태도를 길러 주어야 하는데, 돌봄, 배려, 동정(compassion), 연결

(connection) 등은 단지 여성에게만 속한 가치가 아닌 인간 존재의 중요한 가치임을 강조하는 일을 교육이 맡아야 하는 것이다. 돌봄의 윤리는 관계적 존재론에 기반을 두고 있다. 그것은 인간 존재는 관계 속에서 정의될 수 있다는 기본 가정을 안고 있는 것이다. 단지 행위자로서의 '나(I)'로서만 존재하는 것이 아니라, 관계 안에서, 관계적 전체성 속에서 '내(I)'가 지속되는 것이다. 이 점이 여성주의 교육학에서 매우 중요한 기본 전제로 반영되어야 한다.

바바라 휴스턴(Barbara Houstone)은 관계맺기 속에서 형성되는 존재론적인 자아를 상정한다고 할지라도 현재의 실제적인 삶에서, 여성의 위치가 대부분의 경우 돌보는 자의 위치에 고정되는 것과 그러한 돌보는 자로서의 여성이 인정받는 도덕적 가치가 조건화되는 것에 우려를 표명했다. 물론 이러한 휴스턴의 관점이 현실적으로 개인의 물질적 이익을 우선시하는 현 사회 분위기에서는 보편적으로 적용 가능한 것처럼 보이기도 한다. 그러나 엄밀히 분석해 본다면 정도의 차이는 있겠지만 모든 인간 존재는 돌봄을 필요로 하는 존재다. 고정된 하나의 상황(my caring)만을 상정한 채, 주어진 두 관련자를 '돌보는 자'와 '돌봄의 대상자'로서만 인식하는 것은 문제의 소지가 있다. 이 문제에 대한 노딩스(Noddings, 1999)의 주장처럼 일상생활에서의 모든 인간 존재는 동시의 상황에 처해 얼마든지 역할의 전이가 가능하다. 우리가 관심을 가져야 할 것은 배려와 반응에서, 반응할 수 있는 모든 인간 존재는 어떠한 반응에 응할 의무를 지닌다는 점이다. 돌보는 행위는 인간의 가장 의미 있는 반응의 형태인 돌봄과 배려로서 그 도덕적 가치를 부여받아야 한다. 이 지점에서 여성주의 교육학은 여성이든 남성이든 성별에 관계없이 돌봄 행위를 실천하는 과정 연구와 깊이 관련될 수밖에 없음을 인식해야 한다.

3. 돌봄 윤리에 대한 재인식

여성주의의 윤리로서 대변되는 돌봄 윤리(ethics of caring)는 여성주의자들 사이에서도 상당한 논쟁의 대상이 되고 있다. 분명한 것은 성별 정체성에 입각한 돌봄 윤리에 대한 재인식이 요구된다는 것이다. 여기에서는 이 논쟁의 핵심적 위치에 있으면서 대표적으로 논쟁을 주도하고 있는 길리건, 노딩스, 트론트 등의 주장을 중점적으로 살펴보면서, 돌봄 윤리를 왜 여성주의 윤리로 볼 수 있는가에 대해 논의하고자 한다.[18]

여성의 몫으로 인식되고 있는 돌봄 활동에 대해 체계적인 분석을 통해 돌봄 윤리의 가치를 새로이 인식할 필요가 있다. 지금까지 우리 사회에서 통용되고 있는 돌봄, 배려의 의미는 전통적인 성차이론에 뿌리 깊은 기반을 두고 있다. 이에 의하면 남성은 돈, 경력, 관념, 진보에 대해 관심을 두는 존재다. 남성은 자신들이 할 수 있는 업무를 돌보며, 그들이 선호하는 가치를 추구하고, 자신이 가족을 부양할 수 있는 생활 영역을 확보하고자 한다(관심을 갖는다는 의미의 'care about'의 존재를 지칭함). 반면 여성은 그녀들의 가족, 이웃, 친구들을 돌보는 존재이며, 구체적인 대상을 향해, 직접적인 돌봄의 행위를 보이는 존재다. 이러한 전통적 성차이론에 기반한 돌봄에 관한 정설은 남성의 'care about'하는 행위는 사회적으로 중요한 가치를 가지며, 여성의 'care for'하는 행위는 상대적으로 덜 가치로운 행위라는 가치 판단과 맞물린 채 우리 사회에 뿌리깊이 배어 있다.

돌봄에 대한 비판적 성찰

노딩스를 비롯한 몇몇 연구자들은 이러한 돌봄에 대한 전통적인 정설에 대해 이의를 제기하기 시작했으며, 그 주요 논점은 다음과 같다. 돌봄에 대한 비판적 성찰이 요구된다.

첫째, 돌봄은 사랑의 노동(labor of love), 즉 노동의 일례로서 보호되어야

18 조앤 트론토(Joan Tronto)는 여성과 돌봄에 대해, 매우 깊이 있게 여성주의자들의 관점을 분석해 주고 있으며, 이 내용에 대한 좀더 자세한 사항은 트론토(Tronto, 1999), "Women and caring"을 참고할 것.

한다.

둘째, 돌봄은 고도의 사고력과 실행력을 요구하는 정신적 과정으로 재인식되고 사회적으로 복귀되어야 한다.

셋째, 돌봄은 길리건이 제시했듯이 명시적인 도덕적 지표로서 새로이 인정되어야 한다.

넷째, 돌봄은 종교나 추상적인 이론이나 원리로부터 대응할 수 있는 면역성을 가져야 한다(Noddings, 1999).

트론토(Tronto, 1999)는 남성과 여성의 돌봄에 대한 전통적인 각본에 대한 끊임없는 도전을 가하며, 또한 돌봄이라는 개념의 방향을 설정할 때 페미니스트들이 주의를 기울여야 할 점을 제시하고 있다. 그 중 가장 중요한 점은 페미니스트들은 어떠한 여성적 가치들도 자동적 또는 맹목적으로 가치로운 덕목으로서의 지위를 가진다고 주장해서는 안 된다는 점이다. 즉, 그들은 비판적 시각을 부여해야만 한다는 것이다. 여기에서 오늘날 서구 사회에서 이해되고 있는 돌봄에 대한 본질을 명료화하고, 돌봄의 개념이 현재의 도덕이론에 어떻게 도전하고 있는지를 평가할 필요가 있다. 아울러 돌봄에 대한 윤리적 · 도덕적 측면의 접근은 정치적 맥락을 고려하지 않고서는 제대로 이해될 수가 없기 때문에, 현재의 돌봄의 도덕적 측면에 대한 여성주의적 접근과 이에 대한 비판적인 이해가 필요하다.

특히 돌봄과 자기 희생에 관한 노딩스의 관점은 우리에게 생각할 거리를 제공해 준다. 이에 대해 노딩스는 성별화된 돌봄 윤리에 대한 반대의 입장을 휴스턴의 글을 인용하며 보여 주고 있다(Noddings, 1999).

> 여성의 역사를 뒤돌아보면서, 나는 우리의 돌봄, 배려가 얼마나 많이 다른 사람들을 보호하고 양육했으며, 또한 힘을 부여했는지를 깨닫게 된다. 그것은 분명 그 돌봄의 대상자들에게는 더할 나위 없이 좋은 것임에 틀림이 없다. 그러나 나는 그것이 돌봄의 제공자인 여성에게는 끔찍하리만큼 크나큰 희생임을

지적한다. 내 스스로가 제기했던 많은 문제들이 바로 길리건의 주제들 속에 있으며, 그 중의 하나는 바로 이것이다. 돌봄 윤리는 결코 자기 희생을 피할 수는 없는가?

휴스턴의 이와 같은 질문은 현실적인 두려움을 반영한 그럴듯한 지적이다. 돌봄 윤리라는 도덕적 지향성을 추구하고 있는 여성들의 삶은 종종 가정과 남편, 아이들에게 의존되어 있으며, 착취되기도 하며, 심지어는 남용되고 있다는 지적이 있어 왔다. 물론 앞서 살펴본 모성에 대해서도 그러하듯이 오늘날에도 가사 및 육아에 대한 인식에는 여성주의자들 간 상이한 입장과 관점의 대립이 나타나고 있다. 또한 집안일에 대한 인식은 남성과 여성 간에도 매우 상이하게 나타나고 있다. 역사적으로 가사 업무에 대한 페미니스트들의 인식은 매우 부정적으로 표현되고 있으며, 다음 몇 사례들은 이를 극명하게 나타내 주고 있다.

미국의 작가인 에디트 멘델 스턴(1901-1975)은 미국에서 여성운동이 일어나기 훨씬 이전에 이미 집안일의 무의미를 깊이 느낀다며 다음과 같이 주장한 바 있다.

여자가 날마다 하는 수많은 단조로운 일들이 여자에게 무언가 해냈다는 충만한 느낌을 준다고 믿는 것은, 컨베이어 벨트에서 작업하는 사람들이 나사를 하나 돌렸다고 해서 자기가 자동차를 만들었다고 생각하고 기뻐한다는 주장만큼이나 말도 안 되는 소리다(스턴, 1949).

미국의 심리학자이며 『여성의 신비』 등 저술 활동을 하며 초기 여성운동의 선두주자였던 프리던(Friedan, 1921-)은 다음과 같이 여성의 위치를 묘사하여 당시 여성들의 공허한 마음에 불을 지피는 역할을 하기도 했다.

바로 이러한 공허한 느낌, 외부 세계에서 완강히 거부당한다는 이 느낌 때문에 흔히 여자는 더 애를 쓰고 더 정신없이 집안일을 하도록 자신을 다그친다. 미래를 쳐다보지 않기 위해, 공허를 채우려고 주부는 일을 찾아서 하게 되고 더욱더 되풀이되는 진부한 집안일의 포로가 된다. 주부는 그 일이 꼭 필요한지, 이치에 맞는지 따지지 않는다(프리던, 1963).

이와 같은 인식의 확산으로 인해 집안일을 맡고 있던 여성주의자들은 매우 혹독하게 자신들의 위치를 폄하하고, 이로부터의 해방만이 여성들의 삶을 자유로운 상태로 진전시킬 수 있을 것이라고 믿어 왔었다. 일찍이 미국의 문학비평가인 비비언 고르닉(Vivian Gornick)은 가정을 이루고 가사노동을 하는 것은 사회구성원들의 기본 과제이기 때문에 남자와 여자가 공동으로 집안일을 해야만 한다고 주장했다. 아울러 책임을 나누면 동등한 권리가 발생하며, 이런 권리를 향유하기 위해서는 일과 사랑, 즐거움, 풍요 그리고 평화와 기쁨을 주는 다른 모든 일들을 동등하게 누리려는 노력이 뒤따라야 함을 강조한다.

한국 여성을 인터뷰한 연구에서도 주부들은 남편이나 아이들에게 헌신하는 생활에서 철저히 자신의 삶을 잃어버리고 사회로부터 소외되는 느낌을 받는다는 것으로 나타났다. "남편에게는 직장이라는 일터가 있고, 아이들에게는 학교와 친구들이 있다"라든가, "여성이 자신의 삶을 잃어버리고 가족에 찌들려 사는 모습" 등의 표현을 하는 주부들로부터 무언가 생활에서의 변화를 요구하는 움직임을 읽을 수 있다(곽삼근, 1998: 67). 최근에 와서도 집안일에 대한 논쟁은 동서양을 막론하여 지속되고 있으나, 점점 남성과 여성이 공동으로 담당해야 한다는 주장이 힘을 받고 있다. 이러한 관점에서 독일의 저널리스트이고 『엠마(*EMMA*)』 발행인인 알리스 슈바르처(1942-)는 남성과 여성의 차이를 중심으로 여성의 자리를 가정이라는 좁은 공간으로 규정지어 왔음을 비판한다.

집안일은 사람의 일이지 여자의 일이 아니다……가정에서 남편과 아내의 가사 분담은 세상에서 남녀가 있어야 할 자리를 알려 준다. 여자의 자리는 대체로 옹색하다. 투덜거리는 구두쇠처럼 몇 개의 접시를 닦았는지, 침대를 몇 번이나 정돈했는지 점검하는 일 말고는 다른 아무 문제도 없어 보인다. 남자의 자리는 그런 사소한 것에 신경조차 쓰지 않는 귀족의 자리다(슈바르처, 2000).

이상에서 간략히 살펴보아도, 여성이 가정에서 행했던 '돌봄' 역할은 매우 논란의 여지가 많은 것임을 알 수 있다. 따라서 이러한 경우를 염두에 두고, 반드시 여성에게 입혀진 돌봄 윤리라는 것에 대한 철학적 재고찰이 필요한 것이다. 남성과 여성 모두에게 적절한 형태로서의 돌봄 윤리가 마련되어야 하는 것이다. 여성의 관점에서 정립된 돌봄 윤리에 관한 이론은 여성 혹은 남성을 지배하고 통제하기 위해 고안된 것이 아닌, 더 나은 세상과 그것에 대한 더 나은 이해를 위해 고안되어야 한다. 휴스턴이 제기한 질문의 근본적이고도 실제적인 문제는 바로 이것에 있는 것이다.

휴스턴의 질문에 대한 가장 강력한 대응은 돌봄 윤리가 단지 여성에게만 국한된 것이 아님을 지적하는 것이다. 돌봄 윤리는 여성의 삶에만 국한지어 생각되어서는 안 된다. 그렇게 된다면, 억압적인 여성의 삶은 끊임없이 지속될 것이다. 이 점이 바로 돌봄 윤리가 인간의 상호 의존성과 공동체를 지향하는 교육 특히 시민 기초 교육에서 강조되어야 하는 이유다. 노딩스가 지적한 바와 같이 교육에서 강조할 것은 왜 대상을 돌보아야 하고, 어떻게 대상을 돌보아야 하는지 바로 그것인 것이다.

남성 윤리와 여성 윤리

돌봄 윤리는 여성적 윤리인가 여성주의 윤리인가? 여성적 윤리라고 명명될 때 몇 가지 위험 요소가 내포되어 있음이 지적될 수 있다. 최근까지 '여성의 관점으로부터의 윤리(the ethics from the standpoint of women)'[19] 혹은 '여성 윤리(female ethics)'의 용어 속에는 대립적 의미가 강하게 부각되었다. 여성은 오랜 동안 남성에 비해 도덕적으로 열등하며, 남성에게 윤리적으로 위험한 존재로 간주되어 왔다. 여성의 열등성은 제거될 수 없으며, 그것은 끊임없이 재생산되어 벗어날 수 없는 박탈감으로 작용할 것으로 여겨졌다. 여성의 선함(goodness)은 남성의 기준에 부합할 때만 인정될 것을 강요받았다. 그러나 이 때의 선함이란 진정한 도덕적 행위자가 성취할 수 있는 윤리적 선함이 아니다. 남성의 기준에서 여성의 선함은 복종, 근면, 침묵, 그리고 봉사로서 구성된다고 노딩스(Noddings, 1999)는 지적한다. 여성의 선함은 동물이나 도구처럼, 전적으로 "남성에 대한 유용성의 관점"에서 측정되었다는 것이다. 양육자로서의 여성의 전통적인 역할 위에 토대를 두고 있는 윤리적 가치에 대해서는 많은 논쟁 요소가 스며들어 있다. 이러한 성별화 윤리에 대한 반대적 접근은 다양한 원인에서 비롯되는데, 노딩스(Noddings, 1999)는 이에 대해 세 가지 반대 요인을 제시한다.

첫째, 성별화된 돌봄 윤리에 대한 첫 번째 반대 이유는 돌봄(caring)과 양육(nurturing)의 속성이 다소 여성의 자연적이고 본능적인 요소와 연결된다는 관점에 대한 것이다. 여성은 자신의 가족의 삶을 위해 헌신과 자기 희생을 해야 하는 존재로 이해되었던 것이다. 그러나 이러한 그녀들의 행동에 윤리적 타당함을 부여할 수 있는 명백한 증거는 존재하지 않는다.

둘째, 성별화된 돌봄 윤리에 대한 두 번째 반대 이유는 돌봄의 윤리가 여성에게 심리적 두려움에 의해 형성되었다는 관점에서 비롯된다. 돌봄의 경험은 여성으로 하여금 남성에 대한 예속성을 유지하도록 하고, 여성들로 하여금 자신이 상황의 불행을 제공한 원인 제공자임을 자책하게 만드는 "불운적 경향성: 여성들은 자신이 맺어가는 상황의 관계 속에서 일이 그릇된 방향으로 진행된다면, 그것의 모든 책임을 자신의 부도덕함으로 돌리는 자책의 성향을 보임"을 강화하도록 한다.

---

19 이러한 표현은 노딩스가 사용했으며, 이에 대한 상세한 분석은 노딩스(Noddings, 1999)를 참조할 것.

셋째, 성별화된 돌봄 윤리에 대한 세 번째 반대 이유는 여성의 윤리에 관한 생각이 도덕성에 대한 철학적 연구로서의 윤리학의 보편성과 모순된다는 관점에서 비롯된다. 이 관점에 따르면 여성의 윤리는 마치 '기업윤리' 혹은 '인성윤리'처럼 철학적 윤리학의 세부적인 하위 영역으로서 존재한다는 것이다. 이러한 입장에서는 여성의 윤리가 결코 일반화된 윤리학으로서의 위상을 가질 수 없다.

여성적 관점에서 윤리학의 구성은 여러 가지 인류 복지에 기여하는 점이 많음에도 불구하고 성별화된 '여성윤리'라는 틀에 갇혀서 제한적인 관심을 받고 있다. 예를 들어 권리에 대한 동기나 요구를 강조하고, 의무에 대해 자발적인 사랑을 강조하는 등 인류의 복지, 번영에 기여한다는 점에서 중요성을 지니고 있으나 이의 가치가 제대로 인정받지 못하고 있다는 것이다. 따라서 성별화된 윤리학의 이념으로부터 여성의 윤리를 방어하는 것이 필요하다고 노딩스는 강조하고 있다. 이러한 관점에서 본다면 여성적 윤리보다는 여성주의 윤리로 명명하는 것이 불필요한 오해를 피할 수 있을 것이다.

1) 남성 윤리

여성의 윤리나 가치라는 용어를 사용함에 저항을 하는 경우, 그러면 남성의 윤리도 있는 것이냐는 질문을 하게 된다. 노딩스는 이 문제에 대해 몇몇 철학자들의 관점을 소개하며, 비판적인 입장을 취하고 있다. 현재까지 학문의 세계에서 철학이나 윤리라고 말해진 것이 남성의 것처럼 인식되었다면, 여성의 관점을 밝히는 것은 반드시 필요할 것이다.

일반적으로 우리가 철학, 윤리라고 말하는 영역은 남성(male)의 것인가? 노딩스는 이 질문에 대해 진 그림쇼(Jean Grimshaw, 1986)의 진술을 인용하며 반박하고 있다. 그림쇼는 철학자의 대부분이 남성이라고 해서 철학을 필연적인 남성의 영역으로 국한지을 수 없으며, 중요한 철학자들이 남긴 문헌 중에서 여성혐오증을 반영하고 있는 것들이 잘 문서화되어 있다 할지라도 그

것이 철학의 영역을 남성의 영역이라고 간주할 수 있는 근거는 될 수 없다고 주장한다. 여성혐오증을 드러내는 문서들에는 심지어 여성을 등장시키는 것조차 그 문헌을 오염시키는 것이라고 표현한다. 그렇기 때문에 우리는 철학이 남성의 영역이고, 그렇기에 보편성을 지닌다는 생각에 대해 의구심을 가져야 한다는 것이다.

우선 첫 번째로 노딩스는 성별적 편견을 언급한 철학자로 이마누엘 칸트(Immanuel Kant)를 꼽고 있다. 칸트는 그의 저서 『두 성별 간 관계에서의 아름다움과 웅대함 사이의 차이와 특성(*Of the Distinction Between the Beautiful and Sublime in the Interrelations of the Two Sexes*)』에서 남성과 여성의 타고난 속성을 다음과 같이 언급한다. 이는 여성과 남성의 차에 대한 중요한 진술이므로 그대로 옮겨보기로 한다.

> 여성의 선함은 심미적으로 아름다운 데에서 확인되며 반면 남성은 고귀하고 웅장함에서 그 선함을 확인할 수 있음을 지적한다. 칸트는 또한 여성은 아름다운 모든 것에 감정적으로 반응하는 본래적 속성을 지닌 존재이기 때문에 깊이 있는 사고 과정은 여성들에게는 필요 없는 과정임을 언급한다. 그에 따르면 여성들에게 이성적 사고 과정(reasoning)은 불가능하며, 자연스러운 것이 아니다. 칸트는 그의 윤리이론을 발전시켜 나가면서, 의무(duty)와 원리(principle)의 개념을 사랑(love)과 성향(inclination)의 개념보다 격상시킨다. 칸트에게서 사랑으로부터 나온 행동은 도덕적 행동으로서의 자질에 부합되지 못한다. 단지 이러한 행동이 의식적인 복종과 연결지어질 때 도덕적 행동으로 인정한다. 감정과 느낌은 신뢰할 만한 것들이 못되며, 때문에 감정적 성향이 강한 여성들은 감정의 영역과의 분리가 불가능하기 때문에, 감정적 절제를 요구하는 도덕 행위와는 접목될 수 없다. 여성은 사적인 삶에서 그녀들의 태생적인 사랑과 위안, 유연함의 감정을 발휘할 뿐이어야 하며, 때문에 공적인 삶으로서의 정치 · 사회적 · 학문적 영역에서의 여성은 부적합하며, 그 영역은 남성에 의해 유도된다(Noddings, 1999: 384).

노딩스는 칸트의 견해, 즉 남성과 여성은 본질적으로 차이가 있고, 도덕적 행위에서 다른 성향이 있으며 더 나아가 남성의 도덕 행위가 여성의 도덕 행위보다 우월하다는 입장은 어쩌면 그의 성에 대한 관점을 추론한 것에 불과할지도 모른다고 해석한다. 그러나 지금 우리에게 칸트의 도덕철학 관점이 중요한 이유는 지금까지도 칸트의 이러한 관점이 서구 사회의 윤리 영역에 가장 막대한 영향력을 끼쳐 왔다는 사실 때문이다. 이러한 점을 인식한 이상 우리는 우리 삶에서 발견되는 성별화된 삶의 양식들을 비판적으로 생각해 보지 않을 수 없는 것이다. 성별화된 관점으로부터 자유로운 윤리 정신을 구축한다는 것은 이미 성별화된 사회구조 안에서는 불가능할지도 모른다. 혹자는 사회구조의 균형을 유지하지 않은 채 성별화된 관점을 벗어 던진 자유로운 윤리 정신을 추구하는 것은 오히려 비정상적 형태만을 양산할 것이라는 주장을 하기도 한다.

한편 트론토에 따르면 비록 돌봄의 윤리가 페미니스트들에게 중요한 관심사임에도 불구하고, 이러한 논쟁은 반드시 성적 차이를 밝히는 것에 중점을 두는 논쟁이 아닌, 그것이 "도덕이론으로서의 윤리적 적합성을 가지는지를 탐색하는 것"에 중점을 두어야 한다는 것이다. 돌봄, 배려의 행위가 여성들에게 많이 나타나기는 하지만, 그것은 남성들도 언제든지 할 수 있는 것들이며, 또한 우리가 돌봄, 배려의 활동을 더욱더 자세하게 분석해 내기 위해서는 오랫동안 지속되어 온 여성의 삶과 경험을 분석해야 한다. 그리고 오랫동안 지속되고, 발전해 온 성별화된 돌봄, 배려에 관한 이론들에 대한 재평가를 해나가야 한다.

또 다른 예로서 프리드리히 니체(Friedrich Nietzche)의 여성 윤리 관점을 제시할 수 있다. 윤리학에서 성에 대한 니체의 관점은 칸트의 관점처럼 남성과 여성의 명확한 차이를 기반으로 하고 있지는 않다. 오히려 니체의 관점은 세심하게 선택된 윤리학 전체의 토대를 제공하고 있는 남성성(masculinity)에 기반을 두고 있다. 니체에게 도덕적으로 잘 단련된 남성이란 존재는 누군가와 경쟁했고, 누군가를 복종시킨 용기 있는 전사(warrior)이며 여성과 노예는 경멸된다. 여성적 덕목을 갖춘 기관이나, 어떠한 여성적 속성 역시 경멸된다. 니체는 사랑과 온유함을 강조하는 교회에 대해 큰 희망을 오염시키는 것으로 간주했고, 미(美)의 속성은 부정되어야 한다고 주장했다. 그에 따르면 가장 높은 수준의 성공적인 삶의 형태는 자율성을 추구하고, 독재적 · 투쟁적 삶을 보여 주는 남성의 삶이다. 그의 철학은 분명 남성성을 최고 우위로 두고 있으며, 여성성과 관련된 어떠한 가치도 평가절하하고 있다.

니체의 관점과 같은 맥락을 보이는 20세기 인물로 오토 바이닝거(Otto Weininger)를 들 수 있다. 그는 남성 찬양주의적 · 개인주의적 시각을 가지고 여성에 대한 더욱더 신랄한 비판과 평가를 내렸으며, 여성 비하적인 저서들을 출판했다. 노딩스는 세 남성 철학자 칸트, 니체, 바이닝거 등의 관점을 분석하면서 그들이 공통적으로 여성 윤리를 부정하고 있음을 지적한다. 그들의 학문적 · 철학적 입장은 제각기 다르지만, 여성성에 대한 입장에서는 일치된 견해를 보여 주고 있는데, 그들에게 여성은 합리적 사고의 능력이 결여된 존재이며, 아이들처럼 순진함과 순수함을 추구하는 존재이고, 윤리와는 어떠한 관련성도 맺고 있지 않은 존재로 묘사된다(Noddings, 1999).

이 밖에도 노딩스가 제시하는 다른 사례는 윌리엄 제임스(William James)다. 도덕이론과 관련하여 성에 대한 제임스의 입장은 그의 '전쟁(war)'에 대한 입장 표명에서 드러난다. 그는 전쟁의 참혹성, 야만성에 대해 비판적인 입장을 취하나 그가 지지하는 행정과 지도 입장은 지극히 남성성 패러다임에 기반한다. 니체 학파에 근간을 두고 있는 여성적 윤리(female ethics)에는 비록 교훈적일지는 몰라도, 그러나 그 개념은 매우 격렬하고 난폭하며 은밀하게 여성을 억압하고 있다. 그것은 분명 자기 모순이다.

이상 남성 철학자의 여성 윤리에 대한 시각을 보면 남성과 여성 윤리에 관한 성차별적 관점들이 나타나고 있음을 알 수 있다. 성별적 차이를 부각시킨 점은 확실한데, 아직도 여성 윤리의 존재 여부에 대한 답은 나와 있지 않다. 그렇다면 여성 윤리는 존재하는가, 있다면 그것은 과연 무엇인가? 이와 같은 질문은 여성주의 교육학에서 필연적으로 다루어져야만 한다. 어떠한 가치를

2) 여성 윤리

남성 윤리에 대비하여 여성 윤리는 존재하는가? 여성 윤리학에 대한 반대의 입장에는 세 가지가 있다. 첫째, 성적으로 구별화되어 있지 않은 영역을 성별화하려는 시도는 여성윤리학 영역에서 거의 일어난 적이 없기 때문에, 이 부분에 대한 반대의 입장은 거의 무시되었다고 볼 수 있다. 그렇다면 실질적인 반대에는 다음 두 가지 입장이 있다. 둘째의 반대 입장은 전통적인 여성에 대한 견해와 태도에서는 여성은 윤리, 도덕과는 어떠한 관련성도 가지고 있지 않다고 간주되었다. 따라서 여성의 윤리학은 발전할 수 없다는 입장이다. 셋째의 반대 입장은 여성의 윤리학이 여성을 더욱더 주변화 · 조건화시킨다는 입장이다.

두 번째의 반대 입장 경우는 두 가지 주요한 부분을 갖는다. 전통적인 여성의 일에 대한 일반적인 개념은 여성의 도덕적 행위자로서의 사고를 요구하지 않는다. 그리고 훨씬 더 일반적인 생각은 매일의 일상적 삶에서 윤리라고 하는 것은 적용되는 것이지, 발전하는 것으로는 생각되지 않는다. 특이나 전자의 첫 번째 부분의 입장을 가진 이들은 다음과 같은 질문을 어떻게 받아들일까?

여성의 전통적 관점에서의 일은 개방적인 태도를 취하고 있는가? 사고의 방식(way of thinking) 혹은 존재의 양식(mode of being)은 여성의 윤리적인 속성에 기여하는가? 이러한 질문에 대해 많은 페미니스트들은 긍정적인 대답을 할 것이며, 돌봄의 현상과 개념을 분석하며, 덕목, 가치, 종교적 믿음 그리고 재생산 등의 개념 역시 포함할 것이다. 실제적으로 어떠한 가치와 덕목들은 보편적으로 여성의 고유 영역으로 인식되어 왔다. 그러나 그 가치들은 중요한 것으로서 평가받아 오지 못했고, 심지어는 남성들에게는 적용할 수 없는 것으로서 여겨져 왔다. 태생과 재생산, 그리고 정신적 사고 능력에 대한 철학적 설명들은 성과 윤리 사이의 관계를 논하는 장면에서 많은 문제점을 양산해 왔다. 그렇다면 왜 전통적인 여성의 관점에서는 여성의 윤리학이 발전하는 데 저항이 존재했을까? 두 가지 이유가 존재한다고 노딩스(Noddings, 1999)는 주장한다.

첫째, 바로 '그'라는 것의 보편화된 여성의 관점은 존재할 수 없다(There is no such things as " the standpoint of women"). 각각의 여성의 삶과 목소리는 다르다. 그것들은 보편화할 수 없으며, 표준화할 수 없다. 만약 그것을 계속 주장한다면 그것은 표준적 철학(standard philosophy)이 주장하는 과오를 범하게 된다. 그러나 한편으로 이것은 윤리적 방향성을 잡아나가는 데에 중요한 역할을 한다. 이렇게 함으로써 가능한 한 많은 여성들의 삶과 목소리를 담아 낼 수 있기 때문이다.

둘째, 여성처럼 되는 것에 대한 두려움이 여성 윤리 발전의 저항적 요소가 되었다. 여성같이 되는 것에 대한 두려움은 많은 페미니스트들이 직면하고 있는 두려움이다. 즉 여성이 되는 것에 대한 두려움이 아니라, 전형적인 고정관념의 여성처럼 되어 가는 것에 대한 두려움을 의미하는 것이다. 여성에 대한 전통적인 시각에서 여성은 깊이 있는 사고를 할 수 없는 존재이며, 지적 · 도덕적 접근이 미약한 존재다. 따라서 여성과 연결되는 삶의 영역은 아이를 양육하고 집안을 돌보는 것이었다. 이러한 여성에 대한 전형적(stereotype) · 부정적 형상에 대한 인식이 여성으로 하여금 여성처럼 되는 것에 대한 두려움을 갖게 했으며 때문에 여성 윤리의 발전은 순조로울 수 없었다.

여성 윤리에 대한 대안적 관점은 여성 윤리를 여성과 관련된 도덕적 문제 — 낙태, 이혼, 양육, 강간, 고용 기회, 대리모 문제 — 등에 여성들이 직접 철학적으로 참여할 수 있는 분야로서 인정하는 것이다. 돌봄의 윤리를 발전시키기 위한 프로그램을 강화하는 것은 여성의 문제를 연구함으로써 여성적 시각이 여성의 삶의 경험으로부터 도출된다는 것에서 의미가 있다. 이처럼 여성의 삶과 경험에 주목하고, 그것의 윤리성을 인식하는 움직임은 지금의 사회구조 안에서 윤리적 문제를 새롭게 위치짓고 비판적인 통찰력을 갖추어

나가는 계기가 될 것이다. 여성의 삶의 경험이 갖는 중요성을 인식하기 위해 샬럿 길먼(Charlotte Perkins Gilman)의 견해와 슐라미스 파이어스턴(Shulamith Firestone)의 움직임에 주목할 필요가 있다. 우선 길먼은 여성의 경험의 대표적인 한 부분으로서의 요리(cooking)를 신랄하게 비판한다. 또한 그녀는 마르크스주의자의 구조론으로부터 요리 등 여성의 가정 활동에 대한 자신의 비판적 관점을 확보한다. 한편 파이어스턴은 여성의 출산에 대해 이의를 제기한다. 이 두 여성에게서 공통적으로 발견되는 것은 "여성이 공적인 삶의 영역에서 평등함을 얻기 위해서는 출산, 요리 등 여성 삶 영역 안의 기본적인 활동들을 공격해야만 한다"는 점이다. 그러나 길먼과 파이어스턴의 주장에는 몇 가지 문제점이 있다. 우선 가장 큰 문제점은 공적인 삶의 평등함은 여성들이 사적인 영역에서의 여성 활동을 면함으로써 획득될 수 있는 것이 아니다. 노딩스 또한 이것은 여성의 삶에 대해 무비판적이고, 비반성적인 태도가 가져온 그릇된 분석이라고 공박하고 있다.

이에 대한 논의를 지속하기 위해 노딩스는 전문화를 지향하는 여성의 직업을 고찰함으로써 문제 해결을 위한 통찰력을 가질 수 있다고 제안한다. 가르치는 일(teaching), 간호하는 일(nursing), 그리고 아이를 돌보는 일 등 모두 준전문직(semi-professions)으로서 중요한 딜레마를 지니고 있었다. 전문화는 보통 고객과의 친밀하고 사적인 접촉으로부터 어느 정도 분리 가능한가 하는 수준의 정도를 의미한다. 그러나 위에서 언급한 반전문직으로서의 업무들은 완전한 분리가 어려운 직업들이다. 예를 들어 전문적 교육을 받은 간호원의 경우 음식을 스스로의 힘으로 먹지 못하는 환자에게 친밀한 도움을 끊임없이 제공해야 한다. 즉 여성이 하고 있는 많은 준전문직적 직업들은 사랑을 기울여야 하는 주의깊음과 권위를 유지해야 하는 전문적 성격 사이의 딜레마에 빠져 있다는 것이다. 그러나 제대로 교육받고 이러한 직종에 종사하는 여성이 자기 분야의 진정한 전문가가 되기 위해서는, 그녀들이 타인을 위해 애정을 쏟는 일이 비록 허드렛일이라고 불릴지라도 그러한 평가절하에 대항하여 자신의 일을 소신 있게 해나가야만 한다. 즉 이러한 딜레마의 해결은 전문직이라는 것이 무엇인지에 대해 여성적 시각에서 재정의할 때 비로소 달성되는 것이다. 오늘날 공동체, 직업, 그리고 모든 사회의 문제에서 윤리적 · 철학적 고찰이 요구된다. 노딩스는 윤리를 인간의 삶의 경험과 연결시켜 규정짓는다. 즉, 철학의 역할이란 몇몇의 위대한 철학자들에 의해 윤리를 창조해 내는 것이 아니라, 그것은 윤리적인 삶과 경험에 대한 비판적 준거 제시와 그것에 부합하고자 하는 노력에 의해 윤리, 도덕을 유도하는 것임을 강조한다.

인간의 본성과 경험을 다루는 심리학에서는 도덕이론의 지지 기반을 경험적 정당화에서 찾는다. 이것은 부분적으로 사실이다. 연구들에 따르면, 여성의 경우 남성의 경우보다 인간 관계를 맺는 데 더 많은 초점을 둔다. 그러므로 인간 관계를 중점으로 하고 있는 분야의 전문직은 여성이 강세인 경향을 보인다. 분명 이러한 분야에는 돌봄의 윤리가 그 전문성의 지지대를 형성하고 있다. 하지만 이 점에 대해서는 여성주의자들 간에 이견이 있다. 과연 모든 여성들이 이러한 돌봄의 윤리에 친숙한가? 그것은 여성이라는 생물학적인 구분에 기인하는 특성인가? 노딩스는 이러한 경향을 모든 경우의 여성으로까지 확대하여 일반화할 수 없다는 입장을 밝히고 있다. 길리건의 지적대로 여성들은 제각기 다른 자신의 목소리를 지닌 존재다. 때문에 여성, 각자의 삶과 경험에 대한 분석과 고찰이 여성의 관점에서의 윤리학을 구성하는 데 적합한 지지대를 제공할 것이다. 그림쇼에 따르면 이론이라는 것은 단지 현상을 보고 이해하는 방법에 지나지 않는다. 그것이 온전히 절대적인 위상을 차지함으로써 다른 어떠한 대상을 통제하고, 억압하는 수단으로 존속할 수는 없는 것이다. 따라서 우리가 해야 할 것은 그 이론이 가지고 있는 강점과 약점을 우리의 삶 속에서 모색하기 시작하는 것이다.

돌봄에 대한 여성주의 접근

앞에서 돌봄, 배려가 현재의 도덕이론에 어떻게 도전하고 있는지를 살펴보았다. 돌봄, 배려는 사람들의 삶을 더욱더 풍부하게 해 준다는 사실은 자명하다. 그럼에도 불구하고 돌봄, 배려의 행위를 우리와 가까운 이들을 위해서만 보살피는 행위로 국한짓는다면 그것은 치명적인 결함으로서 부각될 것이다. 이제까지 가부장 사회에서 여성들의 돌봄 행위는 가까운 가족, 친척들에게 제공되어 왔던 것이 보편적 현상이었다. 이것은 돌봄이 여성적 행위로서 제한적인 가치를 지니는 것으로 평가된 배경이기도 하다. 우리는 돌봄, 배려를 어떻게 하면 도덕적으로 유지시킬 수 있을 것인가를 끊임없이 생각해야만 하며 돌보는 대상 그 자체에 대한 도덕적인 고려를 끊임없이 추구해 나가야 한다. 이것은 매우 어려운 과정이기는 하지만, 해결 가능한 접근법의 하나로 트론토는 돌봄, 배려의 행위를 현재 사회의 상황이라는 배경을 감안해 놓고 분석해야 함을 제안한다. 현 사회의 가치, 기대, 제도 등에 뿌리를 둔 채 문제에 접근해야 한다는 것이다. 이러한 전제를 기반으로 트론토는 이 사회의 돌봄, 배려에 대한 최소한의 일반화를 다음과 같이 유추했다. "남성은 대상에 대해 관심을 갖고, 여성은 대상을 돌본다(Men care about; Women care for)."

그러나 이와 같은 돌봄, 배려에 대한 전통적인 성별화 각본은 언제까지 가능할 것인가? 트론토 역시 이 각본은 재정의되어야 한다고 주장한다. 우리 사회의 성별화되어 있는 돌봄, 배려의 개념은 의문시되어야 하며, 또한 돌봄, 배려에 대한 페미니스트와 여성적 설명의 차이점은 고려되어야 한다.

돌봄, 배려는 윤리에 대한 여성적 접근인가? 노딩스에 따르면 그것은 여성의 삶의 축복과 정당성을 의미한다. 한편 여성성(feminity)은 남성성(masculinity)과 상반된 개념으로 인식된다. 이와 같은 맥락에서는 여성을 'caring for'하는 구체적인 행동과 남성들이 'caring about'하는 행동은 훨씬 더 공적/사적으로 대립하게 된다. 트론토는 이러한 생각이 잘못되었음을 지적한다. 이제까지의 "주의 깊게 마음쓰고 경청함(attentiveness)"으로서의 돌봄, 배려는 여성 혹은 억압적인 상황에 놓여 있는 이들의 살아남고자 하는 기제의 반영이라고 주장한다. 그것은 결코 그녀들의(혹은 그들의) 내적인 가치, 성질이 아니며, 돌봄을 이해하는 다른 방식은 그 사회의 가장 주변부에 위치한 이들의 윤리로서 이해하게 된다는 것이다. 그것은 분명 그들이 중심부에 위치하지 못함으로써 그들이 사회에 적응하기 위해 택하게 된 살아가기 위한 삶의 태도이고 방법이며 그것은 분명 자신들이 우수함을 인정받기를 기대하면서 택하게 된 필요성으로 이해해야 함을 제안한다. 노딩스는 그것을 '마음씀'이란 용어로 명명한 것이다.

우리는 왜 여성적(feminine) 접근이 아니라 여성주의(feminist) 접근을 시도해야만 하는가? 돌봄, 배려에 대한 여성적 접근은 우리 사회의 돌봄, 배려에 대한 더 넓은 문제를 지적하는 시발점이 될 수 없다. 여성적 접근의 한계는 무엇인가? 여성적 접근은 여성의 할 수 있음(do)을 평가 절하해 온 사회의 전통적인 각본을 필연적으로 내포하고 있기도 하다. 트론토는 여성적 접근은 사회에서 여성을 비롯한 약자에 대한 인식을 문제시하고, 그것의 그릇됨을 지적하며, 우리 사회의 도덕적 범주에 대해 근본적인 재검토를 끊임없이 요구하고 변화시키려는 여성의 의식화를 이루어 내지 못한다고 주장한다. 그러나 대조적으로 돌봄, 배려에 대한 페미니스트들의 접근은 다르다. 그들은 "다른 사람을 돌보는 것"의 의미를 도덕적 관점에서뿐만 아니라, 우리 사회에서의 일상적인 삶에서의 돌봄의 의미에 대한 재조명, 재구조화 문제로까지 확장시킬 것을 필요로 한다. 결론적으로 여성주의 관점에서 돌봄 윤리를 어떻게 이해해야 할 것인가에 대해 핵심 요점은 다음과 같다.

첫째, 돌봄 윤리는 자기 이익을 추구하는 현재의 도덕이론 관점에서 이해되어서는 안 된다.

둘째, 대상을 위한 돌봄, 배려(caring for)는 대상과의 구체적인 관계, 연결을 맺을 때에만 비로소 가능하다.

셋째, 돌봄 윤리는 일상의 삶이나 사회적 · 정치적 맥락과 구분되어 생각될 수 없다.

넷째, 사회적 맥락에서 대상을 위한 돌봄, 배려 자체의 의미를 이해하고 도덕적 의의를 찾아내는 것이 필요하다. 또한 그 자체에 대해 의미 있는 돌봄, 배려를 행하는 것이 중요하며, 이것이 여성주의 이론이 지향해야 하는 방향이다.

도덕적 행위 안에서의 돌봄, 배려가 현재의 도덕이론의 구조 안에서 이해되어서는 안 될 것이다. 여성의 속성으로서의 상냥함, 주의 깊음에는 도덕적 주체로서 상승하고자 하는 개인의 교환 지향적 의도가 반영되어 있음을 알아야 한다. 우리는 반드시 마음씀의 의미를 우리 자신 안의 자율성, 자아, 지식, 그리고 더 나아가 시장의 효과성과 연결지어 진지한 의문을 제기해야만 한다. 이러한 문제들은 여성주의자들이 추구해야 하는 정치적 · 도덕적 과제이며 이러한 과정을 통해 돌봄, 배려의 의미는 되살아날 것이다. 여성주의 이론은 좋은 돌봄, 배려의 속성을 면밀히 기술해야 하는 과제를 안고 있다. 이것은 특별한 상황에서만 이해되는 것이기에 굉장히 어려운 작업이기는 하지만, 반드시 필요한 작업이다. 우리가 살아가고 있는 사회, 삶의 정치적 · 사회적 맥락을 고려함으로써 그 속에서의 돌봄의 의미를 되짚어보고 모색해 나가는 것, 이것은 궁극적으로는 우리 사회의 제도, 구조의 문제까지 포섭하여 재고찰해 나가는 의미 있는 기회를 제공할 것이다. 최근 여성주의가 경계 허물기, 타자 배제의 극복으로 좀더 적극적인 약자 우선 관점을 견지하게 되면서 돌봄의 개념은 더욱 중요해지고 있다. 능동적인 자기주도성의 학습과 그로 인해 타인들의 학습을 촉진하는 학습 사회로의 이행에서 돌봄 행위자들이 리더십을 발휘할 것으로 기대되고 있다. 여성주의 학습문화 창출로 이어지는 일련의 대안적 교육 패러다임의 출현은 이러한 돌봄과 배려의 실천을 가능하게 만들어 줄 것이다.

이제까지는 민주시민성의 기초인 도덕성 발달을 중심으로 여성주의 윤리의 토대인 돌봄과 배려에 대해 논의했으며, 다음 장에서는 이러한 여성주의 가치지향성이 어떻게 학습문화로 연결되는가에 대해 살펴보기로 한다.

제7장 여성주의 학습문화 창출

1. 여성주의 교육학의 학습문화

여성주의 교육학에서 교육은 곧 문화 현상이며, 삶의 터전에서의 모든 교육 현상을 포함하도록 요구한다. 왜냐하면 문화란 삶의 터전에서 생성되고 학습되며, 그 주체인 인간의 모든 문화활동에서 학습 현상이 관찰되고 있기 때문이다. 문화는 인위적 산물이므로 인간에 의해 수용 또는 활용되는 것으로서 개인들의 행위가 핵심 요소다. 자연과 자연, 자연과 인간, 인간과 인간 상호간에 상호작용이 이루어지고, 그 상호작용 속에서 새로운 무엇인가를 만들어 내는 힘이 창의력인데, 여성주의 학습문화 창출의 과제는 바로 이러한 창의력을 극대화하기 위한 노력이다.

여성주의 학습문화는 여성주의 세계 질서 구축을 위해, 개인의 삶의 질 향상과 사회 변화를 동시에 추구하고자 하는 노력의 과정에서 창출된다. 문화를 창출하고자 하는 데에는 이를 추진하고 성취 가능하게 하는 역량이 필요하다. 즉, 문화적 역량이 요구된다. 여기에서 문화적 역량이란 문화의 창조자/생산자와 문화의 수용자/소비자로서의 역량을 의미할 뿐만 아니라, 다양한 삶의 모습을 이해하고 다양성과 다원성을 존중하는 자세, 그리고 성찰적 사고와 판단력 등을 포함하는 개념이다. 즉, 교육과 학습을 통해 삶의 의미를 찾는 과정에서 개인적인 자아 중심을 넘어 공동체의 삶에 긍정적인 기여를 하고자 노력하는 의지와 힘, 태도, 열정이 필요하다는 것을 인식하고, 이를 통해 사회적 변화에 기여할 수 있다는 사회적 공감대를 형성하는 것이 필요하다. 따라서 기존의 형식 교육기관에서 다루던 지식교육보다는 삶의 터전에서 진행되는 포용과 관용을 중심으로 한 지혜의 학습 현상과 학습문화에 더 많은 관심을 갖게 된다.

그렇다면 여성주의 학습문화는 과거의 학습문화와 어떻게 다른가? 여성주의의 모습은 매우 다양하므로, 어떠한 여성주의 시각(視角)에서 보느냐에 따라 여성주의 학습문화는 상당히 다른 모습으로 나타날 수 있다. 물론 여기에서는 여성주의 가치가 구현되는 상생의 학습문화를 의미한다. 다시 말해 이 책의 앞 부분에서도 서술했듯이 성기성물(成己成物)의 모성 양식이 교육 실천에서 구현되는 돌봄과 배려의 여성주의 학습문화를 일컬으며, 이를 중심으로 논하기로 한다.

그동안 여성들은 자신의 가치가 평가 절하된 삶의 환경에 직면하고 있으면서 자신의 목소리를 찾기 위해 성 불평등의 문제를 지속적으로 제기해 왔다. 따라서 그동안 여성주의 교육학에서의 교육적 과제는 불평등과 소외 상태를 어떻게 극복하는가에 초점이 모아졌다. 이러한 맥락에서 성 평등 실현을 위한 여성 교육으로서의 여성주의 교육(feminist pedagogy)은 상당한 성과를 거두고 있으며, 많은 연구 결과물들이 축적되고 있다(Arnot & Weiler, 1993; Holland & Blair, 1995; Luke & Gore, 1992; Weiler, 2001; Fisher, 2001).

페미니스트 페다고지 연구자들은 성 불평등한 교육 체제에 대해 문제를 제기하고, 지금까지의 남성 중심의 교육 체제에서 차별을 받아 온 여성의 문제를 드러내며, 평등을 위한 교육과정적 변혁을 요구해 왔다. 한 성의 불평등한 지위와 존재의 당위성을 옹호해 온 전통적 교육 패러다임을 해체하고 성 평등한 교육 체제를 구축하자는 데 궁극적인 목적이 있다고 할 수 있다. 이를 위해 주변화되고 타자화된 여성의 지위를 바탕으로 중심부를 다시 정의하고 규정하는 정치적 작업이 필요하다는 주장도 제기되었다. 페미니스트 페다고지에서 여성의 문화, 사고, 경험을 중심부에 놓는다는 것은, 지금까지 불평등을 양산했던 주변성과 타자성을 바탕으로 중심부를 재규정하고 재구성한다는 것이다. 아울러 교육학에 대한 여성주의적 접근에서는 여성주의 시각에서 기존의 교육 체제를 재해석하는 활동을 포함한다. 이와 같은 맥락에서 여성들의 삶의 경험과 인식이 남성과 다르다는 차이점을 부각시키고, 여성의 특성과 장점을 밝혀 주는 연구들도 추진되어 왔다(Gilligan, 1982; Belenky, 1986; Goldberger, Tarule, Clinchy, & Belenky, 1996; Maher & Tetrault, 1996; Noddings, 1999; Tronto, 1999; Plumez, 2002). 이러한 연구들은 교육학적 관심을 강하게 표명하고 있기는 하다. 그러나 여성주의 교육학을 단지 성 불평등을 해소하기 위한, 성 평등을 쟁취하기 위한 학문으로서 간주하는 것은 일정한 한계를 지니게 된다. 제2 단계의 여성주의 교육학은 약자 우선 관점을 지니고, 불평등에 대한 민감성을 지니기는 하지만, 여기에 머물지 않고 기존의 불균형적 사고로 인해 한쪽 성에 편중되어 나타난 사회문화적 시스템을 재고찰하여 인류 문화의 수준을 한 단계 높여 주는 여성주의 학습문화의 창출을 시도하는 것이다.

그동안 성 불평등의 관점에서 여성 교육을 다루어 온 여성주의 교육은 상당한 성과를 거두면서 많은 연구물들을 선보였으나, 여성주의 학습문화의 관점에서 여성주의 윤리를 토대로 새로운 학습문화를 창출하고, 여성주의 세계질서를 구축하기 위한 교육학 연구는 이제 시작에 불과하다. 여성주의 학습문화의 창출은 여성의 인식, 정서, 가치 등이 남성과 다르고 여성의 인식 방식(women's ways of knowing: WWK)도 다르다는 관점을 발전시키고, 이 관점에서 교육학을 재조명해 보려는 움직임이다. 이와 같은 시도는 여성주의 윤리(Noddings, 1999; Tronto, 1999)와 여성의 인식 방식(Belenky et al., 1986) 등의 연구에 힘입어 전개되고 있다.

여성주의 학습문화는 프레이리의 비판적 교육학의 영향을 받았음과 동시에 길리건의 돌봄의 윤리나 노딩스의 배려와 보살핌의 교육철학을 기조로 하고 있다. 따라서 학습자들이 자기의 목소리를 갖도록 해 주는 동시에 교육의 실천 과정은 따뜻한 보살핌으로 특징짓게 된다는 것을 알 수 있다. 원자론적 개인 중심의 교육문화와는 상당히 차별화되어 삶의 터전을 바탕으로 연대론적 인간론을 지향하고 있음을 강조하게 된다. 다음에 소개하는 것은 소외받은 집단의 여성들이 성공적으로 학습하게 되는 사례다. 이 연구 사례들은 여성주의 학습문화 창출의 가능성을 예고해 준 연구로서, 향후 이 연구 사례를 통해 공동체 학습문화의 실천 방안을 탐구해 볼 수 있으리라 기대한다.

2. 여성주의 학습문화 사례 I: 삶의 공동체 교육

여성주의 학습문화의 특성은 관계를 중시하는 공동체성 지향이라는 점이다. 이제까지의 교육 현상 중 대표적으로 제시할 수 있는 사례들은 주로 여성들에 의해 실천되어 왔다. 여성 연구에 한 획을 그은 벨렌키는 여성의 인식 방식(WWK)을 통해 밝혀진 '여성의 특성'을 토대로 여성들의 지식 중 침묵(silence knowledge)과 수용적 지식(received knowledge) 유형으로 나타난 소외 집단 여성 학습자들에 특별한 관심을 표명하고 있다. 아울러 그들을 대상으로 하는 성공적 교육 프로그램의 사례 연구를 제시하며 교육 방법의 중요성을 강조하고 있다(Belenky, 1996).[20] 이 사례들은 여성주의 학습문화의 특징을 그대로 드러나게 하는 데 큰 도움이 될 것이다. 아래에서 소개하는 세 가지 교육 프로그램들은 소외집단 여성의 임파워링 과정과 새로운 학습문화의 특성을 잘 나타내 주고 있다.

무형의 배움 공동체

벨렌키가 연구 대상으로 택한 여성들은 매우 취약한 환경에 놓여 있는 어머니들이다. 대부분 비주체적인 존재로서 침묵 또는 수용적 지식 단계의 유

20 여기에 소개하는 사례들은 벨렌키(Belenky, 1996)가 연구하여 제시한 것으로 여성주의 교육학에서의 여성주의 학습문화 연구의 성공적 모델로 인식된다.

형에 속한 여성들이다. 가난한 시골에 살고 있는 어린아이의 어머니들을 대상으로 하는 사회기관 프로그램에서 벨렌키 팀의 연구는 시작된다. 그들은 이것을 '무형의 배움 공동체(The Invisible Colleges: IC)'라고 부르며 그것은 과거 연구해 왔던 학위 수여 기관과는 전혀 다르다. 그곳에서는 세 가지 주요 프로그램들이 운영되었는데, 첫 번째 프로그램은 멘토로서의 자원봉사자를 10대의 어머니들과 연결해 주는 프로그램, 두 번째 프로그램은 아동 학대나 가정 폭력을 극복하기 위한 것으로서, 일하는 부모에게 자가 도움(self-help) 네트워크를 지원해 주는 프로그램, 세 번째 프로그램은 아동의 건강 프로그램으로서 어머니들을 지원해 주는 프로그램이다.

첫째, '무형의 배움 공동체(IC)'는 대부분 여성을 위한 것으로서 여성에 의해 고안되고 여성이 이끄는 조직에 의해 운영된다. IC는 기존의 기관과 같이 남성에 의해 운영되는 것이 아니라는 것과, 그것이 사회적으로 훨씬 더 고립되고, 지원받지 못하며, 가치 평가가 절하된 가난한 여성집단을 대상으로 하고 있다는 데에 큰 의의가 있다. '무형의 배움 공동체'는 많은 주변화된 여성들에게 목소리를 얻게 해 준다. 또한 그들의 마음속에 품은 뜻을 주장하도록 해 주고, 그 결과 가족들이 민주화되도록 도와 준다. 이것은 그녀들에 대한 여러 번의 인터뷰와 재인터뷰를 통해 밝혀졌다. 연구팀은 어린 어머니들과의 대화를 통해 그들이 스스로의 침묵을 깨고 나오는 과정을 관찰하며, '무형의 배움 공동체'의 프로그램들이 이러한 과정을 효과적으로 촉진하고 있음을 확인할 수 있었다고 한다. 그리고 이 프로그램에서 사용된 대화의 방법은 프로그램 참여자의 말하는 능력과 동시에 듣는 역할을 강조하기 때문에, 상호 이해, 상호 존중에 기반한 관계 구도를 구축한다. 이것은 분명 생활과 연계된 교수 방법(connected teaching)의 한 실례이며, 학습자의 생활과 연계된 맥락적 지식(connected knowing)[21]을 유도해 내는 하나의 장면인 것이다.

---

21 연계된 지식은 학습자가 그들의 시각과 눈으로 세상을 바라보게 되는 것을 의미하며, 그들 자신의 용어로써 그들의 이해를 진술해 내는 것을 의미한다. 산파로서의 교사는 학습자로 하여금 자신의 생각을 구성해 내고, 그들의 사고의 성장을 이끌어 낼 수 있는 역할을 하도록 기대된다.

또한 자신의 장점을 보도록 강조하고, 그들이 보았던 것을 비추어보도록 하는 흥미있는 프로그램을 운영하기도 한다. 프로그램 운영 과정에서 산파로서의 교사는 여성들이 그녀들 자신의 생각을 파악하지 못하는 것과 그것에 대해 자신감이 결여되어 있는 것에 가장 큰 어려움을 겪는다고 한다. IC의 이러한 프로그램을 통해 여성들의 세상 속에서 그녀들의 경험을 이해하고, 파악하며, 그것을 바탕으로 그녀들의 미래를 꿈꿀 수 있는 토대를 마련해 준 사례라고 할 수 있다.

둘째, IC가 강조한 프로그램 중 또 다른 한 부분은 자가 도움, 혹은 상호 도움 프로그램이다. 즉 개인의 발전은 자기의 성장을 의미할 뿐만 아니라, 다른 사람의 발전에 지지대가 될 것을 요구받는다. 다른 사람을 지지하고자 하는 이러한 의도는 오랜 시간 동안 무기력하고 의존적이었던 여성들에게 힘을 부여하는 경험임에 틀림이 없다. IC의 프로그램은 어머니와 자녀와의 관계 설정에도 유의미한 지침을 제공한다. 벨렌키는 여성들의 인터뷰와 그 속에 반영된 생각들을 확인하면서, IC를 통해 자신의 마음과 생각을 말하고 주장할 수 있게 된 여성들은 그들의 자녀를 능동적으로 평가하며, 더 나은 삶을 선택할 수 있는 가능성의 존재로 여기고 있음을 알게 되었다는 것이다. 대조적으로 그녀들 자신을 사고자(thinker)로서 인정하지 않는 어머니는 그녀들의 자녀 역시 사고의 과정을 거치지 않는 존재로 간주하고 있음을 밝혀내었다. 이러한 연구 결과를 보았을 때 교육기관에서의 리더들은 여성을 비롯한 소외집단 구성원들에게 자신의 목소리를 갖고, 그리고 자신의 마음을 주장할 수 있도록 힘을 실어 주어야 하는 것이 중요함을 알 수 있다. 이러한 교육 프로그램은 민주적인 가족문화를 형성할 것이며, 민주적 가족문화는 곧 구성원을 변화시키고, 나아가 그들이 속한 사회의 변화도 이끌어 올 것이다. 국제결혼의 급증으로 이주민이 증가하는 다문화 시대 한국의 현실에서 이주 여성의 적응과 문화 형성에 교육적 지원이 필요한 시점이며, 이러한 유형의 프로그램은 매우 유용하게 활용될 수 있을 것이다.

경청 파트너

벨렌키 팀이 유용하게 제시하는 또 하나의 프로그램은 경청 파트너(The Listening Partners Study)다. 연구팀은 캐나다의 경계선에서 멀지 않은 시골 버몬트에 취학 전 아동을 가진 소외되고 고립된 어머니들을 위한 '무형의 배움 공동체'를 고안했다. 이 지역은 가난과 빈곤, 사회적 무질서가 극심한 지역이다. 그들은 이 지역에서의 프로젝트를 '경청 파트너'라고 이름지었다. 그 이유는 이제까지 그들이 여성 지식의 특성으로 강조했던 침묵자와 수용적 지식인을 배려하기 위한 것으로 볼 수 있다. 이 단계의 여성을 발전시키고 지지하는 데에 필수적인 활동은 대화(dialogue), 상호 호혜성(reciprocity), 상호 의존성(mutuality)이며, 이를 부각시키기 위한 조처라는 것이다. 벨렌키 연구팀은 두 가지의 정교한 연구 과제를 설정했다. 첫째, 여성의 앎을 훨씬 더 복잡하고 정교하게 설명하고 발전시킬 수 있는 있는 프로그램을 설정하는 것과 둘째, 자신의 인식 방법을 인식자(knower)로서의 그녀와 그녀의 아이들과의 관계 속에서 설정하는 방법 모색하기의 두 과제다.

연구팀은 저소득층의 소외된 취학 전 아동을 가진 어머니들을 작은 토론 그룹에 포함시켜, 한 집단에 열두 명씩으로 구성하여 두 명의 토론 촉진자를 8개월 동안 일 주일에 한 번씩 아침에 만나도록 했다. 그들은 '무형의 배움 공동체(IC)'에서 그리고 산파로서의 교사들로서 그녀들에게 문제를 해결할 수 있는 기술을 가르쳤으며, 여성들이 오랜 기간 직면해 온 문제들을 그들 스스로 도전하고 해결할 수 있도록 격려하는 방법을 사용했다. 학습 참여자들은 가능한 한 협동적인 활동을 하도록 하고, 공유된 문제를 상의하며, 또한 그녀들의 강점, 성공, 문제 해결을 말할 때에 사용하는 여성의 언어, 어휘를 문서화하도록 고무되었다. 이러한 학습활동을 통해 참여 여성들은 더 깊은 토론, 반성, 문제 해결의 실마리를 찾을 수 있도록 대단한 성장을 하게 되었다. 이러한 '성장의 이야기' 사례를 보여 주는 적절한 예는 다른 남자에 의해 두 번이나 강간을 당한 어느 소녀의 인터뷰에 잘 드러나 있다.

> 나는 다시 한 번 다른 남자에게 강간을 당했습니다. 나는 다른 어떠한 사람들에게도 나의 이야기를 말할 수 없었고, 나는 이미 버려지고 쓸모없어진 느낌이었습니다. 그러나 나는 변했습니다. 나는 그를 찾아가서 그와 직접 직면했습니다. 그에게 왜 나에게 그러한 행동을 했는지 당당히 물었습니다. 그것은 상담자의 도움이 아닌, 나의 입으로, 그리고 나 스스로의 의지와 행동으로 일구어낸 것입니다.……그는 결코 나를 다시 건드리지 않았습니다. 그는 나를 떠밀었으나, 그는 결코 이긴 것이 아닙니다. 그는 아마도 그날 나를 하나의 사람으로서 인식하고 존경했을 것입니다(Belenky, 1996: 339).

위의 예에서 보듯이 그녀는 이제까지 자신을 힘으로 정복하고 학대했던 것으로부터 그녀 자신의 힘으로 해방되었다. 그녀는 그녀 스스로의 힘과 입으로 그에게 자신의 판단을 이야기했고, 그에게 자신을 설명하고 요구하는 바를 말할 수 있게 되었다. 그리고 그는 이러한 그녀의 태도를 인정하고 수긍하게 되었다. 이와 같은 예를 통해 그녀가 여성으로서의 자신의 경험을 통한 반성에 의해 새로운 지식을 생산하고 있음을 알 수 있다. 소외층에 있는 대부분의 사람들은 그들 자신을 부정적으로 인식한다. 그러므로 여성으로 하여금 자신들의 장점을 발견하도록 하고, 그것을 그들의 언어로 문서화하도록 하며, 주의 깊게 살펴보게 하는 것은 매우 의미 있는 일이다. 그것들을 살펴보면 그녀들은 예전에는 알아채지 못했던 자신의 의미와 가치들을 발견하고 진술해 내기 시작함을 알 수 있게 된다.

벨렌키가 실시한 이 프로젝트는 여성의 발전을 촉진하는 활동들이 무엇인가를 생각하게 해 준다. 그것은 여성의 인식 방식과 양육 방식 사이의 관계를 모색하도록 한다. 그들은 2년 동안 120명 여성이 참가해 8개월 동안 매주 토론 그룹을 형성하여 진행된 과정에서 효과의 지속성을 측정하기 위한 세 차례의 인터뷰를 실시했다. 여성으로서의 인식 방식에 대한 생각, 우정의 개념, 인식자로서의 어머니의 아이에 대한 생각, 아이 양육의 철학 등이 다루어졌는데, 이 연구 프로그램의 참여자와 비참여자 간에 현저한 차이가 발견되었다는 것이다. 이러한 프로그램을 통해 여성으로 하여금 목소리를 갖게 하고 그들 자신의 마음을 표현해 내기 위한 힘은 어떻게 키워질 수 있는지를 알게 되는 계기가 된 것이다. 이 프로그램은 분명 참여자의 자기 반성 능력, 대화의 기술, 여성에게 계속적인 발전을 도모하게 하는 동력과 수단을 제공하는 멘토로서의 동료를 사귀는 법을 증진시킨다고 할 수 있다.

벨렌키 팀의 이 연구는 교육학에 매우 소중한 시사점을 던져 주고 있다. 그들은 인터뷰를 통해 자신을 능동적인 사고자로서 인식하는 어머니들은 그들의 아이들도 그들과 같은 능력을 지닌 존재로 생각하고 있음을 밝혀 주었다. 즉 자기 자신을 능동적인 사고자로서 인식하는 여성들은 그녀들의 자녀가 스스로 생각하고 결정하도록 믿어 주고 격려하고 있음을, 반대 경우의 여성은 권위 지향적이고 권력 지향적인 양육 방식을 고수함을 밝혀 주는 것이다. 어머니들이 스스로 능동적인 사고자로 될 수 있도록 도와 주는 것이 자녀 교육보다 우선되어야 함을 시사한다. 더 나아가 어머니를 비롯해 교육자, 행정가, 정치가의 위치에 있는 모든 사람들이 능동적인 사고자가 되어야 함을 알 수 있다. 이 대목은 성인들이 교육자적인 위치에 서고자 할 때는 우선 스스로 학습자의 위치에서 자신과 대상자를 위한 학습을 하고 사회적 인문 교양을 갖추도록 노력해야 함을 제시한 학습 리더십 이론을 뒷받침해 주는 관점이다. 과거에는 한 번 배운 사람은 계속 가르치는 위치에 설 수 있었으나, 다각도로 급변하는 현대 사회에서는 누구나 언제나 학습자가 되어야 하므로 교육보다는 학습에 강조점을 두어야 한다. 경청 파트너 연구는 권위보다 더 중요한 것이 대상에 대한 믿음과 신뢰임을 입증해 주고 있다.

가정공동체

앞서 살펴보았던 '경청 파트너' 프로젝트는 소외된 여성들에게 목소리를 가져다 주고자 하는 여성에 의해 후원되는 능력 함양 프로그램이다. '가정공동체(The Public Homeplace: PH)' 프로그램은 이와 유사한 면도 있지만, 한편으로 중요한 차이점이 있다. 우선 '가정공동체' 프로그램은 구성원들의 공적인 목소리(public voice)를 발전시키기 위함이다. 즉 공동선(common good)을 추구하고 수행하며, 침묵되고 고립된 사람들의 사회적 배치를 위해 비판적 의식을 고양시키고자 계획된 것이다. 또한 '가정공동체' 프로그램은 '경청 파트너' 프로그램보다 상당히 오랜 기간 진행된다. 즉 전자는 20년 이상에 걸쳐 계획되고 고안된 것인 반면, 후자는 8개월 정도의 짧은 기간 진행되는 프로젝트다.

가정공동체 연구 프로젝트는 네 가지의 연구 조직을 갖는데, 첫 번째 연구 조직과 두 번째 연구 조직은 독일과 미국에서 시행된 것으로 고립과 박탈로 고통받는 어머니 집단이 그 대상이며, 여성, 자녀, 가족의 필요에 부응하는 공적인 쉼터 공간을 만들고자 노력한 것이고, 세 번째 연구 조직은 상호 문화적 · 인종적 문제들을 다룬 것으로 시골 지역 브루클린과 도시 지역 뉴욕을 비교한 것이고, 네 번째 연구 조직은 문화적 노동자라고 불리는 미 아프리카 여성을 대상으로, 문화적 기반과 전통을 그녀들의 리더십 창출의 토대로 사용하며, 좀더 커다란 공적 영역으로까지 지원 체제를 마련하고자 한 것이다.

벨렌키는 이 네 가지의 프로그램을 기획한 사람들을 인터뷰하여 그 기관의 실행력에 대한 철학적 기반을 모색했으며, 그 프로그램 참가자들을 대상으로 면접 조사를 한 결과 몇 가지 공통점을 제시했다. 20여 년에 걸쳐 일관적인 연구를 통해 그녀는 이 프로그램들이 표면적인 형태는 상이할지라도 상당히 유사한 공통점을 지니고 있음을 발견했는데, 그것은 그들의 리더십에 대한 접근, 조직, 목적을 나타내는 은유에서 유사성과 공통성을 보이고 있다는 점이다.

우선 이들 조직에서 목소리를 내는 것은 가장 기본적인 목적이며, 민주적 사회로의 전환을 위한 필수불가결한 요소로서 배제된 사람들에게 그들의 목소리를 드러내게 해 주는 것이다. 또한 각각의 조직들은 구체적인 구조나 형태에서 유사성을 보인다. 즉 여성에 의해 초안되기 시작한 이러한 조직들은 수 년을 통해 훨씬 더 정교한 모양을 갖추게 되었으며, 공적인 공간에서의 양육을 창조해 내기 위해 철학적 · 실천적 기반을 마련해 왔다고 볼 수 있다. 그동안 여성에 의해 운영되어 온 조직들에 대한 멸시와 차별은 보편적이라고 인식되고 있다. 사회문화적으로 여성의 전통적인 가정 살림(homemaking)의 활동과 양육이라는 인간 발달 촉진에 대한 가치를 낮게 평가해 왔으므로, 이 조직들은 그동안 사용을 기피하거나 멸시되어 왔던 모성적 은유와 언어를 채택하려고 노력해 왔다는 것이 특이한 점이다. 이러한 작업은 여성의 일, 여성의 역할을 새로이 가치매김하는 데 필요한 과정으로 인식된다.

사실 그동안 어머니들은 공적인 삶에서 철저히 배제되어 왔고, 공적인 삶은 아버지의 영역으로 간주되어 왔다는 것은 거의 전 세계적 공통 현상이라고 할 수 있다. 그런데 이제까지의 사회는 공적인 삶의 영역을 인간과 공동체의 발전을 도모하는 시민적 사업이나 프로젝트를 조성해야 하는 것으로 간주하고 공통의 관심사나 대화를 만들어 내고자 주력했다. 즉 이러한 기관들은 가진 자와 가지지 못한 자들의 증가하는 격차를 해소하기 위해 과거의 아이, 가족, 공동체의 성장 발달을 파악하고 분석 해체하는 데에 주력하기도 했다. 비록 이러한 기관들에 대한 연구, 조사가 이루어진 적이 없고, 그 때문에 적당한 명칭조차 부여받지 못한 상황일지라도, 이러한 기관들은 분명 민주적이고 배려가 있는 사회로의 이행을 위한 기관임에 틀림없다. 즉 이러한 기관은 새로운 자기 존중, 조직의 정체성, 공공적 기술 그리고 협동의 가치, 시민적 정신, 덕목을 창출하는 공간으로 볼 수 있다.

'가정공동체'는 배제되고, 소외되며, 침묵된 사람들의 공적인 목소리의 발달을 유도한다는 점에서 '경청 파트너'보다 사회적 공동선 지향에 더욱더 적합하다. 즉 '경청 파트너'는 각 개인의 발달을 위해 힘을 부여하고 키울 수 있는 것이기는 하지만, 좀더 넓은 범위의 공공적 성격을 지닌 '가정공동체'는 개인으로 하여금 공공의 목소리를 갖게 하고 공동선에 대한 임무를 수행하도록 하는 데에서 큰 차이가 나타나는 것이다. 비록 '가정공동체' 조직의 여성들이 대대로 자신을 전사라고 부를지라도, 전쟁을 일으키는 것이 그녀들의 주요한 조직적인 메타포는 아니다. 대신에 그녀들은 모든 것을 안녕과 평온,

인류애를 추구하기 위해 헌신하는 가족의 관점에서 모든 일을 계획하고 사물들을 생산한다. 가장 깊은 단계에서는 이 가정공동체의 여성들은 모든 인간 존재를 하나의 단일한 가족으로 간주하며, 모든 구성원의 안녕을 위해 헌신과 의무를 다해야 할 것으로 생각한다. 가정(home)과 가족(family)의 메타포에 대해 숙고할 수 있으며, 이 조직의 여성들은 이러한 이념적 토대를 가지고 그들의 기관을 설명할 수 있게 된 것이다.

다음의 표현들이 바로 그 조직에 속한 여성들의 생각이다.

> 우리는 서로 가족처럼 느껴진다. 정말 집에 있는 것 같다. 이곳에서는 친구를 사귀고 그들은 마치 우리가 함께 살고 있는 확대 가족인 것처럼 된다. 우리는 이 센터를 공공의 리빙룸으로 생각한다. 이 가족 안에서는 누구나 자신이 할 말을 할 수 있고 누구의 목소리든 중요하게 존중된다(Belenky, 1996).

위의 인용은 대단히 놀랍게도 가정공동체의 특성을 잘 표현해 주고 있다. 어떻게 가난하고 하급 노동자층에 해당하는 여성들이 그렇게 복잡한 프로그램을 구성할 수 있었는가? 이에 대해 간단한 그러나 확신에 찬 한 여성의 대답은 다음과 같다: "우리는 가족과 같으며 우리는 각자 서로에 대해 평생을 걸쳐 지속되는 의무를 지고 있습니다."

매우 쉬운 것 같지만 실천은 어려운 과정을 수반한다. 그러나 가정이라는 가치를 잘 살려내면 조직이 생명력을 얻을 수 있는 것이다. 즉 '가정공동체'는 현재 사회의 전반적 흐름에서 추구하는 호전적인 가치를 거부하고자 하는 움직임을 대표해 주는 가정과 도덕적으로 동등한 가치를 지니는 것으로 인식되고 있다. 혈연으로 형성된 가정의 위기가 찾아오고 있는 현대 사회의 여건에서 가족이라는 단어가 마음의 안식을 찾게 해 주는 것처럼, 가정공동체는 새로운 형태의 가정으로 성장했음을 보여 주는 좋은 사례다.

3. 여성주의 학습문화 사례 II: 가정교육

두 번째의 여성주의 학습문화 사례는 가정교육에 관한 것이다. 가정교육의 역할과 중요성에 대해서는 두말 할 필요가 없을 것이다. 차츰 가정의 중요성이 퇴색되어 갈 정도로 가정의 모습이 바뀌고 있지만, 구성원의 특성이나 형태가 변화했다 해도 인간 삶의 기본 요소에는 변함이 없음을 인식할 필요가 있다. 가정에서의 교육적 역할이 제대로 이행되지 못하면 학교에서의 교육 실천은 더욱 험난한 과정이 된다. 최근 우리 사회와 학교에서 발생하고 있는 제반 문제들이 이를 입증해 주고 있으며, 각종 매체는 가정에서의 기본적 인성교육에 문제가 있음을 지적한다. 가정교육은 다음과 같은 이유에서 여성주의 학습문화를 대변할 수 있다. 학교교육이 지식을 중심으로 관료적 위계적인 교육 리더십에 의해 운영된다면, 가정교육은 삶의 지혜를 중심으로 비형식 내지는 무형식 교육으로, 사랑과 돌봄의 원리에 의해 진행되어 왔다고 할 수 있다. 어머니만이 아니라 아버지, 할아버지를 통한 학습도 역시 생활 세계를 중심으로 전개되는 관계 중심의 학습문화다. 왜 가정이 교육학에서 연구 대상이 되어야 하는지, 왜 학교는 가정 모델을 회복해야 하는지에 대해 깊이 검토해 보아야 한다. 여기에서 소개되는 가정교육 사례들은 가정교육의 의미와 효과를 나타내 주어 그 중요성을 실감케 한다.

가정의 교육학적 의의

교육학을 전공하는 필자에게 지난 수 년 동안 떠오르는 질문은 "왜 한국에서는 가정교육에 대한 연구나 교과목이 희소할까?"라는 것이었다. 교육학은 당연히 강의나 연구에서 학교교육학이 지배적이고, 그 대상도 아동기와 청소년기를 대상으로 하고 있다. 대부분의 대학교에서 교육학을 전공하는 교수들의 전공이나 연구 관심은 당연히 학교교육과 관련된 주제라고 할 수 있다. 그럼에도 불구하고 우리는 '학교교육학'이라고 부르지 않고 그냥 '교육학'이라는 학문 분야로 통용해 왔다. 설령 부모 교육이라는 강좌가 있다고 해도 핵심 내용은 유아나 아동이 교육기관에서 잘 적응하여 성공적으로 교육을 받을 수 있도록 도와 주기 위한 부모의 역할 배우기에 가장 큰 관심을 두고 있다. 가정은 학교교육학에서 다루지 못하는 어떤 특정한 교육의 현상을 나타내며, 특정한 역할을 담당하고 있음을 인식할 필요가 있다. 가정은 아동들의 중요한 인성과 가치관 등 삶의 기본적인 차원에서 지혜와 사랑을 터득하는 공간일 뿐만 아니라 부모를 비롯한 가족구성원들이 학습하고 성장하는 공간이다. 형식교육기관이 지식과 기술을 습득하는 데에는 훨씬 효과적일지 모르나, 사랑과 배려의 마음을 포함한 인성과 가치관, 그리고 삶의 지혜는 가정교육을 통해 형성되는 것임을 많은 성현들이 주장한 바 있다(김영수, 2002). 학교교육이 성공적으로 진행되기 위해서도 가정교육은 필수적임을 현장 교사들 또한 증거하고 있다. 우선 가정교육의 본질과 의미를 좀더 구체적으로 살펴보고, 이에 대해 교육학적 측면에서 역할 강화 필요성의 실마리를 풀어보는 것이 당면 과제라고 하겠다.

'밥상머리 교육'의 중요성은 아무리 강조해도 지나치지 않다(신용주, 2004, 한국지역사회교육 심포지엄). 그런데 일본 국립여성교육회관의 조사에 의하면 한국의 아버지들이 아이들과 지내는 시간이 조사 대상 6개국 중 꼴찌라고 한다. 노동 시간과 한국의 회식문화, 교육열, 인터넷 보급 등 많은 요인들이 가족들과 함께할 수 있는 시간을 점유하고 있다는 것이다. 교육 전문가들은 "아버지가 아침밥만 같이 먹어도 자녀는 달라진다"고 한다(정성희, 2006). 가장 좋은 교육은 가정에서의 부모와 자녀 간의 사랑과 애정을 공유하는 경험일 것이다.

필자인 나의 경험에 비추어보았을 때 아버지의 생활 모습은 그대로 가장 영향력 있는 교육이었다고 생각한다. 묵묵히 성실하게 일상생활과 직업활동을 하시던 모습은 오랜 세월이 흐른 지금 내게도 뒤따라야만 하는 생활 자세로 각인되어 있다. 아버지는 '밥상머리'에서 식사 도중, 가족들과의 대화 자리에서 수시로 할아버지에 대한 말씀을 해 주곤 하셨는데, 그 때마다 할아버지에 대한 생각은 나의 삶의 목표 설정에 절대적인 영향력을 끼쳤다고 할 수 있다. 할아버지가 세상과 어떻게 관계를 맺으셨는지, 즉 어떠한 생각을 하셨는지, 물건을 어떻게 다루고 아이들을 어떻게 대하셨으며, 이웃을 어떻게 대하셨는지 등 할아버지가 어떠한 삶을 사셨는지에 대한 이야기는 바로 나의 삶의 표본으로, 따라야 할 규범으로 내면화되었다. 가장 중요한 내용은 주변과 관계를 어떻게 맺으면서 생활을 하셨는지를 알려 준 것이고, 그러한 관계맺는 방식은 오늘날까지도 내게 따라야만 하는 어떤 정형처럼 되었다는 사실이다. 나 자신과의 관계로부터 자신의 몸가짐을 어떻게 해야 하는지, 가족과의 관계, 이웃과의 관계, 자연과의 관계, 사물과의 관계, 시간과의 관계 등등 그러한 관계를 맺는 방식은 가정에서 체험 교육을 통해 이루어졌다고 할 수 있다.

'밥상머리 교육'은 언어를 통한 것이지만 살아가는 모습을 통한 영향은 더 크게 마음에 남는 경우도 많음을 알 수 있다. 부모는 가정에서 '밥상머리 교육'을 하는 경우도 있지만, 대부분은 전혀 의도하지 않은 상태에서 자녀들에게 삶의 모습을 보여 줌으로써 무언의 가르침을 주는 경우가 많으며, 그것이 더 강력한 힘을 발휘할 수 있다. 사회 인사들의 어린 시절에 대해 인터뷰한 기사를 보면 가정에서 부모님의 행동은 수백 가지 말보다 더 강력한 교육 효과가 있음을 알 수 있게 한다. 다음은 한 영문학자와의 인터뷰 기사를 소개한 내용이다.

> 저희가 육남매인데요.……그 때는 아버님 서재 이런 것도 따로 있지 않았죠. 저희는 한쪽에서 놀고……저희 아버님은 방 한구석에서 앉은뱅이 책상에 돌아앉으셔서 늘 책 읽고 번역하시고 그런 모습이 생각이 나요. 그래서 어렸을 때부터 저는, 아 인간이란 태어나면 저렇게 공부하는건가보다, 하고 생각했죠.[22]

형식이나 강제성이 있는 것이 아니라 삶의 모습 그대로, 생활 속에서 이루

22 SBS 〈한수진의 선데이 클릭〉 2005. 3. 13.

어지는 교육의 힘은 가장 막강하다고 할 수 있다. 특정한 지식을 넣어 주는 것이 아니라 삶의 지혜를 터득하게 해 주는 교육은 우리의 생활과 분리되어서는 소기의 성과를 거두기 어렵다. 아래에서는 가정교육이 한 사람의 가치관을 형성하는 데 얼마나 핵심적 위치를 점하는가를 직접 가정교육의 중요성을 체험한 사례들을 소개하며 논하기로 한다.

가정교육의 사례

필자는 평생교육론 강의에서 학습의 장을 가정, 학교, 일터, 지역사회, 사이버 등으로 소개하며 진행하고 있는데, 그 중 매우 중요한 학습의 장이면서도 간과되고 있는 가정에 대해 특별한 강조를 하게 된다. 다행히 수강생들도 나의 취지에 동감하며, 그동안 교육학 연구에서 소외되었던 가정교육의 중요성을 되돌아보는 시간을 갖기도 한다. 수업 과제로 가족구성원 중 조부모, 부모 또는 주변인들과의 인터뷰를 수행하도록 하고, 가정교육의 영향을 느낄 수 있는 사례들을 소개하는 기회를 가질 때면 그 소중한 배움의 기회를 새삼 발견하며 모두들 놀라움을 금할 수 없어 한다. 가정교육에 대한 연구가 활발해져야 하고 연구 결과가 학문 세계에 널리 알려져야 한다는 필요성에 대해 수강 학생들은 적극적으로 공감을 표현했다. 수업을 진행함에 따라 여성주의자로서 큰 긍지를 갖게 된다는 학생들이 나타나면 더욱 보람을 느끼기도 했다. 다음에 소개하는 몇몇 사례들은 평생교육론 수업에서 연구 과제로 추진된 내용으로 가정교육의 소중함을 잘 나타내 주고 있으며, 여기서 소개할 때는 사적 생활이 드러날 수도 있으므로 익명을 사용한다.

1) 아버지에게 배운 사랑과 용서의 힘

B는 40대 중반 여성으로 대학원에 진학하여 공부하고 있다. 부모 교육에 관심이 많은 그녀는 자신의 인생에 가장 큰 영향을 미쳤던 아버지에 대해 사랑을 한없이 베풀어 주신 분으로 기억하며, 다음과 같이 술회한다.

아버지는 내게 용서가 무엇인지를 가르쳐 주셨다.…… 어렸을 적 나는 손을 물어뜯는 습관이 있었는데 이를 걱정하며 담임 선생님이 부모님의 상담을 요청했고 아버지께서 학교에 오셨는데 나는 문 밖에서 두 분이 심각하게 말씀을 나누시는 모습을 보며 두려움에 떨고 있었다. 그런데 아버지는 말없이 나를 수돗가로 데리고 가시더니 정성스럽게 내 손을 닦아 주고 아버지를 선생님 앞에 한없이 창피하게 만들었던 그 손을 잡으시고 그 큰 운동장을 아무 말씀 없이 걸어 나오셨다. 나는 그 일로 어렸지만 혼내는 것보다 용서가 더 큰 사랑이라는 것을 느꼈고 그럴 때 내 양심이 작동한다는 것을 알게 되었다. 이런 경험은 내가 지금 두 아들을 키우는 데 소중한 지침이 되었다(B, 아버지로부터 용서의 태도를 배우다).

아버지는 선하게 사는 모습을 보여 주셨는데 이는 나에게 선을 행하는 다른 모습으로 살게 가르쳐 주셨다……. 아버지를 생각하면 항상 "고마워!"라고 말씀하시는 아버지의 모습이 떠오른다……. 명절에 친정을 가도 아버지는 고맙고 손주 낳아 건강하게 자라는 것도 고맙고, 모든 것이 다 아버지에게는 고마우셨나 보다. 나는 아버지에게 뭐가 그리도 고마운 것이 많으냐고 말은 했지만 나도 나이가 들면서 내 아들들에게 그 많은 엄마들 가운데 나를 택해 줘서 너무 고마워하는 모습을 발견하며 이 우주의 모든 것에 고맙다 하시던 아버지를 쏙 빼 닮은 내 모습에 행복해 하곤 한다(B, 아버지로부터 감사하는 마음을 배우다).

B는 아버지를 내 정서의 마르지 않는 샘이었고, 영원한 울타리였으며 지지자였고 무슨 일이 있어도 자신을 믿어 주시는 분으로 기억하며, 욕심내지 않고 행복하고 지혜롭게 살아가는 모습을 보여 주신 분이라고 술회한다.

어머니는 평생학습과 일을 사랑하는 성실한 직업인의 모습을 보여 주셨다. 어머니께서 이러한 태도를 갖게 된 배경에는 외할아버지가 계셨다. 어머니께서 항상 들려 주시던 외할아버지에 대한 기억은 아들은 직장을 다니면서도 배

> 울 기회가 많으나 여자는 시집을 가면 배울 기회가 없고 특히 그 집 자손을 양육하는 사람이 엄마이기 때문에 딸을 더 가르쳐야 한다고 말씀하셨고 결혼생활을 하다 남편이 능력이 없어질 경우 여자가 생업을 책임지려면 여자를 더 가르쳐야 한다고 말씀하셨다고 한다……. 대학을 다니면서 기억된 엄마의 모습은 나보다도 책을 많이 읽으시던 모습이었다. 이러한 모습을 보며 알게 모르게 나는 죽을 때까지 공부해야 하는 것을 배웠다(B, 엄마의 학습 자세로부터 배우다).

결혼 후 해결되지 않는 시댁과의 갈등으로 결국 죽음밖에 없다고 생각한 한 여성이 사회활동을 하게 되면서 새로운 자존감을 형성하고 희망을 일구게 되었다는 사례를 소개한다. 다음의 사례는 여성에게 제2의 커리어가 필요함을 실감하도록 이끌어 준다.

> 엄마가 나에게 해 주신 일 가운데 가장 큰 것은 내가 시집을 가서 시어머니와의 갈등을 겪을 때였다. ……조용히 사회에로 초대해 주었던 엄마의 전화가 나의 인생을 돌려놓았다. 아마 엄마는 엄마로서의 직감 때문이었을까? 오늘 내일 하던 나에게 생명의 끈을 다시 부여잡게 해 준 것이다……. "내 아이에게 도움이 되고, 나의 성장에 도움이 되는 직업을 선택하겠다"고 나선 후 택한 것이 부모 교육 강사였다. 강사 교육을 받으며 너무 행복했고 나의 자존감은 놀랍게 회복되었으며 나는 나로서 존재감을 드러냄과 동시에 내 목소리를 갖기 시작했다……. 엄마는 성실하고 철저한 직업인이시다. 그리고 열정적이어서 70을 바라보는 연세에도 사업장을 큰 돈을 들여 리모델링하셨고 그것을 보면서 엄마의 열정과 에너지는 어디서 나오는 것일까? 도대체 1, 2년 하자고 저렇게 고치시는 것은 아닐 텐데 하며 놀라기도 했었다. 엄마는 지팡이를 짚고서라도 살아 있으면 이곳을 지킬 것이라고 하셨다(B, 엄마의 결혼생활과 일하는 자세로부터 배우다).

B는 어머니로부터 많은 혜택을 받았으나, 가장 중요한 점은 어머니가 살아

오신 모습을 통해 스스로 보여 주고 가르쳐 주신 삶의 지혜와 삶에 대한 태도라고 강조한다. 그것은 한 여성으로서 살아가면서 어려움을 만날 때마다 빛을 발하는 지혜라는 것이다. 그러나 이러한 지혜는 전혀 학교교육에서 가르쳐 준 바 없고, 오로지 가정 내 삶을 통해 배운 것이고 다시 자신의 자녀들에게 가정교육을 통해 전하는 바라고 할 수 있다.

가정교육의 중요성에 대해 B는 다음과 같이 세대 간에 연결되는 삶의 영속성 같은 것을 느끼게 된다고 술회한다.

> 돌이켜보면 나는 참으로 많은 것들을 부모님께 받은 것 같다. 그리고 나는 이 모든 것이 부모님에게만 받은 것이 아니고 내 조부모가 부모에게, 다시 부모가 나에게 주신 것이고 이것이 내 아이들에게 주어질 것이라고. 내가 죽을 때까지 공부하리라고 결심하고 실천하는 것도 내가 잘나서 하는 것이 아니라 윗분들이 뿌려 주신 교육의 씨앗이 나에게서 꽃피고 있는 것이라고 생각한다(B, 세대간 이어지는 가정교육에 대해).

2) 부모로부터 전수받은 생활의 지혜

국문학을 전공하는 대학생 J의 경우 가정교육의 소중함을 뒤늦게 느낄 수 있었다며, 존경하고 사랑하면서도 그동안 의식하지 않고 넘어갔던 부모님에 대해 알아본다는 것은 자신을 알아가는 한 과정이기도 하면서 매우 중요한 일임을 깨닫게 되었다고 밝힌다. 아버지와의 인터뷰를 통해 J가 알게 된 아버지의 성장 과정에 대한 이야기는 값진 교훈을 주었으며, 그 요지는 다음과 같다.

> 1960년대에는 누구나 다 가난했다.……친구들이 중학교에 입학할 때, 집안이 너무 어려워 바로 입학하지 못하고 공장에 다녀야 했던 기억들은 가슴 아픈 기억으로 남아 있단다. 공부가 너무 하고 싶어도 학교에서 돌아오면 바로 밭에 나가 밭일을 하거나, 가축을 돌보거나, 이제 시간이 남으면 몰려오는 피로감에

책을 읽기도 힘들었다.……하루 세 끼를 제대로 챙겨먹지 못하고 건너뛰기 부지기수였기 때문에. 학교 수업을 마치고 집에 가던 어느 날 굶주림에 길에서 쓰러졌던 적이 있었고 눈을 떠보니 선생님께서 곁에 있더구나. 그 때 선생님께서 점심을 사 주셨고, 그 후로 이따금씩 점심을 챙겨 주셨다. 그 때 선생님이 아니었다면, 학업을 계속 잇기 힘들었겠지. 너무 감사해서 더 열심히 공부하려 했다. 당시 내가 선생님께 고마움을 표시할 수 있는 방법은 열심히 공부하는 길밖에 없었다.……그래서 지금도 그 때 기억 때문인지, 새로 시작하게 되는 일에 감사하게 생각하며 끝까지 최선을 다하게 된단다(J, 아버지가 이야기해 준 성장 시기).

J가 아버지의 말 중에서 인용한 것으로 한 가족으로 살면서도 그동안 알지 못했던 부분을 새로이 깨닫게 되었으며, 이로 인해 자신의 현재와 앞날을 다시 생각해 보는 계기가 되었다고 술회했다. 오늘의 아버지를 형성하는 데 어떤 영향이 가장 큰가라는 질문에 '할머니'라고 대답했다는 사실은 안방교육의 중요성을 다시금 실감케 하는 대목이다.

그렇게 가난하던 시절, 할머니는 없는 돈에 아는 분에게 돈을 빌려 주었다. 믿는 사람이기에. 하지만 빌려 준 돈은 받지 못했고 그 후로 아빠한테 절대로 돈은 빌려 주지 말라 하셨단다……. 하지만, 아빠 친구 한 명이 돈을 빌려달라고 통사정을 하더라. 거절할 수가 없어서 빌려 주었고, 결국 받지 못한 채 그 친구는 도망가 버렸다. 그 때 생각했다. 돈을 받으려 마음먹으면 돈도 잃고 사람도 잃고 마음도 잃는다는 것을. 돈을 빌려 주려 마음먹을 때에는 받으려 생각 말고 준다고 생각해라. 그래서 받지 않아도 될 만한 수준에서 주어라. 그래야 잃는 것이 없단다(J의 아버지가 할머니로부터 배운 것).

J의 아버지의 경우 이러한 말은 어렸을 때부터 자주 듣던 이야기들이라고 한다. 돈에 관한 이야기는 결국 돈으로 인해 사람과 마음 모두 잃을 수도 있다

는 생각을 경험을 통해 얻으셨다고 한다. 정작 중요할 때 등 돌리는 사람이 많은 오늘날, J의 아버지는 비록 수많은 사람들과 피상적인 관계를 맺기보다는 가족이나 소수의 친구들과 깊은 관계를 유지하는 것을 선호하며 그들을 진실로 생각하고 배려하려고 노력한다는 점을 강조하셨다고 한다.

> 자식들에게도 절대로 당신의 의견을 고집하지 않으시고 민주적으로 해결하려 하며, 어리다 하더라도 자녀의 권리를 존중하고 대화를 통해 풀어내시려 한다. 이는 할머니의 영향이 크다고 생각된다. 할머니께서 아버지에게 하신 교육 방식이 절대로 강요하지는 않되, 잘못된 것은 지적하고, 또 응원하실 때에는 전폭적인 지지를 해 주셨던 대로 하고 계시기 때문이다. 또한, 어머니가 돌아가신 지 10년이 되었는데 매주 주말마다 산소를 찾아가 한 시간씩 있다가 오신다. 아마도 어머니의 죽음은 아버지에게 큰 영향을 끼쳤을 거라고 생각된다. 전에는 직선적이며 감성적인 측면이 지금에 비해 부족했으나 어머니가 돌아가신 후 어머니의 역할을 모두 도맡아야 했기 때문에 부드러운 면과 강한 면, 가슴으로 품어 주시는 면, 강하게 회초리를 드시는 것 등의 조화를 이루었다……(J, 아버지의 마음을 이해하게 된 계기).

페스탈로치는 안방교육의 중요성을 강조하면서 여성 교육의 중요성을 역설했다. J는 개인적인 경험을 통해 무엇이 지금의 자신의 부친이 되도록 했는가에 대해 성찰해 보았다고 한다. 무엇보다 우선적으로 꼽는다면, 할머니의 영향이 가장 큰 것 같다는 것이다. 아버지의 삶 전체를 통틀어 할머니가 끼친 영향에 대해 생각해 보면 가정교육과 여성교육이 얼마나 중요한 것인지 알게 되었음을 실토했다. 아버지도 가난으로 인해 돈이 중요하다고 생각했을 테지만 할머니의 영향으로 인식의 전환이 왔고, 돈보다 더 중요한 것이 있다는 사실을 깨닫게 되었으며, 살면서 경험을 통해, 역시 돈이 중요하기보다는 돈으로 잃는 마음과 친구들이 더 중요하다는 인식의 전환을 가져와 자녀에게도 그러한 사실을 알려 주시려 노력했음을 깨닫게 된 것이다. 개인의 깨달음은 개인에게서 멈춰지는 것이 아니라, 계속 자녀들을 통해 지속적으로 이어져 오는 것이다. 다시금 가정교육의 중요성과, 또 인식의 전환이 얼마나 중요한 것인지, 경험으로써 얻는 지식이 얼마나 강력한 것인지 알게 되었다고 술회했다.

> 아버지와 할머니를 인터뷰하면서 오히려 그동안 가장 가까운 가족을 너무 모르고 살았다는 깊은 반성을 하게 된 계기가 되었다. 가족이기 때문에 모르는 것이 없을 거라 생각했는데 의외로 숨겨진 이야기들이 많았고, 깊이 있는 이야기들을 많이 들을 수 있어서 감사했다.……앞으로는 종종 전화로라도 오랫동안 이러한 대화를 해보고 싶다는 생각을 갖게 되었다. 아버지와 할머니의 이야기를 들으며 나에 대해 돌아보게 되었다. 지금의 나는 어떻게 존재하는지 알고 싶었다. 내게 아버지의 영향력은 실제로 막대하다. 나의 뿌리, 나의 근원을 알아간다는 것은 앞으로의 삶을 살아가는 데 큰 도움이 될 것이다(J, 성장기에 모친의 영향을 강하게 받았다는 아버지를 인터뷰한 후의 소감).

위의 사례는 가정교육에서 가장 중요한 교육 방법은 대화라는 것을 입증해 주고 있다. 함께 생활해 왔어도 전혀 알지 못했던 부모님의 삶의 이력이나 가치관의 기저를 대화를 통해 새롭게 발견하고 배우게 된 계기가 되었음을 알 수 있다.

3) 어머니의 봉사활동 모습에서 배운 삶의 자세

H는 한 여성을 인터뷰하여 가정교육의 중요성을 일깨워 주는 사례를 소개했다. 교육학을 전공한 H가 인터뷰 대상자 P씨를 처음 만난 것은 P씨의 아들을 문병 갔을 때라고 한다.

> 갑작스런 교통사고로 인해 목숨까지 잃을 뻔한 아들 곁에서 행복함과 감사함이 넘쳐나는 모습으로 환하게 반겨 주시던 모습이 어머니의 첫인상이었다.

안면 뼈가 내려앉을 정도로 그렇게 큰 사고를 경험하고서도 그저 감사함으로 고백하는 친구와 그의 어머니를 보면서 나는 현재에 불만족스러워만 하는 내 모습을 반성해 볼 수 있었고 어머니에 대한 존경스러움을 감출 수가 없었다. ……약 1시간 가량의 어머니와의 대화를 통해서도 그녀의 열린 마음과 대화 상대를 편하게 해 주시는 모습을 본받고 싶었다. 더욱더 놀라웠던 것은 과거 중학교 국어 교사로 교단에 서 계시다가 상담 교사로 직업을 바꾸셨다는 사실이었다(H, 친구 어머니를 인터뷰한 후).

자신에게 영향을 미친 가정교육을 회상하면서 그녀의 부모님들께서는 사소한 일일지라도 경험하는 교육 내용에서 그녀에게 깨달음을 얻게 하고자 늘 애쓰셨다고 한다. 결혼 후 1남 1녀를 키우면서 8년 전부터 중등학교 상담 자원봉사 활동을 하다가 현재 상담연구원에서 상담 교사로 활동 중인 그녀는 영향력을 끼친 부모님의 가정교육에서 핵심 사항들을 다음과 같이 떠올렸는데, 오늘날까지 자신의 삶에 큰 지침이 되고 있다고 한다. 가정교육의 세 가지 요점은 다음과 같다.

① 과거, 미래보다 현재를 열심히 사는 것이 건강한 사람이다

초등학교, 중학교를 다닐 때에 생활계획표를 만든다거나 용돈기입장, 일기를 쓰고 있었을 때, 부모님께서는 더 나은 미래를 만들기 위한 생활계획표나 과거의 내 습관을 반성해 볼 수 있는 용돈기입장, 일기를 쓰는 과정을 통해 과거를 반성하고 바람직한 미래를 계획하는 것도 중요하지만 가장 중요한 것은 현재에 최선을 다하여 살아가는 것이라고 말씀해 주셨다.

② 세상은 역시 살아볼 만하다

자신의 삶에서도 사소한 일에서부터 여러 가지 진로, 학업, 가족 일까지 많은 어려움과 고난이 있었지만 그래도 그 때마다 깨달았던 것은 세상은 역시 살아볼 만하다는 것이었다. 아무리 힘들고 어려운 일일지라도 그 일을 마친 후에 결과가 긍정적이건 부정적이건 나에게 늘 감사함과 깨달음이 남는다는 교훈은 어려서부터 가정교육을 통해 익혀온 것이다.

③ 자신의 삶을 책임질 뿐만 아니라 영향력 있는 사람으로 살아라

중학교를 다닐 때에 어머님이 밤늦도록 불우한 가정을 돕고 오시는 것을 본 적이 있었다. 어린 나이에 당시로서는 심신이 피로해질 정도로 남을 돕고 들어오시는 어머님의 모습이 잘 이해가 되지 않았다. 그러나 그러한 삶 가운데 행복을 느끼고 보람을 느끼시는 어머님을 보게 되었다. 또 우연히 길을 가다 울고 있는 어린아이에게 도움을 준 적이 있다. 엄마를 잃고 길을 헤매던 아이였는데 함께 아이의 엄마를 찾기 위해 이곳저곳 돌아다녔다. 어린 나이에 아이를 안고 오랜 시간 헤매는 것이 쉬운 일은 아니었지만 끝내 아이의 어머니를 찾게 되었고 이로 인해 태어나서 처음으로 정말 귀한 사람, 소중한 사람이라는 것을 그 아이의 엄마에게서 들었다. 그 때 느낀 감정은 마치 세상을 다 가진 듯 큰 보람과 감동이 있었다. 이런 경험을 하면서 평소 왜 그렇게도 어머님이 남에게 영향력을 발휘할 수 있는 사람이 되도록 노력해야 한다고 하셨는지 크게 깨달았다 (P, 가정교육에서 가장 중요하게 배운 점).

직업을 국어 교사에서 상담 교사로 바꾼 이유를 다음과 같이 설명한 것은 그녀의 삶의 목적이 무엇인지를 잘 알게 해 준다. 교단에서 학생들을 내 아들 딸처럼 여기며 가르친다는 것은 그녀에게는 행복이고 보람이었다는 것이다. 교사로 봉직하면서도 노인, 아동 등을 위한 자원봉사 활동을 꾸준히 해오던 어느 날 반 학생들 중 문제 학생처럼 행동하는 아이가 눈에 띄었다고 한다. 그 아이를 데리고 대화를 하던 중 그 아이의 가장 큰 문제가 직장생활로 바쁜 부모 밑에서 사랑 없이 대화도 없이 가정은 정을 나누는 공간이 아닌 의식주를 해결하는 물질적인 공간으로 변해 버린 것이라는 사실을 알게 되었다고 한다. 이를 계기로 그녀는 삶의 목표를 새로이 정했다는 것이다. 그동안 살아오면서 사회로부터 받은 크고 작은 혜택들을 생각해 보게 되었고 나이가 들어서도 큰 힘, 큰 자본을 들이지 않고 자신보다 어렵고 약한 사람을 도와가며 그들의 삶에 영향을 주는 삶을 살기 위한 길에 대해 고민을 하다 누구에게나 언제든 필요하면 다정한 대화 상대가 될 수 있는, 사람의 닫힌 마음을 열게 해 줄 수 있는 길이 상담이라고 생각하게 되었고, 그리하여 상담을 전문적으로 공부하여 현재까지, 그리고 앞으로도 상담사로 일하고 싶다는 것이다. 교육학을 전공하는 H는 그 여성을 만나 인터뷰를 하면서 느낀 점을 다음과 같이 술회하고 있다.

> 그녀와의 인터뷰를 통해 가정교육이 한 사람의 생애에 얼마나 중요한 역할을 하는지 알 수 있었다. 그 여성의 생애를 들여다보면 그녀의 인격 형성과 직업 선택 심지어 그녀 자신의 자녀교육에서도 어렸을 적 가정에서 배운 바가 그 저변에 깔려 있음을 알 수 있었다. 인간됨을 가르치는 교육의 개념을 넘어서 가정교육이 문자 그대로 한 사람의 평생교육이 될 수 있고, 이러한 가정교육을 통해 자란 본인도 타인을 위한 교육을 실현할 수 있다는 사실이 내가 깨달은 가장 큰 교훈이다……. 한 사람을 통해 몇십 명, 몇백 명이 제대로 된 가치를 전수받고 다시 그 많은 사람들이 더 많은 사람들에게 그 가치를 전하게 된다면 이것이 바로 교육의 위대함이고 본질이라 생각한다(H, 상담원으로 활동하는 어머니를 인터뷰한 후의 소감).

인터뷰를 통해 H는 사람들에게 무엇보다 필요한 것은 가정에서 대화와 사랑을 통해 채워지는 열린 마음이라는 것을 깨달았다고 한다. 그 어떤 값으로도 매길 수 없으면서 누구에게나 기본적으로 주어지고 가장 쉽게 접할 수 있는 최고의 교육을 제공할 수 있는 곳은 바로 '가정'이라는 것을 새삼 인식하게 된 계기가 되었다는 것이다.

4) 어머니의 도전 정신에서 배운 진취성

김 교사는 사범대학 수학교육과를 졸업한 새내기로서 영어로 수업을 진행하여 세간의 주목을 받았지만 원래부터 영어에 능통했던 것은 아니다. 대학교 때 1년 간 미국 대학에 교환 학생으로 다녀온 것을 제외하면 조기 유학이나 어렸을 때 외국 생활을 한 경험이 없다. '영어로 하는 수학 수업'은 작년 말 ○○외고에 교사로 지원한 것이 계기가 되었다고 한다. 당시 학교 측에서 "1학년 학생 중 유학을 계획중인 학생들이 많은데 영어로 가르치면 어떻겠느냐"고 제의했고 이를 수용한 것이다. 하지만 쉽지 않은 도전이었고, 첫 수업을 앞두고 A4용지 10장 분량의 영어 강의 원고를 작성했다고 한다. 한 시간 수업을 준비하는 데 꼬박 사흘이 걸렸고, 그 이후에도 밤 10시까지 학교에 남아 수업 준비를 했다고 김 교사는 전한다. 새로운 도전을 야심차게 수행한 김 교사에게 큰 관심이 쏠리는 것은 자연스럽다고 할 수 있다. 김 교사의 도전 정신은 어머니에게 배운 것이라고 하는데, 구체적인 내용은 다음과 같다.

> 지금까지 제 인생에서 가장 큰 영향을 주었던 사람은 제 어머니세요……. 일하시는 어머니는 매우 열정적인 분이세요. 회사에서 젊은 사람들에게 뒤처지지 않으려고 항상 이것저것을 배우고 공부하시는데, 컴퓨터나 웹디자인 자격증 등, 여행 상품 개발을 위해 필요한 외국어와 사진도 지금 배우고 계세요. 회사도 공채를 통해 입사한 것이 아니라, 어머니께서 제가 고등학생일 때 직접 회사에 먼저 찾아가셔서 입사원서를 쓰셨다고 들었어요. 항상 바쁘고 당신의 삶을 만들어 가는 어머니를 보면서 자연스럽게 저도 열정적으로 사는 사람이 된 거 같아요(K교사, 어머니의 도전 정신을 배우다).

김 교사가 적극 노력하는 자세를 갖게 된 배후에는 어머니의 공헌이 있다는 사실을 알게 된다. 늘 공부하는 어머니와 집안 분위기에서 자연스럽게 자기 개발을 할 수 있는 의식과 의지가 길러졌다는 것이다. 성장 과정에서 어머니의 역할이 얼마나 중요하며 가정의 분위기가 자녀의 습관을 형성하는 데 큰 영향을 미친다는 것을 새삼 느끼게 되는 사례다.

삶의 지혜: 가정교육의 상징

가정교육은 그 중요성에도 불구하고, 근대 이후 교육 기능이 전적으로 학교로 이양되면서 그 빛을 발하지 못했다. 특히 과학적 지식만을 추종하는 사회적 분위기에서 교육학 연구 범위에서 소외된 가정교육은 과학적 지식 축적의 빈곤으로 학문적 논의에서도 배제된 상태라고 볼 수 있다. 물론 양육의 기능이 아동 초기를 중심으로 강조되면서 유아교육학이나 가정학 또는 소비자 아동학 전공에서 대학의 커리큘럼에 등장하고는 있다. 그러나 그러한 영역에서의 교육적 접근으로는 일정한 한계를 지니게 되므로 교육학의 영역에서의 연구가 필요하다. 하지만 오히려 인간의 전인적 발달과 형성에 관계하는 교육학 전공에서는 필자가 과문한 탓인지 가정교육학 내용을 취급하는 경우를 발견하기 어렵다.

산업사회를 지나 정보화 사회, 지식기반 사회를 맞이하면서, 지식 교육의 패러다임이 바뀌고 교육학의 지평이 확대되자 새로이 학교 이외의 교육에 관심이 집중되고 있다. 가정은 인간이 태어나 최초로 '삶의 지혜'를 학습하는 공간이며, 부모는 가장 영향력 있는 최초의 스승이 되는 위치에 있다. 가정은 어린 자녀들이 배려와 보살핌, 협조와 사랑을 체험하고 배우며, 어려움을 이겨내는 인내 그리고 사랑과 용서를 배우는 최초의 공간이다. 그런가 하면 부모 또는 조부모들은 성인으로서 자녀를 양육하면서 여러 가지 어려움을 경험하고, 문제 해결의 능력을 키우며, 자녀로부터 인간의 순수한 성정과 호기심과 열정을 배우게 된다. 즉, 가정은 서로 다른 세대가 함께 성장을 체험하는 교육과 학습 공간이다. 그럼에도 불구하고 지식과 기술 교육에 대한 강조로 인해 가정에서 '인간으로서의 성장 경험'이라든가 '삶의 지혜 학습'에 대한 관심은 학문 영역에서 그만큼 간과되어 왔던 것이다.

가정이라는 용어에서 많은 사람들은 여성 또는 어머니를 떠올린다고 한다. 그러나 어머니만이 아니라 부모와 자녀, 그리고 조부모를 비롯해 가족과 집안의 행사, 문화, 전통, 그리고 가풍 등을 학습의 주요 원천으로 새로이 조명할 필요가 있다. 가정을 언급할 때 우선적으로 어머니를 떠올리는 것은 가정을 항상 지켜 주고 가장 많은 시간을 가정에 헌신해 주는 사람이 어머니로 인식되어 왔기 때문이다. 앞의 가정교육 사례에서도 밝혔듯이 가정에서 어머니만이 교육을 담당하는 것은 아니다. 성별을 초월하여 어머니이든 아버지이든, 가정에서 받은 교육의 특성은 형식 교육과 매우 다른 형태와 내용을 담고 있다. 가정은 각 구성원의 '필요'에 따라 보살핌의 원리에 의해 운영되기 때문이다. 아버지, 할아버지의 역할도 매우 중요하며, 이를 입증해 주는 자료로 전통적인 가정교육서에서는 옛 시대 유명 인사들의 가정교육 방법이 잘 소개되고 있다(김영수, 2002). 가정교육의 중요성을 단순히 어머니 역할에 대한 재조명 정도로 축소시켜서는 안 될 것이다. 학교교육과는 달리 가정교육의 과정은 삶에 토대를 두고 있으며, 방법도 경험 중심으로 매우 직접적이다. 가정교육의 영향이 막대하고 중요함에도 불구하고 그동안 별로 연구되지 않았다는 것은 교육학 영역에서 큰 손실이며 안타까운 일이다.

앞에서 가정교육 경험으로 소개된 사례에서도 나타나듯이 가정교육에서 여성인 어머니나 할머니만을 주요한 인물로 다루지 않고 있으며, 아버지나 할아버지의 역할이 막중함을 알 수 있다. 그럼에도 공통적으로 가정교육에서는 따뜻한 보살핌과 대화, 그리고 사랑이 가장 밑바닥에 깔려 있다는 점을 발견하게 된다. 아울러 직접적으로 행동하는 부모와 조부모의 무언의 가르침이 큰 비중을 차지하고 있음을 알 수 있다. 제도권 교육에서는 도저히 따라할 수 없을 정도로 가정교육에서는 삶의 현장성과 치열함, 진지함, 상호작용을 통한 자상함과 따뜻함, 경계를 넘나드는 짙은 감동, 그리고 엄격함이 배어 있다. 이러한 가정교육의 원리가 학교교육에서도 어느 정도 수용될 수 있다면 오늘날 교육 문제의 상당 부분이 개선될 수 있을 것이다.

가정교육을 여성의 영역으로 간주했을 뿐만 아니라 가정에 대한 묘사가 어머니에 대한 향수를 중심으로 문학적으로 서술된 것은 과거에는 남성들이 주로 지식의 생산자로서 기록을 남겼기 때문이라고 할 수 있다. 여성주의 교육의 관점이란 여성들만이 교육을 담당하는 것을 의미하는 것이 아니라, 남성이든 여성이든 여성주의 가치를 토대로 가정교육 패러다임에 입각하여 배려와 약자 우선 관점의 교육을 실천할 것을 요구한다. 향후 가정 영역에 대해 여성만이 활동하는 공간이 아닌 남성들이 직접적으로 참여하고 함께 성장하며 리더십을 발휘하는 공간으로 재해석된다면, 더 많은 연구자들에 의해 가정에서의 성장과 학습에 대한 연구가 활발하게 추진될 것으로 기대된다.

4. 여성주의 학습문화의 특징: 실생활과 연계된 교육

여성주의 학습문화에는 배려와 약자 우선 관점이 녹아 있으며, 앞의 벨렌키 팀 연구의 세 가지 사례와 가정교육 사례는 이러한 현상을 잘 나타내 주고 있다. 그러나 어떠한 것이 가장 대표적인 사례라고 하기보다는 경우에 따라 상이한 형식이 적용 가능하다고 할 수 있다. 앞에서 소개한 '무형의 배움 공동체'가 소외된 여성의 목소리를 내도록 도와 줄 수 있으며 소외된 여성집단에게 매우 유익한 학습을 제공해 줄 수 있다. 그러나 다른 특정 집단에서 요구되는 새로운 여성문화 창출에는 부적절한 점이 있다. 또한 여성주의 교육에서 제안된 산파술 교수법(midwife teaching) 역시 일정한 한계를 지니며, 결론적으로 가정공동체에서 창출하는 여성 리더십(homeplace leadership)이 가장 여성주의 관점을 적극적으로 반영하고 있다고 할 수 있다. 가정공동체의 여성들에게 주어진 역할은 교사일지라도 직접 가르치는 일은 단지 그들이 해야 하는 여러 일 중의 한 영역에 불과하다. 그녀들에게는 리더십이 무엇보다도 강조된다. 왜냐하면 이러한 여성들은 전통적인 사회에서 실생활과 경험에 연계된 지식을 생성하고 활용하도록 교육과 삶을 연관시키는 주체이기 때문이다. 이러한 역할을 하는 여성들은 장점, 성장, 건강을 중심으로 행위하도록 인도된다. 따라서 여기에서는 주로 성장, 돌봄, 연계, 네트워킹, 연결 등의 메타포가 강조되고 사용된다. 여기에서의 여성 리더들은 여성의 전통적 역할을 정교화하고 확장시킴으로써 그들 스스로를 공공의 리더로서 발전시킨다.

그녀들은 그들 스스로를 조직에서 매우 책임 있는 지위를 갖는 존재로서 인식하며 능동성을 강조하는 '초석을 놓는 어머니(founding mother)' 역할을 주장한다.

가정공동체의 여성 리더들은 분명 전투적 정신, 호전적인 리더십을 배척한다.[23] 그녀들은 가족처럼 친밀한 구조를 추구하며, 이것은 민주적 사회의 하나의 모형을 제시한다. 1) 사회는 시민의 발달을 성취시켜야 하는 것이며, 이 중 가장 취약한 계층을 우선시해야 한다. 2) 시민은 항상 공동선을 추구해야 하고, 전체로서의 공동체의 발전을 도모해야 한다. 벨렌키는 인간의 발달에 초점을 두는 리더십은 분명 여성집단에 더욱더 유리하다고 주장한다. 왜냐하면 여성은 그녀의 일을 그녀의 아이의 양육 속에서 경험하고 창출해 내었기 때문이라는 것이다. 아울러 벨렌키는 모성적 리더십(maternal leadership)은 그들 자신의 문화와 시대 속에서 사회의 가장 취약한 구성원들의 발전이 촉진될 수 있도록 하는 데 헌신함을 밝히고 있다. 그것은 여성으로 하여금 모성적 가치를 가지고 그녀들의 정치력을 형성하도록 하기 때문에 민주와 생명살림에 반하는 세력에 대항할 수 있는 역동적이고, 지속적이며, 효과적인 힘을 가지도록 한다는 것이다.

이러한 모성 파워에 대한 연구들은 여러 유형이 있는데, 그 중에서도 아르헨티나 어머니 그룹이 독재에 항거하여 그들의 아들을 구원하기 위해 벌인 공동 대응과 평화적 성취는 주목할 만한 모성 파워로 꼽힌다. 재클린 플루메즈(Jacqeline Horner Plumez)는 저서 『어머니의 힘(*Mother Power*)』(2002)을 통해 전 세계적으로 어머니 힘이 이루어 낸 성취를 분석적으로 고찰했다. 그로부터 어머니들이 발휘한 힘을 토대로 어머니들의 특성을 다음과 같이 묘사했다. 즉, 압제에 대처하는 상황에서 어머니들은 공포심을 넘어 방어했고, 평

23 우리 사회에서의 전통적인 리더들은 그들 스스로를 다른 사람을 지배하는 자로 인식했다. 즉 전사로서, 정복자(warrior)로서 타인과 싸워 그들을 지배하는 역할을 지녀야 하는 것으로 인식한 것이다. 그러나 '가정공동체' 여성들은 이러한 억압적 구도에 대항한다. 그녀들은 피억압자들에게 힘을 실어 주기에 주력하며, 결코 호전적이지도 파괴적이지도 않다. 그들은 스스로를 변형하고자 노력한다.

화를 만들어 내었으며, 베풀면서 실천했고, 정서적이면서, 창조적이고, 공평하게 이룩했다는 것이다. 또한 어머니들은 바른 것을 가르치고, 양육하며, 고통 속에 있는 자들에게 위안을 주고, 아이들 안에서 선을 발견하고, 도움을 요구하며, 스스로 행하는 것 등을 어머니들이 성취한 것으로 제시했다(Plumez, 2002).

그렇다면 이러한 모성 능력은 어떻게 개발될 수 있을까? 여성주의 교육학에서 이상적으로 지향하는 인간상은 이러한 능력을 갖추고 실천하는 사람이어야 할 것이다. 공적인 공간이든 사적인 공간이든, 어떠한 형태의 가정에서든 다른 사람을 기르고, 양육하는 인간의 능력은 계속적인 자기 반성을 통해 배양될 수 있다. 즉, 여성의 일에 대한 고도의 가치 평가가 기반이 되어야 하고, 다음 세대로 전수되어야 하는 가치들에 대한 계속적인 토론이 필요하며, 이를 통해 여성의 능력은 지속적인 성장을 할 수 있는 것이다. 이제까지 여성들이 발휘했던 모성 능력은 남성들에게도 개발 가능한 것이다. 다른 훈육이나 교육과 마찬가지로 모성적 사고의 훈련은 실패와 성공의 영역을 결정해야 하며, 우선적 순위를 선정해야 한다. 그리고 그러한 훈련이 요구하는 가치와 덕목을 명료화해야 한다. 모성적 사고는 훈련된 성찰의 한 형태다. 그 때문에 그것은 많은 문제 제기들, 질문들, 방법들, 그리고 목적들을 확인할 수 있어야 한다(Ruddick, 1989). 이는 모성을 생래적 습관적인 양식으로 간주해 왔던 전통적 인식에 대한 도전일 것이다.

앞의 사례에서 '가정공동체'를 설립하고 운영하는 다양한 여성집단에 공통적으로 적용될 수 있는 철학적 기초는, 무엇보다 모성적 사고와 모성적 실제에 기반하고 있는 공공 리더십(public leadership)이 필요하다는 점이다. 즉, 어머니들이 보여 주었던 베풂, 공평함, 창의적, 평화 지향의 행위들이 공공 리더십에서 요구되는 덕목이다. 여성주의 교육학의 연구와 실천을 연계시켜주는 데 매우 중요한 위치를 차지하는 모성적 리더(maternal leaders)의 철학에 대한 후속 연구가 요구된다.

벨렌키는 프레이리가 주장하는 비판적 교육학을 그녀의 연구에 일정 부분 수용하는 듯하지만, 다른 점은 이에서 한 발 더 나아가 공동체적 협동을 강조한다는 점이다. 비록 공적 가정의 여성들이 그들의 철학과 실천면에서 많은 공통점을 가진다 할지라도, 가장 근본적인 기반은 대화(dialogue)와 실천(praxis)이며, 대화는 사람들의 발전을 촉진하고 그들에게 목소리를 가져다주는 핵심적인 활동이다. 그러나 그것만으로는 충분하지 않다는 사실에 주목할 필요가 있다. 끊임없이 직접적 행동으로 전환하는 것이 가능하고 실천과 연결된 대화와 토론일 때 그 진정한 의미가 살아나는 것이다. 모든 '가정공동체'의 여성 연구자들은 협동을 통해 해결 가능한 정치적 문제의 과제로부터 그들의 연구를 시작한다는 사실을 발견하게 된다. 우선 연구자들은 배제되고 소외된 사람들이 말하고자 하는 것이 무엇인지를 들어야 한다는 것이다. 그리고 가장 중요한 것은 침묵 상태에서 벗어나기 시작한 그들의 목소리가 대화 속에 효과적으로 침투되어 가는지를 밝혀보아야 하며, 그것이 좀더 큰 공동체, 사회 안의 대화 과정으로 발현되는지를 알아보아야 하는 것이다. 사람들의 장점에 주목하며, 그들의 더 나은 미래를 위한 비전과 그들이 서야 하는 반성적 토대에 관심을 두어야 한다는 것이다. 그들이 어떠한 상태의 누구이고, 어떠한 방향으로 가기를 원하며, 그들의 목적 달성을 도우려면 어떠한 능력을 개발해야 하는지를 검토하여 반영하는 것이 필요하다. 이러한 연구 과정을 통해 벨렌키는 소외집단의 여성들이 어떠한 학습을 통해 자신의 지식과 앎의 방식을 발전시켜 가는지를 보여 주고 있다. 연구가 진행되는 동안 '가정공동체' 여성들은 그녀 스스로 연구 동참자가 되었다. 상호 의사소통은 보장되었고, 결국 연구 대상자들은 그들 자신의 문제를 드러내기 시작했다. 모든 연구자와 연구 대상자는 상호 협동적이 되었고, 이들은 상황을 항상 함께 분석하고 대안을 모색했으며, 합의가 창출될 때 까지 토론이 계속되었던 것이다.

위에서 제시한 학습공동체와 가정교육 사례들을 통해, 여성주의 학습문화에서 모성의 생명 돌봄과 배려, 평화, 공평성, 타자 배제 극복, 약자 우선 관점 등이 주요한 이념적 토대를 구성함을 알 수 있다. 여기에서 과거 가부장제에서 제도적으로 강요된 모성은 설 자리를 잃게 된다. 모성의 현대적 변용이 요구된다. 더 이상 모성은 제도적으로 주어진 것에 한정되어서는 안 되며, 선택하는 인간적 모성의 관점에서 재해석 · 재구성되어야 한다. 자기 주체적인 주의 깊음과 마음씀을 토대로 자신의 의지가 반영된 생명 돌봄과, 숨어 있는 타자 찾기를 통한 능동적인 현대적 모성 양식으로의 재구성을 통한 여성주의 학습문화 창출이 필요하다.

최근 결혼관과 가족구조의 변화는 새로운 공동체적 가정에 대한 관심을 모으기에 충분하다. 지역사회를 기반으로 이루어지는, 지역민들이 직접 만들고 참여해 가는 프로젝트는 가정공동체, 다문화공동체, 더 나아가 시민공동체까지 그 영향력을 발휘할 수 있다. 그것은 곧 상호 지원 과정으로서의 시민적인 네트워크인 개인 대 개인, 개인 대 집단 간의 연계를 창출하기 위한 공동 기반 작업이 될 수 있다. 여기에서 유의할 점은 각각의 개인으로부터 나오는 이야기는 물론 개별성을 인정받아야 한다는 점이다. 발전적인 리더십을 지향하는 철학과 실행력은 가정, 학교와 지역, 그리고 모든 형태, 모든 단계에서의 공동체에서 실현되어야 할 것이다. 이러한 과정을 통해서만 궁극적으로 여성주의 세계 질서를 지향하는 민주적인 배려의 사회가 이룩될 수 있을 것이다.

제 3 부 여성주의 교육의 실천:

공장 모델에서 가정 모델로

여성주의 교육학은 삶의 터전을 중심으로 생활 세계의 향상을 지향하므로, 가정, 학교, 지역사회를 관통하는 연계성을 전제로 출발해야 한다. 학교교육은 가정이나 사회와 분리되어 실천될 수 없으며, 따라서 여성주의 교육학에는 삶의 교육 현상을 다루는 평생교육학적 원리가 적용될 필요가 있다. 평생교육학적 원리란 삶의 경험 중심으로 진행되는 비판적 성찰 지향의 열린 체제다. 한국의 공교육은 사회적 · 정치적 논쟁을 가져왔을 뿐만 아니라, 우리 사회의 핵심 문제로 대두되고 있다. 교육 체제의 개혁과 아울러 교육에 대한 발상의 혁명을 요청하는 분위기가 확산되고 있다. 관료주의적이고 획일적인 공교육에 대한 반성과 문제 해결을 위한 다양한 논의가 있기는 하지만, 부분적으로 대안교육이 고개를 들 뿐, 주류 체제에는 변화가 눈에 띄지 않는 것으로 보인다. 대안교육이나 다양한 학교의 출현은 전체 교육 수요에 비해 극히 작은 부분이므로, 주류를 형성하는 학교교육에 혁명적 패러다임 전환이 요구되고 있다. 이러한 혁명 에너지 흐름의 한가운데에 여성주의 교육학이 자리하고 있다. 현행 획일적이고 폐쇄적인 학교교육은 공장 모델에 의해 운영되고 있다. 여성주의 교육의 실천은 모성 양식을 토대로 한 돌봄과 배려의 원리에 입각한 가정 모델이어야 하며, 아울러 일상의 생활 세계는 여성주의 세계 질서에 의해 재편되어야 하므로 이를 위한 학습 리더십의 발휘가 요구된다.

교사의 성별이 여성인 것은 여성주의 교육의 실천과는 전혀 별개의 문제다. 여교사들이 교육 현장에서 수적으로 지배적이라고 해도 어떠한 교육 이념에서 어떠한 교육 시스템과 교육철학에 의거하여 학교교육을 운영하는가에 따라 실천 현장은 다른 모습으로 나타날 수 있다. 현재 학교는 관료주의적 권위 체제에 의한 획일적 운영 방식을 따르고 있으므로 '감시와 통제'의 공간이 되고 있다는 지적이다. 교사와 학생의 관계는 객관적 지식을 가르치고 평가하는 것을 중심으로 맺어지며, 학교가 가정 모델 대신에 생산성과 효율성을 원칙으로 하는 공장 모델을 따르고 있으므로 '돌봄과 배려'의 여성주의 교육학적 실천과는 거리가 멀다는 인식이다.

제8장 새로운 학습 조직의 탄생: 학교혁명론

1. 왜 학교 혁명이 필요한가?

다소 과격한 표현인 것 같지만, 실상 학교는 혁명적으로 바뀌어야 한다. 학생이 즐겁고 건강하게 생활하며 공부할 수 있는 공간이 되어야 함에도 불구하고, 대부분의 학생과 학부모는 학교를 그렇게 인식하고 있지 않다는 것이 현실이다.

첫째, 서울시내만 보더라도 학생들의 관심을 끌지 못하는 비효율적인 주입식 지식교육을 위해 학생들을 교실에 가두어 놓고 있는 실상은 어떠한 이유로도 납득하기 어렵다는 지적이다. 좋게 표현하자면 공교육 제공 주무기관의 행정 편의적 발상이고, 심하게 표현하자면 국민 기초교육을 담당할 의무 이행에 소홀한 것이며, 무책임한 처사다.

둘째, 지식기반 사회에서 절대적 지식 제공의 위치를 점하던 학교는 더 이상 독보적 위치에 존재하는 것이 아니라, 오히려 사회적 지식의 비중이 높아가고 있는 시대이므로 학교교육에 혁신이 불가피하다는 것이다. 이러한 상황에서는 오히려 학교는 지식이나 기술이 아니라 관계 중심의 인성교육과 예체능교육 등을 중심으로 한 전인교육에 집중해야 한다. 즉, 지식 습득이 중심이 아니라 관계 형성 중심으로 학교교육은 재편되어야 하며, 그러기 위해 사랑, 돌봄, 배려를 실천할 수 있는 소규모 학습 체제로 탈바꿈해야 한다. 더 이상 산업 시대의 패러다임인 대량생산의 공장 같은 공교육 시스템이 아니라 다양한 소규모의 가정 같은 학교가 필요한 것이다.

셋째, 교사는 단순히 가르치는 위치만이 아니라 함께 배우는 위치에서 학생들의 학습을 안내하고 조절해 주는 학습 리더십을 발휘하는 리더로서 이해될 필요가 있다. 한 번 교사자격증을 따면 계속 가르치기만 하던 시대는 끝났다. 계속 학습하지 않으면 가르치기 어려운 상황에서 학교는 교장, 교사, 학생이 모두 배우는 공간이 되는 시스템을 갖추어 새로운 학습 조직으로 거듭나야 하며, 교육자는 학습 리더십을 발휘해야 한다.

공장 모델에서 가정 모델로

여성주의 교육학의 관점에서 학교교육에는 우선적으로 평생교육학의 원리가 도입 활용되어야 한다. 그럼에도 불구하고 학교는 평생학습 시대를 외면하고 있으며, 그 결과 학생과 학부모의 필요를 외면하고 있는 부담스러운 기관으로 전락하고 있다. 이러한 현상을 방치하고 있는 교육정책으로 말미암아 시민들은 분노하고 있다는 지적이 일고 있다. 배움터에 대한 여성주의 논의는 다양한 관점에서 다각도로 전개될 수 있다. 이를테면, 학습이 일어나고 있는 모든 곳, 가정, 학교, 직장 및 단체, 지역사회 등등 다양한 곳에서 그 상황에 맞는 쟁점을 다룰 수 있을 것이다. 이 장에서는 근대 교육학적 전통의 주류로 인식되어 온 학교에 대해, 학교교육 개혁의 관점에서 중요한 과제를 제시하고 논의하고자 한다. 우선, 학교교육은 공장 모델에 의해 운영될 것이 아니라 가정 모델로 전환시켜야 한다는 점이다. 아울러, 가정 모델로 바뀌려면 가정이라는 영역에서 어떻게 교육이 이루어지는가에 대한 교육학적 현상과 의미를 밝혀 그 특성을 공공교육 장면에 반영해야 한다. 앞의 제2부에서 가정교육 사례를 몇 가지 소개했듯이 가정은 매우 소중한 학습 체험이 일어나고 있는 공간이다. 가정 모델의 관점에서 현재 학교교육을 바라볼 때, 학교가 안고 있는 문제점들을 도출할 수 있다.

1) 왜 가정 모델인가?

1990년대 이후 여성주의 교육학자들은 산업화 세계가 당면하고 있는 유사한 문제들에 봉착하여, 비판적 담론을 형성해 왔다. 물론 각국의 상황에 따라 약간씩 차이는 있으나, 공통적으로 제기된 쟁점 중에 대표적인 것은 국가의 보수적인 통제라는 문제에 직면하고 있으며, 사회 정의의 관점에서 볼 때 교육이 여성을 비롯한 소외집단들에게 매우 중요한 열쇠임을 강조하고 있다는 점이다. 포스트모던 시대에 교육과 민주주의에 대한 개념적 논쟁이 지속되고 있으며, 누가 지식과 권력에 접근하는가라든가 좀더 평등한 참여 사회를 지향하는 방안에 대해 활발한 논쟁이 진행되고 있다(Weiler, 1993: 210). 다른 한편으로는 지구화 시대를 맞아 생명과 돌봄의 위기 시대에 봉착하여 이를 치유할 수 있는 대안적 삶의 양식 및 대안적 교육학에 대한 여망이 점증하고 있음에 주목해야 한다(곽삼근, 2002b).

자본주의 사회에서의 학교교육은 그동안 숙련된 노동자를 요구하는 산업체의 요구에 부응하여 정형화되어 왔다. 그러나 이러한 현상에 대한 비판적 시각은 교육에 대한 철저한 반성을 유도하고 있다. 교육자로서 주도적 위치에 있는 엘우드 커벌리(Ellwood Cubberley)는 학교를 공장이라고 혹독하게 비판한다. 즉, 그는 "우리의 학교들은 원자재(raw products: children)가 삶의 다양한 요구에 부응하기 위해 만들어지는 공산품을 생산하는 공장과 같고, 학교의 임무는 학생들을 정해진 규준에 맞추어 만들어 내야 하는 것이 되어 버렸다"라고 비판한 바 있다(Callahan, 1962, Weiler, 1993: 211에서 재인용). 학교는 더 이상 산업사회의 전유물인 지식과 기술만을 전달하는 곳이어서는 아니 된다. 이제 현대 위험사회에서 학교는 나를 보살피고, 가족과 이웃을 보살피며, 지구의 생명을 보살필 수 있는 따뜻한 시민의 덕목(civic virtues)을 갖추는 곳으로 자리매김되어야 한다.

우리는 그동안 가정과 관련된 가치라든가 공공의 삶과 구분되는 가정생활에서의 경험적 가치를 공적 사회에서 배제하는 풍토에서 살아왔다. 공공적인 영역만을 강조하고 사적인 영역에서의 활동이나 가치는 일반인들의 관심에서 멀어짐으로써 교육학에서의 연구 영역도 공공기관이나 학교를 중심으로 진행되어 왔다고 할 수 있다. 그러나 교육학은 인간을 대상으로 하는 학문이므로 인간의 출생과 성장의 토대인 가정을 배제한 상태에서 교육학은 제 기능을 담당하기 어렵다(Belenky, 1996). 이러한 사회에 대한 비판에서 교육철학자인 제인 마틴(Jane Roland Martin)의 '가정 같은 학교(schoolhome)'의 개념은 주목할 만하다. 그녀는 학교의 개념과 집(home)이라는 은유를 연결시켰다(Martin, 1992). 왜냐하면 그녀는 학교라는 곳에 대해 돌봄(care), 관심(concern), 관계(connection)를 핵심어로 상정하고 있기 때문이다. 마틴은 가정 같은 학교는 인간애와 민주적 사회를 유지하기 위한 시민적 덕목을 고양시킨다고 주장한다. 즉 그녀는 학교(school)를 가정(home)의 도덕적 등가물로 자리매김한 것이다. 이러한 주장은 바로 이 책에서 강조하고 있는 여성주의 교육학의 실천 이념과 일치한다. 더 이상 학교는 '공장적 모델'로 인식되고 운영되어서는 안 된다. 이제 학교는 사랑과 돌봄의 철학을 바탕으로 한 '가정적 모델'로 거듭나야 할 것이다.

학교교육을 남성이 지배하는 남성문화의 공간에서, 공장 모델에 의해 운영되는 시스템이라고 한다면, 가정생활에서의 교육은 부모, 특히 어머니들이 일상의 생활을 경험하고 이끄는 여성적 문화의 공간이고, 사랑과 필요의 원리에 의한 학습 시스템으로 운영되어 왔다고 할 수 있다. 이제 공장 모델로서의 학교교육은 창의성, 다양성을 중시하는 21세기 변화하는 사회에서 더 이상 유지되기 어렵다. 학교교육이 가정 모델에 의해 운영될 수 있는 가능성은 있는가? 가정의 문화적 가치가 학교에서 수용되고, 또한 가정은 더 이상 사적 담론에만 한정되지 않고 공적인 담론이 논의될 수 있는 공간으로 인식되는 것은 가능한가? 한 걸음 더 나아가 부모들이 능동적인 사고자(active thinker)가 되고, 자신들의 문제, 그들 가족의 문제, 지역사회의 공동체 문제들을 해결하는 데에 관심을 갖는 것은 가능한가? 이러한 것을 지지하고 지원하는 교육 시스템 구축은 가능한가? 우리 사회의 담론문화는 사적 공간에서 가정교육을 맡아 왔던 어머니들의 담론에, 공적인 질문이 포함되어야 하고 교육학에서 그러한 사적 영역의 담론 형식과 내용을 담아 내어야 할 시점에 도달했다는 것이다. 이미 상당수의 학부모들이 시민 사회단체, 지역 조직, 독서 동아리, 홈스쿨링 지원모임 등 다양한 형태로 네트워크를 구축하여 활동하고 있는 것으로 보고되고 있다.

2) 학교교육이 안고 있는 문제

학교 하면 떠오르는 단어는 무엇일까? 아마도 지금 40~50대 이상인 어른들은 배우는 곳, 새로운 지식, 따뜻한 선생님 등등 좋은 감상에 젖을 것이다. 그러나 요즘 학생들은 어떨까? 특히 대도시의 학생들이나 학부모들과 이야기를 나누다 보면 예상치 못한 단어들이 등장한다. '지루하고 답답한 곳', '아이들이 갇혀 있는 곳', '아이들이 모여서 장난치는 곳', '교사는 통솔하려고 애쓰지만 말썽피우는 아이들이 너무 많은 곳', '배울 것은 별로 없지만 출석해야 하는 곳', '수업 시간은 학원 숙제 하거나 잠자는 시간', '친구들 만나는 곳', 이른바 교실 붕괴, 학교 붕괴란 말이 자연스럽게 연결되는 상황이다.

그뿐만 아니라 학교 대신에 학원에 의존하는 입시 중심의 지식교육은 우리나라 청소년들을 매우 편파적이고 기계적인 학습 습관을 갖도록 고착화시키게 될 것이다. 예를 들어 책을 읽는 경우 문학작품에 대한 풍부한 감상과 이해를 추구하기보다는 시험 준비용 공부로 일관한다든가 생각할 여유를 잃게 한다는 지적이다. 또한 대학 입시에서 논술이 큰 비중을 차지하게 되면서 시험대비용 논술 준비를 한 결과 천편일률적으로 글쓰는 요령을 익히는 학생들이 증가했다. 대학 입시에서 논술 채점에 참여한 교수들은 한결같이 외워서 기계적으로 쓰는 논술의 문제점을 지적하고 있다. 학생들로부터 생각할 기회를 앗아가고 정서적인 민감성을 외면하는 교육 현실은 더 이상 방치되어서는 안 되는 교육 비상사태다. 물론 대학 입시나 사회에서의 직업에 대한 보상 체계 등 제도적인 개선이 필요한 부분도 있으나, 우선 문제의 직접 원인을 찾기 위해 공교육 내부로 눈을 돌려보기로 한다.

왜 이러한 상황이 발생하고 있는가? 그것은 공교육의 한계 때문이다. 공교육의 한계는 사회환경의 변화에 의해 파생된 면도 있으나, 공교육 자체가 지니고 있는 모순성 속에서도 그 한계를 찾아볼 수 있다. 공교육의 한계는 교육 목적, 교육문화, 관료 체제의 세 관점에서 제시될 수 있다.

첫째, 교육 목적의 수단적 가치로의 전락이다. 교육은 그 자체가 목적이 되어야 하며, 이는 교육이 경제적 수단이나 삶의 수단으로 전락할 수 없음을 의미하는 것이다. 그러나 교육 목적의 수단적 가치로의 전락은 교육에 대한 이해의 폭을 한정시키는 결과를 초래하면서 학생들에게 내재적 가치를 심어 줄 수 없도록 하게 된다. 내재적 가치 추구에 대한 소홀함은 외재적 가치를 추구하는 경향으로 흐를 수밖에 없다. 이에 따라서 나타난 역기능적인 현상은 과정을 무시하고 겉으로 드러나는 결과에만 치중하는 성과주의, 불필요한 경쟁으로 인한 비인간화, 상호 협력하고 배려하는 마음의 상실, 교육의 도구화를 들 수 있다.

둘째, 교육문화의 획일성과 폐쇄성을 들 수 있다. 공교육은 제도화됨으로써 대량으로 많은 학생들을 교육할 수 있는 여건을 마련할 수는 있었지만, 연령에 의해 폐쇄적으로 운영되는 공교육이 지니고 있는 규격화된 획일적 교육문화는 21세기에 큰 문제점을 내포하고 있는 것으로 나타나고 있다. 획일적인 교육문화는 교육정책, 내용, 방법, 평가, 학생 지도 등에서 나타나는데, 이러한 획일적 · 폐쇄적 교육문화는 창의적 인간, 다양한 능력 발휘를 요구하는 현대 사회에 부합하지 않는다는 인식이다. 결국 공교육에 대한 불신이 싹트기 시작한 것이다.

획일적인 학교문화의 구체적인 모습은 학습 내용과 수업 방식에서뿐만 아니라 수업을 위한 학급 구성에서도 나타나는데, 다양한 특기와 적성을 지닌 학생들을 대상으로 하여 교육 내용을 동일하게 제공하며, 암기 위주의 수업을 실시함으로써 학생 개개인에게 적절한 교육적 배려를 하지 못하게 된다는 지적이다.

셋째, 관료제는 공교육을 제도화하는 방편으로 활용한다. 관료제는 책임과 권한의 부여, 업무의 전문화, 업무 처리의 문서화, 공사(公私)의 구분을 통해 조직을 유지해 나간다. 이러한 관료제는 특정한 업무 수행을 위해 지시와 통제의 편리성과 효과 검증의 편리성을 추구할 수 있다. 그러나 관료제가 지닐 수 있는 경직성 때문에 관료제의 역기능이 지적되기도 한다.

우리의 교육 제도의 밑바탕은 "전통적인 가족주의나 유사가족주의에 기초"를 두고 있으며, 교육 조직은 가족주의와 경제 논리를 바탕으로 경직된 관료 조직의 하부 조직으로 전락하게 되었다. 이러한 경직된 위계질서는 학교교육 현장에서도 지시와 통제 위주로 교육을 실천하게 되는 상황을 만들었다고 할 수 있다. 또한 이는 단위 학교나 교사의 자율성을 위축시키며, 교육 주체를 소외시키는 결과를 초래할 뿐만 아니라 위계적인 상의하달(上意下達)의 경직된 관료 체제는 비판에 대해서도 배타적인 문화를 만들어 왔다는 것이다.

한편, 공교육의 한계는 교사와 학생의 관계에서도 나타난다. 교사와 학생이 서로를 존중하는 풍토를 만들어 내지 못하고 있다. 교사와 학생의 관계를 제도적인 측면으로 이해하면 계약 관계로 볼 수 있다. 계약 관계는 공적인 업무 수행인 교수와 학습을 위해 필요한 것일 수도 있다. 그러나 교사와 학생의 관계는 공식적인 계약 관계로만 이해되어서는 곤란하다. 교사와 학생 간의 교수-학습 과정 또는 생활지도 과정은 공식적인 계약 관계 이상의 의미를 지니게 된다. 교사와 학생은 만남에 의해 관계가 시작되고, 교사와 학생의 관계는 서로의 인격과 지성을 매개로 하여 이루어진다. 서로의 인격과 지성을 통해 높은 가치 창조와 인간됨의 인격을 갖추어 나간다. 그러나 이러한 교사와 학생의 바람직한 인간 관계는 공교육이 지니고 있는 한계성으로 인해 서로를 존중하지 않는 풍토가 조성되기도 한다. 교사와 학생의 신뢰도의 하락과 친밀도의 부족으로 인해 서로에 대한 존중의 태도가 부족하게 된 것이다.

이와 같은 공교육의 문제로 인해 대안적 교육 방법을 실현할 수 있는 대안학교가 출현하게 되었다. 전국적으로 몇 개의 정규 학교와 대안학교 그리고 사설학원이 그 특별한 교육으로 매스컴에 보도된 사례가 있다. 교사들의 헌신적인 학생 지도와 면학 분위기, 교사들이 어떻게 하면 학생들의 학습을 잘 도울 수 있을까를 고민하고 세미나를 통해 계속 교사가 학습하는 공동체를 꾸려나가는 학교도 있다. 학교장의 교육 리더십이 아니라 학습 리더십이 탁월한 몇몇 기관들에서, 그 가능성을 볼 수 있다. 그곳에 입학한 학생들이 일반 학교의 학생들과 전혀 다른 성품을 지녀서가 아니다. 똑같은 아이들이 모여 있는데도, 교장의 리더십에 의해 교사와 교사 간, 교사와 학생 간에 신뢰와 믿음이 있고, 사랑으로 돌보고 보살피는 관계가 형성되어 전혀 다른 분위기를 만들어 내고 있는 것이다. 학교의 교육 목표가 다르고, 운영 시스템이 다르고, 가르치는 교사의 마음자세가 다르며, 학생들의 태도가 다르므로, 교사와 학생의 관계가 다르게 형성된 것이다. 즉, 가르치는 지식의 내용이 문제가 아니라 학생들과 관계맺는 방식이 다른 학교는 전혀 상이한 과정과 결과를 가져온다고 할 수 있다.

대안교육이 부상하고 있는 이유

1) 대안학교의 등장 배경

최근 학습자들의 요구가 다양화되면서 대안학교, 대안교육에 대한 관심이 고조되고 있다. 대안학교란 무엇이며, 최근 부상하고 있는 이유는 무엇일까? 교육법에서는 다음과 같이 대안학교를 정의하고 있다.

> 자연친화적이고 공동체적인 삶의 전수를 교육 목표로 학습자 중심의 비정형적 교육과정과 다양한 교수 방식을 추구하는 학교를 말한다.

여기에서 비정형적 교육과정이란 현재 학교의 형식적 교육과정에 따르지 않는, 즉 대안교육 과정을 의미하는 것으로 볼 수 있다. 대안교육은 물론 오늘날 갑자기 돌출한 개념은 아니다. 대안교육은 19~20세기에 개발 중심의 근대적 가치가 적자생존의 가치로서 “인간 간의 유대를 단절하고, 자연환경과의 친화력을 약화시키고, 비인간화시키는 교육에 대한 반성”의 관점에서 나타난 운동이다. 이러한 움직임 중 대안학교는 기존의 학교교육의 한계를 극복하고자 시도하는 대안적인 형태의 학교를 말한다. 즉, 지식 위주의 기존 학교교육의 한계를 극복하기 위한 차원에서 모색되고 있는 다양한 실천운동의 하나로 볼 수 있다. 대안교육의 등장 배경은 여러 가지가 있으나, 그 중에서 가장 중요한 요인은 공교육의 한계다. 학교를 제도화하면서 파생된 문제들, 즉 공교육 자체가 지니는 한계 때문에 이를 극복하고자 하는 취지에서 대안학교가 등장했다고 볼 수 있다.

2) 대안학교의 특징 및 효과

한국에서 대안교육에 대한 논의가 활성화되면서 대안학교가 구체화된 시기는 1990년대 중반이지만, 대안교육적 성격을 지닌 교육활동은 그 이전부터 있어 왔다. 국내에서 대안교육의 모색을 위한 기반이 형성되기 시작한 것은 대략 1970년대부터라고 할 수 있다. 그즈음부터 기존의 학교교육이 안고 있는 비인간화, 획일화, 경직화 현상에 대한 비판적 의식이 싹텄기 때문이다.

자유학교형 대안학교는 1970년대 미국, 독일 등지에서 등장한 이후 꾸준히 증가하고 있는데, 학교 설립의 주된 동기가 종래의 학교교육이 지나치게 아이들을 통제, 억압하며 교사 중심의 교육이 이루어지고 있음을 비판하고, 아이들의 무한한 잠재 가능성에 대한 굳은 신념을 기초로 하는 교육을 실천하고자 하는 것이었다. 대표적인 사례로, 영국의 '섬머힐', 독일의 '자유 대안학교', 일본의 '기노쿠니 아이들의 마을' 그리고 한국의 '성지고등학교' 등이라고 볼 수 있다.

섬머힐의 기본 이념은 닐(Neill, 1960)의 교육 사상에서 잘 나타나고 있다. 당시 영국을 비롯한 서구 사회는 기술 개발과 자본 축적을 추구하는 거대 기구로 전락했으며, 사회의 기본 원리가 잘 이행되기 위한 방편으로 지적인 훈련과 엄격한 훈육을 골자로 하는 규격화된 교육을 요구했다. 알렉산더 닐(Alexander Sutherland Neill, 1883-1973)은 이러한 사회 및 교육 현실이 도구적이며, 기계적이고, 타율적인 인간을 양산해 내게 된다는 점을 지적하면서, 1920년대 당시 인간을 한낱 거대한 생산 체계의 부품으로 만드는 영국과 서구 사회의 교육을 비판하고, "삶을 사랑하는 인간을 기르는 교육"을 주창했다. 닐은 당시의 교육이 양산해 내는 인간은 거대 기구에 복종하는 인간이기 때문에 학교가 자유롭고 독립적인 시민을 키워 간다는 믿음은 착각일 뿐 실제로는 노예를 키우고 있다고 비판하면서 자유와 자율을 기초로 하는 교육철학을 제시했다(김은산, 2005). 닐에 따르면 자신의 내면적 힘과 창의성을 살리는 것, 남에 대한 배려, 인간에 대한 신뢰가 교육의 주 내용이 되어야 한다. 이러한 닐의 주장은 우리에게 교육과 관련된 근본적 원리가 바로 교육이 아이들에게 자신의 능력과 창의성을 살릴 수 있도록 하여 자율적인 시민으로서의 삶을 살도록 도와 주는 것이라는 점을 일깨워 주는 주장이라고 할 수 있다.

한편 생태학교형 대안학교의 전형은 1982년에 설립된 영국의 한 지방의 '작은 학교'라고 할 수 있다. 이 학교는 마을 안에서 소규모의 학생들을 대상으로 지식교육뿐만 아니라 의식주에 관련된 기본적인 활동들을 교육 내용으로 삼고, 마을의 다양한 생산자들이 교사로 봉사하는 것으로 잘 알려져 있다. 이 학교에서는 주로 생태와 노작(勞作), 지역사회와 학교의 결합을 중시한다. 우리나라에서는 1997년 개교한 간디 청소년학교가 교육 이념이나 방식에서 유사하다(고병헌, 1996; 오인탁, 2006). 한국에서 대안교육은 공교육의 발달 과정에서 뒤틀린 교육 주체 간의 관계 회복과 교육 주체의 원상 회복을 출발점으로 삼고 있는 특성을 지닌다. 무엇보다 학습자와 교사, 그리고 학부모의 상호 협력적인 관계를 중요시함으로써, 교육 주체 각각의 '제자리 찾기'가 대안교육운동의 뚜렷한 특징이 되고 있다(고병헌, 1996).

여기에서 대안학교로서 생태적 이념을 표방하고 있는 학교의 교육 이념을 살펴볼 필요가 있다. 대안학교의 한 사례로 '자유학교 물꼬'를 소개해 보기로 한다(www.freeschool.or.kr). '자유학교 물꼬'에서 강조하는 교육은 우리의 삶에 터한 배움이 필요하다는 인식에서 출발하고 있음을 알 수 있다. 즉, "배움은 참 나를 찾아 떠나는 여행"이고, "배움은 모든 생명이 서로 연관되어 있음을 깨달아 삐뚤어진 관계(자연과 사람, 사람과 사람)를 회복하는 과정"이며, "우리가 사는 세상, 날마다의 내 삶과 어우러져야 한다"는 것을 표명하여, 기존의 학교교육에서 간과했던 관계를 중요시함을 알 수 있다. 이 학교에서는 자아에만 침몰한 자기 수양이 아니라, 세상과 나와의 관계 속에서 고립된 자아가 아니라, "세상과 교통하는 자아", "모든 생명의 연관고리를 찾으려는 공부"를 해야 함을 강조하고 있다(http://www.freeschool. or.kr/new/bbs.php3?table=about&query=view&l=15).

배움에 대한 이러한 생각을 기초로 학습의 내용은 다음과 같이 제시되고 있다.

(1) 일과 예술과 명상을 통한 통합교육
(2) 개개인의 내적 삶의 통일성
(3) 요가와 명상, 전래놀이를 통해 육체적 · 정신적 · 영적 능력 개발
(4) 진리에 대한 갈망과 배움에 대한 사랑으로 고등교육에 필요한 역량 갖추기
(5) 자발적이고 능동적인, 책임감 있는 사회구성원으로 자라도록 돕기
6) 생태적 자각을 통해 모든 존재의 상호의존성을 이해하기
(7) 종교, 인종, 신념 또는 성에 기초한 차별로부터 벗어난 보편적 시각 갖기
(8) 자기를 다듬어 섬기고 나누는 삶
(9) 공동체에서 어른들, 교사, 학부모의 삶을 곧게 세워 본을 보이기 (http://www.freeschool.or.kr/new/bbs.php3?table=about&query=view&l=15)

위와 같은 교육 목표와 내용을 실천하는 과정에서, 지난 십수 년 자유학교 물꼬가 걸어온 길은 일반 학교교육에서 볼 수 없는 공동체 생활의 면모를 보여 주는 것으로 제시되고 있다. 앞으로 좀더 많은 학교들이 이러한 대안적 교육 이념과 내용에 관심을 갖게 되기를 기대한다.

대안학교에 다니는 학생들은 "자신의 선택과 의지"를 매우 중요한 요소로 간주하고 있다. 성지대안학교 학생들을 인터뷰하여 성지은(2006)은 학생들의 생각에서 자신의 의지와 타인과의 관계를 중시함을 다음과 같이 밝히고 있다.

> 여기서 공부하는 것은 외부 압력에 의한 것도 있겠지만, 자신이 공부를 해야겠다는 의지가 생겨서 하는 것이 우선이다. 이 학교를 다니면서 여러 체험도 하고, 놀아보기도 했다……내 경우는 부족한 면이 많고, 의지가 약한 면이 있으니까. 의지가 꺾이거나 흔들릴 때 이를 다잡고 북돋워 주신다. 그것을 압박으로 받아들이지 않는 것에서 근본적인 차이가 있다(사례 1, 18세, 성지고등학교 남학생).

또 다른 학생은 "주변 사람들과 더불어 도움을 주고, 도움을 받는 사람다운 삶을 살기 위해 공부한다는 것"이라고 자신의 주장을 펴며, 개인적 성취는 단순히 자신들의 것이 아니라 다른 사람들의 성취로도 이어질 수 있다는 생각은 많은 경험과 고민을 통해 나온 성숙함을 보여 준다고 하겠다. 다음의 학생은 더 넓은 시야를 갖는다는 점을 자랑스러워하는 것을 알 수 있다.

> 차이점을 말하자면 자기가 입시 공부를 하는 이유나 자세에 차이가 있는 것 같다. ……우리 학교 친구들은 그래도 1, 2학년 때 다양한 체험을 하면서 다소나마 넓게 보는 눈을 가진 것 같은데 말이다. 그리고 강하다(사례 2, 35세, 성지고등학교 성인 여학생).

이러한 자기 주도 성향은 공부를 하는 자세뿐만이 아니라 삶을 대하는 자세, 자신의 장래에 대해 계획을 세우는 태도에서도 나타난다. 그만큼 많은 고민과 생각을 할 수 있는 기회를 가졌기 때문에 얻은 선물이라고 볼 수 있을 것이다.

학교교육에서 무엇을 강조해야 하나?

우리가 원하는 학교는 어떠한 모습인가? 한마디로 누구든지 자신의 개성과 잠재력이 발휘될 수 있도록 학생들이 존중받는 배움터를 원한다. 그곳이 공립학교이든 사립학교이든 대안학교이든 홈스쿨링이든 사설학원이든 타이틀과 장소가 중요한 것이 아니라, 관계맺는 방식이 중요하다는 것이다. 다양한 학교의 모습과 교육에 대해 열린 사고를 갖는 학부모들이 우리 사회에 점점 증가하고 있는 만큼 홈스쿨링과 대안학교의 비중도 점차 증가하고 있다. 그나마 아직 용기가 없어서 그냥 자녀를 현재 다니는 학교에 마지못해 붙잡아둔다는(이런 식의 표현을 할 수밖에 없는 학부모들이 너무나 많다는 사실을 상기할 필요가 있다) 학부모들의 요구를 감안한다면 절대적으로 학교 혁신은 필요한 것이다. 대도시의 학생 중 80~90% 이상이 학교와 사설학원을 낮과 밤으로 오가는 현 상황은 교육학을 전공하는 사람뿐 아니라 모든 국민들을 우울하게 만든다. 왜냐하면, 청소년들에게 지금 필요한 것은 밤늦도록 지식을 외우는 것이 아니라, 충분히 운동하고, 예술문화를 접하며, 휴식을 취하고 생각을 많이 하는 것이 그들의 장래에 더 필수적이라는 것은 너무나 명백한 진리이고 교육학적 연구 결과들은 그 필요성을 제시하고 있기 때문이다.

그런데도 제도 교육기관인 학교에서 '정해진 수업 시수 이수'를 위해 한나절을 꼬박 앉아서 보내다가, 방과 후 자신들의 '필요에 의해 선택한 공부'를 하기 위해 또 다른 기관에 가서 일정 시간을 보내는 그들의 삶은 운동 부족과 심미감의 결여를 초래하게 만들고 있다. 하루 종일 교과 공부에 시달리면서 활발하게 움직일 수 있는 시간이 태부족하므로, 낮 동안 어디에서든 기회만 있으면 일탈을 해서라도 에너지를 발산하고 싶어하는 것이 우리 젊은 학생들의 입장이다. 그런데 에너지를 발산하고 활동할 시간적 틈이 없으니, 대개는 학교 수업 중에 또는 수업 전후가 될 수밖에 없을 것이다. 다시 말하자면, 꽉 짜여진 '교실 수업들'의 연속은 청소년들에게 일탈을 조장하는 느낌마저 든다는 인식이다. 신체적 움직임과 감성 계발을 위한 활동들이 학교에서 충분히 주어져야 하는데 현재의 학교교육에서는 실천되고 있지 않아 안타깝다. 교과목은 대폭 줄이되, 오히려 관계 중심으로 민감성을 키워 주는 새로운 교육 풍토를 조성해야 한다.

앞서 언급했듯이 학생들의 개성과 잠재력이 최대한 발휘될 수 있는 학습의 공간으로 학교는 거듭나야 할 것이다. 획일적 교육과 관료제 학교의 폐해를 줄이고 사랑과 보살핌의 교육 원리가 스며들게 하려면 우선 규모가 작아지는 것이 필연적으로 요청된다. 아울러 일반 공립학교와 더불어 남학교, 여학교, 종교계 학교, 사설학교, 생태학교, 체육학교, 자동차학교, 요리학교, 미술학교, 음악학교, 방송학교 그리고 폭넓은 대안학교들이 개설되어 있어 다양한 선택의 기회가 주어지도록 할 것이 요구된다.

1) 나와 만물의 연결됨을 인식하고 실천하는 교육

여성주의 교육학은 삶의 현장과 함께 숨쉬고 실천하는 교육 현상에 주목한다. 추상적이고 이론적인 지식 습득에 초점을 둔 학교교육은, 교육을 많이 받으면 받을수록, 공부를 잘할수록 생활 실천 현장의 쓰임새는 매우 낮다는 것이 기존의 교육에 대한 인식이다. 몸을 움직이는 일을 무시하고 등한시할 뿐만 아니라, 자신의 기본적인 의식주 해결에서도 남의 도움을 받는 것을 너무나 당연시하고 있다. 공부만 하면 되지 자신의 주변을 돌보고 청소하고 밥하고 세탁하는 일은 할 필요가 없다는 분위기를 가정에서도 부모들이 조장하고 학교에서도 인정하고 있다. 그 결과 스스로 자신의 몸을 돌보고 다른 사람의 몸을 돌보는 것을 도와 줄 수 있는 교육은 전혀 이루어지고 있지 않다.

생활 속에서 실천하는 교육은 몸의 움직임을 기본 전제로 하고 있다. 나와 지식과의 관계, 나와 사물과의 관계, 나와 환경과의 관계는 나의 몸을 중심으로 전개된다. 나와 만물이 연결되는 최접점은 나의 몸에 대한 돌봄으로부터 출발하는 것이다. 이론적이고 추상적인 지식만이 아니라, 실제 생활에서 몸을 통해 사물과 관계를 맺고 실천하는 학습의 가치는 우리 삶에서 우선적으로 인정되어야 한다.

많은 학생들이 자신이 사용하는 공간을 제대로 보존하지 못하는 경우를 흔히 보게 된다. 잘 관리를 못하는 것은 물론 휴지나 쓰레기를 함부로 버리기도 하며, 낙서나 파손도 아랑곳하지 않는 경우가 많다. 자신의 몸을 소중하게 대할 줄 아는 것은, 다른 사람의 몸의 소중함도 인정할 수 있어야 하며, 주위의 물건, 자연의 소중함도 인식하고 실천하는 것으로 연결되어야 하며, 이것은 궁극적으로 생명과 자연에 대한 외경 사상이다. 지구를 생명체로 인식할 것이 요청되며, 이것은 생활에서의 실천과 연계된 교육의 근본 이념으로 자리 잡아야 한다. 여성주의 가치인 돌봄과 배려는 타인에 대한 배려만이 아니라 생명, 사물 등 지구상의 모든 만물에 대한 배려를 포함한다. 성기성물(成己成物)의 정신은 내가 모든 만물과 연결되어 있음을 알고 실천하는 것이기 때문에, 자신의 몸에 대한 배려로부터 주변의 사람과 사물, 자연에 대한 배려로 지평을 넓혀가는 것이 요구된다.

2) 구성주의 관점에서 학습 과정을 중시하는 교육

일찍이 듀이(Dewey, 1938b)는 교육이 "생활 과정으로 여겨져야지 미래 생활을 위한 준비"로 여겨져서는 안 된다고 역설했다. 이러한 주장은 오늘날과 같이 지식이 급팽창하고, 변화가 가속화되는 시기에 더욱 그 빛을 발하는 명언이다. 지식의 현재 상태는 역사에서 한순간이며 지식이 배가되는 속도는 기하급수적으로 증가하므로 과거에 지식이 변했던 것보다 훨씬 빨리 그리고 빈번하게 변한다는 인식이 급속히 확산되고 있다. 따라서 아동이든 성인이든 지식 축적의 결과보다는 현재 자신이 위치한 상황에서 목표를 향해 나아가는 과정을 가장 소중히 여기는 생활 자세와 학습 자세가 요구되는 시기라고 할 수 있다.

브룩스와 브룩스(Brooks & Brooks, 2001)는 구성주의 관점에서 학교 교실이 어떻게 변화해야 하는가를 학습 과정 중시하기, 가능성을 고려하기, 자신의 세계 알아가기의 세 가지 과정을 중심으로 제안했는데, 이는 학교 개혁의 적절한 방향을 제시해 준다.

첫째, 학습 과정을 중시한다는 것은 학생들이 세계의 풍부함을 경험하도록 학생들에게 기회를 주어야 하고, 그들이 스스로 질문하고 스스로 답을 찾을 수 있는 권한을 주어야 하며, 그들에게 세계의 복잡성을 이해할 수 있도록 자극을 주어야만 함을 기본으로 한다. 학생들에게 무언가에 대해 생각할 상황을 제시하고 그들이 하는 것을 지켜보거나, 학생들에게 무엇을 하라고 말하기보다는 그들이 스스로 무엇을 하는지를 말해 주는 것이 필요하다는 것이다. 또한 학교는 세계의 복잡성과 가능성을 더 잘 반영할 수 있어야 하며, 학교는 지식의 구성을 중시하고 촉진시키는 방식으로 구조화될 수 있어야 한다는 것이다.

둘째, 가능성을 고려하기란 학습자가 새로운 정보를 내면화, 재형성, 변형하도록 돕는 것이다. 전통적으로 학습은 '모방' 활동으로 생각되어 왔으므로, 학생들이 새로이 제시된 정보를 보고서나 퀴즈, 시험에서 반복하거나 흉내내는 것을 포함하는 과정을 의미했었다. 이와는 달리 구성주의적 관점에서의 교수 활동은 학생들이 무엇을 반복할 수 있는가를 찾는 것이 아니라, 그들이 무엇을 생성하고 증명하고 보여 주는가를 찾는 것이다. 교육자는 학습자에게 생각하고 탐구할 기회를 주어야 한다. 그러나 학습자가 생각하고 탐구할 수 있는 기회들이 학교 구조에 의해 심하게 통제를 받고 있다.

셋째, 자신의 세계를 알아가기란 자신의 세계에 대해 관심을 갖는 기능이다. 자신의 세계에 관심을 갖는 것은, 학습자 공동체에 의해 촉진된다. 과학적 사고는 정적인 것이 아니라 그것은 계속적인 구성과 재조직화의 과정이다. 따라서 교사의 주요 임무는 학생들이 탐색할 수 있는 문제들을 제기하며 그들이 생성한 다른 지식의 관점에서 그 결과를 해석하도록 돕는 것이 되어야 한다는 것이다.

이러한 구성주의 관점에서 자칫 간과되기 쉬운 것은 자신의 관점이 가장 중요하다는 인식으로 인한 오해다. 외부 세계에 대한 나와 외부, 그리고 외부에 존재하는 각 주체들 간의 상호 연결성이다. 자신의 주체성이 중요한 만큼 다른 존재의 주체성도 매우 중요하므로, 자신의 주체에서 강조하는 자율성은 외부에 존재하는 주체에게도 동등하게 적용되어야 한다는 지적이다. 이것은 마치 구성주의가 자율적 개인의 원자론적 인간관에 기초하여 주관성만을 강조하는 것처럼 오해되기 쉬우나, 무엇보다 구성주의 맥락을 잘 살리려면 연대적 인간론에 기초하여 교육론을 전개하는 것이 필요하며, 이는 필연적으로 여성주의와의 만남을 요구한다. 즉, 성기성물 여성주의 이념의 "나의 이름은 만물의 이름과 맞닿는다"라는 명제에 대한 관심은 현행 객관적 교육론을 구성주의 학습론으로 전환시키려는 과정에서 반드시 강조되어야 한다.

3) 민감성 계발을 위한 감성교육

인간이 동물과 차별화되는 가장 큰 차이는 이성적 존재라는 것이다. 따라서 지난 수 세기 동안 인간의 이성 계발은 가장 기본적이며 무엇보다 주요한 과제였다. 그러나 오늘날 교육은 이성 계발이라는 이름으로 출발했던 그 지점에서 너무나 멀리 떨어져 나왔다. 이성은 생각에서 비롯된다. 그러나 생각하지 못하게 만드는 오늘의 교육환경은 이성의 계발을 막고 있다. 그것은 곧 기계적으로 도구화된다는 것을 의미한다. 마치 이성 대신에 생각하지 않고 진행되는 기계화라는 것으로 치닫고 있는 듯한 느낌을 받게 되는 것이다. 이러한 상황에서 감성과 정서는 발 디딜 틈이 없다. 따라서 느낌도 없다. 오늘날 우리 사회가 당면하고 있는 인간 관계의 현실적 문제는 사회구성원들의 민감성 부족과 비인간화의 정도가 심각하다는 것이며, 이는 교육의 문제이기도 하다.

학교교육은 지나치게 획일화되어 있고 기계적으로 돌아가고 있어 학생들이 느끼고 생각할 수 있는 기회가 매우 부족하여, 우리 주변에 대한 민감성을 계발할 기회가 거의 없다는 지적이 계속 제기되고 있다. 우리 학급이 황폐화되고, 친구가, 선생님이 좌절해도 이것을 느끼는 학생이 별로 나타나지 않는다. 느낌이 없는 교육은 곧 인간성 상실로 이어지고, 종국에는 생각과 이성도 잃어버리게 되는 것이다. 느끼고 생각할 수 있는 교육만이 감성과 이성이라는 두 보물을 함께 안을 수 있다. 이제 느낌을 통한 감성의 계발이 필요한 시점이다. 감성과 이성의 조화로운 계발만이 인간 한 사람 한 사람의 자유로운 영혼을 만날 수 있게 해 줄 것이다.

도시화가 진전되면서 자연환경과도 점점 멀어져 가는 오늘날의 교육 현실은 인성 함양의 측면에서도 큰 어려움에 봉착하고 있다. 생태계를 인식할 수 있는 교육 기회도 거의 없을 뿐만 아니라, 자연과 멀어진 학생들이 환경과 생명에 대해 민감성을 갖기 어려운 상황이다. 생태계에 대한 관심을 지속적으로 유지하고, 인간의 연대론적 이해로 지구화 시대 공존에 대한 관심을 환기시키는 교육이 필요하다. 모든 학교가 도시를 벗어나기 어려우므로 예체능 교육을 통한 감성의 계발과 민감성 교육이 강조되어야 한다. 따라서 인지적 관점에서 단편적 지식교육 중심으로 짜인 학교 교육과정은 체육, 음악, 미술 등의 예체능 교육을 강조하여 건강한 몸과 마음을 갖도록 해야 하며, 특히 심미적 측면에서 예술교육을 통한 감성교육이 강조되어야 한다. 도시화가 진행된 곳일수록 학교는 지식교육이 아니라 예체능과 사회적 민감성 교육의 장소로 재편될 것이 요구된다.

전인교육을 위한 예술교육의 중요성은 말할 나위 없을 정도로 잘 알려져 있다. 예술교육은 인간이 조화롭게 발달하도록 하는 교육이다. 예술교육은 지 · 덕 · 체의 조화로운 발달을 목표로 하는 전인교육에서 매우 중요한 역할을 한다. 18세기 교육학자들인 페스탈로치, 헤르바르트, 프뢰벨은 아동의 발달에 맞는 교육으로서 예술교육의 필요성을 역설했다. 프뢰벨은 창작활동을 교육의 유일한 형식이라고 했으며, 아동의 창조적 표현은 아동의 속성을 개발하는 것이라고 주장했다. 예술교육은 인간에게 존재하는 독특한 감정이나 본능을 살리면서 동시에 이성적인 능력을 조화롭게 이끌어 가는 힘이 있는 것으로 인식되고 있다(고경화, 2003: 29-41). 예술교육에서는 감성과 이성적인 활동이 함께 연관된다. 예술교육이 사람들의 감각 활동을 통해 정서를 표현하고 예술작품을 통해 미감을 얻는 감성 활동이지만, 동시에 대상에 대한 판단력을 얻을 수 있는 측면도 지니고 있음에 주목해야 한다. 그런데 우리나라 학교 현장에서 특히 고등학교에서 예체능 수업 시수가 적은 것도 문제인데,

더욱 안타까운 것은 그것마저 제대로 이행되고 있지 않다는 점이다. 한 고등학교 음악 교사는 자신이 부임한 고등학교에서 담당할 수업이 부족하여 책임 시수가 위협받을 정도로 실제로 음악 교과 수업이 이루어지고 있지 못하다는 사실을 지적하고 있다. 이러한 고등학교가 의외에도 많다는 점은 반성적으로 고찰해 보아야 할 점이다. 외국 사례 연구에서 예술교육이 얼마나 중요한 영역인지를 배울 수 있다.

외국의 예술교육 사례에서 배울 점

인간의 삶에서 과학적 지식은 도움을 주는 중요한 요소이지만, 예술이 없다면 인간의 삶은 메마르고 아름다움이나 감사함을 느끼기 어렵게 된다. 즉, 우리의 삶을 풍부하게 하는 것은 예술적 소양이므로, 교육 특히 아동기와 청소년기를 통해 가장 중요한 교육 영역으로 취급되어야 한다. 현재 한국이 당면한 다문화 현상으로 인한 충격은 예술교육을 통해 가장 잘 풀어낼 수 있을 것이다. 우리나라와 달리 일찍부터 다문화 사회를 경험한 외국의 경우 예술교육에 대한 관심은 매우 높은 것으로 나타나고 있으며, 그 교육적 효과를 입증하는 사례도 제시되고 있다. 캐나다, 호주, 영국, 미국, 핀란드는 양질의 예술교육이 학생 태도를 향상시키고, 자신감을 심어 준다는 구체적 연구를 내놓고 있다. 몇몇 국가는 예술 참여가 어린이의 정신적 건강, 자신감, 학교에 대한 태도 등을 진작시킨다는 강력한 증거들을 제시하고 있다. 외국의 예술교육 사례를 소개하면 다음과 같다.[24]

나이지리아는 예술교육이 어린이들의 기술을 향상시키고 삶에 대한 태도를 개선시켰다고 인정한 바 있으며, 오스트리아에서도 이런 견해가 관찰을 통해 입증되었는데, 예술이 "다른 방향으로 인도하고 마음을 여는 데 도움을

24 외국의 예술교육 사례는 앤 뱀퍼드(Anne Bamford, 2007)의 연구보고서를 참고했으며, 더 상세한 사항은 이를 참조할 것.

준다"는 것이다. 이와 유사하게, 중국에서는 어린이들이 학습을 즐기고 자신감은 물론 친구들과의 의사소통 능력도 좋아졌다는 의견이 있었다. 호주에서는 예술 프로그램 참여가 원주민 학생들의 학교 활동 참여 및 출석 향상으로 나타났다고 했다. 세네갈은 예술교육이 학생들로 하여금 "그룹 활동, 관용 나타내기, 지적 호기심, 상상, 유머, 적극적인 감상의 표현, 자신들의 직업이 관찰되는 것을 수용하기, 그리고 경쟁의 의미를 이해하도록" 변화시켰다는 것을 보고했다.

학생들의 태도를 향상시키는 가치 있는 방법의 하나로 예술가와 교육 분야의 파트너십은 호주, 콜롬비아, 뉴질랜드, 영국, 미국, 핀란드 등의 사례에서도 입증된 것으로 보고된다. 이를테면, 핀란드 프로젝트 '소녀, 소년 그리고 성역할(Girls, boys and gender play)'은 어떻게 학교와 박물관, 지역정부의 파트너십이 인터넷을 통해 강화될 수 있는지를 보여 주는 사례다. 모든 지역 프로젝트는 학교와 박물관(또는 지역 환경센터)이라는 2개 파트너가 있었다. 100개 이상의 유네스코 관련 학교에서 216개의 지역 프로젝트가 있었다. 모두 합해 70개 지역사회에서 400개 학교, 500명의 교사, 65개 박물관, 15개 기관이 프로젝트에 참여했다고 보고된다. 핀란드 지자체 협의회는 지역사회 중 87%나 문화 부문에서 학교와 함께 일한 것으로 나타났다. 이 프로젝트는 교재 개발과 교사 연수를 모두 포함하고 있었으며, 핀란드 사례로 보고된 결과를 소개하면 다음과 같다. 교사들은 학교 밖 전문가들과 일하는 것을 배웠고 전문가들은 학교 교사들 및 학생들과 일하는 것을 배웠다고 한다. 학생들은 지역 프로젝트에 적극 참여했고, 의견 워크숍, 전시회, 연구 여행, 학교 방문 등은 좋은 학습 방법들로 판명되었다. 특히 예술작품이나 학습 재료를 직접 만드는 등 활동하면서 배운다는 아이디어를 좋아하는가 하면, 또한 어린이들과 청소년들은 서로 협력하며 일하는 기술이 좋아졌다고 보고된다.

외국 사례들로부터 조사된 바에 따르면 예술이 어린이들의 민주적 · 사회적인 자아감 형성에 긍정적인 영향을 미치고 있는 것으로 보고되었다. 주어진 몇 개의 사례에서, 예술은 가치교육, 적극적인 사회적 행동 개발과 밀접하게 연관되어 있었으며, 예술에의 참여는 "협력, 존경, 책임, 관용 및 감사의 마음"을 함양시킨 것으로 나타났다. 예술교육의 이러한 측면들은 콜롬비아의 일반 학교의 교육과정 설계에 공식화되어 있다. 즉, 교육부는 초·중등학교에서 민주적 역량을 기르기 위한 일련의 기본적 표준 수립을 시작했는데, 민주적 역량은 평화적 공존을 위해 필요한 인지적, 감성적, 의사소통 능력 그리고 관련된 지식을 의미한다. 다원화 사회의 서로 다른 차이를 존중하는 범위 내에서 어린이들과 청소년들에게 타인들과의 조화로운 관계를 돕는 방안으로 예술교육이 제공되어 그 효과성이 입증되었다는 것은 큰 의의를 지닌다. 민주적 역량을 기르는 데 사용된 프로젝트의 사례로 '음악과 공존하기 위한 국가적 계획', '인코발레(Incolballet: 정서 순화를 위해 음악, 무용, 체육이 혼합된 신체활동) 등이 있으며, 이들 프로젝트들은 비공식 교육 범주에 속한다. 학생들은 스스로 예술 프로젝트를 발표하고 설명하며 성찰적 사고에 참여하는 기회를 통해 자신감을 크게 기를 수 있는 것으로 보고된다. 이러한 환류(feedback)와 성찰 과정은 학생들의 학습과 자신감을 향상시키는 가장 큰 요인이 되는 것이다.

대다수의 응답 참여 국가는 예술교육이 개인의 태도와 자신감을 향상시킨다고 했으며, 유사한 비율(80퍼센트)의 국가들이 예술교육은 직접적으로 학교와 넓은 지역사회 내에서 사회적·문화적 이해의 수준을 높인다고 했다. 나이지리아의 경우, 예술교육은 청소년들에게 "연령, 피부색, 지위를 불문한 타인들"과 자유롭게 섞이는 기회를 제공했다. 또한 "학생들이 다른 민족의 문화적 가치를 인정하게 되었기 때문에" 예술교육은 학생들의 문화적 성장을 이끈다고 했다. 나이지리아에서 이러한 문화적 확산은 학생들의 예술작품 전시를 통해 가능했으며, 싱가포르에서는 예술이 지역사회의 가난한 사람들을 돕는 자금을 모으는 하나의 방법으로 직접 사용되었다고 한다. 뱀퍼드(Ann Bamford)는 싱가포르의 예를 들어 폭넓은 예술에의 노출과 예술 경험은 학생들을 다양한 인종집단과 접하게 하면서 각기 다른 '문화적 유산'을 경험할 수 있게 한 것이 학생들의 문화적 발전에 기여했다고 했다.

미국에서는 예술이 사회 발전에 미치는 영향에 대한 수많은 실질적 연구가 행해졌다. 이러한 연구를 통해 긍정적인 사회문화 의식과 예술 참여의 긴밀한 관련성이 드러나고 있다. 미국 내 예술교육 연구자들은 예술을 통한 사회 발전을 연구한 결과 긍정적으로 보고했다. 하버드대학교 스티브 시델(Steve Seidel) 교수, 스탠퍼드대학교 셜리 브라이스 히스(Shirley Brice Heath) 교수 및 컬럼비아대학교 롭 호로위츠(Rob Horowitz) 교수 등이 참여한 연구 보고서「변화의 챔피언(Champions of Change)」과 '더 큰 발전상(Coming Up Taller Awards)'(창의성을 중심으로 한 지역의 우수한 예술교육과 인문교육을 선정하여 상을 주는 미국 프로그램) 등에 의하면 예술은 사회적 책임을 기르는 데 일정한 역할을 하는 것으로 인정된다는 것이다.

그 외 여러 국가에서도 예술교육을 통해 사회성이 함양된다는 연구를 내놓았다. 예를 들어, 네덜란드에서는 양질의 예술교육을 받음으로써 학생들 사이에 "타인과의 공동 작업, 인간 관계 및 결과를 도출하기 위한 의사소통" 기술을 발전시킬 수 있음이 보고되었다. 영국, 캐나다, 호주에서도 이와 유사한 연구 결과를 내놓으며 이들 국가에서 예술교육이 토착민 사회 및 다민족 사회의 행복과 번영에 기여하고 있음을 보고했다. 이런 상황에서 예술교육은 "치료 효과, 인식 제고, 이해력, 자부심, 찬양심"을 유발했다고 한다. 지역사회 안에서 행해지는 예술교육은 교실이라는 테두리를 벗어나 일반적으로 그 사회의 삶에 예술을 불어넣기도 한다. 물론 이러한 방식으로는 학교 내 예술교육의 기여도에 대해 엄밀히 따질 수는 없다. 오히려 예술이 일상생활에 전반적으로 기여하고 있음을 뚜렷이 드러낸다고 볼 수 있다. 캐나다에도 특별히 문화 및 사회적 다양성 문제를 다루는 수많은 예술극단이 있는데, 이들 극단은 지역사회를 기반으로 학교와 긴밀히 연계되어 운영된다는 점에 주목할 필요가 있다. 스페인에서는 일부 여행 회사에서 특별히 문화 다양성 문제를 다루면서 '데이즈 멀티매틱스(days multitematics)' 공연 등의 행사를 진행시켜 왔다는 점이 돋보이며, 마찬가지로 덴마크에서도 예술 및 문화적 자금이 모든 어린이와 지역사회의 참여가 가능한 공연과 전시회에 사용되고 있는 것으로 알려져 있다. 또한 독일에서는 사회문화 발전 과정이 '문화 이해'라고 하는 문화 역량 기록을 통해 정식으로 문서화되었을 뿐만 아니라, 또한 방과 후 문화예술 교육 프로젝트를 수행하여 학생들의 사회적 · 문화적 발전에 '뚜렷한 효과가 있음'을 보여 주었다.

예술적 재능의 표현은 때때로 사회적 인식 제고에 기여하고 감탄을 자아내게 한다. 단편적이고 기계적인 지식교육의 문제점은 여러 가지가 있지만, 최근 가장 두드러지게 거론되는 것이 자기 중심적인 행동과 습관의 고착화일 것이다. 자기 이외의 모든 존재에 대한 배려가 절대 부족할 뿐만 아니라, 지역 및 지구환경에 대한 민감성도 매우 저조한 수준이다. 예술은 문화적 · 사회적 영향력을 항상 소유한다는 의미에서, 예술교육에 대한 관심을 응집시켜 민감성 교육을 실천할 것이 요구된다.

2. 배려 중심의 학교교육 원리

학교 현장에서의 배려교육 실천

학교교육 현장에서 여성주의 윤리는 통용될 수 있는가? 앞서 밝혔듯이 여성주의 가치, 윤리를 교육학에서 배려와 보살핌의 교육 원리라고 할 때, 이러한 배려의 원리는 학교교육에 적용 가능한가? 한국에서 노딩스의 배려를 연구한 바에 의하면 이의 도입은 필요하고 가능하며, 현실적으로 시급하다는 지적이다. 여기에서는 학교교육에 배려의 원리를 어떻게 도입할 것인가를 중심으로 논의하고자 한다.

1) 왜 학교에서 배려교육이 요구되나?

이 책에서 여성주의 교육학의 기본 원리로 배려를 강조하는 이유는 현재 학교교육의 문제점으로부터만 출발한 것은 아니다. 오히려 여성주의 세계 질서를 구축하기 위한 하나의 교육적 지원 시스템을 모색하고 대안적 교육 현상 연구로서 여성주의 교육학을 주창하게 된 것이다. 물론 결과적으로는 학교교육에 대한 유사한 문제 의식도 이러한 맥락에서 제기하게 된다. 그러나 좀더 관심을 두어야 할 영역은 가정과 사회에서의 학습활동에 대한 여성주의적 접근과 해석이다. 그동안 가치 평가가 제대로 되지 않아 학문에서 소외되어 왔던 가정문화 및 여성활동의 가치가 새로운 시각에서 조명되어야 한다는 인식이다. 이러한 맥락에서 마틴의 주장은 음미해 볼 만하다. 그녀는 교육받은 사람들의 이상적인 상태가 여성들에 의해 소중하게 여겨지는 그리고 전통적으로 여성들과 결부되었던 개념, 기능, 태도, 능력을 포함할 수 있도록 과감하게 수정되어야 한다고 주장했다. 여기에서는 우선 학교교육 영역부터 살펴보기로 한다.

김종구(2004)는 학교 현장에서 배려의 원리를 적용할 것을 주장하는 이유로 다음과 같은 세 가지 이유를 들고 있다. 첫째, 학생들에게 배려해야 할 내용이 결여된 편협하게 처방된 교육과정을 공부하도록 강요하는 통제 이데올로기, 둘째, 인간 능력의 놀랄 만한 범위에 대한 존중심이 결여된 교육 현장, 셋째, 전통적으로 여성과 연관되었던 기능, 태도, 능력들에 대한 평가절하(김종구, 2004: 125-6) 등이다. 현재 학교교육의 문제점을 잘 지적하고 있으며, 그 해결 방향도 여성주의라는 대안적 패러다임과 일치하고 있어 인용한다.

> 학교 혹은 교육에서 배려란 무엇일까?……어쩌면 그것은 이미 반세기 전에 생텍쥐페리가 가졌던 생각이다. 그는 『전시조종사』 마지막 구절에서 "인간이란 관계들의 매듭일 뿐이다. 관계들만이 인간에게 중요하다"라고 말한 적이 있다. 그리고 바로 이 생각을 받아서 모리스 메를로-퐁티는 『지각의 현상학』에서 "인간에게서 타인은 없다. 모든 사람이 나와 야릇한 혈연 관계를 가지며 내 살의 살이요, 내 피의 피다"라고 설파했다. 따라서 지금 우리가 학교교육에 '배려'라는 개념을 가져온다는 것은 전시 상황에서 깨달은 생텍쥐페리의 고백을 감성이 아닌 이성으로 받아들이겠다는 것이다. 그러니까 이것은 결코 담임 교

사에게, 혹은 특정 선생님에게 요구하는 '태도'나 '자세'를 넘어서 '배려'를 기초로 학교 시스템을 바꾸라는 정언 명령인 것이다(김종구, 2004: 124).

교육 현장에서 이러한 요구가 있었다는 것은 참으로 놀라운 발견이다. 여성주의 교육을 지난 수 년간 대학에서 연구하고 강의에서 실천하려고 노력하면서도 학교 현장에서의 반응이 궁금했는데, 이러한 인식이 있었다는 것은 반가운 일이다. 정대현(2005)이 주창한 여성주의 가치의 핵심인 '성기성물'적 모성 양식의 정신과 돌봄 배려의 정신은 본질적으로 일맥상통한다. 어머니가 자녀를 돌보는 것은 생명에 대한 존중과 배려의 마음이 없으면 불가능하며, 어머니의 이룸과 자녀의 이룸은 맞닿아 있음을 상기할 필요가 있다. 따라서 여성주의 학교교육은 보살핌과 배려의 교육 원리에 의한 실천을 지향해야 한다. 이는 공장 모델의 대형 학교보다는 소규모화된 가정 모델의 학교에서 가시화될 수 있을 것이다. 물론 형태와 규모보다는 기본 철학이 중요하며, 관계 맺는 방식이 중요하므로 학교교육 운영에 대한 발상의 전환이 요구된다.

2) 배려의 개념 및 요소 : 전념, 공감, 수용, 확신

배려 관계는 전념(몰입, 몰두, engrossment), 공감(감정이입, empathy), 수용(receptivity, reception), 확신(확립, 확증, 확인, 확언, 정립, confirmation) 같은 정서적인 방식으로 실천되는 것이다. 배려의 교육에 대해 연구한 김수동(2002: 35-47)은 이 부분에 대해 상세히 설명하고 있는데, 이 개념을 간략히 소개하면 다음과 같다.

전 념

노딩스(Noddings, 1992: 15)는 보살피는 자의 의식 상태를 전념과 동기전환(동기적 전치, 동기유발적인 전이, motivational displacement), 관심(regard), 갈망(desire)으로 설명한다. 전념은 피배려자에 대해 열려 있고 비선택적으로 수용하는 것을 의미한다. 전념은 상대의 입장을 바꾸어서 생각하는 것이 아니라, 개방적이며 진실된 방식으로 상대를 수용하여 함께 느끼는 것을 가리킨다. 배려자의 의식 상태는 자신을 멀리하고 즉 자신의 가치나 관심을 배제하고 다른 사람의 경험 안으로 들어가는 전념으로 생겨나는 것이다. 노딩스(Noddings, 1984: 17)는 모든 배려가 근본적으로 전념과 관련된다고 이해한다. 배려자의 삶이 아주 강렬하게 아니면 완전히 돌보는 것에 대한 전념으로 가득할 필요는 없지만, 돌보는 자의 삶 속에 피배려자를 향한 전념이 있어야 한다는 것이다.

공감

노딩스(oddings, 1984: 30-31)는 '함께 느낀다'는 개념이 투사가 아니라, 이해하는 것이라고 밝힌다. 감정이입은 먼저 상대를 꿰뚫는 것이 아니라 그를 받아들이는 것이다. 그러므로 배려자는 '강화하는 것'이 아니라 받아들이고, 함께 의사소통하고, 같이 일하는 것이다. 공감이란 상대방의 경험을 마치 자기 자신의 것처럼 이해하는 것이다. 타인의 현실과 감정을 상대가 느끼는 것과 가깝게 이해하는 공감은 배려를 하는 데 필수적인 요소다. 로저스(Rogers, 1969)가 말한 것처럼, 공감이란 내담자의 현상학적 세계로 들어갈 수 있는 조력자의 능력, 내담자의 세계가 조력자 자신의 것처럼 경험할 수 있는 능력이다. 노딩스(Noddings, 1984: 193)는 공감 · 연민이 고무되고 자라나서 결과적으로 성찰과 헌신으로 확립될 때만 사람이 윤리적일 수 있다고 주장한다.

수용

수용이란 아이에게 직접적으로 도와 주는 것이다. 어머니가 아동을 조종하거나 어떤 형태로 밀어 넣으려는 유혹 또는 명령을 억누를 때, 비로소 수용적인 분위기를 잡아나갈 수 있다. 보살피는 사람은 아동에게 수용적인 분위기를 알게 해 줄 때, 아동은 있는 그대로 사물을 바라보고 변화될 수 있다(Noddings, 1984: 60). 지지되고 수용된 아동은 자신의 역할을 검증해 나갈 수 있고, 어떻게 하면 다르게 처신할 수 있을까도 생각하게 된다. 상대를 수용하는 일은 열린 마음으로 그에게 주의를 집중하는 것이다(Noddings, 1992: 23).

확 신

노딩스는 배려의 요소로 '확신'을 들고 있다. 노딩스(Noddings, 1992: 25, 1995a: 192)와 부버(Buber, 1965)는 확신이란 타인 안에 있는 최상의 것을 확언하고 촉진시켜 주는 행동이라고 말한다. 즉 학생들의 잠재력과 훌륭한 자아를 찾아서 대화와 만남을 통해 상호 격려하는 가운데 최선의 자아의 발달을 촉진해 주는 것을 의미한다. 확신은 신뢰의 관계에 바탕을 두어야 가능하며, 심층적인 인간 관계에 토대를 둔 사랑의 행동이고 배려자와 피배려자를 관계 속에 남아 있도록 해 주는 역할을 한다.

3) 배려 원리에 의한 학교의 교육 방법[25]

배려의 요소가 교육 현장에서 실천으로 구현되려면 실천 양식이 필요하며, 이는 관계성, 관심과 책임, 감응성, 친밀성 등으로 제시되고 있다. 특히 이 가운데 관계성에 주목할 필요가 있다. 배려의 윤리는 인간과 인간의 관계, 인간과 자연의 관계를 포괄하고 있다. 노딩스는 관계는 배려의 가장 기본적인 형태임을 주장한다. 노딩스를 연구하는 사람들에게서 공통적으로 나타나는 점은 배려의 관계에 큰 관심을 두고 있다는 점이다(박병춘, 1998 : 387; 김수동, 2002: 43). 인간의 존재는 관계 속에서의 자아다. 배려의 관계란 보살펴 주는 사람과 배려를 받는 사람과의 관계로서, 배려는 배려의 관계 안에서 이루어지며, 배려자와 피배려자가 서로 의지하는 것이다. 자녀 양육은 오랜 기간 동안 관계의 계속성을 필요로 한다(Noddings, 1992). 여성주의 가치를 모성 양식에서 발견하는 것도 이러한 계속적인 관계성을 바탕으로 하기 때문이라고 볼 수 있다.

---

25 학교에서의 배려 교육에 대한 것은 김수동(2003: 18-28)의 연구를 중심으로 소개했다.

한국에서 노딩스에 관한 연구들이 도덕교육을 중심으로 소개되어 왔으며(박병춘, 1998; 김수동, 2002, 2003), 이에 대한 지속적인 관심과 연구가 이어지고 있다. 배려 교육 방법이 남성성과 대비하여 여성적(feminine) 방법으로 명명되기도 했으나, 사실 엄밀하게 말해서 페미니즘에 대한 재분류를 지향하는 최근의 패러다임에서 본다면 이 방법은 단순히 여성적이라고 하기보다는 여성주의 가치의 실현으로 보는 것이 타당하다. 다시 말해, 다양한 여성주의 가치 중 "생명, 살림, 돌봄을 기반으로 하는 여성주의(feminist) 가치"와 일맥상통하는 방법으로 재개념화될 필요가 있다. 학교에서의 배려 교육 실천에 대한 노딩스의 이론 중 핵심적인 것 몇 가지만을 강조하고자 한다.

배려교육의 일반적인 방법

노딩스는 아동에게 '배려'뿐만 아니라 '능력(competence)'을 증진하는 교육을 함께 해야 한다고 주장한다. 노딩스에게는 배려와 능력을 겸비한 아동을 기르는 것이 교육의 주된 목적이다. 부연하면 도덕적 배려 능력과 신체적·지적 실무 능력의 개발이 아동교육의 목적인 것이다. 배려 중심적 교육은 배려자가 감정이 지나치지 않고, 감상적이지 않으며, 과도하게 표출되지 않을 것을 우선적으로 요구한다. 배려자가 애정을 과시하거나 정서적으로 요란한 사람을 뜻하는 것은 아님을 알 수 있다. 흔히 배려는 교사로 하여금 특정한 방식으로 처신하게 만드는 정서로 이해된다. 그런데 골드스타인(Goldstein, 1998: 18)은 여성적 관점에서 배려가 태도라기보다는 행위이고, 단순한 정서라기보다는 신중한 도덕적·지적 자세로 이해한다. 즉 아동을 위한 배려는 정서적이라기보다는 지적인 행위라는 것이다.

교과교육에서의 배려

노딩스의 주장처럼, 배려 능력은 사람·동식물 및 지구·인간이 만든 도구에 대해 보살핌으로써 기를 수 있다. 동식물·지구와의 관계를 통해 배려 능력을 기를 수 있는 영역은 자연 교과이다. 노딩스(Noddings, 1992: 18-19)

는 동물을 키우면서 보살피는 것이 배려 능력을 기르는 방법이라고 본다. 동물들과의 스킨십, 관심 주기 등은 배려의 태도를 향상시키는 것으로 제시된다. 미술 교과는 아동을 위한 배려교육의 핵심적인 영역이 될 수 있다. 미술이 아동들이 성인이 되었을 때조차 계속적인 기쁨을 줄 수 있기 때문이다 (Click, 1994: 118-119). 아동이 창조적으로 사고하는 능력을 발전하도록 돕는 매개체가 미술이다. 미술활동을 통해 아동은 말하지 않고 의사소통을 할 수 있고 그들의 감정을 내보일 수도 있다. 체육 교과는 아동이 신체를 배려할 수 있는 일정한 시간을 제공한다. 노딩스는 신체적 자아에 대한 배려를 교육에서 우선시하고 있다. 건전한 신체가 정신적 삶에 좋은 영향을 미친다는 입장은 노딩스(Noddings, 1992: 74)에게도 예외는 아니다. 그 밖에 사회 및 지리 교과, 환경 교과 등 다양한 교과에서도 배려교육이 가능함을 제시하며, 김수동(2003)은 구체적인 배려교육 방안들을 소개하고 있다.

봉사학습을 통한 배려교육

'배려'라는 과목, 즉 특별한 봉사활동은 교육 프로그램의 의미 있는 구성요소다. 봉사활동은 상호의존성과 나눔의 가치를 체험하도록 만든다. 그리고 친사회적 행동과 도덕적 실천 의지를 증진시켜 주는 봉사활동은 배려 능력을 최대한 길러 주는 좋은 방법이다. 학교에서 봉사활동을 교육과정에 두는 것이 배려 능력을 길러 줄 수 있다. 따라서 성역할을 바꾸어 봉사하는 일은 남성과 여성을 구분하고 분리시키는 현상을 방지하는 하나의 교육 방법이 될 수 있다. 그런데 노딩스는 아동들을 봉사활동에 참여시킬 때, 재능과 적성에 알맞은 곳에 배치하는 것이 아동들을 분리시키고 기존의 신분 위계 질서를 고착화시킬 우려가 있다고 본다. 재능이 부합하는 것에 아동들을 배치하면 한 분야에서만 경험을 하게 된다는 것이다. 그리고 봉사하는 것에 학점을 주면 아동들은 점수를 얻기 위해 봉사를 할 것이며, 관심이 피배려자가 아니라 자신에게 모아질 수밖에 없다고 노딩스는 주장한다. 노딩스는 보상과 관련 없는 참된 배려를 염두에 두고 있는 것이다. 우리나라에서 현재 시행하고 있는 봉사학습에 시사하는 바가 크다.

대화 · 이야기 · 토론을 통한 배려교육

대화(conversation) · 이야기 · 토론이 자유롭게 구체화되는 사회에서 배려의 실천은 이루어진다. 배려자와 피배려자가 서로의 생각과 느낌을 파악하고 어떻게 배려할지를 알게 되는 것이 대화 · 이야기 · 토론을 통해 가능하다. 노딩스에게는 대화를 통해 주로 관심을 갖는 것은 대화 참여자들의 관계에 있다. 인간 관계를 긍정적인 방향으로 유지하거나 이동하는 데 주된 목적이 있기 때문에, 대인 관계적 추론은 융통성이 있는 것이다. 대화에서 관심을 가져야 하는 것이 배려의 관점에서는 대화의 내용보다 격려하고 인정하는 대화자들의 관계다. 이렇듯 대화는 서로를 연결시켜 주며 도덕교육적 위기를 극복해 주는 기능이 있는 것으로 인식된다. 노딩스(Noddings, 1992: 85)는 토론이 "정신적 · 영적 교육의 핵심"임을 강조한다. 특히 도덕 · 윤리 · 사회 · 국어 수업은 대화와 토론으로 이루어지는 것이 바람직할 것으로 제안된다. 특히 학교는 가치 · 믿음 · 의견들이 비판적으로 검증될 수 있는 이상적인 토론의 장(場)(Noddings, 1984: 184)으로 기능할 수 있으므로, 대화와 토론 방법은 가장 중요한 교육 방법으로 활용되어야 한다. 자칫 자신의 목소리만을 주장하고자 하는 우리 현실에서 배려의 원리를 실천하는 토론과 대화는 매우 유용한 방법이다.

4) 학교는 배려의 공동체가 될 수 있나?

배려의 윤리학자들은 근대 사회에서 평가절하되었던 배려의 가치를 새롭게 인식할 필요가 있음을 강하게 주장한다. 배려는 가족과 같은 친밀한 관계에만 적용되어야 하고 정의의 원리가 공적 영역에 적용된다는 이분법적인 사고를 탈피하여, 가족과 사회 그리고 국가가 공동으로 배려의 가치를 실현하도록 노력할 것이 요청된다. 여성주의 교육학의 가치가 구현되기 위해 가정 모델의 교육기관이 출현해야 한다.

학교가 왜 배려 공동체가 되어야 하는가? 그것은 학생들의 정서적 · 심리적 욕구에 대한 필요를 돌보아야 한다는 생각에 기인한다. 학생들은 소속감 · 자율성 · 능력 발휘 등에 대한 기본적인 욕구를 지니고 있으며, 그들이 얼마나 그런 욕구들을 충족시키느냐는 것은 학교생활 적응에 매우 중요한 변수다. 이러한 학생들의 정서적 · 심리적 욕구들이 학교 공동체에의 심리적 소속감을 통해 충족될 때, 학생들은 학교에 대해 강한 정서적 유대감을 갖게 된다. 학교교육의 효율성을 높이기 위해서는 학생들이 정서적 유대감을 갖는 것이 필요하며, 이는 학생들이 학교의 교육 목적과 가치 체계에 동일시를 갖게 되고 그에 따라 행동하게 될 것이기 때문이다.

가정, 학교 그리고 지역사회는 모두 배려의 공동체라는 특성을 지닐 수 있으며 서로 간에 협조하는 관계를 가질 필요가 있다. 이를 위해서는 "학교 · 가정 · 지역사회 사이에 확대된 의사소통과 협력 체제"를 통해 학습자가 더 나은 교육을 받을 수 있도록 도와 주어야 한다(이미식, 2003: 120). 그러므로 부모들은 배려의 공동체인 학교의 교육활동에 적극적으로 참여하고, 학교는 부모들이 학교활동에 성숙한 자세로 참여할 수 있도록 지지하고 교육적으로 지원하는 도움을 제공할 것이 필요하다. 이 지점에서 학교를 배려의 공동체로 이끌어 가려는 모성생활 양식의 여성주의 리더십이 요구된다. 학교는 여성주의 교실로 구성된 배려의 공동체가 되어야 하고 여성주의 리더십이 이를 가능하게 할 것이다.

페미니스트 교육 원리 구현

페미니스트 페다고지는 여성이 지배한다는 신념이 아니며, 또한 여성주의를 가르치는 것이 아니다. 페미니스트 페다고지에서의 학습이란 거대이론에 터하여 하나의 정답에 초점을 두지 않으므로 상호 다름을 존중해 주는 열린 마음을 지니도록 유도한다. 학교에서의 페미니스트 교육은 상생과 협동을 기본 원리로 약자들에게 능력과 힘을 갖추게 하는 임파워먼트를 강조해 왔다고 볼 수 있다.

1) 페미니스트 페다고지의 실천 원리

페미니스트 페다고지는 여성주의 교육 방식을 토대로 프레이리의 연구를 기초 이론으로 삼아왔다. 포스트모더니즘에 적용되기도 하고, 여성을 학습자로 포함시키며, 다양성을 수용하는 데 매우 효과적인 것으로 인식되고 있다. 또한 여성을 위한 특별 교육을 창조적 관점에서 시행하도록 시도하여 주목을 받고 있기도 하다. 캐롤린 쉬류버리(Carolyn Shrewsbury)는 페미니스트 페다고지에서 다루어야 할 주요 주제를 네 가지로 제시했는데, 그것은 능력을 키워 주는 임파워먼트(empowerment), 공동체(community), 사회적 행위(social action), 그리고 성찰성(reflexivity)이다(http://www.edb.utexas.edu/wie/ pmain.htm).

이 방법은 학생들이 그들 자신의 학습에 능동적으로 참여하는 것에 초점을 두는 수업과 커리큘럼 유형을 사용한다. 학생과 교사는 교실 수업을 위해 커리큘럼에 대해 협동적으로 공동 노력을 하도록 한다. 교실에서는 지식을 전체로서 획득할 수 있도록 학생과 교사 간 협동적인 학습이 이루어지도록 유도하며, 학생들은 소집단으로 활동하거나 그들의 주제에 대해 좀더 배우기 위해 토론 방식을 사용한다. 이는 교사로 하여금 진정한 학습의 촉진자가 되도록 허용한다. 대개의 경우 학생과 교사는 원형으로 앉게 되므로 외부 관찰자에게는 교실의 좌석 배치만 가지고는 누가 수업을 이끌어 가는 책임자인지 말하기 어려울 정도다.

여성주의 교실은 급우들의 평가와 비평 등 건설적인 비판을 환영하는 분위기이며, 학생들에게 큰 구조의 틀이라는 관점에서 교실의 상호작용을 비판하는 도구를 제공한다. 교사에게 강의식 수업을 통해 또는 전적인 통제권을 주는 것과 같은 전통적 가부장적인 수업 및 교육과정 구조에 도전한다. 교실 수업의 목적은 교실에서의 평등을 창조하는 것이고 모든 학생들의 가치를 높이는 것이다.

여성주의 교육은 교실 안의 공동체에 초점을 둔다. 사람들은 그들이 느끼는 바를 자유롭게 표현할 수 있어야 하며, 그렇게 함으로써 다른 사람으로부터 신뢰와 존경을 획득해야 한다. 그곳에서는 누구에게나 의미 있는 '타인'이 되어 볼 수 있는 공간을 열어 준다. 사람들을 품위 있는 존재로 만들어 주는 열린 공간이 된다는 것이다. 교실에서 모든 사람들의 목소리를 존중해 주고, 침묵케 하지 않는다. 수업 주제를 이해하는 데 보조적으로 학생들의 경험을 활용할 것이 고무된다.

페미니스트 페다고지는 여성 지배나 여성주의를 가르치려는 것이 아니므로, 때로는 학생들은 교사의 목소리에 갈급할 수도 있다는 비판이 제기된다. 학생들의 공헌에 주요 초점을 두게 되므로, 주제에서 벗어날 수 있다거나, 교과서에서 배운 대로 교사에게 토론을 다시 이끌어 갈 것을 기대할 수도 있다. 이러한 페미니스트 페다고지에서의 학습은 하나의 정답에 초점을 두지 않는다. 통상적으로 논쟁에서는 일치된 관점으로 결말이 나지 않으므로, 학생들은 결과의 불확실성을 가진 채로 남겨질 수도 있다.

2) 교실 수업에서의 여성주의 교육 방법 실천

여성주의 교육에서 많은 관심 속에 연구된 분야가 교실 수업의 개혁에 관한 것이다. 여성주의는 교육을 하나의 투쟁의 장으로 인식하기도 하지만, 동시에 "변화를 만들어 낼 수 있는 도구"로 간주하기도 한다(Briskin & Coulter, 1992: 249). 그러므로 교실 수업을 통해 의식을 변화시키고 지식을 습득하게 함으로써, 변화를 만들어 갈 수 있다는 믿음을 실천한다. 여성이 종속되지 않는 세계를 구축하기 위해서는 우선 그러한 상황이 가능하다는 "세계관을 먼저 개발하는 것"이 선행되어야만 한다(Aaron & Walby, 1991: 1). 이러한 세계관을 개발하는 것 역시 여성주의 교실 수업을 통한 실천의 몫이다. 따라서 초기 여성주의 교육에서 수업에 대한 연구가 매우 강조되었다.

여성주의 교육 또는 여성주의적 교실은 일종의 능동적 건설의 장이고 그렇게 되어야만 한다. 그곳은 요즘 우리 교육 상황에 만연하고 있는 "상호 배제와 소외를 극복"하기 위해 교사와 학생이 함께 노력하여 이룩할 수 있는 공간이어야 한다. 여성주의 교실은 이론과 실천의 통합이 가시적으로 인식될 수 있는 곳이어야 한다는 벨 훅스(bell hooks, 1989: 51)의 주장은 인종 성별 관계에서 약자 우선을 대표하는 관점이다.

영국에서 울버햄튼(Wolverhampton) 대학교의 페니 웰치(Penny Welch) 교수는 여성주의 교육학에 관한 강의와 연구를 해 오면서 다양한 연구 자료의 출처들을 사이버 상에 수록하고 있다(URL: http://www.wlv.ac.uk/~le1810/fpq.htm). 제시된 자료 중에는 대학에서 여성학을 가르치거나 중·고등학교 교실에서 어떻게 학생들을 가르치는가와 관련된 연구들도 있다.

실제로 대학에서 강의를 하면서 웰치는 그녀의 가치와 교육 목적에 부합하는 여성주의 교육을 구성하고 실천하기 위해 1990년대 초반부터 다양한 시도를 했다. 그녀는 자신이 가르치는 모든 강의에서 평등과 다양성에 대한 존중이 상호작용의 중심이 되기를 희망하고 모든 학생들이 자유롭게 학습할 수 있도록 노력함을 강조한다. 그녀는 벨 훅스를 비롯한 많은 여성주의 교육자들에게서 영감을 받았을 뿐만 아니라, 프레이리와 칼 로저스(Carl R. Rogers)의 사상적 영향을 받았음을 인정하며, 다음과 같은 세 가지 원칙을 수업에서 견지하고 있다.

- 교실에서 평등한 관계를 추구한다.
- 모든 학생들이 가치 있는 개인으로 느낄 수 있도록 노력한다.
- 학생들의 경험을 학습의 자원으로 활용한다.

이러한 세 가지 원칙은 다른 모든 교사들이 그들 학생들과의 관계에서 무엇을 금지해야 하는가를 제시함으로써 좀더 명확하고 간결하게 표현될 수 있다. 그것은 첫째, 지배하지 말 것(don't dominate), 둘째, 무시하지 말 것(don't humiliate), 셋째, 교화시키지 말 것(don't indoctrinate)이라는 말로 요약될 수 있는데, 프레이리나 로저스의 신념과 같은 맥락에 있음을 알 수 있다. 프레이리는 은행 저축식으로 지식을 쌓는 교육은 학생의 의식 계발을 방해하는 교화이므로 배제할 것을 요구한다(Freire, 1980). 의미 있는 학습을 중진시키는 가장 효과적인 교육 상황에 대해 일찍이 로저스는 가급적 "학습자의 자아에 위협이 되는 요소는 줄이고, 대신 경험의 영역에 대해 다양한 차별화된 인식"(Rogers, 1969)을 촉진해야 한다고 주장했다.

그렇다면 여성주의 교실 수업의 관점에서, 여성주의 교사의 권위는 어디에서 찾아볼 수 있는가? 교사들이 지성적이면서도 이론가로서의 면모를 갖추고 있음을 나타내는 방법은 무엇인가? 학생들로 하여금 그들 자신의 경험에 대해 스스로 질문하고 분석하는 작업을 하게 함으로써 학생들을 그들 자신 삶의 이론가로 만들어 가는 것이 교육의 목표라는 표현에서 교사에 대한 관점을 엿볼 수 있다(Weiler, 1969). 교사가 압도적으로 교화시킬 위험을 차단하려는 취지를 알 수 있다.

오몰레이드(Omolade, 1993)는 여성주의 수업의 경험에서 학생들에게 자기 주도적 능력을 갖게 하는 것에 대해 다음과 같이 언급하고 있다. "나는 역사와 정치를 가르칠 때 학생들이 자신들의 경험, 통찰, 질문을 교실의 토론에 가져오도록 한다"고 강조하며, 자신은 수업 시간에 학생들의 통찰을 드러나게 하고 확장시켜 주는 데 필요한 사실적, 분석적, 맥락적 정보를 더 추가함으로써 단지 그들을 도울 뿐이라는 것이다. 이 방법은 학생들을 임파워링시키고 그들이 이미 알고 있고 경험했던 것을 끄집어내어 표현하고, 그들에게 의미를 갖게 하는 데 매우 적절한 방법으로 기능하는 것으로 인식된다(Omolade, 1993: 34). 한편 수업 과정에서 여성주의 가치를 반영하는 길은 진보적으로, 민주적으로, 그리고 느낌과 정감을 갖고 가르치는 것이라는 슈나이드윈드(Schniedewind, 1983)의 인식은 매우 중요한 핵심 사항을 일깨워주고 있다. 한편으로는 끊임없는 변화를 지향하여 진취적으로 수업을 이끌어 가려는 자세가 필요하며, 다른 한편으로는 느낌과 정감이라는 배려의 마음이 교실에서 나타나는 것이 필요하기 때문이다.

3) 여성주의 배움터: 학교와 지역사회 간의 연계

여성주의 교실은 지역사회와 소통하고 연결되어야 한다. 시장 근본주의인

신자유주의의 문제점이 드러나는 가운데, 이것이 공공성을 해체하고 우리 삶의 지속 가능성을 파괴한다는 인식이 증가하고 있으며, 이 과정에서 돌봄 영역을 관장해 온 가족, 가정이 해체되어 가고 있다. 우리 사회는 '돌봄 결핍증', '돌봄 계급화'로 심각한 사회 파탄의 위기까지 오게 되었다는 진단에 따라 이의 해결을 위한 돌봄과 배움 공동체에 대한 탐구도 이루어지고 있다(조한혜정 외, 2005). 가정과 학교는 연결되어야 하며 사회적인 돌봄, 돌봄의 사회화 등에 관한 관심과 연구가 필요하다. 『가족에서 학교로 학교에서 마을로』(조한혜정 외, 2005)라는 책은 제목에서 알 수 있듯이 돌봄과 배움의 공동체가 우리 사회에서 필요함을 제안하며, 온 마을이 돌봄과 소통이 있는 배움터로서 기능하는 사례도 소개하고 있다. 이러한 사례가 한두 마을이 아니라 더욱 확산될 수 있는 방법은 없을까에 대해 더 많은 교육학자와 교육자들이 고민해야 할 것이다. 가족, 학교, 지역사회의 연계에 대한 교육학적 관심은 실제 배움 공동체라는 마을을 탄생시키기에 역부족일지는 몰라도 최소한 학교의 문화를 바꾸는 데는 기여하지 않을까 하는 전망을 하게 된다. 최근 집합지능 개념의 등장은 원자론적 인간관에 입각한 학교교육에 관점 전환이 필요함을 시사한다.

3. 지능 개념의 변화와 교육 패러다임 전환

사회적 차원에서 교육은 개인적 차원에서의 교육 요구와 때로는 상충될 여지가 있다. 한 사회의 사회경제적 발전은 사회적 자본과 인간자본에 의해 좌우되며, 이 둘은 그 사회의 교육에 의해 결정된다. 사회적 자본은 객관적으로 측정하기가 어려운 측면이 있기는 하지만, 사회문화 환경지수, 사회지표, 시민성 등으로 측정할 수 있는 가능성은 존재한다(곽삼근, 2005b). 과거 교육이 원자론적 인간론의 관점에서 개별 성취라는 인간자본에 치중했다면, 최근에는 연대론적 인간론에 입각하여 사회적 자본이라는 관점에서 교육을 관련시키고 있다. 아울러 지능에 대한 입장도 개별적인 수준에서의 지능만이 아니라 사회 전체의 수준을 가늠할 수 있는 집합 지능에 대한 관심이 높아지게 되었다. 이러한 지능 개념의 변화와 교육 패러다임의 전환을 좀더 구체적으로 살펴보자.

사회적 자본과 집합 지능의 대두

지식 주도 경제(knowledge-driven economy)의 핵심 아이디어는 인간자본이론(human capital theory)으로부터 왔다. 인간자본이론은 신고전 경제학자인 슐츠(Theodore W. Schultz, 1961)와 베커(Gary Becker, 1964)에 의해 1950년대 말부터 새롭게 나타난 이래 주로 경제학 및 사회학 분야를 중심으로 새로운 연구 분야로 정착되었다. 이 이론은 인간을 "투자에 의해 경제 가치 혹은 생산력의 크기를 증가시킬 수 있는 자본"으로 본다. 즉 투자를 통해 인간자본이 축적되면 그만큼 인간의 자본적인 가치가 높아지고 그 때문에 인간자본 투자가 많을수록 더 높은 소득을 얻게 된다는 것이다. 실물 자본의 경우 투자에 소요되는 지출이 있으면 그에 따르는 수익이 발생하는 것처럼, 교육훈련과 같은 인간에 대한 투자도 인간자본을 형성하고 그로부터 투자 수익이 발생한다는 것이다. 즉 높은 기술력을 창출하는 경제를 보장받기 위해서는 기술 진보의 진화적인 과정을 보유하고 있어야만 한다.

교육학의 영역을 사회 통합을 지향하는 공동체 형성 교육과 경제적 효율성을 지향하는 인적 자원 개발이라는 두 영역으로 보았을 때, 여기에 영역 성별화 현상이 발견되고 있다는 문제가 제기되고 있다. 즉, 가부장제의 관점에서 이 두 영역을 보게 되면 사회 통합 및 민주적 시민운동, 공동체 지향성 등은 돌봄과 같이 공동체의 유지 발전을 담당하며 여성들이 머무는 사적 영역의 역할을 닮아 있고, 인적 자원 개발은 부의 축적과 가족 부양을 책임진 남성들이 활동하는 공적 영역의 역할과 닮아 있다는 지적은 흥미롭다(김은경, 2008). 교육학 내의 위의 두 영역에서 가부장적 질서가 재현되고 있으므로 이에 대한 비판적 성찰이 요구된다는 지적에 주목할 필요가 있다.

한편 인간자본이론에는 치명적인 문제점이 있음이 지적되어 왔다. 그것은 인간의 활용성을 극대화하고자 하는 행동주의적 관점이 반영되어 있고, 인간을 측정할 수 있는 자본의 형태로 가정하고 있으며, "교육 투자의 환원"을 정확하게 계산해 내기 어려운 난점을 지니고 있다는 점이다. 이에 대한 논쟁과 상반된 의견도 있으나, 무엇보다 이 이론에는 사회적으로 정의되고 구성되는 지식 및 기술을 인식하지 못하는 문제점을 들 수 있다.

사회적 자본은 사회 발달에서 매우 중요한 역할을 하고 있는 것으로 인식되고 있는데, 여기에서 주목할 것은 사회적 자본을 집합 지능(collective intelligence)을 획득하기 위한 총체적 노력이라는 좀더 넓은 개념 체계로서 이해해 볼 필요가 있다는 것이다(Brown & Laude, 2000). 교육학에서 사회적 자본에 대한 관심이 점점 증가하는 이면에는 어떻게 하면 상호 배타성을 가급적 최소화시키면서 전체적인 소통 원활을 가능케 할 수 있는가에 대한 기대가 큰 비중을 차지한다고 볼 수 있다. 성찰적인 태도를 우리 삶에서 견지하도록 하는 것은 곧 지속적인 학습과 교육의 힘에서 비롯되기 때문이다.

영국의 토니 블레어(Tony Blair) 총리는 새로운 정치를 전망하며, 제3의 길을 주창한 바 있다. 그는 사회구성원 모두 스스로를 개인으로서 그리고 시민사회의 일원으로서 인식해야만 하는데, 이는 지적인 정부(intelligent government)에 의해 지지되는 개인과 시민공동체의 타협안에 의해 가능하다는 것이며, 제3의 길이란 인간자본과 사회적 자본의 동시 번영에 의해 세워질 것이라는 점을 강조한 바 있다(Brown & Lauder, 2000). 또한 사회적 자본에 대한 좀더 넓은 개념 이해가 필요하며, 사회 유대감의 재건설을 위한 집합지능의 개념 구조를 발전시키려는 노력도 나타나고 있다.

사회적 자본에 대한 주목은 그것의 정책적 도입 및 정책으로의 전환과 함께 고려되고 있다. 그것은 부의 재분배, 사회 질서의 회복 및 사회 통합을 위한 처방으로서 급속도로 논의되고 있다. 그 이면에 있는 몇몇 학자들의 주장을 눈여겨봄직하다. 고흐(Ian Gough)는 협동적인(cooperative) 노동력이란 급여 노동력뿐만 아니라 비급여 노동력(non paid work)까지도 고려하는 모든 사회집단으로 정의되는 것이라고 주장한다. 대표적인 비급여 노동층으로는 엄청난 생산적 활동을 급여 체재로 인정받고 있지 못한 주부(householders)를 들 수 있다(Brown & Laude, 2000: 59). 모든 노동집단은 위엄과 존엄성을 지닌다는 것을 간과해서는 안 된다. 또한 부르디외(Bourdieu, 1997)는 사회적 자본은 모든 개인의 정체성 형성에 도움을 주어야 한다고 강조한다. 이제까지 영국과 미국을 비롯한 각국 정부의 정책은 단지 사회에 참여하는 급여노동집단에만 초점이 맞추어져 있다. 이것은 근본적으로 개인의 정체성이나 자기존엄성이 경제적 벌이에 의해 결정되고 있음을 의미한다. 결과적으로 경제활동에 참여하고 있지 않은 인구의 정체성과 그들의 삶은 위협을 당하고 있는 것이다. 현재 세계 경제 사회에서는 완전 고용이란 매우 희소한 상태인 것 같다. 그렇기 때문에 사회적 자본에 대한 더 넓은 개념 이해가 필요하다. 이러한 비판 의식을 염두에 두고 사회 유대감의 재건설을 위해 집합 지능의 개념 구조를 발전시켜 나가는 것은 의미 있는 작업이라고 할 수 있다.

현대 사회는 다양한 매체의 발달로 인해 소통이 매우 신속하며 원활하므로 사회 변혁에서 집합 지능의 역할은 막중하다. 새로운 사회문화와 질서를 구축하는 데 이 개념은 매우 유용하며, 이의 개념을 좀더 상세히 고찰해 볼 필요가 있다.

지능의 사회적 구성

집합 지능[26]을 정의내리기 위한 첫 번째 작업은 지금까지의 지능에 대한 논의(IQism)를 해체하고 재논의하는 것이다. 이제까지 지능의 개념은 측정 가능하며, 사회적 환경보다는 생득적인 것이며, 고정된 것이며, 정규 분포(bell curve) 상에 위치지어 존재하는 것이었다. 이러한 견해가 지배적임에도

26 집합 지능 개념은 지능을 사회적 자본의 관점에서 접근한 브라운과 로드(Brown & Laude, 2000)의 개념을 중심으로 논의한 것이다.

불구하고 지능의 사회적 분포가 사회 정의와 기회의 평등 문제와 관련하여 역동적인 논의의 장을 열어온 것이 사실이다. 많은 학자들(Bowles & Gintis, 1976; Fisher et al., 1996; Sternberg, 1996)은 지능에 대한 기계적이고 단순한 이해가 지능에 기반한 불평등을 고착화했음을 지적했다(Brown & Laude, 2000).

지능을 사회적인 관점에서 해석할 것을 주장하는 견해에 의하면 지능은 사회적 성취로 규정된다. 지능의 사회적 특성을 강조한 듀이(Dewey, 1916)에 의하면 정신(mind)은 자아의 고립된 소유가 아니라는 것이다. 만일 그렇다고 한다면 그것은 진실의 반대편에 서 있는 것이며, 개인에게서 지능은 단지 잠재적으로 소유하고 있는 것에 불과하다고 할 수 있다. 따라서 듀이는 지능은 개인의 감정, 사고, 이해를 자극하는 사회 세계 속에서 우리가 보여 주고 배울 때 발달하는 것임을 강조한다.

이러한 맥락에서 볼 때, 고정된 것은 지능이 아니라는 주장에 귀를 기울일 필요가 있다. 해킹(Hacking, 1990)은 지능이란 개인이 노동을 하면서, 가족과 삶을 살아가면서 그들과 서로 상호작용하고, 의사소통하면서 점차적으로 발달해 나가는 것이라고 주장한다. 지능은 각 개인이 주어진 나이대에 제공되는 환경, 요구, 실천 속에서 변화한다는 것이다. 즉 지능은 사회 변화의 실천과 제도에 따라 야기되는 것이며, 그것은 사회 변화에 따라 역사적으로 진화한다는 것이다.

역사적으로 지능에 대한 IQist들의 관점은 20세기를 통해 정립되어 왔던 일상적인 생활 방식, 노동 형태, 교육의 방식을 반영하고 있다. 세계대전 후 경제활동은 거대한 조직 위계와 일률적인 대량 생산 라인(Fordist)에 의해 조직되었다. 이러한 방식은 노동 계층의 양극화(white-collar worker/ blue collar worker)를 초래했다. 이러한 양분화된 노동활동은 교육 체제나 활동에서도 고스란히 반영되어, 단지 전문적인 엘리트집단만이 확대된 정규 교육을 받을 수 있었다. 즉 IQ 곡선은 사회조직의 의사결정 파워의 분포를 결정짓는 중요한 기제가 되었다. 또한 IQ에 대한 시각은 지적인 능력과 대응하여 생각되었는데 더 높은 지능을 지닌 집단이 좀더 학문적인 집단에 속해야 하며, 기술 영역은 낮은 IQ 집단층이 장악하는 것을 정당화했다. 이에 따라 서구 사회는 IQ 지수에 따라 좀더 위계적이고 관료적인 노조를 갖게 되었다. 심지어 루이스 터먼(Lewis Madison Terman, 1877-1956) 같은 학자는 20세기 초 지능과 직업 기회 사이의 대응 관계를 구체적으로 주장했다.[27] 그러나 이러한 단선형적 지능 이해는 하워드 가드너(Howard Gardner)에 의해 도전을 받게 되었다.

가드너(Gardner, 1993)는 지능을 한 문화권 또는 여러 문화권에서 가치 있게 인정되는 문제를 해결하거나 산물을 창조해 내는 능력으로 새롭게 정의하고 있다. 그는 『마음의 틀(*Frame of Mind*)』이라는 저서에서 다중지능 이론의 기초를 다졌다. 『마음의 틀』에서는 인간의 지능에 대해 생물학적 · 문화 인류학적 증거를 지닌 여덟 가지 기준을 소개하고, 이 기준에 적절한 일곱 가지의 인간 능력 — 언어 지능, 논리 · 수리 지능, 음악 지능, 공간 지능, 운동 감각 지능, 개인 지각 지능, 대인 관계 지능 — 을 종합적으로 개념화했다. 이 책에는 각 지능의 조작 형태와 증거가 상세히 설명되고 있다. 특히 여기에서 가드너는 지능을 주로 언어적 · 논리적 능력을 기반으로 하는 필답검사의 문항에 답하는 IQ 검사와 동일시하는 기존의 지능 개념을 반박했다. 여기에서 중요한 것은 가드너가 분류한 지능 형태의 개념이 아니다. 물론 특별히 가드너의 학문적인 관심일 수도 있기는 하지만, 우리가 주목해야 할 것은 가드너의 다중 지능이론이 탄생하게끔 한 사회의 변화하는 움직임이다. 가드너에게서 개인의 지능이란 다른 사람과의 분위기, 관계, 구조 속에서 확인되는 자기 자신의 감정 및 차이점을 명백히 할 수 있는 능력이다. 즉 현대 사회에서 기능하기 위해 다른 사람과의 상호 관계 속에서 다른 사람들을 모니터하고 적절히

27 터먼은 지능과 직업 기회 사이의 대응을 제시하며, IQ 검사는 단지 미래의 지적인 잠재력을 예언하는 것에 그치는 것이 아니라, 더불어 서로 다른 직업 영역에서 개인의 성공을 예언해 주는 것이라고 했다. 즉, — IQ 70 이하는 unskilled labor — IQ 70-80은 semi skilled labor — IQ 100-115은 semi professional labor 등으로 제시했다.

반응하도록 하게 하는 성찰성(reflexivity)이라고 할 수 있다. 여기에서 성찰성은 기든스(Giddens, 1991)가 사용한 용어를 의미하는데, 그는 성찰성의 개념을 "다른 사람의 행동의 조건에서 지속적인 반성을 통해 자신의 의사결정을 이끌어 오는 것"으로 정의하고 있다. 즉 타인과의 삶 속에서 자신을 되돌아볼 줄 아는 것으로 이해할 수 있다. 지능에 대한 새로운 이해와 지평의 확대는 개인과 사회의 관계를 성찰적으로 분석하게 해준다. 즉 가드너의 지능에 대한 업적이나, 기든스의 성찰성에 대한 개념은 개인의 지능을 구성하는 요인이 사회의 변화와 관련하여 어떻게 변화하는지를 보여 주는 역사성의 산실이라고 할 수 있다. 이로부터 우리가 유추할 수 있는 시사점은 한 개인의 지능이나 성취에 대한 관심은 전체 사회를 반영하여 숙고할 필요가 있다는 점이다.

일부 페미니스트들은 여성의 지능에 대해 가사일과 연계되어 주관성(subjectivity)과 감성(emotion)이 지나치게 강조되어 왔음을 지적했다(Pateman, 1989). 반면 남성의 감성(psyche)은 지나치게 왜소화된 경향이 있었음이 함께 지적되어 왔다. 그런데 사회가 변화함에 따라 일과 가정의 영역에서 여성과 남성의 역할이 변화하게 되었고 유연성을 지니게 되었다. 그동안 여성의 지능으로 간주되었던 인성적 지능(personal intelligence) 개념은 모든 인간에게 중요하다는 것이 주장되었고 이러한 변화는 결과적으로 남녀 사이에 노동의 구분도 깨어지게 만들었다. 즉 잘 형성된 인성이란 논리적·수학적 지능과 더불어 감성적 지능 역시 구비될 때 완성되는 것이다. 이와 관련하여 레이시(Lacey, 1988)는 지능이란 도덕성의 발달을 갖추고 생각의 새로운 행로를 창조하여 행동을 유도할 수 있는 판단을 만들어 내는 것이라고 주장했다.

한편 골먼(Goleman, 1995)은 그동안 두려움, 슬픔, 불안, 사랑 등의 감성적 요인이 비합리적으로 간주되어 온 합리주의 사고 전통의 오류를 지적하고 감성을 지능의 개념으로 도입할 것을 주장했다.[28] 후기 산업사회에서 지능의

28 골먼(Daniel Goleman)의 저서 『감성지능(*Emotional Intelligence*)』을 커버 스토리로 취급한 이후 EQ라는 개념이 대중의 관심을 끌게 되었다. 골먼은 IQ 검사나 SAT(Scholatic Aptitude Test:

개념은 문제 해결 능력, 비판적 사고 능력, 새로운 기술과 지능의 창출 및 적용 능력, 다른 사람과 감정이입할 수 있으며 의사소통할 수 있는 능력까지도 포함한다. 즉 급격한 사회의 변화에 따라 대안적인 미래까지도 구상하고 이끌어 갈 수 있는 능력을 의미하는 것이다. 골먼은 이러한 관점을 그의 리더십 이론에서도 견지하고 있다. 과거 이성적인 관점에서만 리더십의 구성 요소를 파악했던 데 비해 그는 감성 요인을 강조하여 감성의 리더십이라는 용어를 주창하기도 했다.

'감성의 리더십'에서 EQ의 창시자인 골먼과 공동 저자들은 각 방면 리더들의 공통점을 분석한 결과 성공한 리더들의 특성을 몇 가지로 제시한 바 있다. 리더들에게는 분석적이고 개념적인 사고, 과감한 결단력, 구성원들에의 동기 부여와, 이끌고 격려하며 귀 기울이고 설득할 줄 아는 능력에 더해, 사람들의 공감을 바탕으로 하여 감성을 긍정적인 방향으로 이끄는 능력이 있었다고 주장했다(Goleman, Boyatzis & McKee, 2002). 이들에 의하면, 감성은 자기 인식, 자기관리, 사회적 인식, 관계관리라는 네 가지 영역으로 구성되어 있는데, 네 가지 모두 사람들과 공감하는 리더십을 발휘하기 위한 중요한 능력이다. 현대 사회에서 리더십이 새로운 연구 영역으로 강조되고 있으며, 리더십의 핵심 요소로 감정이입이 강조되는 것도 이러한 맥락에서 주목하게 된다.

집합 지능의 개념과 의의

집합 지능은 인간 지능이 사회적 위계질서와 문화적 학습에 의해 제한된다는 믿음에서 출발한다. 그것은 재능의 우월성이 주장될 수 있는 사회에서는 소수자의 감정을 느끼게 하면서 동시에 주류의 다수 사이에서는 열등감, 어

학업적성검사)와 같은 표준화된 검사로 측정한 인지적 능력에 의존하여 인간의 성공 가능성을 예측하고 교육의 준거로 삼아온 전통에 대해 비판하고 정서지능(또는 감성지능 EI) 개념의 도입을 주장했다. 그는 감성 지능의 5 요소로서 — 자각, 자기규율, 동기 부여, 공감/감정이입, 사회적 기능을 포함하는 감성적 지능 — 을 제안했다.

리석음, 무능력의 감정을 유도한다. 지능의 용량은 선천적인 것이 아닌 사회 권력 구도 안에 존재하는 문화적이고도 제도적인 것이다. 집합 지능의 개념은 단지 지능이 사회적으로 구성된다는 생각에만 그치는 것이 아니다. 그것은 사람들이 그들이 속한 가정, 학교, 지역, 사회에서 더 나은 삶의 질을 위해 그들의 지능을 어떻게 결합할 수 있는가의 방식을 아는 문제까지도 포괄하는 개념이다. 그러므로 집합 지능은 공동의 목표와 문제를 확인하고, 해결할 수 있는 구성원 지능의 총용량 확대와 발달을 이룩하는 임파워먼트라고 이해할 수 있다(Brown & Lauder, 2000). 그것은 단선적인 진화론적 기제가 아닌 협동의 정신에 의해 좌우되며, 공공의 이익과 삶의 질 향상을 추구한다. 집합 지능을 획득하기 위한 치열한 노력은 단지 지능의 민주화를 의미하는 것이 아닌, 정보, 지식, 평생학습에 기초를 두고 있는 후기 산업사회의 지배적인 특징에 부합하기 위한 상호 의존과 사회성의 가치를 생성하는 것을 의미한다.

앨빈 토플러(Alvin Toffler)는 『부(富)의 미래』라는 그의 책에서 지식이 미래의 힘과 부의 원천이라는 입장은 수십 년간 변하지 않았음을 밝히고 있다. 그는 집단 지성과 대중 지혜, UCC(User Created Contents) 같은 여러 사람이 자발적으로 만들어 놓은 지식의 집합체를 강조했다. 한편 피에르 레비(Pierre Levy)는 『집단 지성: 사이버 공간의 인류학을 위하여』라는 책을 통해 '집단 지성'이란 어디에서 분포하며, 지속적으로 가치가 부여되고, 실시간으로 조정되며, 역량의 실제적 동원에 이르는 지성을 말한다고 규정한다. 집단 지성의 이상은 어디에나 분포하는 지성에 대한 기술적, 경제적, 법률적, 인간적 가치 부여를 통해 각각의 역량을 식별하고 동원하는 긍정적인 역할을 촉발하는 것이다. 또한 레비는 그의 저서 『세계철학(*World Philosophy*)』(2000)에서 인쇄·통신·운송 등의 기술을 이용해 인류는 지적 능력과 자산을 소통시키면서 집단 지성을 이루어 왔으며, 이 집단 지성을 통해 인류의 통합을 이룰 수 있다고 주장한다.

집단 지성을 사회의 두뇌 활동이라고 보면 개개인의 지성만을 단순히 모아 놓는 것을 집단 지성이라고 할 수는 없을 것이다. 뇌에도 신경전달 물질이 있어야 뇌세포 간의 정보 전송이 가능하듯이 사회에도 각 구성원의 지성을 연결해 주는 매개체가 필요하기 때문이다. 개인이 지성을 사회 속에서 잘 발현하기 위해서는 친화력, 리더십, 사회성 같은 다른 요소가 필요하다. 이런 개개인의 특성까지도 잘 조화시켜서 개개인의 지성이 잘 발휘하도록 돕는 시스템이 집단 지성을 이루는 가장 중요한 요인이다. 민주화가 잘된 선진국 사회에서는 집단 지성이 잘 구현되고 있다. 지성과 지성이 서로 다른 의견으로 부딪혔을 때 선진국 사회는 이런 갈등을 그들만의 룰을 통해 잘 해결하고 있다. 이런 사회적 제도나 장치와 함께 구성원 모두가 그 제도를 인정하는 문화가 곧 집단 지성을 가능하게 하는 것이다. 이런 제도나 문화가 아직 정착되지 않은 사회에서는 일반적으로 엘리트주의를 강조하게 되는데, 이는 집단 지성에 의한 현명한 의사결정을 기대하기 힘들기 때문이다. 구성원의 제도나 문화에 대한 의식이 어느 정도 같은 수준으로 형성되어 있어야 집단 지성도 가능하다는 것이다. 집단 지성은 개개인의 지적 능력에 의해서가 아니라 합리적 제도와 성숙한 사회문화를 갖고 있는가에 의해 결정되는 문제라고 할 수 있다.

지능의 특성과 분포는 개인이 속한 사회집단과 더 넓게는 문화, 경제, 정치적 기관에 의해 형성된다. 예를 들어 낮은 신뢰 사회에서는 교육, 지식, 학습 등이 제로섬 게임 논리[29]에 의해 위협받고 있다. 그러므로 구성원 지능의 총용량 확대와 발전이 비주류 사회집단, 전체 사회 일원에게 극심하게 제한되고 있다.

한편 골먼(Goleman, 1995)이 제시하는 새로운 지능 개념에 주목할 필요가 있다. 그는 집단에서의 지능(group intelligence)의 가장 핵심적인 요소는 인지적 개념의 IQ가 아니며, 그것은 사회적 조화(social harmony)라고 강조한다. 즉, 재능 있고, 생산력을 갖추고, 성공적인 하나의 집단이 그렇지 못한

29 제로섬 게임이란 게임이론에서 나오는 말로서, 게임이론은 영화 「뷰티풀 마인드」로 유명한 존 내시(John Nash)의 학설이다. 경쟁을 통해 서로가 발전하기보다는 제한된 이익을 놓고 서로 싸우는 것을 의미한다. 결국 소모적 경쟁을 의미하는 것이다. 이 사회를 발전시켜 나가는 사람들은 정해진 가치 내에서 경쟁하는 사람들이 아니라 새로운 가치를 창조해 내는 사람들이란 것을 가정한 이론일 수 있다.

구성원들로 형성된 집단과 조화로움을 창출할 수 있는 능력을 일컫는 것이다. 높은 신뢰 관계를 형성하는 것은 집합 지능을 획득하기 위한 노력의 중심에 있으며, 그것은 더 폭넓게 의사소통을 할 수 있는 경험과 직면할 수 있는 연결된 삶으로 접근하는 것을 의미한다. 일찍이 듀이(Dewey, 1916)는 집합 지능은 공유된 관심사의 연결고리를 넓히며, 개인 능력의 다양성과 자유로움을 확대한다고 주장했다. 이러한 관점에서 듀이는 민주주의는 정부 조직 이상의 의미를 갖는다고 강조한다. 그것은 사람들이 함께 살아가는 방식이며, 사람들이 자신들의 지성을 공동으로 모으고, 자원으로 활용하는 방식이라는 주장은 오늘날 집단 지성 개념의 이해에 합당한 지침을 제시해 주고 있다.

집합 지능은 사회구성원들에게 생생한 자신의 목소리를 제공하는 대화의 기술을 발전시킴으로써 존재 상태를 향상시킬 수 있다. 그것은 사람, 집단 사이의 상호작용과 의사소통을 방해했던 사회적 분리를 타파할 것이며, 또한 가족, 사회, 일터 등에 내재해 있던 계급, 성, 종교, 인종 등에 따른 사회적 장벽을 허물어 낼 것이라는 인식이다.

집합 지능의 교육학적 시사점

최근 사회가 더욱더 통합적일수록, 사회적 병리 현상이나 무질서의 범위가 덜하고 학습의 실패도 적어진다는 것을 증명하는 연구들이 등장하고 있다. 학습은 개인의 사적 관심이 사회를 통해, 공적 영역에서 생각과 실천으로 동시에 융해될 때 일어난다는 관점에서 본다면 집합 지능의 개념은 매우 유의미해진다.

사회적 자본은 책임감을 공유하고, 높은 신뢰 관계를 구축하고 있는 공동체 안에서 살고 있는 개인들 사이의 관계 속에서 유지된다. 콜먼과 호퍼(Coleman & Hoffer, 1987)는 이러한 주장을 증명하기 위한 연구를 진행했는데, 예를 들어 유치원에 다니는 자녀를 둔 부모들의 네트워크를 보면, 그 네트워크 속에 존재하는 부모들은 자녀들을 통학시키는 과정을 통해 자신의 아이뿐만 아니라 다른 이들의 자녀들도 똑같이 책임감을 느끼며 보살피게 된다고 한다. 부모들은 이러한 활동을 통해 아이들과 의사소통하고, 교육의 가치를 확인하며 학교와 사회가 정한 규범과 자원을 사회구성원들과 나누어 갖는다는 것이다. 이러한 활동들이 결국 교육적 효과를 높이고 사회적 자본을 창출한다. 그런데 이러한 사회적 자본 창출은 가족과 이웃, 지역사회의 상황이 좀더 안정적이고 풍부할 때 높은 비율로 나타난다.

후기 산업사회에서는 모든 사람들의 지능에 기초한 집합 지능이 존재한다. 부모가 교육하는 임무를 맡는 역할 역시 아이들의 성공에 중요하다. 따라서 생산적 일의 개념과 무엇이 사회적 책임성을 구성하고 있는가를 논할 때 우리는 그것의 범위를 확대해야만 한다. 생산적(productive) 일과 비생산적(unproductive) 일 사이의 날카로운 구분이 존재하는데, 기존에 해 왔던 경제적 수입에 근거한 구분에 재검토가 필요하다. 즉, 경제적 수입을 창출하는 활동은 생산적 활동, 수입을 창출하지 못하는 활동은 비생산적 일이라는 구분은 후기 산업사회에서는 적용될 수 없다. 재화와 서비스의 생산력뿐만 아니라 아이들의 경쟁력과 삶의 질을 이미 보장하고 있는 "그 누구"를 고려해야만 한다. 이러한 관점에서 볼 때 집합 지능에 기초한 사회는 좀더 효과적인 높은 기술 생산력을 가질 수 있고, 더불어 부의 재분배에도 중요한 성과를 낼 수 있는 기제를 갖춘 사회로 평가되고 있다.

이러한 관점에서 개인의 지능보다는 집합 지능의 총량 확대가 교육의 주요 관심사로 부상하고 있음을 알 수 있다. 이는 서구의 개인주의에 의문점을 제기했고, 분리되고 배제되었으며 박탈되었던 우리의 이웃을 다시 세워내기 위한 중요한 이론적 근거를 제시했다. 또한 역동적인 시민사회의 중요성을 인식했고, 그것은 더 넓은 관점의 사회 개념을 고려하는 계기가 되었다. 사회적 자본이 집합 지능을 획득하기 위한 노력이 있을 때 존재한다는 관점은, 후기 산업사회의 사회적 유대감이 필연적으로 반성적 과정을 통해 구축된다는 것을 의미한다. 후기 산업사회에서의 집합적 지식은 사회집단들을 함께 유지할 수 있는 사회적 아교를 필요로 한다. 현재 자주 거론되고 있는 세계화, 기술

혁신, 변화 등의 문제는 노동시장이라는 것이 외부의 자극이나 간섭에 무관하게 자연적으로 형성되는 것이 아님을 일깨워 준다.

이러한 변화는 사회적 기여에 대해 새로이 정의내릴 것을 요구한다. 즉 그것은 타인의 잠재력이 기여하는 것을 포함하는 등 경제적인 노동시장 이상의 개념을 갖는 것을 의미한다. 그것은 개인의 성취란 단순히 사적인 것으로 그치는 것이 아니라, 이를 다시 타인에 대한 책임감으로 연결시키는 것, 즉 사회적 선물로서 이해하는 겸손이라는 기초 위에 있어야 한다는 것이다. 그러므로 성찰적 유대는 혼자의 노력이 아닌 사회 속에서 자신들의 위치를 염두에 두는 개인들을 기초로 존재하고, 또한 타인의 학습과 복지에 대한 관심과 능력을 기반으로 존재한다. 이러한 점을 인식함으로써 사회적 자본에 대한 진보된 논의로 연결될 수 있을 것이다. 성찰적 유대는 개인으로 하여금 그들의 능력과 재능이 어떠한 방식으로 다른 사람들에게 빚지고 있는지 비판적으로 반성할 수 있는 능력에 토대하여 생성된다. 이제까지 교육학에서 관심을 두었던 지능은 원자론적 인간관에 입각하여 개개인이 얼마만큼 지력을 갖추었는가를 판단 기준으로 활용했다. 그러나 현대 사회에서 지능은 집합 지능 개념이 등장하고 연대론적 인간관이 강조되면서 사회적으로 구성되고, 사회구성원들의 상호작용에 의해 형성하고 발전하는 것임을 인식하게 된 것이다.

개별적인 개체에 대한 교육과 지식이 아니라 국가 전체 구성원들의 삶을 중심으로 교육 현상을 논의할 때, 사회적 신뢰, 네트워크 그리고 집합 지능은 더욱 중요한 위치를 차지한다. 관계 중심의 여성주의 교육학이 한 개인의 교육으로 끝나는 것이 아니라, 개인이 속한 사회 전체를 하나의 대상 집단으로, 개인의 삶은 구성원 모두의 삶과 직접 · 간접으로 연결되어 있다는 사실에 주목할 때 집합 지능의 의미는 새롭게 다가온다. 이는 다음 장에서 살펴볼 여성주의 세계 질서의 구축에서 등장하는 여성주의 시티즌십의 개념과도 통합적 관점에서 연계된다.

제9장 지구화와 여성주의 시티즌십 형성

1. 여성주의 세계 질서 구축과 일상의 실천가

요즘 우리는 지구화 또는 세계화라는 말을 뉴스에서 거의 매일 듣고, 신문에서 읽으며, 많은 사람들이 이야기하는 것을 자주 듣는다. 지구화에 대한 다각도의 접근들은 우리의 생활이 얼마나 많이 변할 것인가를 예측해 주고 있으며, 정치 · 경제적 차원에서 지구화라는 용어는 세계화로 더 많이 사용되어 왔다. 경제 영역에서 세계화는 시장, 정치, 법체제 등의 국제화 과정이며, 소위 세계 경제의 출현이라고 볼 수 있다. 정치 · 경제적 재편성으로 인해 지역 경제, 인간 복지 그리고 환경은 국제기구, 정부기관, 학문 세계 등의 사이에서 공공적 논쟁의 주제가 되었다(Singer, 2002; Micklethwait & Wooldridge, 2003). 기업 차원에서 세계화는 회사들이 부상하는 세계 경제에서 일익을 담당하고 외국 시장으로 진출하는 것을 일컫는다. 우선적으로 그들은 자사 상품과 서비스를 최종 사용자의 언어와 문화적 요구에 적합하게 조절해야 할 것이 요구되는 시점이다. 이렇게 볼 때 세계화란 "자본주의 생산, 분배, 소비 관계의 확산"을 의미하는 것으로 볼 수 있다(홍득표, 1997). 자본주의의 확산이라는 시각에서 서구의 과학기술 혁명이 엄청난 불의와 착취에 기초한, 다시 말해 서구를 살찌게 한 원천이 되었다는 문제 인식을 갖고 있는 일련의 비판 세력이 등장하고 있다. 게다가 극소수의 엘리트 계층만을 먹여 살린 불의한 사회 · 경제 · 문화적 구조를 형성해 놓았는지에 대한 비판은 지구화에 대한 새로운 문제 의식을 일깨우게 한다. 이러한 세계화의 문제 인식을 토대로 새로운 세계 질서에 대한 염원이 대두되고 있다. 서구의 과학기술로 인한 제3세계 자연 착취와 황폐의 문제는 심각한 위협으로 등장하고 있다. 생명과 생태계, 약자 우선 배려의 관점을 견지하는 여성주의가 대안으로 제시되고 있는 배경을 구체적으로 살펴보기로 한다.

지구화 시대 교육학의 쟁점

2005년도 한국 여성학회 학술대회에서는 지구화 시대, 지속 가능한 발전을 염두에 두고 지구화 시대 각 학문 영역에 대한 여성주의적 접근을 주제로 선정한 바 있다. 학술대회에서 발표된 논문「지구화 시대 교육학에 대한 여성주의적 성찰」[30]은 교육학에 대한 대안적 패러다임의 요구를 표명한 것이다. 지구화는 정치 · 경제적으로 볼 때 적극적으로 세계 시장을 확보해 가는 우위 세력과 소극적으로 자본의 종속적 위치를 차지하는 열세라는 이중적 시각에서 조망할 수 있다. 각국들은 어떻게 하면 이러한 지구화 시대에 우위를 점할 수 있는가에 대해 다양한 방안을 모색하고 있다. 그렇다면 지구화와 여성주의 관점을 통합적으로 반영했을 때 교육학적 담론은 어떠한 지향성을 확보할 수 있는가? 즉, 지구화와 여성주의 관점에서 교육학은 무엇을 주제로 어떻게 연구해야 할 것인가에 대해 체계적으로 고찰해 볼 필요가 있다.

1) 지구화와 여성

지구화 시대 자본주의 발전 모델과 생태계 위기에 대한 여성주의 관점은 교육학에 새로운 과제를 던져 주고 있다. 세계화라고 일컬어지는 경제 질서

30 한국여성학회에서 「지구화 시대 교육학에 대한 여성주의적 성찰」(곽삼근, 2005) 논문 발표에서 여성주의 교육학의 필요성이 주창된 바 있으며, 이 부분의 내용은 그 발표문과 같은 맥락에서 수정 보완되었다.

의 재편 과정에서 볼 때 가장 취약한 국가의 취약한 집단은 소외집단 여성으로 밝혀지고 있다. 지구화와 여성의 문제는 여러 각도에서 지적되고 있다. 김애영(2002)은 「생태 여성신학과 지구화 문제」라는 글에서 여성과 노동의 어려움 그리고 빈곤화를 지적한다. UN 통계에 따르면, 세계 인구의 절반 이상을 차지하는 여성들은 세계 노동 시간의 2/3를 감당하며, 세계 부의 1/10을, 세계 토지의 1/100을 소유하며, 세계 문맹인의 2/3를 차지하고 있으며, 굶주리는 사람들의 3/4 이상이 아이들이 딸린 여성들이라고 한다. 이러한 '빈곤의 여성화' 현상은 지구화 시대에 더욱더 심화되고 있다. 인도의 여성 신학자이며 WCC 여성국 책임자인 아루나 나나다슨(Aruna Gnanadason)은 인도와 제3세계 여성들에게 생태와 환경, 환경자원의 보호란 생계와 생존의 문제임을 상기시키기 위해 자신의 논문 제목에 '경제'라는 말을 의도적으로 포함시킨 글 「여성, 경제 그리고 생태학」을 썼다.

이 글에 의하면, 여자들과 소녀들은 환경 훼손에 의해 가장 많은 영향을 받는데, 이는 노동에서의 성역할 구분이 여자들로 하여금 땅의 자원들과 연관된 가장 격렬한 종류의 일, 즉 그들은 음식을 모으고 물을 저장하고 멀리 떨어진 곳에서부터 물을 길어 와야 하는 그런 일들을 하게 만들기 때문이라는 것이다. 그들은 종종 남자들이 낭비적인 생활을 하고 있을 때 홀로 그런 일을 감당해야 하며 자원이 고갈되면 여자들은 음식과 물, 그리고 호구지책을 구하러 더 먼 곳으로도 가야 한다는 것이다. 여성은 자본주의의 세계적 확산으로 인해 더욱 소외되는 위치에 놓이게 됨을 여러 가지 통계가 제시하고 있다. 경제적으로 취약한 지역일수록 또한 교육의 영역에서 소외된 지역일수록 여성의 삶은 피폐할 수밖에 없음을 여성주의자들은 일깨워 주고 있다.

이와는 반대 입장에서 매우 희망적인 측면이 존재한다. 생명 중심 관점에서 지구화에 대한 생태적 접근은 여성들의 가치관과 살림의 지혜야말로 지구를 살릴 수 있는 대안으로 부상되고 있음을 알려 준다. 즉, 여성이라는 용어는 지구화에서 매우 극단적으로 상반되는 이미지로서 다루어지고 있다. 약자로서의 역사성과 사회성을 체험한 여성들은 오늘날 그들이 처했던 위치성을 확인하면서, 새로운 약자 우선 관점에서의 여성주의를 주장하게 되었다. 모든 약자와 타자에 대한 배려를 실천하려는 관점이며, 자기 주체적인 주의 깊음과 마음씀을 토대로 지구의 생명 돌봄과, 숨어 있는 타자 찾기를 통한 능동적인 역할을 할 것을 기대받고 있다.

교육학 분야에서 세계화를 성공적으로 추진하기 위한 실용적 인적 자원 개발 연구 영역이 점차 강조되고 있다. 또 새로운 사회문화 질서를 창출하려는 시도로 비판적 관점에서 인간 교육의 본질을 논하는 자유주의적 교육의 연구 영역이 있는데, 이 둘은 상호 배타적이고 모순되는 입장에 놓이는 것처럼 보이기도 한다. 경제 논리를 앞세운 교육 연구에 대해 신랄한 비판이 제기되고 있는 가운데 사회문화적 관점에서 여성문화 창출이라는 대안적 패러다임은 최근 교육학 연구에서 새 방향을 제시하고 있다.

2) 지구화와 교육의 과제

정치 · 경제적 지구화와 교육의 과제 관점에서 지구화 시대 교육은 각국에서 국가경쟁력을 높이려는 방안으로 인적 자원 개발에 집중되고 있다. 교육학의 관점에서 지구화는 이 시대를 이끌어 갈 인간상은 무엇이며, 어떠한 인재를 어떻게 키워야 하는가를 연구하는 것과 관련된다. 따라서 교육의 현실에서 지구화는 국제적 감각과 법 정신(legal mind)을 갖는 세계적 시민을 양성하는 것과 관련된다. 자본주의는 자유시장 경제와 국가 간 경쟁으로 특징지어질 수 있다고 국제정치학자들은 강조한다. 따라서 각국은 이러한 전 세계적 현상에 대응하여 성공적으로 생존하기 위해 국가 차원의 전략을 필요로 한다. 많은 학자들은 세계화 시대에 성공적으로 자리매김하기 위해서는 국제경쟁력을 개발하는 것이 그 나라의 가장 시급하고도 중요한 과제라는 것을 제시하고 있다. 이러한 맥락에서 교육 체제는 국제경쟁력을 갖춘 인적 자원 개발로 재편되고 있는 상황이다.

더욱이 우리는 세계적 지식혁명 시대에 직면하고 있다. 한국 경제는 점점 더 기술 집약과 지식 집중 성장에 의존하고 있다. 세계화 · 정보화는 이러한 경향을 더욱 강화시키고 있어 지식기반 경제 체제에서 교육은 매우 중요한 변수로 등장했다. 교육 이외의 분야인 정치학 · 경제학에서 교육을 변화시켜야 한다는 목소리가 높아지고 있다. 1990년대 초부터 한국 경제가 OECD 유형의 선진 경제 체제로 돌입하면서 한국 교육은 큰 도전에 직면하게 되었다. 우선 지식경제란 "유형의 생산 요소가 중시되던 데에서 창의성, 혁신, 가치 창출 등 무형의 지식기반 자산이 중요해지는 경제 체제"로의 전환을 의미한다. 자원기반 경제에서 지식기반 경제로의 패러다임 변화는 유형의 생산 요소로부터 무형의 생산 요소로의 변화, 자원의 희소성으로부터 지식기반 자원의 증식과 정선으로의 변화를 의미한다. 지식기반 경제에서의 인적 자원 개발의 쟁점과 과제가 핵심 의제로 떠오르고 있으며, 세계적 수준의 노동력을 갖춘 지식 근로자를 개발하는 일이 급선무로 되었다. 즉, 국제적 감각과 법 정신을 가진 국제 수준의 전문가가 필요하다는 것이며, 이는 교육의 방향을 좌우하고 있다.

인적 자원 개발에 대해서는 논쟁의 소지가 많으나 최근 미래 사회에서 필요한 인적 자원은 단지 개인적 차원의 능력 소유자가 아니라 공동체로서의 협력을 할 수 있는, 즉 관계학습을 잘하는 사람이어야 한다는 것이 강조되고 있다. 이와같이 지식기반 사회에서 인적 자원 형성의 기초 소양은 첨단산업의 분야 개발과 아울러 대내외적 협력 관계를 잘 이루고 평생학습 능력을 지니며, 변화 창조적으로 일할 수 있는 능력을 지녀야 하는 것이다. 인적 자원 개발의 기본 방향에 대해 이제까지 다양하게 제시된 사항을 기초로 그 개요를 제시하면 다음과 같다(곽삼근, 2005b).

첫째, 지식과 정보를 주축으로 하는 월드와이드 웨어(world-wide ware)의 확대와 노동의 국제적 이동이 가속화됨에 따라 국제 표준에 의한 인적 자원 개발의 필요성이 증대되고 있다. 지식기반 사회의 도래 및 세계화 추세에 따라 인적 자원은 시간과 공간을 초월하여 자신의 지식과 기술을 활용할 수 있는 곳으로 이동하고 있다. 즉, 국경을 초월하여 인적 자원의 흐름이 활발해지고 있다(김영철, 2001).

둘째, 현대 사회가 요구하는 상황적응적 기능 인력 양성 체제는 다품종 소량 생산 체제에 적합한 다양한 채널을 통한 맞춤형 인력 양성 체제로 전환되고 있다. 모든 지식이 코드화되는 디지털 경제가 도래함에 따라 관련 분야 인력을 필요에 따라 양성해야 하는 유연성이 확보되어야 한다. 또한 산업의 소프트화에 따라 인적 자원 개발의 낭비 요인으로 작용하고 있는 여성 인력 활용의 필요성이 증대되고 있다.

셋째, 생태학적인 관심이 모든 경제 관련 변화에서 고려되고 있다는 점을 상기할 필요가 있다. 앞으로 떠오르는 기업은 공해 방지, 환경에 대한 봉사, 생태학적으로 조정된 에너지 공급, 생체공학, 정보기술, 에너지 효율, 재활용과 대체자원 모색(선라이즈 세븐 기업)으로 제시된다. 어떠한 영역에서도 환경은 최우선의 고려 대상이 되며, 공해산업은 수리(repair) · 재조정(recondition) · 재사용(reuse) · 재활용(recycle)의 생태학적 지혜인 4R에 입각한 기업이 될 것이다(Maynard & Mehrtens, 1993). 따라서 생명과 환경을 이념적 중심체로 하는 생태 중심적 인력 개발이 필요하다.

넷째, 지식정보 사회에 유연하게 대처하고 남과 더불어 학습할 수 있는 변화 창조형의 인적 자원을 길러야 한다. 불확실한 미래에 창조적이고 유연하게 판단하며, 변화 창조적으로 문제를 해결할 수 있을 뿐만 아니라, 관계를 소중하게 여기고 자기보다 다른 사람을 존중하는 협동적 리더십을 함양하도록 교육할 것이 필요하다.

지식기반 사회에서 이제 교육과 학습은 가장 중요한 삶의 수단인 동시에 목적이 되고 있음을 인식할 필요가 있다. '제4의 물결' 시대를 맞이하여 인적 자원 개발의 목적과 과정을 비롯한 기본 철학에도 변화가 온다는 것을 알 수 있다. 미래 사회 인적 자원 개발 연구는 경제적 이익이라는 과제를 능가하여 사회적 자본 형성에 기여해야 할 것이다. 협의의 의미인 경제적 생산을 담당하는 인적 자원 못지않게 사회적 신뢰, 상호 존중, 규범, 네트워크로 이루어진 사회적 자본 형성은 한국 사회에서 매우 중요한 영역이다.

사회적 자본 형성을 위한 다양한 사회정책적 노력이 필요하며, 무엇보다 '일상적 생활실천가(everyday maker)'를 기르는 교육 체제 구축의 역할이 핵심적으로 중요하다. 법과 제도적인 개혁으로도 어느 정도 '합리적인 사회'를 형성하는 길에 도달할 수는 있으나, 궁극적으로 사회구성원 각자가 공적인 영역뿐만 아니라 일상생활에서까지 신뢰와 상호 존중을 실천하는 것은 교육의 힘을 필요로 한다. 즉 상호 존중, 상생, 네트워크 형성의 실천 능력을 갖추고 이를 일상생활에서 실천하는 여성주의 시티즌십을 함양하기 위한 리더십이 필요하며, 이러한 교육 실천을 이끌어 가는 여성주의 리더십이 교육 현장에 도입되어야 할 것이다. 여성주의 리더십은 여성주의 교육학의 원리인 배려와 보살핌의 교육을 통해 함양될 수 있으며, 모든 교육 시스템은 이러한 리더십을 함양하도록 재편되어야 할 것이다.

3) 지구화와 생명, 살림의 교육학

과거 경직된 형식교육 중심의 폐쇄적 교육학에서 유연하고 개방적인 학습 중심의 교육학으로, 추상적이고 이론적인 남성 지식 중심에서 구체적이고 삶의 터전에 기반한 여성 지식(Belenky et al., 1986; 곽삼근, 2002d)에 대한 관심으로 이동하는 경향이 나타나고 있다. 여성주의 가치를 기반으로 하는 여성주의 교육학은 '생명'과 '살림'을 키워드로 한 '보살핌'의 이론과 실천을 요구한다. 한 가정의 '살림'을 담당했던 여성의 에너지를 '지구'의 살림을 담당하는 '살림문화'의 확산이라는 관점에서 조망할 것이 요청된다. 이런 관점에서 여성주의 교육학에 상응하는 가치는 '살림의 교육학'이라고 할 수 있을 것이다. 생명을 살리고 생태계를 살리고 지구를 살리는 힘의 원천은 여성주의 시티즌십을 함양하는 데서 비롯된다. 따라서 여성주의적 관점에서 지구화 시대 교육학의 과제는 생명은 서로 연결되어 있고, 나의 이름은 만물의 이름과 연결되어 있다는 모성 양식의 성기성물 가치를 지향하는 살림과 공동체 관점에서 논의될 필요가 있다.

생태계에 대한 민감성

사회문화적인 관점에서 지구화 시대 교육의 이슈를 제시한 연구들에 의하면 지속 가능한 생태 개발, 인권, 평화 등의 주제가 부각되고 있음을 알 수 있다. 지구화라는 담론은 이제 일상화되었으며, 이는 인간의 일상생활을 포함하는 정치, 경제, 사회, 교육, 복지에 큰 변화를 가져오고 있다. 지구화란 민족국가의 국경이 점차 무너지면서 전 지구적 범위 내에서 새로운 관계 체계가 형성되는 과정을 의미한다. 이러한 지구화는 여성주의자들의 학문적 담론에도 새로운 과제를 던져 주었다. 특히 지구환경 위기에 직면하여 생태학적인 관점에서 여성주의자들의 날카로운 지적은 과거 남성 중심의 자연 정복 이데올로기에 경종을 울려 주고 있다. 미국의 대표적인 여성 신학자 로즈마리 류터(Rosemary R. Ruether)는 여성주의를 "공적 삶으로부터 주변화되게 하는 열등한 그룹으로 여성들을 규정하는 문화적 그리고 사회 · 경제적 체계에 대한 비판"이라고 정의한다(Ruether, 1975). 류터는 생태계 위기들의 패턴을 인구, 식량, 에너지, 오염, 종의 멸종, 전쟁의 카테고리들 안에서 상론한다. 그는 인구 폭발과 식량 문제가 상호 관련되어 있고, 에너지 고갈과 환경오염의 문제는 빈곤과 전쟁 그리고 생태계 위기를 초래하고 있다고 지적한다.

버불스(N.C. Burbules)와 토레스(C.A. Torres)는 세계화 과정에서 교육적 이슈를 비판적 관점에서 연구했다. 그들은 『지구화와 교육: 비판적 관점』(2000)에서 몇몇 개혁 움직임들이 유네스코와 유엔 기구들에 의해 적극적으로 지원되고 있음에 주목하고 있다. 이를 구체적으로 보면 보편적 문해 개혁, 교육에 대한 보편적 접근, 형평의 주요 요소로서의 교육의 질, 평생교육으로서의 교육, 인간의 권리로서의 교육, 평화, 용서, 민주주의를 위한 교육, 생태교육학, 지속 가능한 생태 개발에 교육이 어떻게 기여할 수 있는가의 문제, 생태경제학, 정보통신의 새 기술을 교육받기 위한 기회 등을 모두 포괄하고 있다. 교육정책과 실천에 대한 지구화의 영향은 이익을 주는가 아닌가의 구분도 있지만, 어떤 것은 적극적인 긴장과 갈등으로 나타나기도 한다. 지구화 시대를 맞아 세계는 하나라는 인식과 더불어 대내적 · 대외적 네트워크와 공존이 교육학의 핵심 주제로 부상하고 있다. 지구는 생명체라는 인식이 확산되면서 이를 보존하고 살리는 것은 인류 공동의 과제로 대두되고 있다. 이러한 관점에서 교육학은 생태적 접근을 해야 할 것이 요구된다.

동양적 자연관과 삶의 태도

오늘날 수많은 환경론자들이 주장하듯이, 현대 산업문명이 초래한 생태 위기의 출처는 서양의 인간 중심적인 지배적 세계관과 그것에 따른 물질적 진보 개념으로 지적되고 있다. 박이문(1996)은 동·서 철학에 담겨 있는 인생관을 '생태중심주의(ecocentrism)'와 '인간중심주의(anthropocentrism)'로 구분했는데, 이는 각기 우주와 자연 속의 인간의 위상에 대한 입장을 나타낸다. 이 중에서 생태중심주의는 동양의 인간관으로 인간이 자연 만물의 일부로서 그 전체 속에서 한 고리를 차지할 뿐이라고 본다. 이러한 인간관은 노장(老莊) 사상에서 가장 뚜렷하게 나타나지만 공맹(孔孟) 사상이나 힌두교·불교에서도 근본적으로 마찬가지다. 그리고 이와는 반대로, 인간중심주의는 서양의 인간관으로서 인간은 우주의 중심이며 신의 유일한 아들로서 지구를 소유하고 이용할 권리가 있다는 신념을 지닌다고 해석한 것이다. 박이문은 동양의 인간관은 생태학적(ecological)이라는 새롭게 생긴 개념으로 가장 적절히 설명될 수 있다고 보았다.

> 동양의 생태학적 인간관은 타자와 완전히 분리된 자아를 믿지도 않고 그러한 자아의 확장을 의미하는 무한한 욕망 충족을 가장 중요한 삶의 가치로 여기지도 않는다. ……동양의 삶에 대한 태도가 자연과의 화해적 태도를 나타내고, 동양인이 추구하는 최고의 가치가 그러한 결과로 나타나는 평화와 자유의 내면적 체험인데 반해서 서양의 삶에 대한 태도는 자연에 대한 도전으로 나타나고, 서양인이 추구하는 궁극적 가치는…… 만족을 모르는 도전적인 지적 탐구 정신, 즉 이성적 욕망으로 상징된다(박이문, 1996: 171-172).

생태학적 논의 과정에서 동양 사상의 재발견이 활발하게 이루어지고 있다. 이는 교육학을 비롯해 대부분의 학문이 서양의 지식 문화를 수용한 이래 계몽주의적 이성관, 객관적이고 과학적 지식관에 매몰되면서 '동양적'인 것의 상실과 무시 혹은 비하에 대한 한국 학계의 반성과 각성을 의미하는 것으로 볼 수 있다. 현행 한국의 교육은 지나치게 학교 중심으로 연구의 폭이 제한되어 왔으며, 이제 생애 준비교육으로서의 교육 기능보다는 생애 현장교육으로 바뀌는 시대적 변화에 능동적으로 대응할 수 있도록 교육의 패러다임이 바뀌어야 한다. 한국의 학교교육은 물론 평생교육 실제에서도 전통적인 향약(鄕約), 두레, 품앗이 등의 공동체 함양 교육 실천은 찾아보기 어렵다. 이들 영역에서 사회문화의 영역으로 분류되고 있는 삶의 공동체 형성이나 지역사회 환경 보존 등에 대한 프로그램은 오히려 시민 사회단체의 환경 친화 활동 등에서 발견되고 있다. 문제는 이러한 시도가 아주 미미하여 한국 전체의 교육적 분위기를 이끌어 가기에는 역부족이라는 점이다. 따라서 여성주의 교육학 연구는 이와 같은 학교교육 중심, 폐쇄적이고 규격화된 공교육 일변도의 교육학 연구에 새로운 바람을 불러일으킬 수 있는 대안적 교육학을 창출할 수 있어야 할 것이다.

상호 협동과 생명 존중의 교육 원리 구현

기존의 교육관은 어떻게 하면 인간의 내적 힘을 키워 자연으로부터 더 많은 자원을 획득하는 도구로서의 지식과 기술을 생산하고 그것을 어떻게 효과적으로 전달할 수 있는가에 주된 관심을 두었다. 그러나 생태학적 주장들은 교육이 자연을 인간 생명과 연결된 생명체로 인식하는 교육철학과 이러한 생명체가 협동하며 공생하는 '상생 관계'의 증진을 기본 원리로 삼을 것을 시사하고 있다. 인간과 인간 간의 생태학적 유대성을 존중하면서 모든 생명체를 중심으로 평등한 입장에서 그들로 하여금 더 좋은 지역사회 공동체를 형성하도록 하는 것이다.

교육은 현재의 생명 경시 현상, 생명 파괴 현상을 인간 자체의 변화나 사회구조의 변화에서뿐만 아니라 인간과 자연의 상생의 관계를 증진하는 데 관심을 갖지 않으면 안 된다. 다시 말하면 교육의 목적이 인간의 행복을 추구하는 것이라 할 때, 그 행복은 인간 자체의 변화나 사회집단의 변화에서만이 아닌 자연과의 정상적인 관계 속에서 가능할 수 있다. 노상우(2002)는 21세기 교육학은 생태 교육이론으로 확대 발전할 수밖에 없을 것이라고 주장한다. 그는 생태적 교육의 과제는 교육의 대상 범주를 인간과 자연이 상호작용하는 장(場) 혹은 구조를 포착하는 일이고, 이 장에서 생성되는 복잡한 의미를 인간과 자연이 상생하는 정신으로 전화(轉化)하는 일이라고 보았다. 만일 우리가 교육을 통해 이 정신을 배양하는 데 성공한다면, 자연과 인간의 일체감이 형성될 수 있고, 자연을 대하는 인간의 사고와 행위가 혁신적으로 바뀌어 학습자에게는 친환경적 태도가 생성될 수 있다는 것이다. 또한 인간과 자연의 상생을 위한 생명력을 활성화할 수 있는 계기가 마련되며, 생태 윤리가 배양될 수 있다.

상생의 교육 원리로 볼 때, 교육은 가르치는 자와 배우는 자의 공동체적 협동 이념이, 이기적 경쟁의 방법보다는 조화로운 관계 증진이, 타자와의 개별적 갈등보다는 상호간의 공존을 실현하는 일을 하는 조직이다. 따라서 교육에서는 학습자 중심의 독립적 실체에 집중하기보다 학습자 간의 상생 관계를 일차적으로 인식해야 한다. 환경을 위한 도덕적 인간됨은 현대 사회가 요구하는 인격의 중요한 자리를 차지한다. 노상우(2002)는 21세기 한국의 교육개혁은 인간만이 아닌 생명계 모두를 위해 봉사하는 상생의 인간됨을 실현하는 이념으로 재정립되어야 할 것을 주장했다. 과학기술력의 확대재생산에 집중하는 교육 현실에서, 과학적 지식과 기술의 도구적 사용 가치에 대한 옳고 그름의 판단 여부를 결정하고 자연친화적인 도덕심과 자연에 책임을 지는 윤리교육의 성격을 강화하는 방안을 세워야 한다고 강조했다.

한편, 이준모(2000: 1)는 생태적 교육철학을 통해 인간성에 대한 내적인 측면보다는 외적인 관계에서의 인간성을 강조하고 있다. 교육학이 대상으로 하는 인간 이해를 살펴보면 사회구조에서 개인이 맡고 있는 기능이라는 측면에서 인간을 보고 있다. 그러므로 중요한 것은 한 개인의 내면성이 어떤 상태에 있는가 하는 것이 아니라 그가 사회라는 구조를 유지하기 위해 어떤 긍정적인 기능을 하는가이다. 인간성의 어떠함이 아니라 인간이 외적으로 나타내는 작용으로서의 행동이 그 인간의 가치를 평가하는 기준이 된다는 것이다.

지구화 시대 인간과 자연의 균형적 관계를 바탕으로 한 생명의 평등 이념으로서 생태적 교육철학의 상생의 원리와 자연친화적 도덕 원리가 그 기본 틀에 있어야 함을 알 수 있다. 이러한 교육 이념을 실현시키기 위한 교육 실천은 곧 상호 협동의 원리와 생명 존중의 원리를 바탕으로 추진되어야 할 것이다.

지역화와 일상생활의 중요성: 정치와 생활 세계

여성주의 교육학의 핵심 주제는 일상생활과 관련된다. 여성주의 교육은 삶의 터전을 중심으로, 삶의 터전에서의 변화를 주목적으로 하므로, 정치·경제·사회적 측면의 생활 세계 분석 자료를 활용할 것이 요구된다. 즉, 생활 세계의 변화를 위한 주체적 역량을 함양하는 것은 바로 여성주의 교육학 담론을 형성하는 바탕이 된다. 뱅과 소렌슨(Bang & Sorensen, 2001)은 두 개의 새로운 정치적 주체성에 대해 흥미 있는 비교를 하고 있는데, 이는 생활 세계를 구축하려는 교육적 노력에 의미 있는 시사점을 주고 있다. 삶의 현장에서 리더십을 발휘하는 실천가는 전문활동가(expert activists)와 일상적 생활실천가(everyday makers)로 명명된다. 이 두 집단의 개념과 활약을 상세히 살펴보기로 한다.

1) 일상적 생활실천가

여기에서 일상적 생활실천가인 'everyday makers'는 그들의 관심사에서 정부가 아닌 네트워크와 지역사회 차원의 협회에 우선적으로 비중을 두고 있다. 뱅과 소렌슨(Bang & Sorensen, 2001)은 이너-네로브로(Inner-Nerrobro)

라는 지역에서 이 두 정치적 주체성에 대해 사례를 들어가며 잘 설명해 주고 있다. 그 지역의 정치적인 역사는 체제에 대한 반대로 인해 저항과 투쟁이 계속 야기되는 역사를 지니며, 지역활동 연구에 풍부한 자료를 제공해 준다고 할 수 있으며, 풀뿌리 민주주의의 민초(民草)에서 전문활동가까지 다양한 스펙트럼을 제시해 준다.

이 지역의 전문활동가인 조지아(Georgia)의 사례를 보자. 그녀는 자신의 경험을 통해 "정치 참가는 집권한 국가 힘에 대한 부정적인 관점이나 불신 등으로부터 출발해 나가게 된다"고 설명한다. 그녀의 이데올로기에 의하면 이너-네로브로에 있는 생활의 어떤 현실 개선은 정치적인 권위에서가 아니라 시민사회로부터 생긴다고 보았다. '생활 세계'로 향하는 조지아의 새로운 무신론적 회의론은 그녀를 '체제'의 힘으로 더 깊이 나아가게 하는 것으로 보인다. 조지아는 자질 있는 반대자들 사이의 협력과 이야기에 관심을 두면서 새로운 공공 자발적인 파트너십은 정부에서 거버넌스로의 이동을 말해 주고 있다. 다수의 새로운 쟁점 네트워크, 정책 공동체, 특별한 정책 프로젝트 그리고 사용자 게시판 등을 주요 정치 용어로 사용하면서 결국 조지아 스스로는 전문활동가가 되는 길을 택한 것이다.

한편 라이프 스타일 활동가(life-style activist)인 지나(Gina)는 정치의 개념을 아주 넓게 상정한다. 생활 무대의 어느 곳에서도 그녀의 사회적인 역할에서 어떠한 분리나 틈도 인정하지 않는다. 지나에게 정치적인 하위 엘리트 그룹이 된다는 것은 합법적인 것을 행하는 것보다 더 본보기를 보이는 일이 되는 것이다. 다원주의를 관용으로 보았으나, 편협한 다원주의는 실패한 다원주의로 보았다. 이는 다원주의[31]나 신다원주의[32]보다 더 민주주의의 형이

31 다원주의(pluralism): 사회는 여러 독립적인 이익집단이나 결사체로 이루어져 있으므로 권력 엘리트에 의해 지배되기보다는 그 집단의 경쟁 · 갈등 · 협력 등에 의해 민주주의적으로 운영된다고 보는 사상. 다원주의자들의 견해로는, 상충적인 이익집단이 정치적 영역에서 서로 경쟁하거나 협상하는 과정 속에서 권력은 다소 민주주의적으로 운영된다. 그리고 공공정책이라는 것은 경쟁하는 집단들이 내린 타협과 협상의 결과로 나타나는 것이며, 대중은 선거와 조직적인 참여를 통해 엘리트에 대해 상당한 영향을 미칠 수 있다고 본다. 다원주의자들은 공동체적 의사결정 과정과 권력구조를 지향하며, 한정된 영향력과

상학적 원칙인 엘리트 자발성의 견해에 가깝게 보인다고 할 수 있다.

일상적 생활실천가의 개념을 좀더 구체적으로 살펴보기로 하자. 그들은 새로운 유형의 시간제 활동을 일상생활 만들기라고 부른다. 전문활동가와 마찬가지로 일상적 생활실천가는 이데올로기적으로 생각하지 않고 구체적으로 생각한다. 일상적 생활실천가의 특징은 그들이 있는 곳에서, 그들의 용어로, 그들 자신의 목표를 위해 스스로 행하기를 원한다는 것이다. 그들은 후기 산업사회 민주주의에서 새로운 표현 방식을 만들어 내는 것에는 관심이 없으며 정치적 정당에 관한 관심은 최저 수준이다.

자발적인 행동주의자들과 같이 일상적 생활실천가는 정치적 정당에서의 조직적인 삶에 대해 극도로 비판적이다. 큰 조직이 그들 내부에 민주주의를 유지할 수 있다는 것을 믿지 않으며, 그들은 가능한 한 가장 일선의 수준에서 참가하며, 그들이 참여를 논하는 정도도 정치적이라고 인식한다. 다음 두 사람의 생각을 비교해 보자. 우선 에바(Eva)는 그녀의 아이들을 위한 제도나 소풍 같은 구체적인 제도를 만드는 데 참여하는데, 이것은 정치적으로 처리하고, 드러나는 문제들이 정치적이기 때문에 정치적이라고 생각한다. 한편 에릭(Eric)은 자신이 있는 장소에서 적극적이 되는 것은 매우 중요하며, 그것은 매우 정치적인 것이라고 생각한다. 정치적인 활동을 한다고 생각하는 두 사람의 기준이 매우 다름을 알 수 있다(Bang & Sorensen, 2001). 이처럼 무엇

범위를 가지는 결정과 조직을 분석 대상으로 삼는 경향이 있다. 이러한 다원주의는 대중의 영향을 거의 받지 않는 권력 엘리트가 사회의 상층에서 권력을 독점적 · 지배적으로 행사한다고 보는 엘리티즘과 대립된다. 엘리티즘에 의하면 권력은 사회경제적 체제 속에 있는 지위와 역할에서 나오는데, 권력이란 구조지어지는 것이며, 권력 관계는 오래 유지되는 경향이 있다. 또한 엘리트와 대중 사이에는 비교적 뚜렷한 구분이 있으며, 선거나 어떤 다른 형식의 정치활동을 통해서도 엘리트는 대중의 영향을 거의 혹은 전혀 받지 않는다. 권력의 핵심 내부에는 상당한 정도의 이익 일치와 대부분의 중요한 문제에 대한 본질적인 동의가 존재한다고 보는 것이다.

32 신다원주의론(neo-pluralism): 다원주의의 약점을 보완한 이론. 다원주의는 집단의 중요성을 지나치게 강조하고, 정책 과정에서 이데올로기를 간과했으며, 정부에 가하는 외부 압력이나 구조적인 제약을 간과했다는 것 때문에 비판을 받아 왔다. 이러한 비판을 받아들여 새로운 다원주의의 관점을 제시한 이론이다. 엘리트의 권력 및 전통적인 대의 제도에서 비롯된 기구의 취약점을 인정하면서도, 권력은 개인들 사이에 흩어져 있는 것이 아니라 엘리트 및 조직 사이에 중복적으로 존재한다고 보았다. 특징적으로 전문화와 분권화를 강조했는데, 중앙의 여러 기능을 지방으로 분산시키는 과정에서 오히려 중앙집권화 경향이 나타난다는 데 중점을 두고 있다.

이 정치적인가의 기준은 다소 사람마다 다를 수 있으나 그들이 인식하든 하지 않든 간에 분명한 것은 그들의 활동 모두는 곧 정치적인 것으로 연결될 가능성이 있다는 것이다.

2) 일상에서의 실천을 위한 학습

일상적 생활실천가는 영향력을 얻기 위해 참여해야 한다고 느낀 만큼 가급적 정치에 참여하며, 더욱이 의무감에서 행동하지 않고 즐거움으로 임한다. 그들은 개인의 행동은 더 중대하고 사회적인 차원으로 자연스럽게 묶이는 것이라고 생각한다. 우리는 여기에서 '전문활동가'와 '일상적 생활실천가' 간의 차이에 주목할 필요가 있다. 일상적 생활실천가는 지역에서 '작은' 정치적 이야기를 하는 것이 중요하다고 생각하는 집단이다. 그들은 이러한 지역적 관심은 뒤로하고 좀더 큰 규모의 전문적인 참여를 우선시하는 전문활동가들에게 이의를 제기한다. 보통 일상적 생활실천가의 현실 참여는 전문활동가에 비해 더 자연스럽다고 생각하는 경향이 있다. 예를 들어 그 지역 보육 문제를 다루는 탁아소 회의에 대해 전문활동가들은 탁아소 회의 같은 것은 정치와 관련이 별로 없다고 생각하며 이에 대해 매우 회의적이었으나, 일상적 생활실천가들은 그들이 중요한 정치적 쟁점에 대해 참여했다고 생각한다는 것이다. 어쩌면 이 두 집단 간의 태도나 행동의 결과는 크게 달라질 수 있다. 여성주의 세계 질서의 구축을 지향한다고 할 때, 바로 이러한 일상적 생활실천가들이 많아짐으로써 아래로부터, 일상생활에서부터 민주주의가 실천될 수 있을 것이라고 전망된다.

일상적 생활실천가는 현장 실천을 중요하게 생각하므로 민주 엘리트주의에 이의를 제기하고, 다음과 같은 행위 지침을 주장하며 이를 '작은 정책'이라고 믿는다.

- 우리 스스로 한다.
- 우리가 어느 곳에 있든지 한다.

- 우리는 그것이 필요한 것을 알기 때문에 즐거움을 가지고 한다.
- 특별한 시간을 내어서 하거나 파트타임으로 한다.
- 관념적으로보다는 구체적으로 한다.
- 자신있게 하고 믿음을 보인다.
- 필요하다면 체계를 갖추고 한다.

일상적 생활실천가는 민주주의가 위에서부터 조정되어 사회적 자본이 축적되고 모든 것이 잘 해결될 수 있다는 것에 대해 회의적이다. 그들은 정치적 정체성을 지역 네트워크의 구성원으로 참여함으로써 얻는다. 개인적이면서도 자신과 함께 주변에서 정보를 공유하고 생활사에서 공동의 입장을 향상시키는 것에 더 관심을 가지고 있다. 그들은 민주 엘리트의 정치적 효능이라든가 사회적 특성에 대해 언급하기보다는 조화로운 일반인들의 참여를 주장한다(Giddens, 1987). 이러한 관점에서 볼 때, 일상생활을 만들어 가는 일상적 생활실천가를 키우는 일은 매우 중요하며, 이는 곧 여성주의 세계 질서 구축의 핵심적 과제인 여성주의 시티즌십 형성과 밀접하게 연관됨을 알 수 있다.

2. 평생교육과 여성주의 시티즌십

지구화 시대 여성주의 교육학의 과제는 다른 학문 분야와의 소통을 통해 모색함이 타당하다. 사회 변화를 위한 제도적 접근은 법과 정책 및 제도를 연구함으로써 가능하지만, 개인의 변화를 이루려는 인간 행위의 변화는 궁극적으로 교육학의 몫이다. 앞에서 일상적 생활실천가가 중요함을 서술했으며, 이와 같은 맥락에서 여성주의 시티즌십 함양이 교육학의 과제임을 상기하며 한국에서의 연구 동향을 중심으로 내용을 전개하기로 한다.

여성주의 시티즌십[33]의 개념

1) 개념

여성주의 교육학은 학교교육뿐만 아니라 이에 더하여 모든 삶의 현장에서의 교육 현상을 포함하므로, 필연적으로 평생교육적 특성을 지닌다. 지구화 시대, 위험사회(risk society) 등장에 따른 지속적 사회 발전을 위한 사회적 자본 창출과 시민 의식 발현의 중요성이 대두됨에 따라, 이와 관련한 삶의 현장 교육의 새로운 역할이 기대되고 있다. 그동안 평생교육 현장 중 하나인 시민운동단체의 활동이 개인과 공동체 성장을 위한 평생학습 현장으로서 지녀온 의의를 충분히 인정받지 못하고 있다. 시민운동단체의 시민활동 속에서 발견되는 사회적 자본 창출과 시민 의식 발현 과정은 교육적 가치를 지니며 시민운동이 교육학 영역에서 적극 탐구되어야 한다. 특히 여성 시민운동 속에서 발견되는 여성주의 시티즌십의 가치는 사회적 자본을 구성하는 요소들로서 여성주의 교육이 추구하는 가치를 실천하고 있다.

사회적 자본의 가치는 네트워크 구축 및 증진, 상호 호혜성(reciprocity), 신뢰(trust), 참여(participation), 역동적 활동(proactivity), 개인과 집단 동시 성장 등으로 인식되고 있는데, 여성주의 시티즌십의 가치는 관계 지향적인 능력, 보살핌의 능력, 생존의 능력, 개척의 능력, 생명 존중 등으로 상호 같은 맥락에서 그 가치가 연계된다. 여성주의 시티즌십은 여성주의 교육학에서 상정하고 있는 연대적 인간론에 기초한 개념으로, 그동안 교육을 통해 함양하려고 했던 자율적 인간형의 시티즌십과 일정한 거리를 두고 있다.

조형(2007)은 21세기 시민과 시민사회에 관한 논의에 젠더 관점이 필수적으로 요청됨을 주장하며, 여성주의 시티즌십을 주창하고 있다. 좁은 의미의 '여성문제'에 대한 천착을 넘어서 세상을 보고 패러다임적 변화를 추구하는

33 여성주의 시티즌십이란 용어는 번역했을 때 의미의 왜곡이 우려되므로 그대로 사용되고 있고, 이에 관한 구체적인 논의는 조형(편)(2007), 『여성주의 시티즌십의 모색』을 참고할 것.

가치이자 동력으로서의 여성주의 시티즌십의 구축이 필수적임을 강조하고 있다. 즉 여성주의적 관점에서 '근대적 시민'을 넘어서는 지구화 시대의 시민의 의미를 탐색하고 대안적 시티즌십에 기초한 시민 공동체의 모습을 모색해야 한다는 것이다.

여성주의 관점에 기초한 대안적 시티즌십이란 "민주적이고 적극적인 시티즌십으로, 개별 시민들을 자신의 삶과 공동생활의 적극적 주체로서 강화해 주고(empowering) 시민사회를 그들의 참여 공간으로 발전시키는 형태로 재구성"하는 것을 의미한다(조형, 2007). 시티즌십(citizenship)이란 시민권, 시민성, 시민 의식 등을 포괄하는 개념으로 시민다움을 의미하므로, 이 세 개념을 포괄하도록 의미 손상을 주지 않기 위해서는 시티즌십이란 용어를 그대로 사용해야 한다는 것이다. 그동안 우리는 지나치게 시민권만을 강조해 온 것은 아닌가 자문해 볼 필요가 있다. 시민성이란 사회구성원 개개인의 자기 리더십이고 현대적 자기 리더십을 갖춘 시민들이 만드는 집합적 문화 현상이라고 할 수 있다. 시티즌십의 개념 안에는 시민의 권리뿐만 아니라 공동체 형성의 문화적 토대이자 시민의 품성인 시민성(civility) 또한 중요한 요소다. 시티즌십은 "시민의 권리와 시민의 참여 간의 관계로 나타나는 하나의 역동적 과정"이다(조형, 2007). 즉 시티즌십은 시민의 권리 및 의무와 참여적 실천으로 구성되는데 이것은 시티즌십의 한 축이고 시민의 지위나 참여적 실천만큼 또는 그보다 더 기본적인 중요한 한 축이 바로 시민들 간의 관계적 행동에 관한 문화적 차원의 시민성이다. 사회구성원들이 법에 의해 권리와 의무를 지님으로써 사회적 지위를 획득하고 국가나 시장에 요구하고 저항하는 행동을 한다고 하여 시민과 시민사회가 되는 것이 아니다. 개별 시민의 차원에서 시민성은 시민적 정체성과 가치관의 품성으로 구성되는 시민문화 측면의 시티즌십이며, 시민 간의 관계에서 성숙한 사고와 행동의 기초가 된다. 시민의 내면적 자질과 그 집합으로서 사회문화적 기반이 형성될 때 평등한 권리 또한 보장될 수 있고 공공 주체적 시민들 간의 관계가 가능해진다.

시민권(시민의 권리)과 더불어 시민들 간의 상호 배려와 신뢰, 평등한 관계 형성을 통한 공동체적 삶을 영위하는 데 필수적인 요소가 바로 사회적 차원의 문화적 토대로서의 시민성인 것이다. 제도적 시민화뿐만 아니라 사회의 시민화, 즉 시민사회의 성숙에 필요한 시민성과 시민문화가 중요하며, 돌봄 가치를 지닌 여성주의 관점에서 시민문화를 논할 필요가 있다. 개인의 자유와 평등이라는 원자론적 인간론에 입각한 시민권이 아니라, 평화와 상생, 그리고 돌봄과 배려를 통한 공존이라는 성기성물의 연대적 인간론에 터한 시민성의 개념화 및 시민화의 정치로 패러다임의 전환을 이루어야 한다. 경제적 차원뿐만 아니라 정치적 · 문화적 차원에서 제기되는 지구적 시티즌십의 핵심은 바로 이와 같은 성기성물 이념의 여성주의 시민성 학습이며, 이와 관련된 교육 현상을 다루는 것이 여성주의 교육학으로 자리매김되는 것이다.

필자는 사회과학자들의 워크숍에 참여하면서, 합리적이고 이상적인 사회를 만들어 가기 위한 학문적 논의 과정이 필연적으로 교육학적인 담론으로 귀결되는 것에 놀라움을 갖곤 했다. 특히 공동체 형성에 관한 논의가 교육학에서 평생학습 공동체의 논의와 연결되고 있음은 매우 흥미있는 체험이다. 조형(2005)의 여성주의 시민성 논의도 여성 학습 공동체와 같은 맥락에서 볼 수 있다. 생활의 전 지구화가 추진되는 상황에서는 지구적 마인드를 갖는 학습이 필요하며, 이는 성장 단계의 어린이로부터 성인에 이르기까지 모든 시민들에게 요구된다는 브라운대학교 시몬스 총장의 발언은 교육학에 큰 시사점을 제시한다. 그는 "지구상에서 무슨 일이 일어나고 있는지를 알 수 있다는 사실이 현대 시민들의 특권이고 의무임을 누구나, 어릴 때부터 숙지해야 한다"고 주장하며, 제대로 된 "지구화 교육은 사람, 문화, 정체성에 대해 단순한 관찰 및 상상을 넘어설 줄 아는 능력"을 키워 주는데, 이러한 능력은 "심오하고 폭넓은 학습의 연장선"에서만 생성되며, 이를 키우기 위해서는 "개방하는 마음, 다양한 접근 방법에 대한 존중"이 우선적으로 요구됨을 강조한다(Simmons, 2006, 조형(2007)에서 재인용). 지구적 시티즌십, 대안적 시티즌십, 여성주의 시티즌십을 논의하기 위해서는 공공선을 추구하는 성기성물 정신을 학습할 수 있는 교육 시스템이 뒷받침되어야 할 것이다.

2) 여성주의 시민의 정체성[34]

시민성에 대한 연구 중 여성주의 관점에서의 접근은 매우 드문 편이다. 윤혜린(2007)은 시민성은 한 국가 내에서 개인이 부여받은 권리와 의무의 멤버십이 아니라, '시민되기'의 과정에서 중층적으로 구성해 가는 성질이라고 규정한다. 아울러 여성주의가 시민성 논의에 개입함으로써, 기존의 논의가 가부장제적이고 형식적이었음을 비판하면서 몸의 시민권을 포함하여 일상의 미시적 시민성을 실현하는 방식으로 시민성의 기준을 강화시킬 수 있다고 주장한다. 여성주의 시민성 안에 지구/지역적 차원에서 추구되는 평화, 생명, 다양성 등의 탈위계적 가치들과 함께 연대할 수 있는 가치 체계가 표명되어야 한다는 것이다.

여성주의 시티즌십의 핵심적 요소는 1) 중층 관계적 시민성, 2) 일상의 미시적 시민성, 3) 탈위계적 가치에 기반한 시민성의 세 가지로 제시되고 있다(윤혜린, 2007). 우선 중층 관계적 시민성이란 가족, 직장, 지역, 계급, 사회, 국가, 민족, 지구 시민사회에 이르는 다경계성의 사회 안에서 시민은 다중적 존재로서 중층적 관계를 맺는 시티즌십을 의미한다. 이러한 중층적 정체성 구성은 각자에게 '시민되기'의 역동적 과정을 견디고 또한 협상해 내는 인식적 책임감을 요구한다는 것이다. 일상의 미시적 시민성이란 여성주의 관점에서 특히 부각되는 시티즌십 요소가 몸의 주권, 성의 시민권, 재생산 영역의 자기결정권으로 요약되는 몸의 권리에 있음을 제시하면서 시티즌십의 미시적 자리매김을 시도한다. 마지막으로 탈위계적 가치에 기반한 시민성이란 '지구 시민사회' 맥락 안에서 여성주의 운동은 여성집단의 권익운동에 머무는 것이 아니라 사회 전체의 가치를 변혁하는 대안운동이므로 국경을 넘어선 지역운동, 지역적 쟁점으로 연결된 전 지구적 연대, 평화, 생명, 다양성 등의 탈위계적 가치와의 실천적 결합을 주장한다.

---

34 여성주의 시민의 정체성 문제는 윤혜린이 문제를 제기하고 있으며, 상세한 사항은 윤혜린(2007), 「지구 시민사회 맥락에서 본 여성주의 시민의 정체성」을 참고할 것.

윤혜린(2007)은 '지구 시민사회' 맥락이라는 현재의 사회적 · 시대적 맥락을 강조하고, 그에 부합하는 여성주의 시티즌십의 논의를 전개한다. 지구화 시대는 하나의 시대적 표상으로서 '지구촌 사회'는 하나의 글로벌한 단일 사회라고 오해하기 쉽고, 그 오해는 '지구 시민사회'에 대해서도 반복될 수 있다. 그러나 지구화의 맥락에서 지역적으로 활동하고 있는 시민사회의 운동성은 지구 시민의 활동으로 파악되거나 또는 지역주민 활동으로 파악되어야 하는 배타적인 이분법을 거부한다. 글로벌 시민사회는 로컬 시민사회를 일소하거나 대체할 수 없다. 그것은 소위 "지구/지역성 즉 글로벌과 로컬의 관계, 로컬과 로컬의 관계성 등 서로 다른 층위의 힘들이 상호 경합하고 상호 중첩되는 가운데 발아하고 펼쳐지는 무수한 이질성들의 현장"이며, 지구 시민사회는 역동적 공간이라는 것이다. 그런 가운데 윤혜린은 여성주의 시민성이 잘 드러나는 대표적인 글로벌 시민운동으로 반전 평화운동을 예로 들고 있다. 그에 따르면 소위 대안적 지구화를 표방하며 지구/지역적으로 행해지고 있는 이 운동이 강대국의 정치, 경제, 헤게모니에 저항하면서 좀더 정의로운 세계 질서를 만드는 글로벌 시민으로서 창조적 역할을 강조하고 있으며, 이 안에서 국가와 국민 그리고 국익 등의 전통적인 관계성이 해체되고 새로운 정치적 주체성, 지평이 열리게 된다는 것이다. 이에 따라 지구적 시민권은 문화적 권리이며 확장적 시민성으로서 국가 간 힘의 논리에 의한 위계구조를 지양하고 동시에 자국 중심적 논리에 대한 철저한 내적 성찰로 이끄는 교육적 힘을 지닌다. 지구화 맥락에서 여성주의 시티즌십 발현으로 실천되는 글로벌 시민운동을 통해 우리는 지구/지역적 인식의 변화, 반성적 사고를 끄는 학습의 형태를 확인할 수 있다.

윤혜린은 이 연구에서 성미산 마을공동체운동과 대안 무역을 구상하고 있는 이주 노동자 지원단체 활동가 등의 사례를 통해 지구 시민적 비전의 가치와 그것의 NPO로서의 가치, NPO 활동의 교육적 가치를 소개하고 있다. 이는 시민운동에 대한 교육학적 이해가 필요하고 또 가능하다는 것을 보여 주는 것이며, 사회학자나 철학자들이 여성주의 시티즌십에 내재되어 있는 교육적 가치에 주목하고 있다는 사실에서도 삶의 현장에서의 시티즌십에 대한 교육학 연구의 필요성을 절감하게 된다.

여성주의 시티즌십의 학습과 실천

여성주의 시티즌십은 과연 어떻게 학습될 수 있는가? 다음에 제시하는 두 사례 연구는 그 가능성을 밝혀 준다. 하나는 사회단체에 참여하는 주부의 여성주의 정치학적 체험을 밝혀 주는 실증 사례로서, 여성주의 가치를 경제적 관점이 아니라 시민의 일상적 활동을 통해 제시해 주는 연구이며, 다른 하나는 성미산 마을공동체 연구로 여성주의 시티즌십이 발현되는 구체적인 사례를 제시해 주고 있다.

1) 여성주의 정치학과 사회자본 창출

여성주의 가치는 일상적 시민사회의 삶에서 어떻게 발현 가능한가? 김종미(2004)는 주부에 대한 여성주의 평가가 화폐 가치에 기반한 경제 틀에 머물 때 여성주의 정치학의 지평을 협소하게 만들 수 있다는 문제 의식에서 여성의 잠재력을 연구했다. 화폐 가치를 창출하지 않는 주부들 중에서도 사회적 · 공적 선을 창출하는 제3섹터의 주부집단이 존재한다는 것에 주목하며 지역여성운동에 참여하는 주부들을 사례로 이들의 여성주의적 의의와 사회적 역할을 규명함으로써 주부집단이 가진 잠재성을 적극 드러내 주고 있다.

이 연구는 주부들에 의한 생태여성주의 가치 확산이 지역여성운동의 형성과 성장에서 중추적 역할을 해 왔음을 밝혀 주고 있다. 이러한 생태여성주의 가치의 확산은 지역여성운동이 성장하는 과정에서 대중 페미니즘의 담론과 함께 생활정치의 담론이 지방자치제의 실시라는 정치적 기회구조와 맞물리면서 가능했다는 것이다. 이러한 사실은 중산층 주부집단이 생태여성주의 가치를 확산시키는 과정에서 주체로 참여했다는 것을 의미하며 또한 주부집단이 여성주의 정치학의 지평을 확장시키는 데 결정적 역할을 담당해 왔다는 사실을 의미하기도 한다.

지역여성운동이라는 시민사회 활동을 경험하는 주부들은 자신의 삶의 통제력을 증대시키는 자기 강화라는 개인적 임파워먼트를 개별적으로 경험하고 있는 것으로 나타나고 있다(김종미, 2004). 이 연구에서는 공동체 성원들이 네트워크 차원에서 경험하는 임파워먼트는 공동체 의식 형성과 강화로 인한 네트워크 응집력 도모, 그리고 성원들 간의 개인적 관계맺기 과정에서 경험하는 주부들의 관계 지향적 문화 개입의 양상으로 나타남을 밝혀 주고 있다. 공동체 성원들이 관계맺기 차원에서 경험하는 임파워먼트 과정에는 자매애나 수평적 리더십과 같은 관계 지향적인 여성 조직의 특성이 네트워크 임파워먼트의 결정적인 요인으로 작동되고 있음을 드러내 준다. 이러한 조직문화는 주부들의 전업주부 경험 안에서 체화된 보살핌 윤리가 상호 배려와 신뢰의 모습으로 나타나면서 네트워크 임파워먼트를 도모하고 있는 것으로 볼 수 있다. 곧 이러한 연구 결과는 지역여성운동의 참여는 주부들에게 학습 기회로 인한 임파워먼트라는 선물을, 지역은 생태여성주의 확산을 통한 공동체성 강화라는 상호 호혜적인 관계로 지역이 발전할 수 있었음을 보여 준다. 즉, 개인적 임파워먼트와 네트워크 차원에서의 임파워먼트는 상호 강화시키는 방식으로 작동되고 있는 것으로 나타났다는 것이다. 자기 강화를 경험한 주부들의 개인적 임파워먼트는 공동체에 대한 헌신성과 애정을 높이면서 행동주의의 기반으로 작용함으로써 네트워크 임파워먼트를 확장시켰다. 동시에 공동체 성원들의 관계성을 높이게 되는 네트워크 임파워먼트는 다시 공동체 성원들 개인의 자기 강화로 이어지고 있었다. 이와 같은 개인과 네트워크 차원의 임파워먼트의 상호 강화성은 관계 지향적 조직문화가 갖는 중요한 특성이다. 이것은 주부공동체의 관계 지향적 문화가 여성주의 정치학 작동과 확장에서 중요한 역할을 하고 있다는 것을 확인시켜 주는 것이기도 하다.

여성주의 정치학 연구는 지역여성운동에 참여하는 중산층 주부들의 여성주의 정치학 작동은 사회적 자본의 창출과 긴밀히 연관되고 있음을 밝혀 주고 있다. 이들 주부공동체는 생태여성주의 가치라는 규범을 공유하는 네트워크라는 점에서 그 자체로서 사회적 규범 차원과 네트워크 차원에서의 사회적 자본을 구성한다고 볼 수 있다. 또한 생태여성주의 가치 확장에 따른 여성주의 정치학의 작동은 사회적 가치 규범 확산이라는 점에서 규범 차원에서의 사회적 자본의 확장을 의미하며, 임파워먼트 확장에 따른 공동체 성원들 간의 관계성 증대는 곧 네트워크 사회적 자본의 확장을 의미한다고 볼 수 있다. 동시에 역으로 네트워크 사회적 자본은 생태여성주의 가치를 확장시키고 임파워먼트를 형성하는 데 구조적 필요 요건으로 기능한다는 것이다.

지역여성운동에 참여하는 주부들이 창출하고 있는 사회적 자본은 생태여성주의와 관계된 고유한 특성을 드러내고 있다(김종미, 2004). 규범 차원에서의 사회적 자본은 지역사회와 생태계를 돌보는 생태여성주의 가치로 구성되고 있으며, 네트워크 차원에서의 사회적 자본이 구성되는 방식은 보살핌의 윤리가 개입된 관계 지향적 조직문화를 드러내고 있다. 이 관계를 생태여성주의 사회적 자본이라고 개념화할 수 있다는 주장은 정대현(2005)이 제시한 성기성물의 여성주의 리더십 이념과 같은 맥락에서 연결된다. 이는 시민공동체 활동 참여를 통한 사회적 자본 창출과 여성의 시민성 발현 간의 상호 관련성이 드러나는 부분으로 여성주의 세계 질서 구축의 핵심적 요소로 볼 수 있다. 일상생활에서 여성의 공동체 참여를 통한 학습 경험은 개인적 임파워링 과정이 어떻게 네트워크로서 세력화되는가를 체험적으로 학습하도록 이끌어 주는가를 나타내 주고 있다.

2) 성미산 마을공동체 사례

서울 도심의 성미산 마을공동체 사례 연구는 공동체를 만들어 온 주민들과 마을의 시민화 과정을 소개하고 있다. 이은희(2007)의 마을 공동체 연구는 가족 돌봄과 자녀 양육, 소위 사적 영역에서의 필요에서부터 시작된 협동조합형 공동체가 국가 기구로서의 학교와 상업적 사교육을 거부하는 대안학교, 생협을 비롯한 다양한 마을 운영 모임들로 네트워크가 이루어지고 있음을 그려내고 있다. 성미산 마을은 어린이로부터 성인에 이르기까지 모두가 생명,

평화, 공존, 배려 등 여성주의적 가치와 민주적 삶을 실천하는 학습의 장으로 볼 수 있다는 것이다.

기존의 교육학 연구에서 진행되었던 시민운동과 교육학의 관련성에 대한 연구는 단지 시민운동단체가 실시하고 있는 교육 프로그램에 초점을 두어 논의하는 데에 한정되었음에도 불구하고, 이 연구는 시민공동체 활동 속에서 교육의 가치와 가능성을 발견하고 강조하는 것이다. 또한 학습이라는 개념 정의가 기존의 교육학계에서 논의되었던 학습의 외연을 확장시켜 개인의 변화, 공동체의 변화와 더불어 지구화라는 사회적 맥락을 고려하고 더욱더 시대적 정신을 강조하는 방향으로 진행되고 있다.

이은희(2007)는 어린이들로부터 성인, 노년에 이르기까지 노동은 경제의 장에서 돌봄과 가치의 장에 이르기까지 시민의 통합적 삶이 온전히 펼쳐질 수 있으려면 우리 사회가 경쟁, 성공, 효율성을 지양하면서 다른 상위의 가치들인 생명, 공존, 평화, 배려 등을 채택하여 민주적 삶을 실천하는 길에 들어서야 함을 제안한다. 이러한 대안적이고 문화적인 지향성을 개인과 사회의 시민화라고 이름붙일 수 있을 것이다. 이러한 흐름 속에서 여성주의가 체화되어 시민사회 안팎의 새로운 공동체들이 모색된다면 시민들은 역동적인 사회 구성원으로 새로운 시민성의 구현자가 될 수 있다. 여기에서 여성주의 시티즌십의 가치가 시민공동체 활동에서 어떻게 발현되고, 그리고 어떠한 교육적 함의를 포함하고 있는지 고찰해 볼 필요가 있다.

성미산 마을공동체 연구는 '스스로 서서 서로를 살리는 사람', '공동체적 삶을 실천하는 시민'으로서 성장한다는 시민운동의 평생학습 가치에 주목하도록 안내해 준다. 학습 리더십의 기본 전제는 자신이 학습하는 것만이 아니라, 스스로 학습하는 것을 보여 줌으로써 다른 사람들에게 학습을 하도록 이끌어 주는 역할을 하는 것을 포함한다. 남을 교육하고자 고안된 리더십이 아니라, 자신이 학습자로서 다른 학습자들을 고무하는 의미에서 '교육 리더십'이라는 용어보다는 '학습 리더십'으로 명명하고자 하는 것이다. 마을 공동체 연구는 비일상적 실험 공간이 아니라 일상의 경험을 돌아보고 재구조화하는 공동체적 학습의 장, 시민적 삶을 살아가는 실험의 장에 대한 연구로서 여성주의 세계 질서 구축에 하나의 실천적인 사례를 보여 주고 있다는 의미에서 주목해 볼 만하다.

여성주의 교육학과 시티즌십 형성

시티즌십이나 시민운동에 관한 논의에서 여성주의 관점이 추가되었을 때 어떠한 변화가 나타나는가? 그동안 시민운동에 관한 연구는 학습 과정보다는 사회운동의 원인과 기능, 그리고 목적에 관한 논의에 그치고 있었다고 볼 수 있다. 시민운동에서 이루어지는 학습 과정에 관심을 가졌던 비판적 학습론의 경우에도 주로 교육활동이나 의도되고 계획된 학습활동에 초점을 맞추고 있었다. 즉 무형식적이고 우연적 학습을 포함한 전체적인 학습 과정의 특성은 만족스럽게 보여 주지 못했다고 지적된다. 이에 비해 시민운동과 관련된 교육 분야의 연구는 대부분 시민운동단체가 수행하는 조직화된 교육활동에 대한 연구로 한정되어 있었다. 지금까지의 연구들은 공통적으로 성인 학습과 사회교육 활동의 장으로서의 시민운동단체의 특성을 탐구하고, 주로 정형화된 교육 프로그램 분석을 통해 교육활동의 내용과 방법을 분석하고 교육활동의 의미를 고찰하는 데 중점을 두고 있다(양희준, 2002; 김미란, 1997). 한편 여성 시민운동과 관련된 연구는 여성주의적 관점이 배제된 채, 단지 대상으로서의 여성이 참여하는 시민운동으로만 그려지고 있었다(한정자 · 김경희 · 유정미, 2002). 이와 같은 한계를 지니고 있으므로, 시민운동과 교육, 여성 시민운동에 대한 선행 연구를 분석하여 문제점을 지적한 안현용(2007)은 새로운 여성주의적 접근이 필요함을 제안하고 있다.

최근 시민운동의 교육적 기능에 관심을 갖는 경향이 나타나고 있다. 또한 교육학에서 사회운동의 교육학적 이해를 모색한 연구도 있으나 그것은 다소 좁은 의미의, 즉 교육학적 시각만을 가지고 논의된 학습의 의미만을 상정하고 있다. 예를 들어 교육학적 연구에서 학습의 의미는 개인의 성장, 공동체의 성장 및 변화, 인식의 전환 등을 의미한다(오혁진, 2005). 여성주의 관점에서 추가적으로 고려되어야 할 사항은 여성주의 세계 질서의 구축을 지향하여 사회적인 맥락, 즉 지구화, 위험사회와 같은 현실 사회문제에 대한 인식 토대를 구축하는 것이다.

이은희(2007)의 연구는 여성주의 시티즌십 발현 과정의 상호 역동성을 밝혀 줌으로써 공동체의 평생학습 시스템 속에서 '스스로 서서 서로를 살리는 사람', 공동체적 삶을 실천하는 시민으로서 성장한다는 시민운동의 평생학습 가치에 주목할 수 있게 인도해 준다. 특히 비일상적인 실험 공간이 아니라 일상 속에서 삶의 경험을 돌아보고 재구조화하는 공동체적 학습의 장, 시민적 삶을 살아가는 현장 속에서 시민운동의 교육학적 의미를 제시했다는 점에서 큰 의의가 있다. 이처럼 여성주의 교육학은 현실의 개인적·사회적 차원의 삶에 대한 문제 인식을 토대로 하고 삶의 현장을 변화시키려는 학습과 실천을 함께 추구하고자 하는 학문적 노력을 포함한다. 이는 기존의 교육학이 학교라는 실험실과 같은 상황을 중심으로 전개되어 온 것과는 전혀 다른 위치에 있으며, 삶의 모든 과정에 관계한다. 평생교육학이 학습의 관점에서 삶을 설계하는 것과 같이 전 생애에 관계한다는 의미다. 따라서 여성주의 교육학은 삶의 현장교육 지향인 평생교육의 특성을 지닌다고 할 수 있다.

제10장 학습 리더십의 출현과 그 의미

1. 학습 리더십의 출현

최근 교육 패러다임의 전환으로 학습이 강조되고 있는 것은 과거 교육 중심의 수동적 입장이 아니라 학습자 각자가 적극적 자세를 견지해야 함을 시사한다. 가르치는 사람이나 배우는 사람은 모두 학습자로서 인식되어야 한다. 아울러 자기 자신의 학습만이 아니라 다른 사람의 학습을 유도해 주는 학습 리더로서의 역할을 지녀야 한다는 의식 전환이 학습 리더십이라는 용어를 탄생시켰다. 그동안 교육의 제공자라는 관점에서 교육 리더십을 논했다면, 이제는 구성주의적 관점에서 삶의 학습을 이끌어 가는 학습자, 즉 자신의 학습과 다른 사람의 학습을 이끌어 가는 학습자로서의 학습 리더십이 필요하다는 것이다. 즉, 형식 교육기관에서 리더십 담론의 중심이 교육 리더십이었다면, 새로운 대안적 교육에서의 리더십은 학습 리더십이라고 할 수 있다. 교육 리더십은 전통적으로 형식 교육기관의 교육 주체와 대상이 남성들의 고유 영역으로서 발전되어 온 남성 패러다임의 표현이다. 그러나 전통적으로 여성들은 비형식 교육 현장인 생활 세계에서 살림의 지혜에 의해 생명을 보살피고 살림의 지혜를 학습하고 전수했던 여성의 리더십을 발휘했고, 이는 남성의 교육 리더십과 전혀 다른 리더십으로 볼 수 있다.

리더십 이론은 끊임없이 발전하고 있으며, 특히 최근 다양한 리더십 이론의 출현은 21세기 리더십의 중요성을 입증해 주는 것이라고 할 수 있다. 이론의 발전 과정을 보면, 1940년대에 성공적인 리더가 가지고 있는 특성에 초점을 맞춘 특성이론(Stogdill, 1974, Kirkpatrick & Locke, 1991), 1950~60년대에 효율적인 리더의 행동 유형을 밝혀낸 행동이론(김창걸, 2003, 서종희 2003, Blake & Mouton, 1978), 1970~80년대 초반까지 효율적인 리더십에 작용하는 환경적 상황 요인을 밝힌 상황이론(김창걸, 2003; Fiedler, 1967)으로 발전했다. 1980~90년대의 조직환경의 급격한 변화는 조직의 목표를 달성하는 구성원들을 인적 자원으로서 어떻게 관리하느냐에 따라 조직의 성패가 좌우된다는 인식을 고조시켰다. 이로 인해 조직구성원을 단순히 통제하는 것에서 벗어나 구성원들의 전념 또는 몰입을 유도하기 위한 변혁 추구 리더십(오치선 외, 2002; Bass, 1990; Burns, 1978)의 필요성이 강조되었다. 그리고 21세기에 들어서면서 집단의 구성원 모두가 리더십을 가져야 하며, 교육을 통해 리더십을 개발할 수 있다는 육성이론의 중요성이 강조되었다.

최근 리더십에 대한 관심이 부상하면서 모든 사람은 셀프 리더십을 발휘하도록 요구하고 있다. 칸노 히로시(2006)는 끊임없이 변화하는 불확실한 오늘날에 모든 사람들이 리더십을 가져야 할 것을 강조하고 있다. 이러한 철학을 바탕으로 한 리더십의 육성이론에는 셀프 리더십(Manz, 1986), 서번트 리더십(Greenleaf, 1970), 그리고 감성의 리더십(Goleman et al., 2002)이 포함된다. 이와 같은 다양한 육성이론에 근거한 리더십의 이론들 가운데 골먼 등(Goleman et al., 2002)이 제시한 감성의 리더십은 과거 카리스마 리더 등 특성이론에 대비되어 여성적 특성을 반영하는 리더십이라는 평가를 받고 있다. 골먼은 리더십의 감성적인 차원이 비록 눈에 보이지 않고 때로는 무시되기도 하지만 실제적으로 리더가 하고자 하는 모든 일을 가장 잘 수행할 수 있도록 만들어 주는 것이라고 했다. 그는 감성 지능을 갖춘 리더는 적절한 사람을 대상으로 적절한 방법을 가지고, 적절한 시간에 능력을 발휘할 수 있는 사람이며, 집단구성원들로 하여금 열정적이고 유연한 분위기에서 자신들이 최고의 능력을 발휘할 수 있도록 하는 사람이라고 했다. 기존의 리더십이론 중 변혁 추구 리더십이나 감성 리더십은 비교적 학습 리더십에 근접한 이론으로 볼 수 있다. 그러나 다른 사람에 대한 전념과 몰입 등 배려와 촉진의 요소는 있으나, 여전히 리더 자신의 학습에 대한 관심은 잘 드러나고 있지 않다. 또한 서번트 리더십은 가장 여성적이라고 평가를 받고 있으나, 역시 리더 자신의 학습에 대한 배려는 부족하다. 따라서 학습 리더십이라는 새로운 용어의 사용이 불가피하다. 불확실성의 시대에 리더는 먼저 학습을 솔선하여 실행하는 사람이고, 동시에 다른 사람들이 그 리더십에 감동하여 학습하기를 원하도록 유도하고, 그들이 학습하도록 고무하고 촉진하는 리더십을 발휘해야 한다는 의미에서 이 용어를 사용한다.

학습 리더십의 개념

교육은 개인과 사회 차원에서의 변화를 지향하며, 여성주의 교육의 실천 과정에서 가장 중요한 것은 타인에 대한 고무와 배려를 바탕으로 변화를 추구한다는 것이다. 그동안 교육 리더십은 주로 학교교육에서 교육 행정가들에게 요구되는 것으로 연구되어 왔다. 이 과정에서 관료적 체제의 관리자로서의 역할을 주로 많이 담당하는 것으로 인식되었다. 그러나 여성주의 리더십의 특성은 관료적 · 형식적인 학교에서 교사와 학생들을 대상으로 발휘하던 교육 리더십이라기보다는, 가정에서 어머니가 자녀들을 양육하면서 돌봄 정신과 사랑을 실제로 보여 주고 삶의 지혜를 학습하도록 도와 주는 학습 리더십이라고 할 수 있다. 필요에 따라 사랑을 베풀고 보살핌을 실천하는 '어머니' 모성 양식은 자녀의 생명을 살리고 돌보는 길이다. 학습 리더십은 외부의 권위나 형식에 의하지 않고, 사랑과 보살핌의 능력과 헌신으로 인정되고 발휘되는 것이다. 여성주의 리더십의 핵심 가치를 모성 가치로 보는 관점에서 학습 리더십은 바로 여성주의 리더십의 속성으로 환치될 수 있다. 따라서 학습 리더십은 여성주의 가치인 성기성물(成己成物) 모성 양식을 토대로 하여 설명이 가능하다.[35] 학습 리더십은 먼저 성기성물의 정신, 즉 "학습 리더의 이룸과 학습자의 이룸이 맞물려 있다"는 것을 깊이 깨우치는 학습 과정을 통해 존재 가능하다. 학습 리더의 존재를 가능하게 하는 조건은 "인간과 문화에 대한 지식과 전망을 갖는 학습"을 포함하며, 이러한 학습을 통해 학습 리더는 "자신의 개인 최선을 발전"시키도록 하는 것이다. 좋은 학습 리더가 되기 위한 조건인 "인간과 문화에 대한 지식과 전망"이라든가 "자신의 개인 최선을 발전"시키려는 학습을 충족시키지 못한다면, 권위만을 앞세워 교육 리더십을 발휘하려는 관료주의 이데올로기에 함몰되는 결과를 초래하게 되는 것이다. 이러한 학습 과정을 견지하는 학습 리더는 학습자가 "온전한 개인으로 성장"하도록 하고 학습자의 "다른 사람들과의 유대화"를 도우며 학습자의 "최선을 키우도록 돕는" 역할을 담당한다. 이렇게 볼 때 학습 리더십의 핵심은 자신의 성장과 타인의 성장을 돕도록 자신과 타인에 대한 돌봄의 역할을 하는 모성의 존재 양식과 유사하다고 할 수 있다.

교육 현상에는 교육 주체가 있고, 교육의 대상이 있고, 교육 매체가 있는 것으로 상정된다. 이것이 교육의 3요소로 인식되었는데, 이 때 교육 주체는 교육 대상이 학습할 수 있도록 이끌어 주는 역할을 했다. 그러나 대부분 교육이 실천되는 과정에서 교육 주체자 자신의 학습에 대한 관심은 간과되었다. 물론 최근 구성주의 관점에서 교육 주체의 범주에 가르치는 자와 배우는 자 모두를 포함시키려는 움직임이 있는 것은 사실이다. 그러나 좀더 근본적인 쟁점은 가르치는 위치에 있는 교육 주체의 학습과 성장이라는 변화 과정에 대한 배려가 가능한가다. 주체는 대상을 포함한 인간과 문화에 대해 끊임없이 이해하려고 노력해야 하며, 배우려는 자세를 통해 자신의 지식과 태도에 변화를 가져오는, 학습을 통한 변화를 체험하고 이를 보여 주는 것이 필요하다. 이 과정을 통해 학습자인 인간과 문화에 대한 배려를 직접 체득하여 실천으로 옮길 수 있는 것이다.

---

35 이 책 제1부에서 모성 가치를 정대현의 성기성물 가치 관점에서 설명한 것을 일컫는다. 더 상세한 것은 정대현(2005)의 '모성주의 가치'를 참조할 것.

사람들이 의욕적으로 학습할 수 있도록 동기를 부여해 주는 것은 "리더가 교육하려는 자세로서가 아니라, 리더 스스로 학습하며 발전하는 모습을 보여 주고, 상대방을 고무시켜 주는 학습 리더십을 발휘할 때" 가능하다. 여성주의 리더십을 발휘한다는 것은 발휘 주체 스스로가 학습자이며 동시에 상대방이 학습자가 되도록 고무하고 격려하며 보살펴 주는 학습 리더십을 발휘하는 것을 의미한다.

그동안 우리 사회에서 교육 리더십으로 인식된 관료주의적인 측면, 즉 권위주의적 · 획일적 · 폐쇄적인 특성을 감안했을 때, 여성주의 리더십 특성을 지닌 학습 리더십은 대안적인 교육 리더십으로 자리매김되어야 하고 또 그렇게 될 가능성이 있으며, 이에 대한 관심이 증가하고 있다. 여성주의 교육학에서는 여성주의 윤리를 기본 가치로 상정하고 있다. 그동안 교육학에서 표방했던 교육의 목적, 방법, 내용에 대한 재조명을 요구하며, 이를 주도할 새로운 리더십 발휘가 필요하다. 그동안 학문 세계에서 간과되어 왔던 생활 세계에서의 교육과 학습 현상은 최근 그 가치가 재평가되면서, 교육학뿐만이 아니라 사회학, 정치학, 인류학 등 다양한 학문 영역에서 생활 세계의 학습 현상에 대해 여성주의 관점에서 새로운 담론을 구성하고 있다. 그렇다면 여성주의 관점에서 학습 리더십의 발휘는 가능한가? 현실적으로 그러한 사례를 찾아볼 수 있는가? 아래에서는 구체적으로 생명 존중, 약자 배려의 관점에서 학습 리더십을 발휘하여 공동체의 학습과 삶의 세계를 변화시키는 사례들을 소개한다.

학습 리더십의 실천 사례

1) 여성운동으로서의 생협과 학습공동체

여성주의 학습 리더십이 발휘되는 사례는 현실적으로 모성이 존재하는 공간에서 볼 수 있다. 모성성의 발휘는 기존의 교육기관이 아닌 가정이나 지역사회의 자생적 사회조직에서 나타나는 활동을 통해 그 현상이 분석될 수 있다. 여기에서는 그동안 가정 이외의 터전인 지역사회에서 모성성을 발휘하는 사례를 중심으로 살펴보기로 한다.

여성들이 가장 활발하게 참여하는 공간은 사적인 가정 영역으로 인식되어 왔으나, 시민사회의 성숙과 더불어 여성들의 활동 공간은 지역사회의 환경과 소비로 이어지고 있다. 환경운동에서의 여성활동은 흔히 '여성과 환경의 친화성'으로 설명되었는데, 집안에서 육아, 가사노동을 담당하는 여성들이 생활 속의 환경문제에 민감하게 반응할 수밖에 없고 일차적인 가족의 건강과 안전을 위해 적극적으로 나서기 때문이라고 인식되고 있다(김양희 · 김이선, 1993). 한편 여성과 환경이 긴밀한 관계에 있다고 주장하는 것은 여성과 자연을 동일시하며 억압해 왔던 가부장적 이원론에 부합하는 것이며 여성 억압을 본질화시킬 수 있다는 비판도 존재한다(이현희, 2004: 112). 이현희는 여성의 성역할을 강화시킨다는 측면만 보는 시각에 문제 의식을 갖고, 여성과 생협운동 간의 다중적 측면들을 살펴봄으로써 생협운동이 지닌 여성주의 정치학으로서의 가능성을 제시하고 있다.

1980년대 후반 이래로 주부층을 중심으로 한 많은 회원들이 생태적이고 대안적인 생활 양식을 추구하는 생활협동조합(이하 생협운동)에 참여하고 있다. 생협운동은 사적 영역으로 구획되던 생활 과제를 사회적 차원으로 끌어내고 가정 내의 파편화된 개인이 아닌 공동체성을 바탕으로 해결해 나가려는 움직임이다. 또한 생협운동은 여성을 기존의 환경운동에서 사후 처리 식의 '수동적인 청소부'(이윤숙, 1999)로 명명되기도 하던 것에서, 여기에 그치지 않고 더 나아가 가부장적 체제를 변화시키기 위해 필요한 생활 양식의 변화를 지속적으로 추구하는 능동적 주체로 자리매김하게 한다는 점에서 차별화된다.

생태여성주의는 가부장적인 근대 과학 담론과 경제 체계에 깔린 문화/자연, 남성/여성, 생산/재생산 간의 위계론적 이분법에 대해 비판적인 태도를 견지하며(Merchant, 1980; Shiva & Mies, 1993), 기존의 '경제', '생산성' 그리고 '여성해방' 등의 개념들을 자연과의 상호 연관성 및 삶의 지속 가능성과 관련하여 재구성해 나간다. 그리고 그러한 재정의를 바탕으로 평가절하된 가치의 재인식을 통해 대안 사회를 모색하려고 한다. 그 중에서 대표적인 가치는 역사적으로 인간의 기본적인 삶의 조건을 이루는 요소로서 보살핌, 살림의 성격을 갖고 있는 여성의 재생산 노동에 관한 것이라는 사실로 인식되고 있다.

우리나라의 생협운동은 1980년대 말부터 '한살림'을 필두로 성장했고 생활 세계를 다룸으로써 주부운동이라 할 만큼 여성들이 많이 참여하는 모습을 보이고 있다. 생협운동에 관한 국내 연구들은 공동체운동(양한순, 1992; 성희승, 1994; 한상민; 1995)이나 지역사회 복지(이필석, 1998; 김은임, 2000) 차원의 사회학적 논의가 주를 이룬다. 그러나 이러한 연구들은 생협운동에 대해 새로운 사회운동이나 생활공동체운동으로서 긍정적인 의미와 가치를 부여하고 있음에도 불구하고, 몰성적인 시각을 가짐으로써 여성의 입장에서 문제시될 수 있는 부분들을 간과하고 있으며, 이는 생협운동의 활성화에 장애가 되는 점들을 "실제 활동 주체와 연결시키지 못하는 결과"를 낳게 된 것으로 지적된다(이현희, 2004: 117). 그에 반해 생협과 관련되어 여성 활동 주체에 주시한 연구들도 1990년대 후반부터 선보이고 있다(신은주, 1996; 남미정, 1997; 이숙례, 1998; 문순홍, 2001). 이 연구들은 여성의 입장에서 여성들의 환경활동을 바라보고 있다는 특징을 지니지만, '여성환경운동'이나 '지역환경운동'이라는 범주 안에서 다른 환경활동들과 함께 분석하고 있기 때문에 생협운동이 가진 특성이나 차이를 충분히 부각시키지 못하고 있다고 할 수 있다. 그 밖의 생협운동에 관한 독자적인 연구로 김양희(1992), 문홍빈(2000)의 두 연구가 생협운동에 참여하고 있는 주부들의 의식 및 태도 변화를 살피고 있어, 활동 참여자들의 학습 과정을 이해하는 데 도움이 된다.

여성주의 교육학에서 생협운동에 주목하는 이유는 이 운동이 지니는 교육현상의 특성 때문이다. 참여자들은 삶의 터전에서, 생활 세계의 현실적 문제를 토대로, 생명 존중의 관점에서, 공동체적으로 함께 활동하는 과정에서 학습을 경험할 수 있다는 점에 가치를 부여하기 때문이다. 기존의 사회운동과 차별화되고 있는 생협운동의 특징은 생명 살림에 관련되는 쟁점을 다루고 있을 뿐만 아니라, 참여자들이 직접 자신들이 경험하고 있는 문제를 발굴하고 이를 해결하려는 과정에서 주도적으로 학습을 이끌고 상호 영향을 끼치는 리더십을 발휘한다는 점이다.

2) 생협활동의 교육학적 가치와 학습 리더십

생태여성주의적 관점에서 생협운동의 가능성을 탐색한 연구에 의하면 참여자의 삶이나 학습에 매우 큰 영향을 끼치고 있음을 알 수 있다. 생협운동에 참여함으로써 여성들은 인간과 문화에 대한 지식을 학습하게 되며, 자신의 능력을 개발할 수 있는 기회를 갖게 되는 것이다. 생협운동에 참여한 후의 변화를 이현희(2004: 139-141)는 1) "가치관의 전환과 살림 가치의 확장," 2) "주부 정체성의 재구성과 여성의 임파워먼트"로 소개하고 있다. 이러한 변화는 활동 경험을 통한 학습으로서 이를 주도적으로 이끌어 가는 사람이나 참여하는 사람들 간에 신뢰가 형성되는 것을 도와 줄 뿐 아니라 학습을 촉진해 주므로 학습 리더십의 성공적인 사례라고 할 수 있다. 학습의 관점에서 생협운동의 교육학적 의미를 고찰해 보면 다음과 같다.

첫째, 생협활동을 통한 가치관의 전환과 살림 가치의 확장에 관한 학습은 재생산 영역의 재가치화와 관계성 회복으로 연결된다. 여성의 가사노동은 인간의 생명 유지와 생활의 지속성을 위해 꼭 필요한 요소임에도 불구하고, 이윤 창출이 중요한 기준이 되는 자본주의 사회에서 그동안 그 중요성을 제대로 평가받지 못해 왔다. 하지만 생협운동은 생활 양식의 변화와 함께 여성들이 맡고 있는 재생산 영역에 대한 가치관의 전환을 꾀하는데, 공/사, 생산/재생산 등의 위계적인 가치 체제를 비판하면서 여성들이 담당해 왔던 재생산 영역에 대해 재가치화하는 모습을 보여 준다. 생협운동은 재생산 가치에 대한 재평가와 사회적 확장을 통해 가부장적 자본주의 체제에서 소외받고 억압당하는 생명들을 살리는 역할을 할 수 있다는 것이다. 생협운동은 여성주의 가치에 기반한 삶의 터전의 질적 향상운동이며, 협동의 원리를 통해 "물질적 가치관으로부터 생명 가치를 살려내려는 가치관 전환운동"이라 할 수 있다. 여성운동이 가부장적이고 위계적인 사회 체제에 대해 저항하고, 여성들이 담당했던 재생산 영역과 보살핌 가치에 대해 어떻게 재평가하여 대안적 삶의 방식을 만들어 나갈 것인가를 고민했다면, 생협운동은 이에 한 발 더 나아가 '살림'이라는 가치의 우선성을 중심으로 모든 사회 질서를 재편하려는 움직임으로 볼 수 있다. 또 하나 매우 중요한 것은 생협운동이 인간과 자연과의 관계성 회복에 기여한다는 것이다. 관계성 회복이란 단순한 권력 이동을 의미하는 것이 아니라 새로운 가치관을 바탕으로 "자연과 사람, 사람과 사람 사이의 위계적인 관계를 조화롭고 평등한 것으로 변화"시키려는 시도다. 따라서 생협활동은 여성주의적 교육학의 핵심 이념인 삶의 터전에서의 생명 존중과 살림 가치의 학습 및 확산을 향한 학습 리더십을 발휘하고 있다고 볼 수 있다.

둘째, 생협운동을 통한 주민 정체성의 재구성과 주민의 임파워먼트는 평범한 주민들에게 사회에서의 조직생활을 하면서 경험하게 되는 자아 개발 학습의 결과로 주어진 선물이다. 생협운동이 먹거리를 포함한 생활 영역의 문제를 쟁점화하고 여성들의 재생산 영역을 지역사회 차원으로 확대해 가면서 평범한 주민에 머물러 있던 시민들이 생활정치의 주체로 들어오게 된다는 중요한 의미를 갖는다. 또한 생협활동은 시민의 자아 실현과 주체 형성에 의미있는 변화를 가져다 준다. 지역 주민들은 생협활동을 통해 생활 문제와 지역사안을 풀려는 과정에서 필요한 지식과 정보를 습득하고 사회문제에 대해서도 의식적으로 알려고 노력하게 되는 변화 과정을 겪게 된다. 이러한 모습은 주민들에게 학습 기회를 주는 생협활동이 "자기 개발을 통해 자신감과 내면적 힘을 기르고 사회 의식을 확장시키는 과정"이라는 것을 보여 준다.

한편 생협활동은 조직 내 힘 나누기와 정치적 세력화를 위한 학습 기회도 제공한다. 생협활동에 참여한다는 것은 가정에서 고립되어 있던 주민들을 하나의 집단으로 결속하고, 상호적으로 힘을 살려 주는 관계맺기 방식을 학습하도록 도와 주는 과정으로 볼 수 있다. 즉, 이 활동에 참여함으로써 참여자들은 "공동체와 '상호 연결'을 위해 책임 있게 일하는 것"(문홍빈, 2000)을 경험적으로 학습하게 되는 것이다. 생협운동이 기존 사회에 대한 새 틀을 짜는 대안운동으로서 자리매김하기 위해서는 운동의 결과뿐만 아니라 과정 자체가 중시되어야 한다. 이러한 점에서 생협 조직 내 학습자들 사이에 힘을 나누는 관계는 중요한 요소가 되며, 주민의 임파워먼트를 위한 여성주의적 운동방식에 유용한 시사점을 제시해 준다.

그러나 무엇보다 중요한 생협활동의 소중한 학습적 가치는 평범한 주부로서의 여성들이 일상적 생활실천가의 개념을 학습하고, 스스로 실천가가 되며, 이를 확산하는 운동에 참여한다는 것이다. 최근 생협 출범 초기의 '공동체'적 이념이 차츰 약화되어 가고 있다는 지적이 나오고 있다. 맞벌이 부부의 증가, 1인 가족의 증가, 친환경 유기농산물 시장에 대기업 진출 등으로 친환경 유기농산물의 생산, 유통, 소비라는 생협의 기본적인 역할이 축소되어 가는 경향이 강하다는 것이다. 이러한 상황에 대처하여 처음에 우리나라에서 생협이 출발했던 문제 의식인 소박한 삶, 자연친화적인 삶, 지역 순환의 생태적 삶을 지향하는 '생활문화운동'의 측면을 한층 더 강화해야 한다는 목소리가 높아지고 있다(조완형, 2006). 이러한 주장은 일상적 생활실천가를 중심으로 여성주의 세계 질서를 구축하려는 움직임과 같은 맥락에서 연결된다고 할 수 있다.

3) 대안적 생활문화운동을 통한 학습

지역을 중심으로 전개된 생협활동과 유사한 공동성은 유지하되, 대안적인 생활문화운동으로서 학습을 중심으로 네트워크를 형성하는 경우도 있다. 1960년대와 70년대의 경제성장기에 지역공동체성을 기반으로 출발한 다양한 경제와 생계형 공동체를 포함하여 90년대 출발한 공동 구매 형태의 지역 생협의 공동체성이 점차 약화되는 데에 반해 새로운 형태의 학습 네트워크의 등장이 주목을 끈다. 학습 네트워크는 학습 '관계'를 중심에 놓음으로써, 물리적 집단의 경계를 넘어 학습 관계가 형성되고, 학습 관계가 성장하고 자가 발전해 가는 양상을 조망할 수 있는 가능성을 갖추고 있다. 이러한 네트워크는 현실에서 어떠한 활동과 학습을 만들어 낼까? 여기에서는 한 사회단체에서 이끄는 학습형 공동체의 사례로 '등대'를 소개하기로 한다. 최선주(2005)의 연구에 의하면 '등대'(YMCA 생활협동조합)의 학습 네트워크에서 이루어지는 학습 관계의 특징은 '교호적(交互的)', '상생적(相生的)', '중층적(重層的)' 학습 관계로 제시된다(최선주, 2005: 111-113). 첫째, 등대의 경우 한 사람당 '지기'를 맡아 돌아가면서 함께 공부하고 활동할 내용을 책임지고 '가르치는' 역할을 하는데, 학습자들 사이의 가르침과 배움의 역할이 계속적으로 전환되는 교호적 학습 관계는 관계의 자가 발전, 조직공동체의 성장을 담보하는 핵심적인 학습자들 사이의 관계 방식으로 교호적이라 볼 수 있다. 둘째, 학습자들은 학습 네트워크에 있는 다른 학습자들에게 자신들의 경험과 지식을 비롯한 학습 자원을 기꺼이 지원하고 공유한다는 점에서 상생적이다. 셋째, 학습자들은 자신이 속한 '등대'에서 한 가지 학습 관계만 맺는 것이 아니라, 단위 등대의 경계를 넘어서 학습 관계를 확장해 나가고 동시적으로 여러 가지 학습 관계를 맺고 있는데, 이러한 중층적 학습 관계는 학습 관계의 다경계성과 비선형성을 보여 준다고 하겠다.

학습 네트워크로서 기능하는 생협의 의의는 여러 각도에서 찾아볼 수 있으며, 학습공동체로서의 특성을 갖는 '등대' 학습 네트워크에서 이루어지는 구조적인 변화는 크게 세 가지로 제시되고 있다(최선주, 2005: 113).

첫째, 자기생성성을 통한 내적 분화가 이루어진다. 등대 학습 네트워크에서 기존의 학습 관계를 통해 새로운 학습의 욕구, 즉 새로운 학습 관계 창출의 욕구가 생성되고, 구성원들의 학습 결과로 학습 네트워크에 축적된 집단적 지식과 자기교육력이 이러한 욕구를 지원하면서 새로운 학습 관계가 쉽게 생성된다. 등대 학습 네트워크는 이러한 자기생성성을 통해 새로운 학습 관계를 창출하여 학습 네트워크는 더욱 복잡한 형태로 분화시켜 나간다.

둘째, '허브' 설정을 통한 지식 순환의 활성화다. 등대 학습 네트워크에서는 각 등대 촛불들이 참석하는 '월례회'라는 장치를 통해 각 학습 단위에서 생산되는 지식과 담론이 효율적으로 순환되도록 하는 일정의 학습관리 체제를 가지고 있다. 또한 여러 사람과 역시 여러 등대를 연결하는 허브 역할을 하고 있다. 이는 여러 학습 단위 간의 연결을 자생적으로 담보하여, 지식 순환이 극대화될 수 있는 구조로 자기조직화해 나간다.

셋째, 외부로의 자기 확장이다. 등대 학습 네트워크는 생협 조합원들의 모임이라는 경계를 넘어, 지역사회의 문제를 발굴하고 주민운동을 시도하며 지역사회 구성원과 연계를 시도하면서 지역 학습 네트워크로 자기 확장을 이루어 나간다.

학습공동체는 일반적으로 '학습'과 '공동체'의 의미가 결합된 의미로 이해된다. 즉, '학습을 목적으로 하는 공동체' 또는 '학습활동이 이루어지는 공동체'라는 것이다. 학습공동체는 단지 학습이 이루어지는 공동체라기보다는 학습을 주목적으로 하는 공동체라고 정의할 수 있다. 즉, 학습공동체는 학습을 주된 목적으로 하는 특수한 공동체인 것이다. 물론 어느 정도까지를 학습을 주목적으로 하는 것으로 판단할 것인가에 대해서는 모호한 측면이 있다. 그러나 적어도 학습공동체가 성립되기 위해서는 학습 자체가 그 집단의 매우 중요한 성립 목적이 되어야 하고, 그 목적에 대해 구성원이 의식을 같이해야 한다는 것으로 인식되고 있다(오혁진, 2005).

이렇게 볼 때 학습공동체라는 용어는 제한적으로 사용될 수 있는 가능성을 지닌다. "학습을 주목적으로 하는 공동체"의 경우, 자칫 실생활과 유리되는 학습공동체를 상정하는 것으로 곡해될 수 있다. 이를테면 생협의 경우 참여자들이 경험하는 학습은 다른 어떤 학습공동체에서보다 직접적으로 그들 삶의 변화에 관한 학습을 하게 되지만, 생협운동을 학습으로 간주한 연구는 교육학 분야 이외에서는 매우 드물다는 것을 알 수 있다. 삶의 터전을 중심으로 하는 학습이라는 관점에서 볼 때 생협운동은 여성주의 교육학 관점에서 매우 의미 있는 학습활동으로 해석되어야 한다.

또한 '공동체'의 개념이 일상적으로 소집단만이 아니라 조직, 지역사회, 심지어는 민족, 국가, 전 세계적인 범위까지 널리 확대 적용된다는 점을 감안할 때 학습공동체 개념의 영역 확대는 필연적이라고 볼 수 있다. 특히 집단 지성이 강조되는 지구화 시대, 이제 생존보다는 공존을 중요한 개념으로 수용할 때, 공동체 의식의 학습은 학습공동체를 넘어 삶의 공동체에서 더욱 요구되고 있다. 그러므로 여성주의 학습 리더십은 학습공동체에서만이 아니라, 삶의 터전인 가정, 지역사회, 지구적 공동체라는 현장에서 리더십을 발휘하는 것이 필요하다. 이는 지역화와 지구화가 별개가 아니라 양면성을 지니며 동시적으로 전개되고 있는 상황에서, 한 지역의 여성주의 시민공동체를 형성하는 작업과 지구적 시민성인 글로벌 시티즌십이 같은 맥락에서 맞닿음을 시사한다. 이어서 이러한 관점을 구체적으로 고찰해 보기로 한다.

2. 여성주의 학습 리더십의 발휘

왜 여성주의 학습 리더십인가?

여성 리더십이라는 용어가 최근 등장한 이후 그 개념에 대해 언급한 연구들이 다양한 형태로 나타나고 있다(조형, 2004; 2007; 김양희, 2005; 허라금, 2005; 곽삼근, 2005b). 백악관 전 홍보담당 비서관이었던 마이어(Dee Myers)는 만일 여성들이 통치를 하면 모든 것이 변화할 것이라고 전망했다. 정치는 더욱 성숙해지고, 경영은 더욱 생산적일 것이며, 지역사회는 더욱 건강해질 것이라고 주장했다. 여성에게 힘을 실어 주면 세상은 더 살기 좋은 곳이 될 터인데, 그 이유는 여성이 남성과 동일하기 때문이 아니라 그들은 서로 다르기 때문이라는 것이다(Myers, 2008). 클린턴 정부에서 수행 경험, 정치 분석가, 미디어 해설자 등의 경험을 반추하며, 여성 리더들의 간과해 오던 장점들을 제시했는데, "여성은 더 좋은 의사소통자이고 경청가이며, 더 잘 합의를 형성하는 경향이 있다"고 그녀는 주장한다(Myers, 2008). 경쟁적이고 분열적인 세계에서 이해를 증진시키고 평화를 위한 최상의 여건을 창조하는 데 기여할 중요한 문제 해결 능력을 여성들은 소유하고 있다는 것이다. 이러한 여성의 특성을 적극적으로 개발하고, 이를 공적인 사회 영역에서 새로운 하나의 패러다임으로 활용할 필요가 있다는 주장도 제기되고 있다. 가정에서만 발휘되던 여성적인 특성을 사회에서 발휘할 때 그동안 야기되었던 많은 문제들이 해결될 수 있다는 전망도 나오고 있다. 그러나 여성이라는 성별에서 나타났던 이러한 특성들이 생물학적으로 여성이라서 주어지는 것이 아니라, 체험 학습을 통해 발휘되는 것이라는 연구 결과는 남성들에게도 그 가능성을 열어 주었다고 할 수 있다.

여성주의 리더십의 개념화

여성 리더십의 개념에 대한 논의는 최소한 세 가지 유형으로 진행되어 왔다(장필화, 2004; 이상화, 2004; 조형, 2005; 허라금, 2005). 허라금(2005)은 '여성(women)'이란 단어가 해석될 수 있는 적어도 세 가지 개념 구분에 따라 '여성 리더십'의 의미를 분석하고 있다. 생물학적 구분에 의해 구별되는 '여성(female)'과 문화적으로 구성된 구분적 특성을 의미하는 '여성적(feminine)', 마지막으로 성차별적인 젠더로부터의 해방을 목표하는 '여성주의적(feminist)'이 그것이다.

이화리더십개발원에서 엮은 『여성주의 가치와 모성 리더십』이라는 책은 '모성'에서 리더십 모델을 발견하여, 여성주의 이념의 새로운 이정표를 미래 지향적으로 확고히 해 주었다는 인식이다. 이 책에서 조형은 여성주의 리더십을 세 가지로 개념화하고 있다. 성(sex)에 근거한 여성 리더십(female leadership), 젠더 이념형에 근거한 여성적 리더십(feminine leadership), 그리고 여성주의 가치에 근거한 여성주의 리더십(feminist leadership)이 그것이다.

첫째, 여성 리더십은 생물학적으로 여성으로 분류되는 이들이 발휘하고 있는 리더십이다. 이것은 리더로 분류되는 여성들이 어떤 리더십을 발휘하고 있는지에 대한 역사적 혹은 현재의 사실들을 통해 대답될 수 있는 문제다. 여성 리더십은 여성 리더들이 경험적으로 보여 주는 리더십을 의미하며, 리더십의 내용적 특성을 표출하는 개념이라기보다 '리더가 여성일 때' 나타나는 현상을 설명하는 도구다. 대개 여성 리더들은 남을 배려할 줄 알고 이해심이 많으며 협력적이라는 평가가 수반된다.

둘째, 여성적 리더십은 앞에서 언급했던 바와 같이 여성적인 것과 남성적인 것으로 인성적 특징을 구분하는 개념 체계 안에서 전자적 특성을 갖는 리더십을 의미한다. 여성과 남성의 성역할을 기본 축으로 사회 질서를 구축하고 있는 젠더화된 사회에서는 집단적 차원에서 여성이 남성보다 여성적일 가능성이 높을 것이라 추론할 수 있지만, 그렇다고 개인 여성이 개인 남성보다 항상 여성적인 것은 아니라는 것이다(허라금, 2005). 따라서 포용성, 보살핌, 감수성, 유연성 등 소위 '여성성'을 특징으로 하는 여성적 리더십은 리더의 성별과는 별개의 논의라는 것이다(조형, 2005). 정보화 시대에는 여성적 감성, 꼼꼼함 등이 강점으로 작용하므로 '여성성'이 유리한 리더십 모델을 창출할 수 있다는 전망은 가능하다. 그러나 "여성적 리더십은 현실 여성들 모두가 발휘할 수 있는 것도 아니고 또 여성들만의 리더십도 아니다"(허라금, 2005)라는 주장에 주목할 필요가 있다. 즉, 여성적 리더십은 '수평적 리더십', '서번트 리더십', '코치형 리더십', '섬기는 리더십' 등으로 불리는 민주적인 리더십과 가까운 것으로 이해할 수 있다. 전통적으로, 위계적인 남성 조직에서 위로부터 내려오는 방향의 남성 리더십과는 달리 주로 생명을 보살피고 키워 가는 활동 공간에서 여성들이 발휘해 왔던 리더십이 강조되고 있다. 생명을 키우고 보살피는 일에서 우선적으로 중요한 것은 그 일을 하는 주체가 정한 원칙이나 가치가 아니라 보살핌의 대상에 대한 이해일 수밖에 없다. 이런 특성적 활동 속에서 키워온 여성 리더십이 바로 최근 한국 사회에서 평등한 관계를 지향하는 조직이나 사회에서 요구되는 민주적 리더십의 모델이 될 수 있을지 모른다는 기대가 있다. 주도적인 리더십과 달리 타자 지향적인 리더십이 민주적인 관계 패러다임에서 필요로 하는 리더십이라는 담론이 설득력을 얻어가면서, 권위주의적 리더십의 대안으로 여성적인 특성의 리더십을 훈련하고 교육하는 프로그램들이 관심을 끌고 있다.

셋째, 여성주의 리더십은 위에 언급한 기존 논의에 머물러 있지 않고, 젠더와 리더십 간의 상관 관계 혹은 변화되고 있는 리더십 유형 자체에 대한 연구라기보다 여성들에게 현실적으로 유익하고 사회적 평등 실현에 효과적인 리더십 유형을 찾고자 하는 것이다. 다시 말해, 여성주의 리더십은 리더의 성별이나 리더십의 젠더가 아닌, 리더의 이념, 가치, 비전의 측면에서 구별된다고 하면서, "리더의 뚜렷한 여성주의 가치관과 도덕성을 기초로 한 비전, 그리고 이에 기초하여 세상의 변화를 도모하는 실천이 여성주의적 리더십의 핵심"이라고 정의되고 있다(조형, 2005). 여성주의적 리더십이란 정치적 권력 관계의 맥락에서 추구되는 해방적 가치를 기초로 하는 리더십이란 점에서 앞의 두 리더십과 구별된다. 여기에서 '여성'을 생물학적 범주로서가 아니라 사회적인 범주로서 이해할 때, 여성주의적 리더십은 약자의 입장에서 지배적이고 억압적인 현실의 권력 질서에 저항하고 그런 권력 관계의 변화를 이끌어 가는 것으로 해석할 수 있다. 이러한 리더십은 대안적 리더십이라고 명명되어도 좋은데, 왜냐하면 여성주의는 성 평등뿐만 아니라 평화와 다양성, 생명과 상생, 포용과 보살핌 등 대안적 가치를 존중한다는 점에서 그렇게 볼 수 있다는 것이다.

위의 세 가지 리더십에 대한 각각의 리더십의 핵심적 능력은 민주적 능력에 기초하고 있으며, 무엇보다 여성주의 리더십은 목적 지향성에 의해 구분된다. 그러나 여성주의 리더십에서 중요한 것은 그 목표를 실제로 성취했는가 여부가 아니라 그런 사회적 변화 가능성을 얼마나 열어 주고 있는가에서 찾아야 한다는 점이 강조된다. 왜냐하면, '목표로서의 사회적 변화'란 역사적 시간 속에 열려 있는 과정적인 것이지 출발과 끝이 있는 독립적 단위의 성취적인 것은 아니기 때문이다(허라금, 2005). 따라서 여성주의 리더의 조건을 그가 목표한 것의 성취 여부에서 찾으려는 것은 잘못이라는 것이다. 사회적 변화를 목표하는 리더십은 새로운 가능성을 열었는가에서 찾는 것이 타당하다. 그 열린 가능성을 어떤 또 다른 가능성으로 연결하는가는 미래의 잠재적 리더들에게 달린 문제일 것이다. 따라서 여성주의 리더십은 이미 확립되어 있는 질서나 제도의 지도적 위치에서 활동하고 있는 이들보다는 그 질서나 제도 자체의 변화까지도 염두에 두고 활동하는 이들을 통해 연구될 필요가 있다. 즉, 기존의 권력 관계의 패러다임 자체의 변화 가능성을 열어 가고 있는 이들에 주목해서 연구될 필요가 있는 것이다.

허라금(2005)은 살림의 리더라는 개념을 제안하며 이들이 만들어 가는 패러다임의 변화에 주목한다. 이들이 열어가고 있는 새로운 사회적 영역이 앞으로 우리가 만들어 가야 할 시대의 방향을 제시해 주고 있다고 보면서, 그들이 발휘하는 리더로서의 의미를 강조한다. 이 리더들은 유교적인 인습과 전지구적 시장 중심적인 경제 질서 등이 혼융되어 지배하고 있는 한국 사회라는 시간과 공간 속에서 새로운 공적 영역을 만들어 가고 있다는 사실에 주목할 필요가 있다. 이 때 새로운 공적 영역이라 함은 기존의 공적·사적 구분에 기초한 규범, 인간 관계, 제도 등등을 해체함으로써 다르게 재편되고 재구성되는 담론 및 활동 영역을 의미한다. 생명의 가치에 주목하고, 현대 산업사회에서 공적인 것의 중심이 되고 있는 '경제(economy)'를 본래적 의미의 '살림(oikos)'으로 살려 내고자 하는 이들의 활동은 생명을 차별하고 착취했던 공·사 경계를 가로지르고 있는 것이다. 인간의 활동이 생명을 중심으로 그 가치가 재평가되고, 구조가 재편되어야 함을 시사해 주는 대목이다.

여성주의 리더십의 특성과 학습

여성주의 리더십의 핵심 가치는 무엇인가? 이화리더십개발원에서 제기한 '모성 리더십' 개념은 매우 특별한 메타포로 여성학계의 관심을 받기에 충분하다. 정대현(2005)의 논문 「성기성물(成己成物: 리더십의 여성주의적 가치」는 기존 사회 통념에서 모성을 바라보는 시각과는 다른 차원에서 관심을 기울여 볼 만하다. 가부장제와 맞물리고 있는 '어머니'라든가 모성은 여성의 헌신과 희생을 당연시하는 억압 기제가 되기도 했으므로, 여성학자들 간에도 이에 대한 논쟁이 분분한 것이 사실이다. 그럼에도 불구하고 "나를 이루는 것과 만물을 이루는 것이 맞물려 있다"라는 성기성물의 개념은 여성주의적 가치의 핵심으로 자리매김되어야 하는 시대적 당위성을 지닌다고 인식된다. 이 지구화 위험 시대에 "어떤 가치와 언어도 공동체의 삶에 착근되지 않는다면 의미 없는 소리"일 뿐이며, 성기성물은 "군자가 아니라 모성 양식에서 나타난다"는 것을 제안한 철학자 정대현(2005: 16)의 주장은 충분히 공감을 받을 만하기 때문이다. 바로 이러한 맥락에서 학습 리더십은 여성주의 리더십과 동일한 맥락에서 논의 가능한 것이다.

정대현은 두 가지 인문학을 대비시키며 리더십의 종류를 논한다. 첫째, 지성주의적 인문학은 전통적으로 "고전 읽기에 의한 소극적 자유 경험"으로 이해 인문학이며, 둘째, 성기성물적 인문학은 "문화활동에서 사람다움의 표현을 통한 적극적 자유 경험"으로 그 표현의 내용은 성기성물이라는 가치로써 구성되고 제약된다는 것이다(정대현, 2005: 21). 인문학이 성기성물의 가치와 만나는 지점은 원자적 인간론이 아닌 상호 연대 관계에 놓여 있는 인간론을 적극 수용하고 있음의 증표이다. 즉, 성기성물적 인문학은 삶의 현장에서 적극적으로 리더십을 발휘할 수 있어야 함을 시사한다. 현대 사회의 성공적 리더십은 여성적 특성인 부드러움, 유연성, 청취성, 배려 등으로 인식되고 있는데, 성기성물적 리더십은 남성이나 여성이나 성원들을 향해 어머니처럼 생각하고 행동하는 데서 나타난다고 볼 수 있다. 이러한 경향에 대해 정대현(2005: 58)은 감성적 리더십이 주목을 받는 이유는 성기성물적 리더십이 이미 구체화되고 있기 때문이라고 강조한다. 여기에 생태적 인문주의로서의 여성주의라는 개념과의 접합점을 찾아가면, 궁극적으로는 모성의 약자 우선 관점이 부각되면서 현대 사회에서 이상적으로 추구해야 할 생명, 보살핌, 화합, 평화를 아우르는 여성주의 리더십의 모형을 발견하게 되는 것이다. 이러한 가치를 실현시키기 위해 교육학의 재개념화를 통합 패러다임 전환이 요구된다.

학습 리더십의 과제와 전망

학습 리더십은 형식적 제도 교육기관에서도 필요하지만, 일반 시민사회 생활 세계에서 더욱 요구된다. 제8장에서 학교교육의 개혁과 이를 위한 학습 리더십의 필요성을 제시했고, 제9장에서는 여성주의 세계 질서 구축을 위한 여성주의 시티즌십 형성의 필요성을 제시했다. 여성주의 교육학은 평생교육학이 되어야 하며, 그 안에 제도권의 형식교육과 비제도권의 교육을 망라해야 하고, 특히 생활 세계의 평생학습을 어떻게 기획하고 설계할 것인가에 대해 연구해야 한다. 그 틀에 의거하여 제도권 교육은 재편되어야 한다. 다시 말해, 전통적으로 생활 세계에서 살림을 담당했던 여성의 특성은 그동안 제도권 교육에서 배제되어 왔었으나, 이제는 제도권 학교교육이 생활 세계에서 실천되었던 삶의 학습 원리를 도입해야 할 상황이라는 것이다. 그렇게 되기 위해 가정, 지역사회 등 삶의 현장에서의 학습 현상에 대한 깊이 있는 연구가 요청된다. 학교교육학은 패러다임의 전환으로 배려의 원리를 도입할 것이 요청되는 반면, 생활 세계에 대한 교육학적 연구는 그동안 별로 없었으므로 앞으로 더 많은 관심이 학문 세계에서 요청된다. 여성주의 교육학은 평생교육학의 주요한 주제인 "인간의 삶을 학습의 관점에서 어떻게 설계할 것인가에 대한 탐구"를 기본으로 하되, 생명 존중과 배려, 상생의 원리를 중심으로 생활 세계에 여성주의 세계 질서가 구현되도록 하는 데에 관심을 둔다. 기존 교육학의 관심이 학교에서 학생들을 어떻게 교육시킬 것인가와 관련된 교육 현상을 탐구했다면, 여성주의 교육학은 학교를 포함한 모든 생활 세계에서 삶을 어떻게 학습하고 설계할 것인가에 대한 탐구다. 이 두 영역의 조화와 균형을 위한 통합이 필요하며, 두 영역을 망라하여 관통하는 원리는 성기성물(成己成物) 정신이다. 따라서 향후 여성주의 교육학은 성기성물의 모성 양식에 대한 추가적인 연구를 필요로 하며, 특히 사적 영역에서의 모성이 어떻게 공적 영역에서 구현될 수 있는가에 대한 탐구를 필요로 한다. 모성은 생명의 돌봄을 실천하고 대상의 이룸을 위해 가장 최선의 경지를 향해 헌신하는 것으로 인식되어 왔으나, 이에 더하여 성찰적으로 자신의 이룸에 주목하며 공적 영역에서 행위하는 주체로서 이 세계와 연결하려는 노력이 요구된다. 아렌트가 '세계 소외'라고 표현한 바 있듯이 사적 영역에서 노동의 차원에만 매몰될 것이 아니라, 사회적으로 의미 있는 활동과 행위로 모성의 지평을 넓히는 작업이다.

최근 모성에 대한 새로운 해석과 전망에 대한 리더십 연구가 관심을 받고 있다. 양민석(2005)은 「모성의 사회적 확장과 여성 리더십」에 대해 논의하면서 지금까지 논의되어 온 모성 담론들의 한계에 대한 비판적 인식을 바탕으로 모성주의 리더십에 대한 개념과 성격을 규정하고 있다. 모성으로서의 여성의 행위와 경험을 재해석, 의미화하는 가운데 그 모성적 리더십에 대한 모형적 설계를 시도한다. 양민석은 모성을 여성주의 리더십의 경험적 토대로서 주목하며 모성적 보살핌의 상호 관계성, 모성 정체성의 역동성, 그리고 모성이 갖고 있는 변형력의 측면을 논하며 모성과 여성주의 리더십의 연관성을 제시한다. 흔히, 모성은 생물학적 특성과 관련하여 일방적 보살핌의 능력을 그 최대의 장점이자 특성으로 이해한다. 그러나 이러한 이해는 제한적인 이해로서, 어머니의 풍부한 애정과 품성에서 비롯되는 지극히 정서적이며 비공식적인 차원에 국한된다. 직관과 감정에 기반을 둔 모성적 보살핌에 대한 이해는 어머니로부터 일방적으로 주어지는 것으로서 여기에서 상호 의존성과 호혜성을 기반으로 한 보살핌의 관계적 속성은 제외된다. 보살핌의 관계적 속성은 배려와 염려, 관심을 바탕으로 한 것으로 감정적 차원뿐만 아니라 이성과 합리성의 차원을 포함한다. 이것은 감성과 이성을 대별하는 이원론에 입각한 남성 중심적 과학 전통의 합리성과는 다른 것이다. 즉 타인에 대한 애정과 관심 속에서 상호작용하며 인식할 수 있는 변화의 상황, 그 필요에 적절하게 대처할 수 있도록 개발된 융통성과 상황 적응성으로, 개별적 상황의 특수성에 적합한 행동과 해결책을 찾는 합리성을 의미한다. 이렇듯 모성적 보살핌의 합리성이란 본능적으로 주어지는 것이 아닌 '적합한 방식'으로 보살펴질 수 있도록 학습되고 체득되는 것이다. 모성에 잠재되어 있는 정치 맥락과 이데올로기적 변용성에 주목하여, 여성주의 학습 리더십의 덕목을 구성할 필요가 있다.

이러한 관점에서 모성에 대한 현대적 조망이 필요하다. 여성은 관계 · 정서라고 구조화되는 길리건의 돌봄의 윤리에 대한 정확한 이해와 비판적 논의가 요구된다. 성별과 연결지어 논의되는 모성에 대한, 그리고 보살핌에 대한 이해는 제한적이며 도구적일 수 없으며, 여성주의적 관점이 여성만의 것이라는 심각한 자기 제한적, 회피와 순응, 수동적 가능성으로 연결되는 왜곡의 족쇄로 작용할 수밖에 없다. 흔히들 여성주의 시티즌십이 여성들만의 시민 의식이라고 오해받는 것은 바로 이와 같은 연유에서일 것이다. 그리고 생태여성주의 역시, 돌봄과 배려라는 가치 역시, 모두 여성만의 전유물, 여성만의 주장으로 곡해되는 것 역시 이와같이 보살핌의 성격과 특성에 대한 잘못된 이해에서 비롯된 것이라는 양민석(2005)의 주장에 주목할 필요가 있다. 여기서 말하는 여성주의 시티즌십이 여성들만의 시민성, 여성의 권익, 권리 증진을 위한 특수한 시민성을 의미하는 것이 아니다. 그것은 지구 시민사회, 정보화, 위험사회 각종 경쟁의 심화 등으로 특징지어지는 당대의 사회적 장들에서 그 적응과 극복을 위한 대안적 기제로서의 생산적 시티즌십이다. 즉 글로벌 시티즌십이며, 대안적 시티즌십이자, 지구적 시티즌십인 것이다. 소통과 기획으로 무장된 이성과 합리성이 실천된 여성주의 시티즌십을 의미하는 것이다.

'대안교육운동'에 참여하고 있는 여성들은 '모성'을 기존의 제도화된 모성과는 다른 모성으로 인식하는 경향이 있다. 모성 경험에 의해 체득된 태도와 가치를 살려나가는 모성의 변용 능력과 모성적 실천의 파워와 가능성에 주목할 필요가 있다. 즉, 규범적 틀 속에서 아이들을 정형화시키고 경쟁과 학습성과 중심의 교육환경 속에서 내 아이를 지켜 내고자 하는 어머니로서의 관심과 정체성이 사적 영역에 머무르지 않고 사회적 영역으로 확장되는 사례들,

참여적 교육과정 확대를 위한 지구촌 시민학교, 좋은 학교 도서관 만들기 운동, 지역사회 교육운동 등은 새로운 가능성을 제시해 준다. 이러한 시민운동들은 여성의 모성을 사적 체험의 제한된 공간으로부터 끌어내 공론의 장으로 이끌고 모성적 자아가 성찰적 자아로 거듭나는 새로운 여성 주체, 시민적 여성으로서의 경험을 어머니들에게 제공한 것이다. 다시 말해 공동체적인 삶의 질을 존중하는 방식으로 자신과 자신의 주변을 변화시키는 것을 통해 강요된 모성으로서 모든 것을 희생하는 어머니가 아닌 창조하고 변용하는 리더십을 발현하는 어머니로서 성장하는 것이다.

이는 이제까지 대부분 여성으로 이루어진 학부모 시민운동, 급식 먹거리 생협운동 등을 평생교육의 장으로서 이해할 수 있는 중요한 단초를 제시해 주는 부분이다. 이는 창조적 리더십, 돌봄과 배움의 공동체, 돌봄 사회, 성기성물의 모성적 리더십과 연결되는 부분으로 여성주의적 가치를 구현하고 여성주의 세계 질서를 구축하는 학습 리더십의 개념을 자리매김하도록 인도해 주는 부분이다. 학습 리더십은 여성주의 리더십의 일상적 실천으로서 그동안 교육학에서 교육 리더십이 중요했듯이 앞으로 여성주의 교육학에서 적극 활용되어야 할 개념이다.

한국의 여성 리더십은 교육과 사회문화 분야에서 잘 발휘되고 있는 것으로 인식되고 있다. 정치나 경제 분야에서보다 상대적으로 많은 여성들이 교육이나 사회문화 분야에서 적극적으로 활동하고 있다는 것으로 해석된다. 한편 여성적 리더십은 비교적 잘 알려져 있으나, 여성주의 리더십에 대한 인지도는 낮은 것으로 나타났다(곽삼근, 2005d). 앞에 소개한 바와 같이 정치, 경제, 사회 분야에서 여성주의 시티즌십의 가능성은 일상적으로 활동하는 여성들로부터 출발해 왔다. 그러나 이러한 움직임은 성별, 연령, 국적을 막론하고 촉진되고 확산되어야 한다. 생명을 보호하고 생태계와 지구의 살림을 의식하면서 행위하는 시민성의 함양과 실천은 사회 전 분야의 남성과 여성의 참여를 이끌어 낼 수 있는 학습 리더십의 함양과 실천을 통해 가능할 것이다. 일상생활에서 실천하고 사회적으로 행위하는 시민들이 존재할 때 우리가 몸담고 있는 삶의 터전과 조직을 바꿀 수 있으며, 이는 여성주의 시티즌십의 함양을 통해 가시화될 수 있다. 여성주의 학습 리더십을 가정, 학교, 지역사회라는 통합 시스템 하에서 배우고 실천할 수 있도록 교육학은 평생교육학의 원리에 의해 재편되어야 한다.

참고 문헌

강운선(1999). "사회과에서 양성평등 교육의 학습 원리와 실제." 사회과교육, 32.

고경화(2003). 예술교육의 역사와 이론. 서울: 학지사.

고병헌(1996). 대안학교의 모델과 실천. 서울: 내일을 여는 책.

곽삼근(1998). 여성과 교육. 서울: 박영사.

______(2001). "평생교육에 대한 생태여성주의적 접근." 한국교육학회 춘계학술대회 발표논문집. 공주대학교. 한국교육학회.

______(2002a). "한국의 대중매체에 나타난 성 편견 문제." 문명연지, 3(1).

______(2002b). "생태여성주의 이념의 평생교육학적 시사점." 교육학연구, 40(5). 한국교육학회.

______(2002c). "여성주의 교육의 연구 동향과 실천과제." 이화교육총서 2002-05. 이화여자대학교 교육과학연구소.

______(2002d). "교육학에서의 페미니스트 질적 연구 방법의 틀." 교육인류학연구, 5(1). 한국교육인류학회.

______(2005a). "지역경쟁력 강화를 위한 여성 평생교육의 과제." 여성평생교육, 9. 한국여성평생교육회.

______(2005b). 한국 평생교육의 사회철학적 과제. 서울 : 집문당.

______(2005c). 성 평등 정책론. 서울: 교육과학사.

______(2005d). 한국 사회의 여성 리더십: 여성 리더십에 관한 한국인의 의식과 현실. YWCA 제3차 심포지엄 자료집. 2005. 11. 2. 서울 YWCA 대강당.

곽삼근 · 김현미 · 손승영 · 이소희 · 주은희(1998). 일상의 여성학. 서울: 박영사.

곽삼근 · 박성희 · 박소연(2007). 노인기 양성평등 의식교육 프로그램 개발 및 보급. 여성가족부.
곽삼근 · 조혜선 · 윤혜경(2005). "생애주기별 성역할 발달 및 갈등." 한국여성학, 21(2). 한국여성학회.
곽윤숙(1993). "일반계 고등학교 여학생의 교육과정 계열 선택에 관한 연구." 교육사회학연구, 3(1).
교육인적자원부(2007). 교육통계연보. 서울: 교육인적자원부.
구미정(1998). "생태여성주의의 기독교 사회윤리학적 수용 가능성 모색." 이화여자대학교 기독교학과 박사학위 논문.
구승회(1995). 에코필로소: 생태 · 환경의 위기와 철학의 책임. 서울: 도서출판 새길.
권오남(2001). "컴퓨터, 공간시각화, 수학학습용 소프트웨어 그리고 성별, 글로벌라이제이션과 성별 정치학 세미나." 2001. 10. 19. 이화여자대학교.
_____(2002). "컴퓨터와 수학에 대한 태도의 성별 차이." 교육사회학연구, 12(2).
권오남 외(1995). "수학 성취도에 있어서의 성별 차이에 대한 고찰." 한국여성학, 11. 한국여성학회.
김미란(1997). "시민, 사회단체의 시민교육 현황 분석." 이화여자대학교 사회복지대학원 석사학위 논문. 미간행.
_____(2003). "여고생의 진학 포부 결정 요인의 한일 비교: 성역할 의식과 계층을 중심으로." 교육사회학연구, 13(1).
김선욱(1996). 21세기의 여성과 여성정책. 서울: 박영률출판사.
김수동(2002), "Noddings의 도덕교육론에 나타난 배려의 요소와 그 실천 양식." 교육철학 21집, pp. 35~55. 한국교육철학회.
_____(2003), "배려의 교육방법: 학교에서의 도덕교육에 대한 여성적 접근." 교육철학 23집, pp. 17-35. 한국교육철학회.
김양희(1992). 생활공동체운동에 관한 연구: 주부의 생협운동을 중심으로. 한국여성개발원.
_____(2006), 여성, 리더 그리고 여성 리더십. 삼성경제연구소.
김양희 · 김이선(1993). 환경과 여성의 역할. 한국여성개발원 연구보고서. 한국여성정책연구원.
김애영(2002). 생태 여성신학과 지구화 문제. http://blog.daum.net/shim25/3553736.
김영수(편저)(2002). 명문가의 자식교육. 서울: 아이필드.

김영철(2001). "국가 인적자원 개발을 위한 교육행정 체제의 구축." 학회 연합 학술대회. 국가인적자원 개발을 위한 인프라 구축. 홍익대학교. 2001. 10. 6.

김은경(2008). "평생교육학 내 영역 성별화에 대한 고찰." 이화여대 2008 여성학연구보고서. 미간행.

김은산(2005). 니일의 인간교육 사상. 서울: 배영사.

김은임(2000). "지역사회 주민공동체 활성화 방안에 관한 연구: 부천 생활협동조합을 중심으로." 중앙대학교 석사학위 논문.

김재인 · 정해숙 · 양애경(1993). 초 · 중등학교 교육과정에 나타난 남녀 역할 연구. 한국여성개발원.

김재인 외(2007). 성 평등 정책론. 서울: 교육과학사.

김재춘 · 왕석순(1999). 제7차 교육과정에서의 양성 평등 교육 실현 방안 연구: 5개 교과 양성평등 수업 지도 방안 개발을 중심으로. 한국교육과정평가원.

김정자(1986). "국민학교 교과서에 나타난 성역할 연구." 여성연구, 4(1).

김정자 외(1985). 국민학교 교과서에 나타난 성역할 연구. 한국여성개발원.

김정희(1999). "한국 녹색 청년들의 21세기 길찾기 2: 여성이 만들어 가는 새로운 세상." 환경과 생명, 20.

______(2001). "지구화 시대의 교육 변혁론과 여성주의." 한국여성학, 17(2).

김종구(2004). "배려를 바탕으로, 자유교육을 넘어서: 《배려교육론》." 중등우리교육, 174. 우리교육.

김종미(2004), "중산층 주부의 여성주의정치학과 사회자본 창출에 관한 연구: 서울 소재 M여성단체 D지회 사례를 중심으로." 이화여자대학교 여성학과 박사학위 논문.

김종숙(2003). 여성과 사회. 서울: 한국문화사.

김창걸(2003). 리더십의 이론과 실제. 서울: 박문각.

김추령(2003). "여성성을 바탕으로 한 보살핌의 윤리와 환경교육." 이화여자대학교 석사학위 논문.

김태길(2002). "한국 가족의 과거와 현재 그리고 미래." 철학과 현실, 55.

김현미(1999). "2000년 한국, 여성은 노동자가 될 수 없는가?" 김현미 외(1999). 여성의 일찾기 세상 바꾸기. 서울: 또하나의 문화.

김혜원 · 이해경(2000). "청소년들을 위한 양성평등 성교육 방향의 모색: 남녀 고등학생들의 성의식과 성행동 실태에 근거하여." 한국심리학회지: 여성, 5(2).

남미정(1997). "주부의 환경운동 참여와 지역사회 개발: 과천시 환경운동단체를 중심으로." 중앙대학교 석사학위 논문.
노상우(2002). 생태적 교육사상. 제1회 참교육 아카데미.
두크로, U., 손규태 역(1977). 성서의 정치경제학: 자본주의 세계경제의 대안. 서울: 도서출판 한울.
문순홍 편저(2001). 한국의 여성환경운동: 그 역사, 주체 그리고 운동 유형들. 서울: 아르케.
문홍빈(2000). "임파워먼트를 위한 지역사회 조직 사례연구: 광명 YMCA 생활협동운동을 중심으로." 가톨릭대학교 석사학위 논문.
문화방송(2004). 2004 MBC 가족백서. 서울: 문화방송.
박노해(2004). 노동의 새벽. 서울: 느린 걸음.
박병춘(1998). "노딩스의 배려윤리와 도덕윤리." 도덕윤리과교육, 9. 한국도덕과교육학회.
______(1999). "보살핌 윤리의 도덕교육적 접근." 서울대학교 박사학위 논문.
______(2002). 배려윤리와 도덕교육. 서울: 울력.
박성희(2002). "여성학 연구를 위한 생애사 연구법." 여성연구논총, 17. 서울여자대학교 여성연구소.
______(2004). 질적 연구 방법의 이해: 생애사 연구를 중심으로. 서울: 원미사.
박이문(1996). 문명의 위기와 문화의 전환: 생태학적 세계관을 위하여. 서울: 민음사.
박태균(2001). "기초를 다지자: 전문가 대책." 중앙일보. 2001. 2. 6.
박효정(2001). "생식적 성에서 양성평등의 성으로." 교육개발. 129.
백영애(1999). "학교 성교육의 실태와 전망." 교육마당21. 213. 교육부.
변명숙 · 성옥련(2000). "초등학교 아동의 성역할 특성의 발달." 한국심리학회지, 15(1).
서종희(2003). "여성 리더십의 유효성에 대한 고찰." 고려대학교 석사학위 논문.
성영혜 외(2001). 아동심리학. 서울: 숙명여자대학교출판국.
성정아(1994). "창작 그림책에 나타난 성역할 고정 관념의 변화." 서울: 이화여자대학교 유아교육학과 석사학위 논문.
성지은(2006). "대안교육의 의미 고찰." 2006 평생교육 연구 발표, 이화여자대학교. 미간행.

성희승(1994). “우리나라의 생활협동조합에 관한 연구.” 서울여자대학교 석사학위 논문.
손이전(2002). “초등학생이 인식하는 성차별 경험에 관한 여성주의적 분석.” 신라대학교 사회정책대학원 석사학위 논문.
송현주(2001). “페미니스트 페다고지.” 여성교육개론. 서울: 교육과학사.
_____(2002). “대안적 패러다임으로서의 페미니스트 페다고지.” *ANDRAGOGY TODAY*, 5(3). 한국성인교육학회.
스프레트낙, 샤를린. 생태여성주의: 우리의 뿌리와 꽃피우기. 정현경 · 황혜숙 역(1996). 다시 꾸며보는 세상: 생태여성주의의 대두. 서울: 이화여자대학교출판부.
신동희(2002). 여성과 환경교육. 21세기 한국의 환경교육. 서울: 교육과학사.
신미식(1995). “여성해방교육론이란 무엇인가.” 여성과사회, 6. 창작과 심포지엄. 서울 여성플라자. 2002. 9. 4-6.
신은주(1996). “과천시 지역시민운동에 관한 연구: 조직과 참여자의 경험세계를 중심으로.” 연세대학교 석사학위 논문.
아렌트, 한나, 이진우 · 태정호 역(1996). 인간의 조건. 서울: 한길사.
안주호(2003). “양성평등 의식과 국어과 교육.” 국어교육.
안지영(2007). “중년기 전업주부의 성인교육 참여 효과에 관한 연구.” 숭실대 대학원 석사학위 논문.
안현용(2007). “여성주의 시민 공동체 형성에 관한 연구.” 2007 평생교육 연구 발표, 이화여자대학교. 미간행.
_____(2008). “여성학의 경계 허물기와 타자 배제 극복의 유쾌한 페미니즘에 관한 연구보고서.” 이화여자대학교. 미간행.
양민석(2005). “모성의 사회적 확장과 여성 리더십.” 조형(편). 여성주의 가치와 모성 리더십. 서울: 이화여자대학교출판부.
양종회 · 이윤희(1995). “한국의 현대 사회학 이론 50년.” 한국사회학회 심포지엄 논문집. 1995년 한국사회학회 학술심포지엄. 한국사회학회.
양한순(1992). “생활공동체 이념의 형성 과정에 관한 연구: ‘상록공동체’의 유기농산물 직거래 운동의 비교.” 서울대학교 석사학위 논문.
양희준(2002). “시민운동단체 교육활동 사례연구: 참여연대 부설 ‘참여사회 아카데미’를 중심으로.” 서울대학교 대학원 교육학과 석사학위 논문.

오욱환(1996). 교육과 사회 변동: 교육사회학 논문 묶음 II. 서울: 교육과학사.
오인탁(2006). 새로운 학교교육 문화운동. 서울: 학지사.
오재림(1998). "중학교 도덕과 교육과정에 대한 비판적 탐색." 한국여성학, 14(2).
_____(2003). "교육 부문에서 성(불)평등에 관한 국내 연구의 동향과 과제. 교육 부문에서의 양성평등 실태 및 과제." 한국교육사회학회 연차학술대회 발표자료집. 2003. 12. 20.
오재림 · 정해숙 외(2002). "양성평등 관점에 기초한 제7차 교육과정 교과서 분석 및 교과서 심의 기준 마련에 관한 정책연구." 교육인적자원부.
오치선 외(2002). 청소년 리더십론. 서울: 솔과학.
오혁진(2005). "학습공동체의 다차원적 성격과 구현 원리에 관한 연구." 평생교육학연구, 11(1), 23-41. 한국평생교육학회.
우은복(2002). "성역할 고정 관념과 양성 평등사회 실현의 과제." 한국교육연구, 8(1).
우어줄라 쇼이 엮음, 전옥례 역(2003). 여자로 살기, 여성으로 말하기: 521명의 여성들이 들려 주는 삶의 지혜. 서울: 현실문화연구.
유정애 · 김윤희(2002). "양성평등 체육교육의 한계: 현실 및 도전." 한국스포츠교육학회지, 9(2).
유현옥(1999). "여성학적 교육이론의 가능성과 그 의미." 교육철학, 20.
유현옥 · 조화태(2002). 여성교육 개론. 한국방송통신대학교.
윤 진(1981). "남녀 차이에 대한 심리학적 한 고찰: 성역할 사회화 과정과 그 결과를 중심으로." 한국사회학회지, 5(1).
_____(1985). 성인 · 노인심리학. 서울: 중앙적성출판사.
윤혜린(2007). "지구 시민사회 맥락에서 본 여성주의 시민의 정체성." 조형 외. 여성주의 시티즌십의 모색. 서울: 이화여자대학교출판부.
이경우 · 이은화(1999). 반편견 교육과정. 서울: 창지사.
이미식(2003). "배려의 윤리의 활용 방안에 관한 연구: 인성교육의 측면에서." 열린교육연구, 11(2). 한국열린교육학회.
이병승(2002). "보살핌 윤리의 정당화 논의." 교육철학, 21. 한국교육철학회.
이병훈(2002). "인적 자원 개발의 사회학적 접근." 조은상(편). 인적 자원 개발: 다학문적 접근. 서울: 한국직업능력개발원.
이상화(1994). "여성학 연구의 철학적 기반: 여성주의 인식론에 대한 비판적 성찰." 한국여성학회 제2차 여성학 워크숍.
_____(2004). "지구화시대의 현장 여성주의." 한국여성철학, 4. 한국여성철학회.
이선미(1995). "부모-자녀의 성역할 태도에 관한 연구: 주부의 취업 여부를 중심으로." 전남대학교 석사학위 논문.
이숙례(1998). "대도시에 있어서 에코페미니즘의 태동에 관한 연구: 서울특별시 노원구 사례를 중심으로." 서울시립대학교 석사학위 논문.
이순희(2003). "반편견 역할극 활동이 유아의 성역할 고정 관념에 미치는 영향." 충남대학교 석사학위 논문.
이신숙(1997). "노인의 성역할 태도와 부부 적응에 관한 연구." 한국노년학, 17(2).
이윤경 · 김헌수 · 신화식(1987). "성별에 따른 성역할의 사회화 과정." 새마을논문집, 4(1).
이윤숙(1999), "여성의 원리로 다시 짜는 세상." 정정헌(성균관대학교 여성주의 교지).
이윤정(2003), "보살핌 윤리가 갖는 의미에 관한 연구: 캐롤 길리건의 논의를 중심으로." 이화여자대학교 석사학위 논문.
이위환(1993). "여성의 직업경력 발달 유형이 직업 선택에 미치는 영향: 대구지역을 중심으로." 교육사회학연구, 3(2).
이은선(1991). "한스 요나스 책임과 윤리: 그 존재론적 근거의 의미와 한계." 신학사상, 7.
_____(1993). "포스트모더니즘과 페미니즘 그리고 교육." 교육철학, 11. 교육철학회.
이은희(2007). "시민공동체, '성미산 마을' 프로젝트." 조형 외. 여성주의 시티즌십의 모색. 서울 : 이화여자대학교출판부.
이준모(2000). "생태적 교육학의 철학적 기초." 한신신학연구소 논문집, 31.
이필석(1998). "한국 생협운동의 활성화 방안에 관한 연구." 연세대학교 석사학위 논문.
이현희(2004), "생협운동의 여성주의 정치학으로서의 가능성." 여성학논집, 21(2), 111-150. 이화여자대학교 한국여성연구원.
장경섭(1998). "여성, 시장, 공공 가족으로서의 국가: 재생산의 사회화와 성질서." 사회비평, 18.
정경아 외(2007). 초등학교 ICT 활용 교육용 콘텐츠 내용 분석 및 성 인지성 제고 방안. 서울: 한국여성정책연구원.
장필화(2002). "21세기 여성정책의 비전과 여성의 사회참여." 아시아 대도시 여성정책

국제심포지엄. 서울 여성플라자. 2002. 9. 4-6.
_____(2004). “여성, 여성적, 여성주의적 리더십, 여성적 가치와 여성 리더십.” 이화리더십개발원 개원 1주년 기념 학술대회 자료집.
장휘숙(2002). 여성심리학. 서울: 박영사.
정대현(2005). “성기성물: 리더십의 여성주의적 가치.” 조형(편). 여성주의 가치와 모성 리더십. 서울: 이화여자대학교출판부.
정민승(2004). “‘합리적 대화’를 넘어 ‘차이 배우기’로: 후기구조주의 페미니즘의 교육학적 의미 지평 탐색.” 교육사회학연구, 14(3).
정성희(2006). “아빠 부재 시대.” 동아일보. 2006. 8. 4..
정세화(1977). “여성 능력 개발을 위한 교육과정 개편의 방향.” 신세호(편). 한국인의 남녀역할관. 한국교육개발원.
정옥분(2001). 성인 발달과 노화. 서울: 교육과학사.
정해숙 · 정경아(1998). 성인지적 관점에 기초한 제6차 교육과정 운영 및 교과서 분석. 한국여성개발원.
조경원(1989). “여성해방론적 교육학: 비관론과 낙관론을 넘어서.” 또 하나의 문화, 5.
조완형(2006). “생협운동의 최근 동향과 대응 과제.” 한국시민사회연감 2006.
조한혜정 외(2005). 가족에서 학교로 학교에서 마을로: 돌봄과 배움의 공동체. 서울: 또 하나의 문화.
조형(2003). 여성의 시민적 권리와 사회정책 : 한국 여성노동자의 삶의 질을 중심으로. 서울 : 한울아카데미.
_____(2005). 여성주의 가치와 모성 리더십. 서울: 이화여자대학교출판부.
_____(2007). “여성주의 시민화 시대의 시티즌십과 시민사회.” 조형 외(2007). 여성주의 시티즌십의 모색. 서울 : 이화여자대학교출판부.
조형 · 윤혜린 · 양민석 · 양난주 · 최진 · 이은희(2007). 여성주의 시티즌십의 모색. 서울 : 이화여자대학교출판부.
주경란(1985). “교육 기회의 남녀불평등.” 교육학연구, 23(2).
주은희(1996). 한국 교육에서의 성차별 모니터링. 한국여성단체협의회.
최선주(2005). “지역공동체운동의 학습 네트워크적 특성에 관한 연구: YMCA 생협 ‘등대’ 사례를 중심으로.” 서울대학교 석사학위 논문.
최은정 외 역(2005). 젠더불평등: 페미니즘 이론과 정책. 주디스 로버 저. 서울: 일신사.

최이윤정(2007). "여성주의 경제학자의 '따뜻한 국가' 만들기." 환경과 생명, 52. 서울: 환경과 생명.

카츠 · 노딩스 · 스트라이크 엮음. 윤현진 · 박병춘 · 홍인표 역(2007). 정의와 배려. 서울: 인간사랑.

칸노 히로시(2006). 보스턴 컨설팅 그룹의 리더십 테크닉. 보스턴 컨설팅 역. 서울: 비즈니스맵.

하병근(2008). "난치병 전쟁 40년. 비타민C와 글루타치온으로 희망 찾은 재미 의사 투병기." 신동아, 580, 602-621.

한국여성개발원(1992). 고등학교 여학생 진로교육 프로그램 개발. 한국여성개발원.

한명희(1987). "교육 이념에 나타난 성의 구조." 한국여성학, 3. 한국여성학회.

한상민(1995). "한국 생활협동조합운동의 실태와 발전 방향." 전북대학교 석사학위논문.

한정자 · 김경희 · 유정미(2002). 시민운동에서의 여성 참여 실태와 활성화 방안 연구. 서울: 한국여성개발원.

허라금(1999). "제3물결로서의 생태여성주의." 철학과 현실. 통권 제40호 봄호. 철학문화연구소.

_____(2004a). 원칙의 윤리에서 여성주의 윤리로. 서울: 철학과 현실사.

_____(2004b). "변화하는 페미니즘." 조선일보. 2004년 10월 14일 A10.

_____(2005), "여성주의 리더십 이해를 위한 시론," 한국여성철학 제5권, 한국여성철학회.

허라금 · 곽삼근 · 권오남 · 임형(1999). 남녀공학 운영 실태조사 및 내실화 방안: 인문계 고등학교를 중심으로. 교육부 여성교육정책 연구과제, 99-1.

허미영(2006). "빈곤의 여성화: 빈곤의 계기와 가족의 역할 – 부산 · 경남지역 심층면접 자료를 중심으로." 한국여성학, 22(4).

허영식(2000). "독일 교육학의 역사와 이론." 교육연구논총. 3.

허혜경 · 김혜수(2002). 청년발달심리학. 서울: 학지사.

홍득표(1997). "세계화를 위한 싱가포르의 교육정책." 국제정치논총, 36(3).

황은자(1993). "성교육 지침서 분석을 통해 본 성 이중성." 한국여성학, 9.

Aaron, Jane & Walby, Sylvia(eds.)(1991). *Out of the Margins: Women's Studies in the Nineties.* London: Falmer Press.

Acker, S.(1984). "Women in higher education: What is the problem?." In S. Acker & D. Warren Piper(eds.). *Is Higher Education Fair to Women?.* pp.25-48. Guildford: Society for Research into Higher Education and Milton Keynes: Open University Press.

_____(1987). "Feminist theory and the study of gender and education." *International Review of Education.* 33, 419-435.

Acker, S., Megarry, J., Hoyle, E. & Nisbet, S.(eds.)(1984). *World Year-book of Education 1984: Women and Education.* London: Kogan.

Allen, Caroline J.(1987). *Feminist Criticism and Postmodernism. Tracing Literary Theory.* Joseph Natoli(ed.). Urbana: University of Illinois Press.

Almquist, E. Angrist, S. & Mickelsen, R.(1980). "Women career aspirations and achievements: College and seven years after." *Sociology of Work and Occupations*, 7(3), 367-384.

Anderson, M. L.(1983). *Thinking about woman: Sociological and perspectives.* New York: Macmillan.

Arendt, Hannah(1958). *The human condition.* Chicago: Univ. of Chicago Press.

Arnot, Madelelne(1982). "Male hegemony, social class and women's education." *Journal of Education*, 164(1), 64-89.

Arnot, Madelelne & Weiner, G.(1987). *Gender and Education Study Guide.* Milton Keynes: The Open University Press.

Arnot, Madeleine & Weiler, Kathleen(1993). *Feminism and social justice in education: International perspectives.* London: The Falmer Press.

Aaron, Jane & Walby, Sylvia(eds.)(1991). *Out of the Margins: Women's Studies in the Nineties.* London: Falmer Press.

Bamford, Anne(1999), 백령 옮김(2007). 예술이 교육에 미치는 놀라운 효과: 세계 예술교육 현장 리포트. 파주: 한길아트.

Bang, Henrik P. & Sorensen, Eva(2001). "The everyday maker: building political rather than social capital." In P. Dekker & E. Uslaner(eds.)(2001). *Social*

Capital and Participation in Everyday Life. pp.148-161. London: Routledge.

Bass, B. M.(1990). *Handbook of Leadership: A Survey of Theory and Research*. New York: Free Press.

Beauvoir, Simone de(1953). *The Second Sex*. (Trans. by H. M Parshley). New York: Knopf.

Belenky, M. F.(1996). "Public homeplaces: Nurturing the development of people. families and communities." In N.Goldberger, J. Tarule, B. Clinchy & M. Belenky(1996)(ed.). *Knowledge. Difference. and Power*. pp. 393-430. Basic Books. A Member of Perseus Books. L.L.C.

Belenky, M. F., Clinchy, B., Goldberger, N. & Tarule, J.(1986). *Women's ways of knowing: The development of self, voice, and mind*. Basic Books.

bell hooks(1989). *Talking Back: Thinking Feminist, Thinking Black*. London: Sheba.

_____(1994). *Teaching to transgress: education as the practice of freedom*. New York : Routledge.

_____(1995). "Toward a revolutionary feminist pedagogy." In S. B. Merriam(ed.). *Selected writings on philosophy and adult education*. Krieger Publishing Company.

_____(1995). *Art on my mind: Visual politics*. New York : New Press.

Blake, Robert R., & Mouton, Jane S.(1978). *The Managerial Grid: Key Orientations for Achieving Production through People*(2nd ed.). Texas: Houston: Gulf Pub. Co.

Bleier, R.(1984). *Science and Gender*(2nd ed.). New York: Pergamon.

Bourdieu, Pierre(1997), *Social capital: Theories and issues*. 유석춘 편역(2003). 사회자본: 이론과 쟁점. 서울: 그린.

Bowles, Samuel & Gintis, Herbert(1976). *Schooling in capitalist America: Educational reform and the contradictions of economic life*. New York: Basic Books, [2006].

Brah, A. & Deem, R.(1986). "Towards anti-sexist and anti-racist Schooling." *Critical Social Policy*, 6(1). 66-79.

Brah, A. & Minhas, R.(1985). "Structural racism or cultural difference: Schooling for Asian girls." pp.14-25. In G. Weiner(ed.). *Just a Bunch of Girls*. Milton Keynes: Open University Press.

Briskin, Linda & Coulter, Rebecca(1992). "Feminist Pedagogy: Challenging the Normative." *Canadian Journal of Education*, 17(3), 249.

Brooks, Ann(1997). *Postfeminisms: Feminism, cultural theory, and cultural forms*. New York: Routledge.

Brooks, Jacqueline Grennon & Brooks, Martin G. (2001). *In search of understanding the case for constructivist classrooms*. Upper Saddle River, N.J.: Merrill/Prentice Hall.

Brown, Phillip & Lauder, Hugh(2000). "Human capital, social capital, and collective intelligence." In S. Baron, J. Field, & T. Schuller(2000). *Social Capital: Critical Perspectives*, pp.226-242. Oxford University Press.

Buber, Martin(1965). *Education between Man and Man*. New York: Macmillan.

Burbules, N. C. & Rice, S.(1991). "Dialogue across differences: Continuing the conversation." *Harvard Educational Review*, 61(4), 393-416.

Burbules, N. C. & Torres, C. A.(2000). *Globalization and education: Critical perspective*. New York : Routledge.

Burns, J. M.(1978). *Leadership*. New York: Harper Colophen Books.

Callaway, H.(1981). "Women's perspectives: Research as re-vision." In P. Reason & J. Rowan(eds). *Human Inquiry*, pp.457-472. New York: John Wiley.

Carlson, Dennis & Apple, Michael W. (ed.)(1998). *Power, knowledge, pedagogy: The meaning of democratic education in unsettling times*. Boulder, Colo: Westview Press.

Carmody, John(1983). *Ecology and Religion: Toward a New Christian Theology of Nature*. New York: Paulist Press.

Catton, W. R. Jr. & Dunlap, R. E.(1978). "Environmental Sociology: A New Paradigm." *The American Sociologist*, 13, 14-49.

______(1980). "A New Ecological Paradigm for Post-Exuberant Sociology." *American Behavioral Scientist*, 24(1), 15-47.

Chodorow, Nancy(1978). *The Reproduction of Mothering: Psychoanalysis and the Sociology of Gender*. Berkeley: University of California Press.

Click, P.(1994). *Caring for school-age children*. New York: Delmar Publishers Inc.

Code, L.(1991). *What can she know?: Feminist theory and the construction of knowledge*. Cornell University Press.

Coleman, James S. & Hoffer, Thomas(1987). *Public and private high schools: The impact of communities*. New York: Basic Books.

Cook, J. A. & Fonow, M. M.(1984). "Am I my sister's gatekeeper? Cautionary tales from the academic hierarchy." *Humanity and Society*, 8, 442-52.

Daly, Mary(1978). *Gyn/Ecology: The methaphysics of radical feminism*. Boston: Beacon Press.

Dewey, John(1916). *Democracy and education: An introduction to the philosophy of education*. New York: Macmillan.

______(1938a). *Ethics*. New York: Holt and Company.

______(1938b). *Experience and education*, New York: The Macmillan Company.

Du Bois, B.(1983). "Passionate scholarship: Notes on values, knowing and method in social science." In G. Bowles & R. Duelli-Klein (eds.). *Theories of Women's Studies*, pp.105-16. Boston: Routledge and Kegan Paul.

Duchrow, U., 손규태 역(1997). 성서의 정치경제학: 자본주의 세계경제의 대안. 서울: 한울.

Ehrlich, Paul R. et. al.(1973). *Human Ecology: Problems and Solutions*. San Francisco: W. H. Freeman Co.

Eichler, M.(1988). *Nonsexist Research Methods: A Practical Guide*. Allen & Unwin.

Enzensbergher, H. M.(1980). "A Critique of Political Ecology." In Hilary Rose & Steven Rose(eds.)(1980). *Ideology of/in the Natural Science*. Cambridge. Mass.: Schenkman Publishing Co.

Fainstein, Sussan S.(2005). "Feminism and Planning: Theoretical Issues." In Fainstein & Servon(ed.)(2005). *Gender and Planning: A Reader*. New Jersey: Rutgers University Press.

Fainstein, Sussan S. & Servon, Lisa J.(ed.)(2005). "Introduction: The Intersection of

Gender and Planning." In Fainstein & Servon(ed.)(2005). *Gender and Planning: A Reader*. New Jersey: Rutgers University Press.

Fiedler, F. E.(1967). *A Theory of Leadership Effectiveness*. New York: McGraw Hill.

Fisher, Berenice M.(2001). *No angel in the classroom: Teaching through feminist discourse*. New York: Rowman & Littlefield Publishers. Inc.

Flex, Jane(1987). "Postmodernism and Gender Relations in Feminist Theory." *Sings: Journal of Women in Culture and Society*, 12(4), 621-643.

Folbre, Nancy(2001). *The invisible heart: Economics and family values*. New York: New Press.

Folbre, Nancy & Bittman, Michael(ed.)(2004). *Family time: The social organization of care*. London: Routledge.

Fraser, Nancy(1997). *Justice interruptus: critical reflections on the "postsocialist" condition*. New York : Routledge.

Fraser, Nancy & Bartky, Sandra Lee(ed.)(1992). *Revaluing French feminism: Critical essays on difference, agency, and culture*. Bloomington : Indiana University Press.

Fraser, Nancy & Nicholson, Linda J.(1999). "Social Criticism without Philosophy: An Encounter between Feminism and Postmodernism." In Linda J. Nicholson(ed.). *Feminism/Postmodernism*. pp.19-38. Routledge. Chapman & Hall, Inc.

Freedman, Jane(2001). *Feminism*. Buckingham: Open University Press.

Freire, Paulo(1980) *A day with Paulo Freire*. Delhi: I.S.P.C.K.

Friedan, Betty(1963). *The feminine mystique*. New York: Norton.

Gardner, Howard(1993). *Multiple intelligences: The theory in practice*. New York, NY: Basic Books.

Gaskell, Jane(1986). "Conceptions of skill and the work of women: Some historical and political issues." In R. Hamilton & M. Barrett(eds.). *The Politics of Diversity*, pp.361-380. London: Verso.

Geller, J. M. & Lasley, P.(1985). "The New Environmental Paradigm Scale: A

Reexamination." *The Journal of Environmental Education*. 17(1). 9-12.

Giddens, Anthony(1987). *Social Theory Today*. Stanford, CA: Stanford University Press.

_____(1991). *Modernity and self-identity: self and society in the late modern age*. Stanford. CA: Stanford University Press.

Gilligan, Carol(1982). *In a different voice: Psychological theory and women's development*. Cambridge. MA: Harvard University Press.

Giroux, Henry A. (1988). *Schooling for democracy: Critical pedagogy in the modern age*. London: Routledge.

Giroux. Henry A. & McLaren, Peter L. (ed.)(1989). *Critical pedagogy, the state, and cultural struggle*. Albany: State University of New York Press.

Goldberger, N., Tarule, J. Clinchy, B. & Belenky, M.(1996)(ed.). *Knowledge. Difference, and Power*. Basic Books. A Member of Perseus Books. L.L.C.

Goldstein, L.(1998). "Taking Careing Sereously: The Ethics of Care in Classroom Life." Paper presented at the Annual Meeting of the American Educational Research Association. N/A.

Goleman, Daniel(1995). *Emotional intelligence*. New York: Bantam Books.

Goleman, D., Boyatzis, R. & McKee, A.(2002). *The Primal Leadership*. NY: Brockman. Inc. 장석훈 역(2003). 감성의 리더십. 서울: 청림출판.

Gollnick, D. Sadker, M.. & Sadker, D.(1982). "Beyond the Dick and Jane syndrom: Confronting Sex bias in instructional materials." In M. Sadker & D. Sadker(eds.). *Sex equity handbook for schools*, pp.60-95.New York: Longman.

Gore, Jennifer M.(1993). *The struggle for pedagogies: Critical and feminist discourses as regimes of truth*. New York: Routledge.

Grady, Kathleen E.(1981). "Sex bias in research design." *Psychology of Women Quarterly*. 5(4), 628-35.

Greene, Maxine(1973). *Teacher as stranger: Educational philosophy for the modern age*. Belmont, CA: Wadsworth Pub. Co.

_____(1978). *Landscapes of learning*. New York: Teachers College Press.

Greenleaf, Robert K.(1970). *The Servant as Leader.* Indianapolis: The Robert K. Greenleaf Center.

Grimshaw, Jean(1986). *Philosophy and feminist thinking.* Minneapolis: University of Minnesota Press.

Grumet, Madeleine R. (1988). *Bitter milk: Women and teaching.* Amherst: University of Massachusetts Press.

Grumet, R. S.(1979). *Native Americans of the northwest coast: A critical bibliography.* Bloomington : Published for the Newberry Library. Indiana University Press.

Habermas, Jürgen(1968). *Knowledge & Human Interest.* Cambridge, U.K.: Polity Press.

Hacking, Ian(1990). *The taming of chance.* Cambridge, England: Cambridge University Press.

Harding, Sandra(1986). *The Science Question in Feminism.* Ithaca: Cornell Univ. Press.

_____(1987). "Introduction. Is there a feminist method?" In S. Harding(ed.). *Feminism and Methodology.* pp.1-14. Bloomington: Indiana University Press.

Hayes, E. & Flannery, D.(2000). *Women as learners: The significance of gender in adult learning.* San Francisco: Jossey-Bass Publishers.

Healy, J. M. Jr. & Stewart, A. J.(1991). "On the compatibility of quantitative and qualitative methods for studying individual lives." In A. J. Stewart. J. M. Healy, Jr. & D. Ozer(eds). *Perspectives on Personality: Theory, Research, and Interpersonal Dynamics.* 3(35-37). London: Jessica Kingsley.

Held, Virginia(1995). *Justice and care: Essential readings in feminist ethics.* Boulder: Westview Press.

_____(1998). "Feminist Reconceptualization in Ethics." *Philosophy in a Feminist Voice.* Princeton, N. J.: Princeton University Press.

Hoagland, S. L. (1991). "Some Thought about Caring." In Claudia Card(ed.). *Feminist Ethics.* Lawrence: University Press of Kansas.

Holland, Janet & Blair, Maud(1995). *Debates and issues in feminist research and pedagogy*. Clevedon: Multilingual Matters Ltd.

_____(1995). *Debates and Issues in Feminist Research and Pedagogy: A Reader.* Open University Press.

Jaggar, Alison M.(1996). *Western feminist ethics at the turn of the twenty-first century.*

Jaggar, Alison M. & Struhl, R.(1978)(eds.). *Feminist frameworks.* New York: McGraw-Hill.

Jayaratne, T. E.(1983). "The value of quantitative methodology for feminist research." In G. Bowles & R. D. Klein (eds.). *Theories of Women's Studies,* pp.140-161. London: Routledge and Kegan Paul.

Jayaratne, T .E. & Kaxzala, C. M.(1983). "Social responsibility in sex difference research." *Journal of Educational Equity and Leadership 3,* 305-16.

Jayaratne, T. E. & Stewart, A. J.(1995). "Quantitative and Qualitative Methods in the Social Sciences: Feminist Issues and Practical Strategies." In Holland, Blair, & Sheldon(eds.)(1995). *Debates and Issues in Feminist Research and Pedagogy,* pp.217-234. Multilingual Matters Ltd.: The Open University.

Jayawardena, K.(1986). *Feminism and Nationalism in the Third World.* London: Zed Books.

Kazemek. F.(1988). "Women and adult literacy: Considering the other half of the house." *Lifelong Learning.* 11(4), 23-24.

Kessler, S., Ashenden, D. J., Connell, R. W. & Dowsett, G. W.(1985). "Gender relations in secondary schooling." *Sociology of Education,* 58, 34-48.

King, Y.(1989). "Healing the Wounds: Feminism, Ecology, and Nature/Culture Dualism." In Alison Jaggar & Susan Bordo(eds.). *Gender/Body/Knowledge: Feminist Reconstructions of Being and Knowing.* New Brunswick: Rutgers University Press.

Kirkpatrick, S. A. & Locke, E. A.(1991). "Leadership: Do Trait Matter?" *Academy of Management Executive,* 5(2).

Kohlberg, L.(1981). *The Philosophy of Moral Development.* San Francisco: Harper and Row.

Krüger, H. H. (1997). *Einführung in Theorien und Methoden der Erziehungswissenschaft*. Opladen: Leske+Budrich.

Kwak-Kwon, Samgeun(1991). "The self-perception of female leaders' professional development in selected Michigan higher education institutions." Doctoral Dissertation. Michigan State University.

Lather, P.(1991). *Feminist Research in Education: Within/Against*. Deakin University Press.

_____(2001). "Postbook: Working the Ruins of Feminist Ethnography." *Journal of Women in Culture and Society*, 27(1).

Levinson,. Daniel J.(1978). *The Seasons of a Man's Life*. N. Y.: Knopf.

_____(1996). *The Seasons of a Woman's Life*. New York: Knopf.

Lorber, Judith(2001). *Gender inequality: Feminist theories and politics*(2nd ed.). 최은정 · 임소희 · 임혜련 · 정광숙 역(2005). 젠더 불평등: 페미니즘 이론과 정책. 서울 : 일신사.

Luke, Carmen & Gore, Jennifer(1992). *Feminisms and critical pedagogy*. London: Routledge. Chapman and Hall, Inc.

Lykes, M. B. & Stewart, A. J.(1986). "Evaluating the feminist challenge to research in personality and social psychology: 1963-1983." *Psychology of Women Quarterly 10*. 393-412.

Lyotard, Jean-François(1984). Georges Van Den Abbeele(trans.)(1988). "The Differend: Phrases in Dispute." *Diacritics*. Fall.

Lyotard, Jean-François & Thebaud, Jean-Loup(1979). Wlad Godzich (trans.)(1985). *Just Gaming*. Minneapolis: University of Minnesota Press.

Maccoby, E. & Jacklin, C.(1987). *The psychology of sex difference*. Stanford. CA: Stanford University Press.

Maher, Frances A.(2001). "John Dewey, Progressive Education, and Feminist Pedagogies: Issues in Gender and Authority." In K. Weiler(2001). *Feminist engagements: Reading. Resisting. and revisioning male theorists in education and cultural studies*, pp.13-32. New York: Routledge.

Maher, F. A. & Tetrault, M. K.(1996). "Women's ways of knowing in women's studies. "Feminist pedagogy and feminist theory." In N. Goldberger, J. Tarule, B. Clinchy & M. Belenky(1996)(ed.). *Knowledge. Difference. and Power.* pp.148-174.

Mahony, P.(1985). *Schools for the Boys? Co-education Reassessed.* London: Hutchinson.

Manz, C. C.(1986). Self-Leadership toward an Expanded Theory of Self-Influence Process in Organization. *Academy of Management Review*, 11(3).

Martin, Jane Roland(1992). *The Schoolhome: Rethinking Schools for Changing Families.* MA: Harvard University Press.

Maynard, Herman Bryant & Mehrtens, Susan E. 한영환 역(1993). 제4물결: "제3물결"에 이어 도래하는 21세기 기업경영과 사회상. 서울: 한국경제신문사.

Merchant, Carolyn(1980). *The Death of Nature: Women. Ecology and the Scientific Revolution.* San Francisco: Harper & Row.

_____(1992). *Radical ecology: The search for a livable world.* New York: Routledge.

Micklethwait, J. & Wooldridge, A.(2003). *A future perfect: The challenge and hidden promise of globalization.* New York: Random House Trade Paperbacks.

Milbrath, L W.(1984). *Environmentalists:. Vanguard of new Society.* Albany: Suny Press.

Mies, M.(1983). "Towards a methodology for feminist research." In G. Bowles & R. Duelli Klein(eds.). *Theories of Women's Studies.* pp.117-39. Boston: Routledge and Kegan Paul.

Mill, H. T.(1970). "Enfranchisement of women." In John Stuart Mill & Harriet Taylor Mill. *Essays on Sex Equality.* Alice S. Rossi(eds.). pp.89-122. Chicago: University of Chicago Press.

Mill, John S.(1869). *The subjection of women.* Philadelphia, J. B. Lippincott & Co.

Miller, G. T. Jr.(1982). *Living in the Environment.* Belmont. CA: Wadsworth.

Miller, Jean Baker(1976). *Toward a new psychology of women.* Boston: Beacon Press.

Mitchell, J. & Oakley, A.(eds.)(1986). *What is Feminism?.* Oxford: Basil Blackwell.

Morgan, Kathryn(1998). "Women and the knife: Cosmetic surgery and the colonization of women's bodies." In R. Weitz(ed.). *The politics of women's bodies: Sexuality, appearance, and behavior*, pp.147-166. N.Y.: Oxford University Press.

Myers, Dee(2008). *What would happen if women ruled the world?* New York: Harper.

Noddings, N.(1984). *Caring: A feminine approach to ethics and moral education.* Berkeley: University of California Press.

______(1989). "Education for Moral People." Mary M. Brabeck(ed.). *Who Cares? Theory, Research. and Educational Implications of the Ethics of Care*, pp.221. New York: Praeger.

______(1989). *Women and evil.* Berkeley: University of California Press.

______(1990). "Ethics from the Standpoint of Women." Deborah Rhode(eds.). *Theoretical Perspectives on Sexual Difference.* New Haven: Yale University Press.

______(1992). "The challenge to care in schools: An alternative approach to education." *Advances in Contemporary Educational Thought*, 8. Teachers College Press.

______(1995). *Philosophy of Education.* Colorado: Westview Press.

______(1999). "Ethics from the standpoint of women." In M. Perasall(1999). *Women and values: Readings in recent feminist philosophy.* pp.382-392. Boston: Wadsworth Publishing Company.

Northrup, Christian(2002)(2nd ed.). *The Wisdom of Menopause.* 이상춘 역. 폐경기 여성의 몸 여성의 지혜. 서울: 한문화.

O'Brien, M.(1983). "Feminism and education: A critical review essay." *Resources for Feminist Research.* 12(3), 3-16.

O'Donnell, C.(1984). *The basis of the Bargain.* Sydney: Allen and Unwin.

Oakley, A.(1981). "Interviewing women: A contradiction in terms." In H. Roberts (ed.). *Doing Feminist Research.* pp.30-61. Boston: Routledge and Kegan Paul.

Omolade, Barbara(1993). "A Black Feminist Pedagogy." *Women's Studies Quarterly*, Nos. 3 & 4, 34.

Parlee, M .B.(1975). "Psychology: Review essay." *Signs* 1, 119-38.

Pateman, Carole(1989). *The disorder of women: Democracy, feminism, and political theory*. Stanford, Calif.: Stanford University Press.

Phoca, Sophia(1999). *Introducing Postfeminism*. Cambridge: Icon Books.

Plumez, Jacqeline Hornor(2002). *Mother Power: Discover the difference that women have made all over the world*. Illinois: Sourcebook. Inc.

Prengel, A.(1992). "Was will die feministische Pädagogik?." In E. Glumpler, (Hg.), *Mädchenbildung Frauenbildung*(148-155). Bad Heilbrunn: Klinkhardt, S.

Rae, Eleanor(1994). *Women. the Earth. the Divine*. New York: Orbis Books.

Reinharz, S.(1979). *On Becoming a Social Scientist*. San Francisco: Jossey-Bass.

Rich, Adrienne(1976). *Of Woman Born: Motherhood as Experience and Institution*. Norton. (rev. ed.. 1986).

Roberts, H.(ed.) (1981). *Doing Feminist Research*. Boston: Routledge and Kegan Paul.

Rogers, Carl R.(1969). *Freedom to learn: A view of what education might become*. Columbus, Ohio: C. E. Merrill.

Rothman, Barbara K.(1998). *Recreating Motherhood*. New York: Norton & Company.

______(1998). *Genetic maps and human imaginations: The limits of science in understanding who we are*. New York : Norton.

Ruddick, Sara(1989). *Maternal thinking: Toward a politics of peace*. New York: Ballantine.

______(1995). *Maternal thinking: Toward a politics of peace with a new preface*. Boston: Beacon Press.

Ruether, Rosemary Radford(1975). *New woman new earth: Sexist ideologies and human liberation*. New York: Seabury Press.

Ruth, S.(1980). *Issues in Feminism*. Boston: Houghton Mifflin Company.

Lovibond, Sabina(1989). "Feminism and Postmodernism." *New Left Review*, 1/178, 5-28. Nov/Dec.

Sadker, M. & Sadker, D.(1982). *Sex equity handbook for schools*. New York: Longman.

______(1994). *Failing at fairness: How America's schools cheat girls.* New York: Scribner.

Scheuneman, J. D.(1986). "The female perspective on methodology and statistics." *Educational Researcher.* 15, 22-3.

Schniedewind, Nancy(1983). "Feminist Values: Guidelines for a Teaching Methodology in Women's Studies." *Learning Our Way: Essays in Feminist Education.* New York: The Crossing Press.

Shiva, Vandana & Mies, Marea(1993), *Ecofeminism*, London: Zed Books, 이난아 역(2000), 『에코페미니즘』, 서울: 창작과 비평사.

Shrewsbury, C. M.(1993). "What is feminist pedagogy." *Women's Studies Quarterly*, 21(3&4), 8-16.

Singer, P. (2002). *One world: The ethics of globalization.* New Haven: Yale University Press.

Smith, D. E.(1987). "Women's perspective as a radical critique of sociology." In S. Harding (ed.). *Feminism and Methodology.* pp.84-96. Bloomington: Indiana University Press. (Reprinted from *Sociological Inquiry*, 1974. 44, 7-13.)

Spender, D. & Sarah. E.(eds.)(1980). *Learning to Loss: Sexism and Education.* London: The Women's Press.

Stanley, L. & Wise, S.(1983). *Breaking Out. Feminist Consciousness and Feminist Research.* London: Routledge and Kegan Paul.

Staudt, Kathleen(1988). *Policy, politics & gender: Women gaining ground.* West Hartford. Conn.: Kumarian Press.

Stogdill, R. M.(1974). *Handbook of Leadership: A Survey of Theory and Research.* New York: Free Press.

Tangri, S. S. & Strasburg, G. L.(1979). Can research on women be more effective in shaping policy? *Psychology of Women Quarterly 3.* 321-43.

Thomas, B.(1991). "'Whose Science?': Sandra Harding's book nominated for award." *UpDate*, 11(3), September 19.

Tisdell, E. J.(1995). *Creating inclusive adult learning environments: Insights from multicultural education and feminist pedagogy.* Center on Education and

Training for Employment: ERIC Clearinghouse on Adult, Career & Vocational Education.

______(1998). "Poststructural feminist pedagogies: The possibilities and limitations of a feminist emancipatory adult learning theory and practice." *Adult Education Quarterly*. 48(3), 139-156.

Tong, R.(1982). *Feminine and Feminist Ethics*. Belmont. California: Wadsworth Pulishing Company.

______(1998). *Feminist thought: A more comprehensive introduction*(2nd ed). Boulder. Colo.: Westview Press.

Tronto, Joan(1993). *Moral boundaries: A political argument for an ethic of care*. New York : Routledge.

______(1999). "Women and caring: What can feminists learn about morality from caring?" pp.393-402. In M. Perasall(1999). *Women and values: Readings in recent feminist philosophy*. Boston: Wadsworth Publishing Company.

Ungerson, Clare(1987). *Policy is personal: sex, gender, and informal care*. London: Tavistock.

Vandelberg, D.(1996), "Caring: Feminine Ethic or Maternalistic Misandry? A Herminiutical Critique of Nel Noddings' Phenomenology of the Moral Subject and Education." *Journal of Philosophy of Education*, 30(2).

Warren, Carol A. B.(1988). *Gender Issues in Field Research*. Newbury Park: Sage Publications.

Warren, Karen(1996). *Ecological Feminist Philosophies*. Bloomington: Indiana University Press.

Weiler, Kathleen(1988). *Woman Teaching for Change*. South Hadley, Mass: Beigin and Garvey.

______(1991). "Freire and a Feminist Pedagogy of Difference." *Harvard Educational Review*. 61(4), 462.

______(1993). "Feminism and the Struggle for a Democratic Education: A View from the United States." In Madeleine Arnot & Kathleen Weiler(1993). *Feminism and social justice in education: international perspectives*. pp.210-

225. London: The Falmer Press.

_____(1995). "Freire and a Feminist Pedagogy of Difference." In Holland, Blair, & Sheldon(eds.)(1995). *Debates and Issues in Feminist Research and Pedagogy*. pp.23-44. Multilingual Matters Ltd: The Open University.

_____(1996). "Myths of Paulo Freire." *Educational Theory*, 46(3), 353-371.

_____(2001). *Feminist engagements: Reading, resisting, and revisioning male theorists in education and cultural study*. London: Routledge.

Weiner, B.(1986). *An attributional theory of motivation and emotion*. New York: Springer-Verlag.

Westkott, M.(1979). "Feminist criticism of the social sciences." *Harvard Educational Review 49*, 422-30.

Young, R. E.(1990) *A Critical Theory of Education: Habermas and Our Children's Future*. UK: Pearson Education Limitied. 이정화 외 역(2003). 하버마스, 비판이론, 교육. 서울: 교육과학사.

http://blog.naver.com/dandysugi?Redirect=Log&logNo=20011818124

http://news.naver.com/main/read.nhn?mode=LSD&mid=sec&sid1=104&oid=003&aid=0002230477

http://kref.naver.com/doc.naver?docid=4661028

http://www-cse.stanford.edu/

http://www.donga.com/docs/magazine/shin/2008/01/08/200801080500003/200801080500003_11.html

http://www.edb.utexas.edu/wie/pmain.htm

http://www.freeschool.or.kr

http://www.freeschool.or.kr/new/bbs.php3?table=about&query=view&l=15).

http://www.moge.go.kr

http://www.munhwa.com/news/view.html?no=2008051701032132255002

http://www.wlv.ac.uk/~le1810/fpq.htm

http://www.womenlink.or.kr

찾아보기

ㄱ

가드너(H. Gardner) 325-6
가부장적 모성 양식 57
가부장주의 35, 47, 57, 67-8, 97, 123, 146, 157, 186, 188, 190, 203, 247, 281, 321, 367
가정 같은 학교 288
가정공동체 258, 280
가정교육 262, 265, 272, 276
가정 모델 교육 39, 83, 93, 287, 309, 314
감성교육 301-3
감성의 리더십 361
경력 이동 170
경계 허물기 22, 146, 249
경청 파트너 256
고르닉(U. Gornick) 236
고흐(I. Gough) 322
골드버거(N. Goldberger) 164
골드스타인(L. Goldstein) 312
골먼(D. Goleman) 326-9, 361
공감 310
공동체 의식 145, 316
공맹(孔孟) 사상 341
공장 모델적 교육 39, 41, 286, 309
과정적 지식 163
관계맺기 51-2, 109, 126, 139, 141, 185, 228, 232, 264, 355, 368
관계윤리 220
관계의 회복 139
관계 중심의 교육 143
관계 중심의 학습 139
교수의 성별 모델 106
교육문화 290
구성적 지식 108, 163
권위 110, 121, 229, 258
그러메(M. R. Grumet) 58
그리핀(S. Griffin) 37
그린(M. Greene) 86
그림쇼(J. Grimshaw) 239, 246
급진주의 여성주의 25, 31, 64, 149
기든스(A. Giddens) 326, 348
기술지향주의 80
기회 균등 63
길리건(C. Gillian) 62, 103, 120, 131-2, 208-9, 213-5, 219, 224, 228-34, 246, 380
길먼(C. P. Gilman) 245

ㄴ

나나다슨(A. Gnanadason) 335
남성문화 73, 288
남성 윤리 239
남성 인식 191
내시(J. Nash) 329
네트워크 349
노딩스(N. Noddings) 132, 159, 206, 212, 215-20, 226-47, 252, 309-14
노스럽(C. Northrop) 125-6
노인기 181, 185
노장(老莊) 사상 341
닐(A. S. Neil) 293-4

ㄷ

다름에 대한 경청 224
다름의 철학 74
다문화 22, 38, 102, 108, 113, 143, 255, 303
다양성 101
다중지능 이론 325
대아적(大我的) 자유 56
대안교육 21, 41, 380
대안적 교육학 115, 147, 287, 342
대안적 생활문화운동 148, 369
대안학교 291-6
데일(J. Dale) 157
도덕성 발달 208-9, 212-3
돌보는 것(care for) 212, 218, 224
돌봄 157-9
돌봄과 배려의 원리 83, 216, 299, 307
돌봄 노동 157-9, 181
돌봄 윤리 103, 132, 181, 208, 215, 232
듀봉(F. d'Eaubonne) 35
듀이(J. Dewey) 121-2, 299, 324, 330

ㄹ

래서(P. Lather) 86, 134
레비(P. Levy) 328
레빈슨(D. J. Levinson) 174
로버(J. Lorber) 26, 28
로스만(B. K. Rothman) 188
로저스(C. R. Rogers) 310, 318
루스(S. Ruth) 65, 67
류터(R. R. Ruether) 340
리오타르(F. Lyotard) 70-1
리치(A. Rich) 188, 194

ㅁ

마르크스주의 여성주의 25, 32, 101-2, 149
마스터리(mastery) 109
마음씀 226, 228, 248, 282, 336
마이어(D. Myers) 372-3
마틴(J. R. Martin) 121-2, 288
마허(F. A. Maher) 101-2, 104-6, 108-9, 111-3, 121-2
맥락적인 수업 101, 104
머천트(C. Merchant) 35, 37
모건(K. Morgan) 177
모더니즘 정신 70
모성 24, 39, 55, 58, 188, 190, 193, 201,

373, 380
모성 가치 39, 207
모성 리더십 207, 280, 376, 379
모성 보호 188
모성 양식 57, 59, 192, 309, 315, 362, 377
모성적 사고 280
목소리(voice) 27, 33, 49, 52, 73, 110, 114, 198, 203, 244, 251, 258-60, 281
무형의 배움 공동체 253, 278
문화적 페미니즘 104
미드(M. Mead) 203
민감성 141, 146, 165, 196, 257, 298, 301
밀(J. S. Mill) 30
밀러(J. B. Miller) 211
밀러(J. L. Miller) 86
밀러(J. T. Miller, Jr.) 79
밀브래스(L. W. Milbrath) 81

ㅂ

바이닝거(O. Weininger) 242
반델버그(D. Vandelberg) 221-2
밥상머리 교육 263-4
배려 공동체 314-5
배려교육 307, 312-4
배려와 정의 216
뱀퍼드(N. C. Bamford) 303, 305
버불스(N. C. Burbules) 49, 340
벡(U. Beck) 129
벨렌키(M. F. Belenky) 62, 101, 103, 132, 162-4, 207, 209, 253-61, 278-81, 339
벨 훅스(bell hooks) 34, 42, 50, 147, 318, 340
보부아르(S. de Beauvoir) 27, 33, 197, 201
보살핌 189, 191, 298-9, 220, 222, 339, 355, 366, 379
부르디외(P. Bourdieu) 323
비공식적 경제 157
비판적 교육학 50, 107
비판적 실천 66
빈곤의 여성화 335

ㅅ

사회문화적 재생산 68
사회적 연대감 202
사회적 자본 321, 348-9
사회적 행위 316
사회주의 여성주의 65
산파술 교수법 278
살림 리더십 207
살림문화 339
살림의 교육학 143, 154, 339
살림의 리더 376
삶의 공동체 교육 253
삶의 지혜 276
삶의 체험 186
상생의 원리 83
상호 호혜성 349
상황이론 361

생명 존중의 교육 원리 342
생명 중심의 원리 83
생명중심주의 윤리학 221
생애사 연구 128-30, 187
생태계 위기 340
생태교육이론 343
생태문제 81
생태여성주의 34, 76, 78, 82, 147-8, 354, 365, 380
생태 윤리 343
생태적 교육철학 343-4
생태중심주의 341
생태지향주의 80
생태학 79, 340
생태학교형 대안학교 294
생협운동 196, 365-9
생활문화운동 369
생활세계 344, 360, 366, 378
생활협동조합 365
서번트 리더십 361-2, 374
서본(L. J. Servon) 159-60
성(性) 28, 30, 56, 93, 103, 105, 159, 165, 373
성 고정화 30, 63, 88, 181
성교육 90
성기성물(成己成物) 23, 37, 39, 53-60, 85, 135, 138, 147, 150, 214, 299, 309, 351, 362, 377
성미산 마을공동체 356-9
성별 분업 94
성 불평등 교육 연구 86, 91
성역할 26, 30, 91, 173, 176
성역할 갈등 185
성역할 고정 관념 91, 176, 179
성역할 고정화 94, 172
성인기 175, 180, 185
성인지적 교육 32
성정체성 69
성 차별 31, 39, 63, 97
성차이론 233
성찰성 316
성 평등 사회 46
세계화 333-7
셀프 리더십 361
수용 310
수용적 지식 163-4
쉬류버리(C. Shrewbury) 316
스튜어트(A. J. Stewart) 119-21
스프레트낙(C. Spretnak) 35-6
시민의 덕목 287
시장적 논리 228
신생태학 패러다임 81

ㅇ

아동기 177
아렌트(H. Arendt) 135, 143-5, 379
아이흘러(M. Eichler) 133
애커(S. Acker) 62-3
앨코프(L. Alcoff) 111
에코페미니즘 147, 189
엘리트주의 329
엘스워스(E. Ellsworth) 107

여권론 22
여성 리더십 205, 278, 373
여성문화 25, 73, 150
여성성 199, 247
여성 윤리 237, 243
여성의 도덕적 성숙관 214
여성의 역사(herstory) 40
여성의 인식 방식 101-4, 108, 163, 252
여성의 주류화 40
여성적 윤리 208, 237
여성주의 21-2, 25, 46, 106, 146
여성주의 가치 38, 114
여성주의 교실 101, 104, 109, 112
여성주의 교육이론 61
여성주의 교육학 38, 42, 45, 61, 118, 136, 146, 208, 250, 280, 298
여성주의 리더십 315, 339, 362, 373, 376
여성주의 문화 148
여성주의 배움터 319
여성주의 세계 질서 52
여성주의 시민 352
여성주의 시티즌십 348-59
여성주의 윤리 208
여성주의 이론 25
여성주의 인식론 101
여성주의 정치학 354
여성주의 학교문화 319
여성주의 학습 리더십 372
여성주의 학습문화 250-82
여성중심주의 22
여성해방론 22, 366
연계된 맥락적 지식 254
연대적 인간론 53
예술교육 303, 305
오도넬(C. O'Donnell) 67
오브리엔(M. O'Brien) 65
와일러(K. Weiler) 121, 123, 147, 289, 319
요나스(H. Yonas) 70
워네스(K. Waerness) 231
워렌(K. Warren) 35, 134, 407
워렌(L. A. B. Warren) 134
원자적 인간론 53
월터(N. Walter) 73
위치 부여 49, 102, 111-2, 181
위험사회 349
윌슨(E. Wilson) 157
유아기 176
육성이론 361
인간 예외주의 패러다임 81
인간적 모성 양식 57
인간중심주의 221, 341
인식론 160
일상적 생활실천가 134, 339, 344, 369
임파워먼트 52, 114, 146, 316, 328, 355, 368

ㅈ

자아정체성 50, 102, 172, 178, 183
자유주의 모델 105-6
자유주의 여성주의 25, 30, 63

자유주의적 여성운동 61
자유학교형 대안학교 293
재구성 70
재생산 66, 69
전념 309
전문활동가 344
전통적 여성주의 25, 30, 68, 150
전통적 여성주의 교육이론 62
정의 윤리 103
제로섬 게임 329
제임스(W. James) 242
젠더 28, 32, 86, 134, 146, 156, 159, 166, 174, 183, 187, 373
젠더 개입 157, 160
젠더 개혁 28-9
젠더 반란 28-9
젠더 불평등 28-9
젠더 저항 28
주관적 지식 163
지구화 335-59, 372
지식론 161
지식의 사회적 구성 102
진로교육 90
집합 지능 321, 323, 327, 330

ㅊ

차이 49, 101, 107, 169
청년기 178
초도로(N. Chodorow) 62, 131, 188
총체론적 인간론 55
침묵 73, 146, 163-4, 254, 281, 317

ㅋ

커벌리(E. Cubberley) 287
케슬러(S. Kessler) 64
콜버그(L. Kohlberg) 103, 120, 131, 208, 213, 230
크루거(H. Kruger) 43, 45
킹(Y. King) 81

ㅌ

타자 배제의 극복 23, 141
타자화 35, 40, 146
터먼(L. M. Terman) 325
테트로(M. K. Tetrault) 101-2, 108-9, 111-3
토레스(C. A. Torres) 340
토머스(B. Thomas) 133-4
토플러(A. Toffler) 328
통(R. Tong) 24
트론토(J. Tronto) 59, 132, 217-9, 225, 228, 233-4, 241, 247
특성이론 361

ㅍ

파이어스턴(S. Firestone) 205, 245
파인스타인(S. S. Fainstein) 159-60
페미니스트 28, 86, 101, 105, 111, 119, 211, 234
페미니스트 교육 원리 315
페미니스트 페다고지 42, 315-7, 111
페미니즘 22, 27, 59, 148, 188, 205, 211
평생교육 348, 359

포스터(P. Foster) 157
포스트모더니즘 26, 70
포스트모던 여성주의 33, 70, 73, 150
폴브레(N. Folbre) 59, 155-6
푸코(M. Foucault) 71
프레이리(P. Freire) 50, 105-6, 121, 123, 252, 280, 316, 318
프렌겔(A. Prengel) 43-5
프렌드(C. Friend) 167
프리던(B. Friedan) 30, 235
플래너리(D. Flannery) 24, 165
플루메즈(J. H. Plumez) 279-80

ㅎ

하딩(S. Harding) 118-9
하트(M. Hart) 170
하버마스(J. Harbermas) 71-2, 117, 226
학교문화 290
학교혁명론 285
학습공동체 364-72
학습권 93
학습 리더십 258, 286, 292, 357, 360-82
해체주의 71
해켈(E. Hackel) 79
해킹(I. Hacking) 324
행동이론 361
행위하는 인간 143
헤이스(E. Hayes) 24, 165
헬드(U. Held) 59, 223
확신 311
환경보호주의 36
후기구조주의 페미니스트 페다고지 50
휴스턴(B. Houstone) 232-7
희소성 94, 129

여성주의 교육학

— 학습 리더십의 출현과 그 의미

펴낸날 | 1판 1쇄 2008년 12월 24일
2쇄 2010년 1월 19일
지은이 | 곽삼근
펴낸이 | 최민숙
펴낸곳 | 이화여자대학교출판부
주소 | 서울시 서대문구 대현동 11-1(우120-750)
등록 | 1954년 7월 6일 제9-61호
전화 | 편집기획 02-3277-2965, 2966
경영지원 02-3277-3164, 362-6076
팩스 | 02-312-4312
전자우편 | press@ewha.ac.kr
인터넷서점 | www.ewhapress.com
디자인 | 신성기획
찍은곳 | 한영문화사

ISBN 978-89-7300-807-0 93370
값 22,000원